本书受国家社会科学基金青年项目（11CSH077）的资助

内源性能力建设：

农村减贫的社会工作实践模式研究

方劲 著

Endogenous Capacity Building:

A Study of Social Work Practice Models
in Rural Poverty Reduction

中国社会科学出版社

图书在版编目（CIP）数据

内源性能力建设：农村减贫的社会工作实践模式研究/方劲著．—北京：中国社会科学出版社，2020.4

ISBN 978 - 7 - 5203 - 5960 - 3

Ⅰ．①内…　Ⅱ．①方…　Ⅲ．①农村—扶贫—工作模式—研究—中国

Ⅳ．①F323.8

中国版本图书馆 CIP 数据核字（2020）第 020368 号

出 版 人	赵剑英	
责任编辑	王　衡	
责任校对	王佳玉	
责任印制	王　超	

出　　版	中国社会科学出版社	
社　　址	北京鼓楼西大街甲 158 号	
邮　　编	100720	
网　　址	http://www.csspw.cn	
发 行 部	010 - 84083685	
门 市 部	010 - 84029450	
经　　销	新华书店及其他书店	

印　　刷	北京明恒达印务有限公司	
装　　订	廊坊市广阳区广增装订厂	
版　　次	2020 年 4 月第 1 版	
印　　次	2020 年 4 月第 1 次印刷	

开　　本	710 × 1000	1/16
印　　张	23.5	
字　　数	362 千字	
定　　价	108.00 元	

凡购买中国社会科学出版社图书，如有质量问题请与本社营销中心联系调换

电话：010 - 84083683

序

一

　　贫困是现代社会人类面临的普遍问题，也是中国社会发展的重大议题。如何有效地开展反贫困行动来减少贫困，促进贫困人群与贫困地区的发展，构成了包括中国在内的发展中国家政府和实务界共同关注的政策和实践议题。而学界则从理论建构、知识生产和方法探索的视角开展研究，试图以科学理性的方式提供解决问题的方案，由此形成了各种反贫困的理论。

　　在诸多的反贫困理论和实践探索中，产生于 20 世纪 80 年代的以人为本的内源发展理论，针对以往反贫困行动注重物质和技术的援助，过于从援助者自身的立场来思考和解决贫困的问题，内源发展理论关注的是如何通过人本身的发展来克服依靠外部资源的输入，以及以援助者为中心的发展观的局限，将发展看作是"生长的人自己的一种行动（一种努力，一种创举等）"。①它主张要按照人们的"所是、所为、所愿、所思和所信"，把改变贫困的行动看作"由人自己并为自己来完成的发展过程"②。内源发展理论的提出，从理论观念上提出了反贫困策略的新思路，为深陷越扶越贫的"扶贫陷阱"的人们点亮了一盏路灯。在联合国教科文组织的倡导下，这一新的发展理念成为很多发展中国家开展反贫困行动的指针。

---

①　［埃］阿卜杜勒－马利克等主编：《发展的新战略》，中国对外翻译出版公司 1990 年版。

②　黄高智等编著：《内源发展——质量方面和战略因素》，中国对外翻译出版公司、联合国教科文组织 1991 年版，第 4 页。

20 世纪 90 年代初，内源发展理论作为一种发展理论被介绍到中国，并得到了较为广泛的传播，为中国贫困地区的发展提供了新的政策视角。受这一理论的启发，许多扶贫机构和从事贫困问题研究的学者深入贫困农村，探索适合中国国情的扶贫发展路径，取得了许多值得总结的经验。本书作者在书中所做的案例分析和实务模式探索，其实务基础即源于此。但是，由于内源发展理论过于抽象的"以人为本的发展""为人自己的发展"观念，致使它在政策化的过程中存在理想化和不确定性的局限，难以成为一种政策分析的工具。这直接影响了这一理论的政策价值，使之在实践中无法深入到现实社会的具体层面，工具化为反贫困行动的方案或行动模式。因而，发展一种以中国反贫困实践为基础的内源发展理论，建构具有实践意义的理论范式和实务模式，使之成为政策导向和实务方法，对于正处在扶贫攻坚决胜阶段的中国反贫困斗争，巩固脱贫攻坚成果，将其转化为贫困地区乡村振兴的动力，无疑是一个值得深入探讨的理论和实践话题。

然而，在中国的特定环境中，人们似乎更重视经验的效果而缺乏对理论探索的兴趣。尽管实践中提出了众多的理论问题，但是关注这些理论问题的研究成果却不多。尤其是在反贫困领域，缺乏深入的思考和理论探讨，把反贫困看作是政府的工作，看作是按政策行动的过程，这在很大程度上限制了人们的理论兴趣和想象力，造成了这一领域理论研究滞后，各种观点和经验满天飞却缺乏对重要理论的讨论，意见和建议充满了各种研究报告、研讨会和学术刊物而基本的理论分析和解释却不充分的局面。这种急于完成任务目标的心态体现的是对贫困问题的长期性和复杂性认识不足，也反映了理论界对这一重大社会问题缺乏应有的重视。克服这种意见多于思考、经验遮蔽理论的局限，就成为当前反贫困理论研究亟待解决的问题。方劲这项成果的出版，可以说是对反贫困问题做理论与实践相结合的研究的一个贡献。他从社会工作的专业视角审视中国农村减贫工作，以强烈的问题意识去思考农村减贫中存在的问题，将内源发展理论与反贫困社会工作的理念和价值观结合起来，从理论层面分析解释扶贫工作的问题，从实践层面分析批判理论的局限，显现出一个青年学者思想的敏锐和深入细致的探讨精神，以及扎实的学术基础和紧贴现实问题的学风。这一特点正是今天中国的学术研究需要大力提倡的。

二

参与扶贫攻坚是当下中国社会工作的重要使命。在这场关系中国全面建成小康社会战略目标实现的宏大社会发展任务面前，社会工作如何发挥自身专业优势，在农村反贫困斗争中助力这一战略目标的实现，既是机遇也面临巨大的挑战。

发轫于西方工业化时期的社会工作从一开始就以医治社会疾病，帮助身陷贫困的人们走出贫困作为自己的使命。但是，针对农村贫困问题的社会工作服务，特别是从发展视角参与农村反贫困行动的社会工作，却是在第二次世界大战以后。当时，广大新独立的发展中国家面临经济发展和社会建设的双重压力，亟需从技术落后、经济凋敝、社会普遍贫困的困境中摆脱出来。这是一个极其巨大的工程，要想依靠发达国家的援助解决这个发展难题是不可能的。而通过建立市场经济解决问题要面对的是资本的逐利本性，会牺牲这些国家的基本利益，使这些刚刚摆脱旧殖民主义控制的国家又掉入新殖民主义的陷阱。在这两难的困境中，一些以帮助发展中国家进行社会建设为使命的国际发展机构和发展工作者进入发展中国家，运用他们所掌握的物质技术资源去帮助后者，希望通过社会发展的方式来改善贫穷国家和它们的社区，促使它们摆脱贫困。社会工作参与反贫困服务即是由此开始的。

随着各种反贫困理论的不断出现，人们对贫困问题的认识也由较为粗浅的物质匮乏、经济落后、教育水平低，转向政治经济体制和社会结构与社会发展问题，然后进一步深入到生活方式、文化传统和人的问题。形成了诸如现代化理论、依附理论、发展理论、贫困文化理论、赋权理论等一系列理论。这些理论无论是宏观视角还是微观视角，都带有明显的启蒙论色彩，试图以一种外部干预的方式，去发展贫困国家或地区的经济、政治、文化，改善或增强贫困群体及个体的权能，实现人和社会的现代化。毫无疑问，在一些特定的时期，这种以外部干预的方式去"扶一把"处于"贫困陷阱"中的个人、家庭和社区，使他们获得某些自助能力，恢复其正常的功能，不仅是必要的，也是必须的。问题是：在发展主义和启蒙主义的意识形态主导下，这些干预式的反贫困理论与策略往往被当作普遍有效的东西贯穿在了整个过程。它们忽视了受助人的感受与价值观，忽视了穷人作为主体存在的价值，使干预变成了"援助者"与"被援助者"的关系。这种关系也因此使二者的关系不平等起来，并由此产生出依附性、人格扭曲、内生动力不足等扶贫"后遗症"。

受这些理论的影响，社会工作参与反贫困的实践也像发展工作者一样，以发展干预的方式介入贫困问题，以嵌入贫困社区（群体）和贫困家庭（个人）日常生活的方式，进行参与式干预，发挥了专业助人的功能。但是，这种以专业人员身份进入贫困世界的方式，不可避免地会把穷人客体化或对象化，形成所谓的"专业支配"。在他们的观念里，他们所代表的是先进的社会生活和潮流；所期望的是通过自己的服务去改善穷人的生活状况及其价值观，从而跟上世界发展的潮流；所做的则是开展各种助人活动去引导穷人接受"新事物"即新观念、新技术和新生活方式，从而融入现代社会。对于受助者而言，这些扶贫社会工作者的专业权威代表的是"现代的""先进的"社会的力量，同时也是"神奇的"和"陌生的"世界的意见或理想，以及他们的服务。基于此，确有一批穷人从中受益，摆脱贫困并实现了生活的转变或飞跃。但是也有大量穷人的情况却不是如此，对社工们的到来及其所表达的思想观念、行为认知，他们要么敬畏和顺从，要么拒绝和排斥，要么漠然或敬而远之。这些不同的态度或反应，就产生了我们在反贫困活动中经常听到或看到的现象：越扶越贫的依赖性或安于现状而不作改变。这样的后果使得所有主张发展干预的理论和实践陷入进退两难的尴尬之中。如何摆脱这种困局就成为研究者亟待解决的重大问题。在这一背景下，以人为本的内源发展理论作为一种新的发展观被提出来，在发展中国家的反贫困实践中得到认同。

从本质上看，内源发展是一种改良的发展理论。它并没有否定以发展促进社会问题的解决和推进社会进步的必要性。它的创新之处是把发展的目光从社会的外部移到了社会的内部,从宏大的、线性结构化的社会现代化的发展叙事,转向发展中国家或地方和它的人民的主体性,从内生性动力源泉的发现、人们的信仰和价值观、一个社区或家庭与个人所拥有的社会资本和文化资本等,或者如阿马蒂亚·森所言的"可行能力"① 考察他们的主体状况,将贫困地区发展的可能性和可持续性基础、条件的分析,置放在一个非线性的、更加复杂的情境中,对包括人们的生活观、价值观与世界观等所思、所愿、所信之事,以及他们采取行动的所是、所为的内在依据进行考察分析,使发展的可能性建立在更加真实的基础上。以这样的发展理念开展农村减贫的社会工作实践,对克服反贫困社会工作中"主客倒置"和"越俎代庖""揠苗助长"式的"帮扶"偏差,无疑具有更科学、更具体的助人效果。而从贫困治理的要求来看,以人为本的内源发展观,对社会工作创新农村反贫困的理论与实践,更是提供了强有力的理论支撑和可行的实务导向。

三

作为一种研究和解释贫穷国家(地区)发展问题的方法论和创新反贫困实践的行动框架,内源发展观弥补了传统发展观的不足,为深入贫困现象的内部认识和解决贫困问题提供了重要理论依据。但是,如何将这一方法论的思考和行动框架变成政策方针和行动方案,还需要有更进一步的理论创新和深入的实践探索来完善。就理论方面而言,随着社会学、政治学、经济学等社会科学理论转向日常生活分析,内源发展观的实践应用性得到增强,成为解决贫困与发展问题的重要理论工具。20 世纪 80 年代以来,社会学研究从社会结构与社会关系的宏大叙事转向生活世界中个体行为和具体事件的描述分析,特

---

① 阿马蒂亚·森在他的《以自由看待发展》这本书中将发展看作是穷人所拥有的可行能力的形成和实现的过程。我在一篇文章中对可行能力与内源发展的关系作了具体的讨论。(参见钱宁《农村发展中的新贫困与社区能力建设:社会工作的视角》,《思想战线》2007 年第 1 期。也可见《社会福利视域中的社会工作》第 242 - 243 页,北京大学出版社2016 年 12 月第一版。)

别是后现代理论用个别化和特殊性的解释代替经典社会学关于人的行为的"社会一致性"假设、政治学领域吉登斯关于政治学研究从"解放政治"向"生活政治"的转变、经济学领域行为经济学用一种更加逼近现实世界人的日常生活经济行为的观察和分析，取代古典经济学"理性人假设"，特别是"穷人经济学"通过揭示"穷人的生活及其相应的选择"，[①] 来说明"为什么有些政策失败了，有些援助没有达到其应有的效果。"[②]

　　社会科学理论的进步必然带来政策思维的转变，进而推动政策实践方式的变化。在新的社会科学思潮影响下，各种以促进贫困国家（地区）和贫困群体自主发展的政策理论和方法，如发展型社会政策、社会投资理论、资产建设理论、社会质量理论等不断涌现，围绕着贫困与发展的议题形成更加多样、更加积极、也更加具有现实意义的政策方针和行动方案。它们不仅极大地丰富了现代社会反贫困斗争的理论武库，使反贫困的政策思路从单纯以救助和扶持为导向的被动助贫，转向以更加多元化和积极的方式回应贫困问题对现代社会政治经济制度的挑战，而且以更加贴近穷人真实生活的方式发展反贫困的策略与方法，从贫困群体或社区内部去寻找脱贫发展的资源和动力，用穷人可及的方式实施扶贫计划。这些政策思路无疑对内源发展观内涵的深化、概念的操作化产生了重大作用。它们不仅弥补了内源发展观在应用理论上的不足，极大地增强了其对贫困现象的解释力和应用性，让内源发展观有了可实践、可操作的政策范式；而且帮助内源发展由思想观念工具化为具体的反贫困行动，成为农村减贫的强有力政策工具。

　　受这些政策思想的启发，中国社会工作在运用内源发展理论创新反贫困实践的活动中，把个人赋能、社区能力建设、优势视角、资产建设等实务理论与方法同专业助人的理念与价值观结合起来，针对贫困群体、社区、家庭和个人开展了扶贫助困的社会工作探索，形成了

---

　　① ［印度］阿比吉特·班纳吉、［法］埃斯特·迪弗罗：《贫穷的本质》，中信出版社2013年版，第14页。

　　② 同上书，第15页。

具有中国本土特质的扶贫社会工作和农村社会工作。其中，在农村社区开展的减贫社会工作，形成了很多值得总结的经验和实务模式。正是这些实践经验使农村（减贫）社会工作成为推进社会工作中国化的重要领域。

四

本世纪初，云南大学社会工作系针对云南少数民族农村面临的贫困与发展问题，结合少数民族文化特点，在云南平寨和田村的少数民族社区陆续开展了以社区能力建设为主要内容的社会工作探索。这些探索针对当时中国反贫困实践暴露出来的"输血式"扶贫产生的"扶不起"或贫困依赖问题，试图运用社区赋权或个人增能的方式，推动少数民族农村贫困社区及其成员形成脱贫发展的内生能力，依靠自己的努力实现内源发展。笔者作为整个农村社区能力建设的协调人和田村项目的负责人组织实施了田村的"乡村社区能力建设"项目。这个项目从 2003 年年底开始，一直持续到 2009 年。在此期间，先后有 9 名硕士生和博士生在这个项目点上，围绕自己的学习和研究内容，开展了田野调查和行动研究。他们与村民同吃、同住、同劳动，深入村民生活世界，了解研究他们的"所思、所愿"，以及他们的"所能、所行"，同村民一起讨论行动方案，陪伴村民开展社区行动，探索内源发展之道，对通过社区能力建设促进社区内源发展的社会工作的探索，不仅使村民在认识和运用自身的资源和优势来改善社区及个人生活状况、发展生产和参与社区公共事务等方面取得了明显的变化，也为我们结合地方民族文化特点开展农村反贫困社会工作研究积累了经验。然而，尽管我们做了大量研究，参与项目的学生以此项目的实务为基础，完成了 7 篇硕博士论文，并有一批相关研究成果陆续发表，但是，因各种原因，系统的理论研究成果一直没有形成，这成了我一直感到遗憾的事情。

方劲这部著作的出版，祛除了我心中的遗憾。而更让我感到欣慰的是，这一研究成果的形成，从实务研究和理论研究相结合的研究思路出发，把内源发展的理论探讨和在田村的社会工作实务经验紧密结合在一起，不仅对这一理论的内涵和外延做了扩展性的梳理，并且在其实践应用方面，做了扩展性的补充，在一定程度上弥补了内源发展理论过于思辨而在应用上存在困难的不足。更重要的是，这部著作在系统深入的农村反贫困社会工作实务的基础上，以内源发展为理论核心，结合当下农村减贫工作中遇到的理论与实践问题，对内源发展的农村反贫困社会工作实务模式进行理论建构，这无论是对农村社会工作的发展，还是反贫困社会工作的发展，都具有积极的理论意义和重要的现实意义。

方劲这部著作的出版，是他长期坚守农村发展和反贫困社会工作研究的结果。作为田村"乡村社区能力建设"项目组第一批成员，2003 年年底项目一开始他就进入田村。在整个硕士研究生学习期间，他和项目组其他成员一道，扎根社区开展社区工作实务。那时候，他们白天与村民一道行走于田间地头，观察体验他们的生活与劳作，晚上到村民家走访聊天，参加村民的婚丧节庆活动，与村民座谈交流，了解他们的社区关系、家庭状况、生活态度和生活中的喜怒哀乐，也介绍项目组的工作设想，对实施项目进行交流沟通。在深入的参与式观察中，项目组与社区和村民建立起了高度的信任关系和相互认同，为与村民一道开展内源发展的反贫困农村社会工作，奠定了良好的工作基础。在此后开展的实务中，村民以极大的热情投入到了项目所实施的社区能力建设，在项目推进中发挥了主体性的作用。内源发展作为一个实践的概念在农村减贫的社会工作实务中得到了运用。

田村的工作是我们开展内源发展的社会工作实务的一项行动研究，但是，作为一个项目，它受制于其任务目标的限制，并不能如我们所愿地持续进行下去。因此，当项目通过验收结项后，我们的实务探索基本结束。如何对实务经验进行总结，就成为项目之后的研究需要解决的问题。方劲于 2007 年毕业后到浙江师范大学工作。但是他并没有中断这一研究，而是在所积累的经验的基础上，继续进一步的理论研究。他从不同的研究视角出发，对农村减贫问题做了深入的理论探讨。先是师从中国人民大学郑杭生教授攻读博士学位，完成了博士论文《遭遇规划：行动者视角的乡村发展干预》，后又完成了国家社科基金青年项目"社会工作在农村反贫困中的应用研究"的写作，形成了我们面前的这部著作。这一系列的研究，不仅深化了反贫困社会工作的实务理论，也为后扶贫攻坚时代的反贫困工作新议题，提供了重要的研究成果。

　　作为一位青年学者，在今天学术界普遍浮躁，充满急功近利的冲动与欲求的状态下，方劲这样持之以恒的研究精神，是难能可贵的，也是令人鼓舞的。因此，在这部著作出版之际，他希望我为其作序，我就结合自己为在这一领域的研究经历及关于内源发展理论的一些思考回顾一番，是以序。

钱　宁

2020 年春节于昆明寓所

目　　录

第一章　导论

　　贫困问题对每个社会而言都是一个既古老却又始终存在的社会议题，正是在与贫困问题的联结中，人们才开始探索在一个复杂社会里生活的价值与意义;[①] 同时，每一个社会对于贫困现象的解读与应对也会随政治、经济、社会、人口及文化的环境变迁而呈现出不同的样态与面向。[②] 不过值得注意的是，近年来，学术界出现了逃避"贫困""发展"等语汇的趋势，取而代之的是讨论诸如社会排斥（social exclusion）、社会融合（social inclusion）、社会剥夺（social deprivation）等时髦的话题。但不可否认的是，在发展研究和社会政策领域，贫困和发展依然是中心议题，[③] 如何消除贫困依旧是公共政策与社会政策最大的挑战之一。著名经济学家艾尔弗雷德·马歇尔发现，减轻贫困的前景"给经济研究带来主要和最大的兴趣"，[④] 而一百多年前，当社会工作开始出现在人类的历史舞台时，就开始应对和处理以贫困为主要议题的社会问题。[⑤] 因此，也可以说，减轻贫困的专业愿景给社会工作理论和实践的发展带来了主要的动力与兴趣。

---

　　① ［英］卡尔·波兰尼:《大转型:我们时代的政治与经济起源》，冯钢、刘阳译，浙江人民出版社 2007 年版，第 74 页。

　　② 王永慈:《台湾的贫穷问题:相关研究的检视》，《台大社会工作学刊》2005 年第 10 期。

　　③ 安东尼·哈尔、詹姆斯·梅志里:《发展型社会政策》，罗敏等译，社会科学文献出版社 2006 年版，第 64 页。

　　④ Marshall A. , *Principles of Economics*, *eighth edition*, London: Macmillan and Co. , Ltd, 1920, p. 4.

　　⑤ 方昱:《齐美尔的玫瑰:货币、贫穷与社会工作》，《东吴社会工作学报》2010 年第 6 期。

专业社会工作最初诞生于对穷人和被压迫者的承诺，致力于降低社会的不公平和贫困问题，被视为社会道德进步的守护者和传播者。① 社会工作与贫困问题相伴而生，专业社会工作自 19 世纪末兴起以来，始终声称将长期致力于应对贫困问题，满足贫困人群的现实需求，这也一直是社会工作职业的中心目标。② 在国际范围内，社会工作参与反贫困是一种惯常做法，这是社会工作在反贫困行动中扮演的积极角色使然。③ 西方国家的实践已经证明，专业社会工作对于缓解和消除贫困拥有先天的优势与功能。④ 社会工作者对于贫困的理解、探寻贫困的原因以及关于贫困的解决方案，不但对于处理贫困议题的专业人士的工作方式具有重要影响，而且在不同程度上也影响到社会工作机构为穷人所采取的方式，这些概念反映了社会工作职业的精神气质，它根植于更广泛的文化时代，是历史和社会的建构之物。⑤ 贫困形成的原因异常复杂，其缓解往往要求不同主体协调一致的共同努力，而社会工作的既有潜力和责任，无疑有助于实现这一艰巨的任务。⑥

不过，同时也应该看到，作为私人领域和非国家组织的组成部分，社会工作最初是作为处理欧洲和北美工业化市场经济过程中严重的贫困现象而产生的，⑦ 一定程度上是城市化和现代化的产物，具有深刻的"城市本质"。专业社会工作的发展从一开始就走上了一条"重视城市、轻视农村"的道路，如今，世界范围内主流的专业社会

① Lowe G. R. and Reid, P. N., The Professionalization of Poverty: Social Work and the Poor in the Twentieth Century, New York: Walter de Gruter, Inc. 1999, p. 1.

② Harris J., "State Social Work: Constructing the Present from Moments in the Past", *British Journal of Social Work*, 2008, 38 (4), pp. 662 – 679.

③ [美] 詹姆斯·米奇利：《社会发展：社会福利视角下的发展观》，苗正民译，格致出版社 2009 年版，第 130 页。

④ Cummins I., "Book Review: Dave Backwith Social Work, Poverty and Social Exclusion", *Critical Social Policy*, 35 (4), 2015, pp. 556 – 558.

⑤ Somers M. R. and Block F., "From Poverty to Perversity: Ideas, Markets, and Institutions Over 200 Years of Welfare Debate", *American Sociological Review*, 2005, 70 (2), pp. 260 – 287.

⑥ Cox D., Gamlath S., and Pawar M., "Social Work and Poverty Alleviation in South Asia", *Asia Pacific Journal of Social Work* 1997, 7 (7), pp. 15 – 31.

⑦ Webb S. A., "The Comfort of Strangers: Social Work, Modernity and Late Victorian England-Part I", *European Journal of Social Work*, 2007, 10 (1), pp. 39 – 54.

工作几乎已经成为城市社会工作的代名词。① 就中国而言，由于农村在社会结构体系中的边缘地位和社会工作发展逻辑方面的原因，农村社会工作一直处于相对滞后的发展状态。② 作为农村社会工作的核心主题，参与农村减贫行动对中国的专业社会工作而言还是一个相对比较新且具有相当挑战性的实践领域。

虽然 21 世纪初开始，以一些高校社会工作专业教师为代表的职业群体已经尝试将社会工作专业理念和方法运用到农村减贫领域，但这种尝试更多还是"试点"和"实验"性质的，最终并未形成较强的"线面"带动效应和规模效应。并且，由于这种实验同当时国际发展潮流的"赋权理念"和"参与式方法"的兴盛和传入密切相关，伴随着这些理念和方法在中国实践过程中遭遇越来越多的"水土不服"，农村社会工作亦开始面临十分艰巨的自我反思和转型压力。一时之间，相关学术研究也陷入沉寂，理论增长缓慢。随着国家层面精准扶贫战略的深入实施，近几年学术界讨论专业社会工作如何有效介入农村精准扶贫的研究开始升温，相关文献明显增多。这是知识界将学术研究与国家政策和社会现实紧密结合的必然结果，有助于借此推动中国农村社会工作的学术研究与实践操作协同发展。不过，单纯从"精准扶贫"这一阶段性的国家减贫政策角度讨论社会工作与农村贫困治理的亲和性及其实践议题，可能会遮蔽二者的长期关联性。因为，长远来看，精准扶贫其实只是中国近 40 年国家扶贫开发的一个阶段性政策，随着政策目标的逐渐实现，将来一定会有政策调整的空间。而一旦国家政策转向，社会工作该如何应对"新贫困"又会演变为新一轮的讨论热点。

对于专业社会工作而言，要想真正从"城市本质"走向广袤的农村地区，实现中国社会工作的深入本土化，必须能够超越精准扶贫这一特殊的"热点式"的"政策性刺激"，聚焦"人类贫困"这一兼具历史和现实特质的"现代性困题"，探寻一种更长远稳健的专业化发

---

① 古学斌：《农村社会工作的主要内容》，张和清主编《农村社会工作》，高等教育出版社 2008 年版。

② 王思斌：《我国农村社会工作的综合性及其发展》，《中国农业大学学报》（社会科学版）2017 年第 3 期。

展之路。因此，在讨论精准扶贫这一特殊议题之外，有必要跳出其局部性和阶段性框架，回归到社会工作与贫困议题的历史性和总体性层面，从历史的、现实的以及专业的角度厘清二者的关系，以促进农村社会工作的"稳定性发展"而不是"热点式增长"。

本书试图探讨社会工作在中国农村反贫困中的内源性能力建设模式的理论构建与实践行动议题。然而，讨论社会工作介入农村反贫困领域的理论议题与实务构建，如果单纯从专业社会工作本身的理论脉络和方法模式出发，容易落入"专业为本"的学术陷阱，很难超越专业主义自身的局限性，从而不利于解决贫困领域的实际问题。只有在透彻理解当前中国农村反贫困的客观现实的基础上，才有可能从社会工作的专业知识库中提炼出贴合生活实际和地方情境的实践性概念，亦有可能操作化为农村反贫困实践中具有生命力和拓展性的实践模式。本章从分析中国农村反贫困工作的整体性困局着手，希冀从总体上把握和理解当前农村的反贫困实践，并由此探讨专业社会工作介入农村反贫困的实践空间。在此基础上，提出本书重点关注的学术命题，同时对研究方法、实践田野点等进行必要的澄清与交代。

一 中国农村减贫工作的"内卷化"困境

改革开放 40 多年来，中国农村扶贫事业取得了无可争议的巨大成就，为全球减贫事业作出了重大贡献，7 亿多农村贫困人口摆脱贫困，年均减贫人口规模接近 1900 万人，农村从普遍贫困走向整体消除绝对贫困。官方统计数据显示，依照中国现行的农村贫困标准线测算，截至 2018 年年末，全国农村贫困人口从 2012 年年末的 9899 万人减少至 1660 万人，累计减少 8239 万人；贫困发生率从 2012 年的10.2% 下降至 2018 年的 1.7%，累计下降 8.5 个百分点（见表 1 - 1）。不过，制约贫困农村脱贫发展的深层次矛盾依然十分显著，诸如扶贫对象规模庞大、相对贫困问题突出、返贫现象比较普遍、贫困地区集中连片、生态环境脆弱恶化、民众教育水平不高等。结构特征上，现有贫困大都是自然条件差、经济基础弱、贫困程度深的地区和群众；群体分布上，主要是残疾人、孤寡老人、长期患病者等"无业可扶、无力脱贫"

的贫困人口以及部分教育文化水平低、缺乏技能的贫困群众。应当说，中国脱贫攻坚成效巨大，但面临的困难和挑战也同样巨大，需要解决的突出问题依然不少。

表 1-1　　　　按现行农村贫困标准衡量的中国农村贫困状况

年份	当年价贫困标准（元/年·人）	贫困发生率（％）	贫困人口规模（万人）
1978	366	97.5	77039
1980	403	96.2	76542
1985	482	78.3	66101
1990	807	73.5	65849
1995	1511	60.5	55463
2000	1528	49.8	46224
2005	1742	30.2	28662
2010	2300	17.2	16567
2011	2536	12.7	12238
2012	2625	10.2	9899
2013	2736	8.5	8249
2014	2800	7.2	7017
2015	2855	5.7	5575
2016	2952	4.5	4335
2017	2952	3.1	3046
2018	2952	1.7	1660

资料来源：笔者根据国家统计局历年《中国农村贫困监测报告》整理。

一直以来，学术界围绕农村扶贫工作的困境和难题进行了大量讨论，最近的讨论主要集中在扶贫政策的制定与执行问题、[1] 扶贫与生态文明建设的关系问题、[2] 扶贫与地方性文化的关系问题[3]、新扶贫攻坚与社会政策的有效衔接问题[4]等方面。与此同时，自国家层面

---

[1] 向德平、高飞：《政策执行模式对于扶贫绩效的影响——以 1980 年代以来中国扶贫模式的变化为例》，《华中师范大学学报》（人文社会科学版）2013 年第 6 期。

[2] 李培林、王晓毅：《移民、扶贫与生态文明建设——宁夏生态移民调研报告》，《宁夏社会科学》2013 年第 5 期。

[3] 王建民：《扶贫开发与少数民族文化——以少数民族主体性讨论为核心》，《民族研究》2012 年第 3 期。

[4] 李迎生：《推进社会政策与新扶贫攻坚方案的有效衔接》，《甘肃社会科学》2016年第 4 期。

2013 年年底正式提出精准扶贫战略以来，精准扶贫实施过程中的现实挑战与实践困境也成为近几年学术界持续讨论的热点议题。① 从研究主题上看，现有研究基本涵盖了农村扶贫工作中面临的各种现实问题，也有针对性地提出了不同层面的解决策略。不过，这种分立性、割裂式的研究路径可能会造成对农村扶贫工作总体性认识和全面性把握的不足，由此导致知识生产的碎片化倾向明显，在有效指导实践过程中扶贫政策的调整和扶贫行动的完善方面还有进一步思考的学术空间。

对中国农村扶贫工作的研究在"务于精熟"的同时，也要"观其大略"，既要见"点线状"的树木，也要见"面片状"的森林，这样才能更加准确地把握扶贫工作内在矛盾的总体性特征及其演变趋势的整体性格局。应当说，学术界也不乏从宏观综合层面探讨农村扶贫工作困境的研究。② 不过，这些研究基本还是立足于将各种分立性研究的观点简单综合或叠加起来，同真正意义上的总体性研究还有一定的距离。因为"全部事实的堆积并不等于对实在的认识，堆积起来的全部事实也不等于总体。事实只有被当作一个辩证整体中的事实和结构性部分来理解，才构成关于实在的认识"。③ 为了弥补这一学术遗憾，从总体性视角探讨和审视当前农村扶贫工作中存在的现实困境就具有重要的现实意义和学术价值。更为重要的是，通过从总体性视角分析农村扶贫工作的基本特征与现实困境，亦有助于整体把握和精确定位专业社会工作在农村扶贫工程中的实践空间、功能角色以及模式方法，从而为本书的研究奠定学理基础和分析起点。

（一）中国农村减贫工作的总体性特征

要对中国农村扶贫工作的总体性困局有所把握，首先必须厘清其

---

① 汪三贵、郭子豪：《论中国的精准扶贫》，《贵州社会科学》2015 年第 5 期；左停、杨雨鑫、钟玲：《精准扶贫：技术靶向、理论解析和现实挑战》，《贵州社会科学》2015 年第 8 期；陆益龙：《农村的个体贫困、连片贫困与精准扶贫》，《甘肃社会科学》2016 年第 4 期。

② 段应璧：《中国农村扶贫开发：回顾与展望》，《农业经济问题》2009 年第 11 期；刘坚：《新阶段扶贫开发的成就与挑战》，中国财政经济出版社 2006 年版。

③ 科西克：《具体的辩证法》，社会科学文献出版社 1989 年版，第 23 页。

总体性特征。中国农村扶贫工作经历了长时期的历史积淀，其总体性特征处在不断演化变动的过程之中。从目前的主流趋势看，主要有五个方面的特征值得关注。

第一，扶贫战略的国家化。国家主导的扶贫战略是中国农村扶贫工作的首要特征。国家发展运动大背景下的扶贫战略虽然近年来出现了与国际发展产业的交流互动，也借鉴了其相关理念和方法，但以"技术—现代化"为关键指标的特征并未改变，自上而下动员和推行的基本方向亦未改变。① 从国家层面看，农村扶贫工作意义重大，既事关国家长治久安和现代化建设大局，也是促进全体民众共享改革发展成果的重大举措。20 世纪 80 年代中期，农村贫困问题在国家宏观经济体制改革的助推下获得显著改善，贫困人口逐渐减少；但与此同时，大量自然条件恶劣、资源存量不足、经济基础薄弱的农村地区则难以享受到经济自然增长的宏观带动作用，贫困问题凸显。基于此，中国政府开始在全国农村范围内大规模、有计划、有组织地实施扶贫开发，并将其作为一项长期战略和系统工程坚持下来。为了更好地推动扶贫工作，1986 年国家专门成立了国务院扶贫开发领导小组，安排了专项扶贫资金，确定了开发式扶贫方针；1994 年颁布了《国家八七扶贫攻坚计划》，这些制度安排标志着国家主导的农村开发式扶贫的正式启动与持续推进。自扶贫战略实施以来，国家由上而下的支持和干预构成了农村扶贫工作的自然逻辑与基本背景。尽管农村经济的持续高速增长对于推动农村大规模减贫起到了核心作用，但国家有针对性的扶贫战略与投资的减贫效应始终不容忽视。

"政府主导、社会参与"一直是中国扶贫工作倡导的理想型社会主体参与格局，被认为是国家与社会关系在扶贫领域的具体展现。深入分析中国的扶贫体制与扶贫实践之后，不难发现，社会主体的参与程度其实并不平衡，甚至可以说始终处于相对失衡的状态，即政府主

---

① 朱晓阳、谭颖：《对中国"发展"和"发展干预"研究的反思》，《社会学研究》2010 年第 4 期。

导性过于突出，社会参与性明显不足，中国基本延续着"行政化扶贫"① 的运作体制。毋庸置疑，行政化扶贫的功能十分明显。首先，通过行政动员获取扶贫资源。2011 年至 2014 年，中央财政安排专项扶贫资金累计约 1430.77 亿元，年均增长 16.87%②。2016 年中央安排的扶贫专项资金已经达到历史最高水平的 664 亿元，加之动员的社会扶贫资金、金融部门的信贷扶贫资金以及各级政府用于农村社会保障的资金，资金总量已经十分庞大。2018 年，中央财政的专项扶贫资金预算更是达到了史无前例的 1060.95 亿元，比 2017 年同口径增加 200 亿元。显而易见，政府行政动员的力量是其他社会主体难以企及和无法撼动的。其次，运用科层体系实施扶贫战略。《中国农村扶贫开发纲要（2001—2010 年）》实施期间，中国对总计约 15 万个贫困村采取了以"整村推进"为基本举措的综合性扶贫开发。如此大规模、集中式的减贫行动，只有在现行完善的科层体制下才能顺利实现。再次，利用组织系统进行贫困监测。国家通过专门系统的组织机构对贫困地区、贫困人口以及扶贫政策实施效果进行动态数据收集。以国家统计局为代表的政府机构部门通过全国性调查数据对所有国家级贫困县实施跟踪监测，有助于减贫计划和实施行动的信息完善。最后，根据减贫进程制定扶贫规划。"规划性发展"是中国经济社会发展的基本运行逻辑之一，也是政府主导的扶贫工程的典型特征。根据经济社会发展水平和农村减贫进展程度，政府通过制定长期性扶贫规划主导减贫行动。

与此同时，又不得不承认，过度国家化或行政化的扶贫战略亦存在显著的现实缺陷。

一是部门界限和功能分割影响减贫规划实施。科层管理体制的条块分割导致扶贫行动参与部门的合作程度大打折扣，容易造成资源整合困难或资源浪费。中央专项扶贫资金、信贷扶贫资金和以工代赈资金等有效整合程度不足，减贫资金难以保证，影响扶贫计划的实施效果。二是目标多元和利益冲突导致减贫目标偏离。科层体系内部并非

---

① 汪三贵：《扶贫体制改革的未来方向》，《人民论坛》2011 年第 12 期（下）。
② 国家统计局住户调查办公室，2015：64。

铁板一块，不同层级、不同部门的组织目标并不重合，组织利益的实现方式亦不相同。中央政府本着对社会秩序和社会公正的追求，农村减贫工作的意愿强烈。相比之下，地方政府在经济增长、机构运转、社会稳定等方面显然更加愿意投入精力，减贫济困并非最急迫的目标。减贫目标的完成不是地方政府考核与地方官员晋升的主要指标。三是行政执行和垂直管理致使项目效率受损。国家化的扶贫战略通常采取自上而下的实施模式，选择权和决定权集中在政府部门尤其是较高层级的部门，减贫对象和基层社会的话语权丧失，不能对自身的真实需求表达观点。政府扶贫实践中，经常出现扶贫项目因水土不服而夭折的现象，不仅没有达到减贫效果，反而增加了减贫对象的经济压力，打击了减贫对象的脱贫信心。不仅如此，一些地方甚至出现严重损害政府工作人员利益去筹集扶贫资金的现象，脱贫的"政绩化"、行政化现象可见一斑。①

第二，扶贫政策的阶段化。改革开放以来，中国农村扶贫政策的阶段化特征十分显著，有步骤、分阶段成为农村反贫困稳步推进的基本特征。总体上看，农村扶贫政策的演变可划分为三个主体阶段。

第一阶段为体制改革助推贫困缓解阶段（1978—1985 年）。农村人民公社体制运行过程中，逐渐出现生产积极性降低、土地产出率下降等困境。此时贫困治理的主要举措是解除制约生产效率的诸种体制限制，构建农村贫困人口发展经济的社会空间。最先调整的是土地制度，人民公社时期的集体体制逐步过渡到家庭联产承包经营制。家庭联产承包经营的土地制度相较于此前的集体体制，在生产积极性、土地产出率等方面获得了前所未有的提升，从而有效增加了农民的经济收入水平。另外，市场体制得到国家推动并逐步形成。一方面，农产品市场运作机制获得重建，主要措施是放开部分农产品价格，由市场调节形成价格；另一方面，为了促进乡镇企业发展，国家放松了工商业投资领域的限制性条件，鼓励民间资本进入工商业；与此同时，为了使得土地的价值得到充分展现，土地流动机制得以建立，一定程度

① 王思斌：《农村反贫困的制度—能力整合模式刍议——兼论社会工作的参与作用》，《江苏社会科学》2016 年第 3 期。

上实现了市场对土地资源的优化配置。这些体制改革不仅直接调动了农业生产积极性，活跃了农村市场，调整优化了农业产业结构，还同时拓宽了农村劳动力在非农领域的就业机会和渠道，从而带动了农村贫困人口减贫脱困。

第二阶段为经济增长带动扶贫开发阶段（1986—2000年）。扶贫政策和治理模式向多元化方向迈进。相比改革开放初期，此阶段农村劳动力获取资源、创造财富的社会空间和市场潜力逐步深化，社会流动机制逐步成熟。大部分农村地区依靠国家体制改革的机遇期，利用自身的资源优势，改善了经济条件。与此形成鲜明对比的是，少部分农村地区因特殊的先天性劣势，在改革开放过程中与先富地区的发展差距呈扩大趋势，农村发展的区域差异、民族差异逐渐显现，通过体制改革带动经济增长的方式实现全面减贫的目标遭遇瓶颈。于是，国家正式启动了财政和行政双重举措对农村贫困进行自上而下的直接干预，有组织、有计划的大规模扶贫工作开始启动。在反思救济式扶贫的基础上，确定了开发式扶贫的基本方向，对集中贫困区域采取连片开发，确定了国家重点扶持贫困县。随着扶贫工作的深入，贫困总人口大量减少，但贫困类型与成因亦在发生变化，贫困人口减少速度趋缓，为此，国家制定了《八七扶贫攻坚计划》，这也是中国扶贫历史上第一个目标清晰、期限明确的扶贫纲领性文件。

第三阶段为开发保护共助贫困治理阶段（2000年以来）。经过较长时期的扶贫开发，此时农村贫困的特点又出现了新的变化。国家实施的减贫政策和扶贫举措更加复杂多元，基本特征是借助于市场机制的高速经济发展和国家操控主导的开发式扶贫，以及多部门复合参与运行的转移支付手段的混合运行。此阶段国家先后制定实施了《中国农村扶贫开发纲要（2001—2010年）》和《中国农村扶贫开发纲要（2011—2020年）》，结合21世纪的农村贫困特点，进行综合性的扶贫开发工作。2013年以来，"精准扶贫"方略正式出台和全面实施，扶贫攻坚进入冲刺期和决胜阶段。同时值得关注的是，农业税费改革以及农业税的全面取消对于减轻贫困农户负担的效果十分显著。相关统计显示，2005年免除的农业税额度约等于当年贫困农户人均年收入的 7.2%。① 除开发式扶贫继续大规模运行外，以新型农村合作医疗、农村义务教育阶段贫困家庭学生的两免一补、农村居民最低生活保障制度等为代表的"保护性扶贫"政策开始实施并逐步完善，扶贫政策步入开发式与保护式同步运行的新阶段。② 为此，有学者进一步指出，中国农村反贫困政策应当建立一个由普遍性医疗保障制度、普惠型福利、选择性社会救助和开发式扶贫政策共同构建的"四驾马车"综合框架。③

第三，扶贫模式的多元化。理想形态上，中国农村扶贫模式已经由"输血式"向"造血式"转变，"造血扶贫"某种程度上已成为开发式扶贫的另一种表述形式。对于如何实现造血扶贫，又形成了诸多具体的模式，概括起来主要包括以下几种类型。一是智力扶贫。以农民教育为基本切入口，通过技能培训实现贫困人口的知识提升，从而转化为劳动生产力。同时，注重贫困家庭子女教育，促进他们稳定就业和自主创业，实现长效扶贫。二是产业扶贫。产业扶贫被认为是开发式扶贫的核心内容，以产业为基础，以农民增收为主要目标，鼓励支持贫困地区因地制宜，在综合考察产业基础、市场需求、资源禀赋以及环境生态等多元因素的基础上，选择适宜本地发展的特色产业。三是合力扶贫。以整合全社会力量为基本手段，中央与地方、政府与市场、行业与专项、外部与内生等多元社会主体协同参与，形成扶贫开发合力，拓展扶贫济困渠道，推动扶贫资源配置，实现效率最优化和效益最大化。四是搬迁扶贫。以有计划的开发式移民为核心举措，对居住和生产条件恶劣的贫困人口，实施易地搬迁，并通过改善安置地区的生产生活条件、优化产业结构等措施实现搬迁贫困人口的减贫目标。

实际上，学术界对于中国农村扶贫模式由"输血式"向"造血式"的转变路径，一直存在广泛争论，这种争论伴随着开发式扶贫的

① 中国发展研究基金会：《中国发展报告（2007）：在发展中消除贫困》，中国发展出版社 2007 年版，第 145 页。
② 李小云：《我国农村扶贫战略实施的治理问题》，《贵州社会科学》2013 年第 7 期。
③ 徐月宾、刘凤芹、张秀兰：《中国农村反贫困政策的反思——从社会救助向社会保护转变》，《中国社会科学》2007 年第 3 期。

提出和发展持续至今。争论的焦点议题主要集中在两个方面。焦点之一是，当前的开发式扶贫战略是否真正实现了其所倡导的由"输血式"向"造血式"扶贫模式的转变。因为在具体操作过程中，输血扶贫其实并没有真正退出历史舞台，当前许多造血扶贫模式其实是在借助输血扶贫为载体发挥作用，造血扶贫更多的是作为一种理想形态而存在。争论的焦点之二是，"造血式"扶贫模式是否能够或者说是否有必要完全替代"输血式"扶贫模式。一方面，如果从效率的角度进行评估，"造血式"扶贫模式的减贫效果并没有达到制度预计的理想状态，实践过程中反而出现了诸多负面效应；另一方面，单纯的输血式扶贫和单纯的造血式扶贫的有效性似乎都存在局限性。有学者认为，单一实施造血扶贫其实并不是中国农村扶贫的最好模式选择，而应该采取"输血与造血的协同互动模式"[1]。减贫经验表明，农村反贫困不仅要考虑减贫资金、减贫项目和减贫效益等经济议题，还要分析怎样实现多元主体共同参与，如何实现资金、项目、资源同真实需求的有效衔接，是一个复杂而系统的社会治理过程。[2]

第四，扶贫瞄准的区域化。扶贫瞄准是中国农村扶贫工作实施过程中的重要一环，是对扶贫对象的选择和扶贫对象确定后实施的资金和资源投放过程。一直以来，中国农村扶贫开发的瞄准机制属于区域瞄准，选择一定的贫困区域予以重点帮扶，往往难以做到识别到户。[3]"区域"在扶贫领域中的范围并不固定，通常情况下，省域、县域、村域都可以纳入区域的范畴。自从 20 世纪 80 年代国家确定贫困县标准和名单以来，一直到 2000 年左右，几乎所有扶贫计划和投资都是以县域为瞄准单位的。21 世纪以来，农村扶贫工作进行了诸多重大政策调整，其中最大的变化之一就是瞄准机制从县域瞄准转变为村域瞄准，试图通过缩小瞄准单位以提升瞄准的精准度。2001 年，全国

---

① 谭贤楚：《"输血"与"造血"的协同——中国农村扶贫模式的演进趋势》，《甘肃社会科学》2011 年第 3 期。

② 王春光：《社会治理视角下的农村开发扶贫问题研究》，《中共福建省委党校学报》2015 年第 3 期。

③ Park A., Wang S., and Wu G., "Regional Poverty Targeting in China", *Journal of Public Economics*, 2002, 86 (1), pp. 123 – 153.

范围内总共确定了约 15 万个贫困村，这些贫困村已经突破了原先贫困县的范围，所有贫困村均采取整村推进的方式进行扶贫投资。从 2011 年开始，农村扶贫工作的瞄准思路又发生了变化，"集中连片特殊困难地区"成为扶贫攻坚的重点和难点，按照"集中连片、突出重点、全国统筹、区划完整"的基本原则，在全国共划分了 14 个特困片区，共辖 680 个贫困县。

然而，扶贫瞄准的区域化机制在促进贫困地区经济增长并带动农村贫困人口减贫的同时，并没有很好地阻止贫困地区内部的收入分配差距的扩大之势，区域化瞄准机制显然难以全面覆盖最贫困、最有需求的人群。国家统计局农村贫困监测调查数据显示，如果将 2014 年贫困地区农户按人均可支配收入从低到高排列，高收入组、中高收入组、中等收入组、中低收入组和低收入组的人均可支配收入分别为 13753 元、8082 元、6023 元、4386 元和 2013 元，高收入组人均可支配收入是低收入组的 6.8 倍。与 2013 年相比，2014 年贫困地区低收入组农村居民人均可支配收入增长 3.9%，中低收入组增长 11.7%，中等收入组增长 13.5%，中高收入组增长 14.3%，高收入组增长 13.2%，高低收入组的差距由 2013 年的 6.27 倍扩大到 2014 年的 6.83 倍（见表 1-2）。①

在此背景之下，采取更具针对性的减贫政策显得越发重要。2013 年年底开始，国家层面正式提出"精准扶贫"的减贫理念，可以看作是对主流的区域化扶贫机制的一次重要调整和反思。中央办公厅《关于创新机制扎实推进农村扶贫开发工作的意见》（2013 年 25 号文）中，明确提出将精准扶贫作为六项扶贫创新机制之一。随后，国务院扶贫办制定了《建立精准扶贫工作机制实施方案》，在全国范围内推进实施精准扶贫工作。精准扶贫最基本的含义是通过对贫困家庭和贫困人口开展有针对性、实效性的帮扶工作，具体包括贫困户的精准识别和精准帮扶、扶贫对象的精准动态管理以及扶贫效果的精准考核等内容，确保扶贫资源真正用在扶贫对象身上、真正用在贫困地区，力争从根本上消除致贫的多元影响因素，增强贫困家庭和人口自

---

① 国家统计局住户调查办公室，2015：29。

主发展的能力，最终实现可持续脱贫的目标。① 精准扶贫是对扶贫瞄准区域化机制深入反思基础上的一次理念转型，是为了抵消经济增长减贫效应递减和区域化瞄准机制的目标偏离而进行的政策调整。必须指出的是，随着精准扶贫在全国范围内的大规模实施，一些突出的问题和困难也应运而生，主要体现在精准识别、精准扶贫和精准考核三个方面②。不过，虽然目前中国扶贫瞄准的区域化倾向并没有发生实质性改变，但国家层面自上而下推动的精准扶贫新理念的实践效果值得期待。

表 1 - 2　2014 年贫困地区农户按人均可支配收入五等份分组收入比较　（元）

指标名称	合计	低收入组	中低收入组	中等收入组	中高收入组	高收入组
可支配收入	6852	2013	4386	6023	8082	13753
1. 工资性收入	2240	860	1547	2098	2735	3961
2. 经营净收入	3033	586	1898	2570	3510	6600
3. 财产净收入	81	26	37	55	89	199
4. 转移净收入	1497	542	905	1300	1748	2992

资料来源：国家统计局住户调查办公室：《2015 中国农村贫困监测报告》。

第五，扶贫投资的项目化。分税制改革以来，中央财政不仅不再从农村收取各种税费，反而加强了对农村的"反哺"，尤其增加了对中西部贫困农村的支持力度，其机制主要表现为财政资金的转移支付。转移支付能够均衡地方财政差距，促进社会公正，并具有良好的政治作用。③ 因此，国家往往将相当一部分的转移性支付投向西部地区、民族地区、农村地区和贫困地区。作为一种颇具中国本土特色的国家治理形态，项目制是政府财政转移支付的一种特殊方式，即在常规的国家财政分配体制之外，依照中央政府的指示和意图，以专项化

---

①　汪三贵、刘未：《"六个精准"是精准扶贫的本质要求——习近平精准扶贫系列论述探析》，《毛泽东邓小平理论研究》2016 年第 1 期。
②　汪三贵、郭子豪：《论中国的精准扶贫》，《贵州社会科学》2015 年第 5 期。
③　王绍光：《中国财政转移支付的政治逻辑》，《战略与管理》2002 年第 3 期。

的资金模式自上而下地进行资源配套的制度安排。① 在国家掌握充足
财政资源的现实背景下,"项目制"成为中央进行财政转移支付的主
要工具性措施,通过中央各部、委、办的"发包"和招标过程,并
利用项目奖励的形式要求各级地方政府给予适当的"配套资金"进
而顺利实施相关政策②,尤其在政府内部的动员效果十分显著。项目
化运作逐渐成为国家的一种常规性治理手段,基础设施建设③、文化
教育事业④、社会管理创新⑤、农业种植推广⑥等诸多领域都离不开项
目制的功能发挥,并且以项目为中心形成了一整套稳定、系统、有序
的运作机制。近年来,关于项目制的学术研究呈现出较为快速的增长
趋势,对项目化治理的分析已经成为理解改革开放以来中国社会变迁
的关键性变量⑦。甚至有学者将当前的项目制与过去的"单位制"相
提并论,认为单位制是计划经济时期国家治理运作的基本方式,而当
今的中国社会,项目制已经取代单位制成为国家治理的基本方式,这
是市场化改革之后从"指令性"的经济计划到引导性的经济"规划"
的重要转型。⑧

在国家治理模式转型的大背景之下,项目制顺理成章地成为当前
中国农村扶贫工作的一项重要制度安排⑨和实践模式,农村扶贫工作

---

① 周雪光:《项目制:一个"控制权"理论视角》,《开放时代》2015 年第 2 期。

② 黄宗智、龚为刚、高原:《"项目制"的运作机制和效果是"合理化"吗?》,《开放时代》2014 年第 5 期。

③ 折晓叶、陈婴婴:《项目制的分级运作机制和治理逻辑——对"项目进村"案例的社会学分析》,《中国社会科学》2011 年第 4 期。

④ 周飞舟:《财政资金的专项化及其问题:兼论"项目治国"》,《社会》2012 年第 1 期。

⑤ 陈家建:《项目制与基层政府动员——对社会管理项目化运作的社会学考察》,《中国社会科学》2013 年第 2 期。

⑥ 黄宗智、龚为刚、高原:《"项目制"的运作机制和效果是"合理化"吗?》,《开放时代》2014 年第 5 期。

⑦ 陈家建、张琼文、胡俞:《项目制与政府间权责关系演变:机制及其影响》,《社会》2015 年第 5 期。

⑧ 黄宗智、龚为刚、高原:《"项目制"的运作机制和效果是"合理化"吗?》,《开放时代》2014 年第 5 期。

⑨ 马良灿:《项目制背景下农村扶贫工作及其限度》,《社会科学战线》2013 年第 4 期。

正是通过国家自上而下地实施项目的系统过程，逐渐确立了一种新的扶贫结构形态。当前，中国已经形成了一整套完整的项目扶贫体系，包括教育扶贫项目、医疗扶贫项目、文化扶贫项目、科技扶贫项目、产业扶贫项目、生态扶贫项目、妇女扶贫项目、儿童扶贫项目等。中央财政专项扶贫资金主要以中央政府"专项配置"和地方政府"项目申报"的形式输送到农村贫困地区。为此，国务院扶贫办专门建立了"脱贫攻坚项目库制度"，明确规定对于未进入扶贫项目库的项目原则上不得安排使用财政专项扶贫资金，同时积极鼓励贫困县统筹使用的财政涉农资金和其他用于脱贫攻坚的各级财政资金主要从项目库中选择项目。需要引起重视的是，扶贫资金的项目化运作亦存在一系列亟待解决的现实问题。依附于科层制的扶贫项目在实施前的选择性平衡、实施过程中的"反科层制"逻辑以及落地后减贫效应的短期性和形式化等共同造成项目制在扶贫开发过程中的功能式微，进而弱化了扶贫开发的可持续性。①

（二）农村减贫工作的内卷化困境及其基本表征

中国农村扶贫工作总体性特征从正向层面来看促成了减贫成就的巨大彰显，而从逆向层面看，则难以遮蔽扶贫领域的"内卷化"困境。"内卷化"（involution）概念产生于人类学，后被广泛应用于经济学、社会学、政治学等学科领域。"内卷化"概念的早期应用离不开美国人类学家戈登威泽的贡献，他用"内卷化"描述一种内部不断精细化的文化现象，意指当文化模式达到了某种最终的形态之后，既没有办法稳定下来，又无法转变到新的形态，而是不断在内部变得更加复杂。② 随后，"内卷化"概念因格尔茨和黄宗智等学者运用于农业领域的研究而被学术界广泛讨论，产生了大量的相关文献，并被扩展到诸多研究领域。格尔茨基本沿用了戈登威泽对"内卷化"的理解，将其作为一个分析性概念，深度刻画了印尼爪哇地区由于农业

---

① 李博：《项目制扶贫的运作逻辑与地方性实践——以精准扶贫视角看 A 县竞争性扶贫项目》，《北京社会科学》2016 年第 3 期。

② 刘世定、邱泽奇：《"内卷化"概念辨析》，《社会学研究》2004 年第 5 期。

无法向外扩展延伸，致使劳动力不断填充到有限的水稻生产过程之中，从而导致农业内部细节过分精细而使形态本身获得了刚性。[1] 在戈登威泽和格尔茨那里，"内卷化"的基本含义指系统在外部扩张条件受到限制的情况下，内部不断精细化和复杂化的过程[2]。

对于中国学术界而言，"内卷化"概念的主要影响来自黄宗智和杜赞奇对格尔茨成果的转用和拓展。黄宗智对"内卷化"的阐释直接来源于格尔茨，但进行了概念的再加工。他将"内卷化"理解为劳动力的边际报酬递减，认为"内卷的要旨在于单位土地上劳动投入的高度密集和单位劳动的边际报酬减少"[3]。在黄宗智看来，"内卷化"主要体现为一种"没有发展的增长"或"过密型增长"的形态，而"没有发展的增长"与"有发展的增长"之间的区别对于了解中国农村贫困和不发达的持续具有重要意义。[4] 不过，黄宗智特别强调他对"内卷化"的理解并不同于格尔茨。杜赞奇关于中国华北农村政治的相关研究进一步拓展了"内卷化"概念，他借用格尔茨的"农业内卷化"概念，指出1900年至1942年华北农村的国家政权建设出现了"国家政权内卷化"现象。值得一提的是，杜赞奇毫不讳言对于格尔茨概念的借用，指出这是在"实在找不出一个更为合适的概念来描述这一过程"时借用并抽象地使用了"内卷化"概念。[5] 当然，这种借用被证明是十分成功的，得到了学术界的广泛认同。

应当说，"内卷化"目前是个尚存大量争论的概念，学术界围绕它的内涵界定以及学理上存在的必要性等问题进行了诸多讨论，至今并无定论。不过，从大量运用此概念进行现实议题分析的文献来看，学者们还是普遍认同"内卷化"概念具有很强的"工具性分析价值"，能够为相关现实问题的解决扩展理论视野和实践空间。[6] 本书

---

① Geertz C., *Agricultural Involution*：*The Process of Ecological Change in Indonesia*，Berkeley and Los Angeles：University of California Press，1963，pp. 80 – 82.

② 刘世定、邱泽奇：《"内卷化"概念辨析》，《社会学研究》2004年第5期。

③ 黄宗智：《发展还是内卷？十八世纪英国与中国——评彭慕兰〈大分岔：欧洲，中国及现代世界经济的发展〉》，《历史研究》2002年第4期。

④ 黄宗智：《长江三角洲小农家庭与乡村发展》，中华书局2006年版，第12页。

⑤ 杜赞奇：《文化、权力与国家》，王福明译，江苏人民出版社1994年版，第292页。

⑥ 郭继强：《"内卷化"概念新理解》，《社会学研究》2007年第3期。

借用"内卷化"概念分析当前中国农村扶贫工作遭遇的总体性困局，认为内卷化是中国农村扶贫工作总体性特征的重要逆向表现。需要说明的是，本书的"内卷化"概念也是杜赞奇意义上的"抽象式借用"，即在遵循该概念原初含义的基础上，针对研究的特定问题，在分析的内容上进行相应调整。就像杜赞奇的政治模式研究对于格尔茨的农业模式研究那样，不是完全对照搬用，而是进行理论概念使用的跨域迁移。[①] 本书认为，"内卷化"概念是对中国农村扶贫工作发展状况的理解和概括过程中能够找到的比较合适的概念，是立足于能够清楚阐释当前农村扶贫工作总体性困局的复杂内容的较好选择。

所谓中国农村扶贫工作的"内卷化"，系指在国家扶贫资源不断增加的情况下，农村扶贫工作的整个内部系统变得更加精细化和复杂化，但却难以完全实现从"救济式"向"开发式"转变进而达到可持续发展的减贫目标，反而陷入难有实质性发展的刚性结构之中。扶贫工作内卷化与黄宗智、杜赞奇等人对内卷化概念的使用在本质上是一致的，即强调在某种模式下，虽然资源投入的总量不断增加，但效率没有提高，效果亦不显著，这是一种"没有发展的增长"。对于扶贫工作内卷化而言，"发展"意指农村扶贫工作的总体目标，"增长"则强调实现减贫的工具手段和内部结构。从性质上讲，农村扶贫工作虽然使贫困人口逐年减少，贫困状况有所改善，但并没有使传统的救济式扶贫的性质发生实质性改变，尚未真正实现开发式扶贫所预期的从解决温饱为主要任务的阶段向巩固温饱成果、加快脱贫致富、改善生态环境、提高发展能力以及缩小发展差距的新阶段的根本性转变。农村扶贫工作"内卷化"呈现出扶贫投资边际效应递减、扶贫治理体系架空悬浮、贫困农村内部分化加剧、扶贫效果难以长期保持以及贫困地区生态承载压力巨大等特征的综合矛盾现象。

第一，扶贫投资边际效应递减。近年来，中央和地方扶贫开发投入的资金力度逐渐增强，农村贫困人口的总体规模呈现下降的基本趋

---

① 王思斌：《中国社会福利的内卷化及发展——中国市场化转型中社会福利制度的变迁》，王思斌主编《中国社会工作研究》第 8 辑，社会科学文献出版社 2012 年版，第 23 页。

势，但减贫速度已经明显放缓。开发式扶贫"对于地域和贫困人口劳动能力的依赖使得其对于剩余贫困人口的政策边际效益几乎等于零"①，政策收益正在受到人们的质疑。开发式扶贫实现既定目标的前提条件中，以下两个方面非常关键：一是贫困人口的分布具有区域性，处于相对集中的地域范围内；二是贫困人口具备基本的自主发展能力。然而，当前中国农村地区剩余的贫困人口的群体性特征显然难以符合上述前提。一方面，从贫困人口的地理分布来看，剩余贫困人口已经脱离了"整体面"的区域性特征，因特殊区域环境、生产生活条件、人口素质能力等约束性条件所形成的"分散点"贫困特征显著，贫困人口分布显现出"小集中、大分散"的特点，一半左右的贫困人口已经不再集中在西部地区，西部、中部、东部地区农村贫困人口占全国农村贫困人口的比例分别为51.3%、35.1%和13.6%；另一方面，剩余的农村贫困人口中，因疾病、残疾等原因而丧失劳动能力致贫或返贫的人群比例非常高，通常情况下，开发式扶贫投资对于这部分人群的边际效益几乎为零，而这也成为目前中国农村减贫速度趋缓的重要原因之一。②

2012年中央财政综合扶贫投入约2996亿元，比2011年增长31.9%，其中专项扶贫资金为332亿元，增幅达到了23%。同时地方政府28个省区市本级财政专项扶贫资金147.8亿元，比2011年增长45%。但扶贫资金大幅度的增加并没有预想的那样起到迅速降低贫困人口的作用。统计表明，中国农村贫困人口1979年至1990年平均每年减少1375万，1991年至2000年平均每年减少529.1万，2001年至2005年平均每年只减少168.8万。③根据国家2011年确定的人均日收入1美元的贫困线标准，截至2014年全国还有近10%的贫困人口，而如果根据世界银行人均日收入2美元的贫困线标准，则依然有

---

① 徐月宾、刘凤芹、张秀兰：《中国农村反贫困政策的反思——从社会救助向社会保护转变》，《中国社会科学》2007年第3期。
② 张秀兰、徐月宾、方黎明：《中国农村减贫政策的反思与建议》，樊纲、王小鲁主编《收入分配与公共政策》，上海远东出版社2005年版，第235—252页。
③ 魏后凯、邬晓霞：《中国的贫困问题与国家反贫困政策》，《中国经济时报》2007年6月1日。

2 亿多人口生活在贫困线之下。① 尤其值得注意的是，民族八省区贫困人口减少的速度更加缓慢，贫困发生率明显高于全国水平。国家民委统计数据显示，2013 年，民族八省区贫困人口约占全国贫困人口的 31%，广西、贵州、云南三省的减贫任务十分繁重。可以看出，扶贫资金在减少人口数量、提高农民收入方面依然发挥着积极作用，但同时也应该注意到，这种资金投入是低效率的。一方面国家扶贫资金在持续投入，另一方面，贫困人口的脱贫难度及返贫、农村扶贫进程中的贫富差距及"输血"强劲、"造血"不足等问题却在日益加剧。②

　　第二，扶贫治理体系架空悬浮。税费改革以来，国家从农村提取资源转变为向农村输送资源，过去一直依靠从农村收取税费维持运转的基层政府正在变为主要依靠中央和上级政府的转移支付而生存，基层政府由过去的"要钱"转变为"跑钱"，治理模式从过去的汲取型变为同农民关系更加松散的"悬浮型"。③ 在国家再分配资源大量下乡的利益链条格局中，权力寻租群体、地方富人阶层、灰黑社会势力、谋利投机农民等行动主体相赖相生，形成乡村社会的分利秩序，地方普通民众反而被排斥在利益分配格局之外，国家、基层组织与农民之间的利益与责任的连带制衡关系被撕裂，乡村治理内卷化问题凸显。④ 扶贫开发的背景下，贫困地区基层政府往往面临着更加尴尬的角色定位。一方面，基层政府想方设法获取财政转移支付的扶贫资金，因此，"跑扶贫项目"成为贫困地区基层政府的中心工作；另一方面，"跑来的项目"又是需要大量精力投入的社会工程，尤其是倡导脱离救济式扶贫模式的开发式扶贫项目，更加离不开基层政府的全心投入和系统运作。然而现实情况却是，基层政府更多的精力都投入在"跑项目"的过程中，真正投入到项目实施中的精力非常有限，

---

① 郑功成：《我国新时期的反贫困战略》，《光明日报》2014 年 6 月 13 日。

② 陈俊：《新世纪以来中国农村扶贫开发面临的困境》，《学术界》2012 年第 9 期。

③ 周飞舟：《从汲取型政权到"悬浮型"政权——税费改革对国家与农民关系之影响》，《社会学研究》2006 年第 3 期。

④ 陈锋：《分利秩序与基层治理内卷化：资源输入背景下的乡村治理逻辑》，《社会》2015 年第 3 期。

从而严重影响项目实施的效果。

同时需要警惕的是，随着财政转移支付的不断增加，大量的公共资源并没有真正到达扶贫对象的手中，而是被"结盟的地方分利集团不理性地变成流量资源"①，很多反贫困项目成为各级地方政府捞取政治资本的手段，致使贫困地区地方治理内卷化趋势愈演愈烈。周常春等人讨论了贫困县农村治理存在的问题，研究发现，贫困县农村治理呈现出广泛的内卷化趋势，贫困户获取扶贫资源的权利与机会被剥夺，乡村精英俘获扶贫资源并获得自身发展，这种反差一方面强化了农村治理内卷化的趋势，另一方面也对农村扶贫政策产生诸多负面效应。究其原因，可以从"乡政村治"的政治背景、"差序格局"的社会背景以及"政府主导型扶贫"的政策背景等方面进行分析。② 首先，"乡政村治"是一种国家行政治理（乡政府）与村民自我治理（村民委员会）的双重治理模式，此种模式下，家庭经济大规模复苏，从而容易导致家族势力复兴，这无疑会挑战基层治理的原有格局；其次，"差序格局"的社会背景下，基层干部往往以自我为中心，通过私人联系纽带考虑扶贫资源的配置，不仅不利于扶贫资源的有效对接和扶贫项目的精准投放，反而还会因为资源争夺引发意想不到的负面效应；最后，"政府主导型扶贫"的政策框架下，政府各级行政力量是贫困治理的推动主体，地方民众的主体性未得到充分展现，既容易导致贫困户对政府的依赖心理，又因政府掌握大量的扶贫资源从而强化了政府的科层体系。

第三，贫困农村内部分化加剧。农村扶贫工作一项重要的任务是实现农村贫困人口脱贫致富，从而有效缓解农村内部的分化问题，并专门设计了相应的瞄准机制，以期能够将有限的资源最大可能地投放给真正有需要的贫困人群。为此，中国政府针对不同时期的扶贫工作特点，提出了"县域瞄准""村域瞄准"等多样化的瞄准机制，从而为扶贫资源精准入户创造制度上的有利条件。但是，无论是贫困县还

---

① 贺雪峰：《论乡村治理内卷化——以河南省 K 镇调查为例》，《开放时代》2011 年第 2 期。

② 周常春、刘剑锋、石振杰：《贫困县农村治理"内卷化"与参与式扶贫关系研究——来自云南扶贫调查的实证》，《公共管理学报》2016 年第 1 期。

是贫困村，都属于"区域范畴"，即使是瞄准到村，仍然难以实现扶贫资源准确到户，贫困村中的穷人获得发展性扶贫项目的可能性比较小。① 从实践来看，整村推进战略下贫困村的农户平均收入增长确实高于非贫困村，但是，在贫困村内部，很难区分富裕农户和贫困农户，并且容易获益的往往是相对富裕的农户和村组干部。研究表明，"农村扶贫开发在缓解贫困的同时加剧了农村内部的收入不平等"②，现阶段贫困农村地区的社会经济分化广泛而深刻③，这必然在一定程度上消解扶贫工作的减贫效果。从更深层次来看，由于扶贫开发不能有效地设计出参与、合作以及协商的机制，从而在决策层面和资源配置层面都难以实现社会团结的目标，并且不少情况下还出现破坏、损害村庄内部团结的问题，导致因为扶贫资源分配的不合理与不公平而产生矛盾与分裂。④

另一个值得关注的现象是资源投放过程中的"精英捕获"（elite capture）问题，即本应惠及大多数民众的资源被政治上或经济上拥有权力的少部分人占有。一般而言，精英捕获主要发生在外部资源投放基层地方的过程中，因此，相关研究也大量集中在农村基层社区发展方面。地方精英通过一定的手段和工具可能控制政府资源达到自身的目的，导致真正的穷人不能获益，这显然违背了项目设计初衷，更为严重的问题是加剧了村庄内部的不平等和分化。⑤ 一项关于中国的社区减贫项目的研究也显示，项目仅仅增加了村庄里富裕户的经济收入，穷人的收入并没有因项目的开展获得增长。⑥ 在精英捕获的实现

---

① 陈前恒：《农户动员与贫困村内部发展性扶贫项目分配：来自西部地区 H 村的实证研究》，《中国农村经济》2008 年第 3 期。

② 李小云：《我国农村扶贫战略实施的治理问题》，《贵州社会科学》2013 年第 7 期。

③ 陈光金：《贫困地区农村社会经济分化研究》，《江苏行政学院学报》2006 年第 6 期。

④ 王春光：《扶贫开发与村庄团结关系之研究》，《浙江社会科学》2014 年第 3 期。

⑤ Kochar A., Singh K. and Singh S., "Targeting Public Goods to the Poor in a Segregated Economy: An Empirical Analysis of Central Mandates in Rural India", *Journal of Public Economic*, 2009, 93 (7 -8), pp. 917 -930.

⑥ Park A. and Wang S., "Community-based Development and Poverty Alleviation: An Evaluation of China's Poor Village Investment Program", *Journal of Public Economics*, 2010, 94 (9 -10), pp. 790 -799.

过程中，精英既可以将自身的利益附加于外部资源的谈判上，也可以在项目实施阶段想方设法占有资源。潘等人研究指出，精英捕获受多方面因素影响，例如，地方权力结构和权力意识水平等政治元素；收入水平和经济贫困等经济元素；社区的同质性等社会元素；监管与惩罚的高额成本等制度元素以及减贫项目本身的设计等规划元素。① 精英捕获问题的出现意味着地方精英占用了大量的扶贫项目资源，而贫困户的利益则难以保证，从而加剧了贫困地区的贫富分化。②

第四，扶贫效果可持续性脆弱。扶贫开发的最终目标是保证贫困地区具有长期持续发展的能力，从根本上摆脱贫困状态。因此，理想层面上看，扶贫工作不应只停留于经济指标的增长，还应该强调人口、资源、环境等综合要素协同并进的整体性发展和人的全面发展。但在扶贫实践中，人们往往将解决短期温饱与长期脱贫混为一谈，要么采取传统的救济式扶贫策略，要么以牺牲环境和浪费资源为代价，以换取暂时性的眼前利益。这种短期化的扶贫行为，不仅不能实现稳定脱贫的目标，甚至连最基本的温饱问题也不能获得有效稳固，呈现出贫困农户依赖性强、返贫现象严重等新的复杂特征。国家统计局的贫困监测数据显示，2001 年至 2009 年间，西部地区贫困人口的比例由61%增加到66%，民族八省区的贫困人口比例由34%增加到40.4%，云南、贵州、甘肃三省的贫困人口更是由29%猛增到41%。这些数据表明，温饱线附近的人口保持良好经济状况的"可行能力"非常脆弱，任何风险和变故都有可能使其返回贫困状态，导致整个扶贫工作功亏一篑。

扶贫效应可持续性脆弱的因素涵盖许多层面，可从扶贫对象和扶贫供体两方面进行具体分析。其一，扶贫对象自主发展的可行能力未能有效建立。在开发式扶贫模式下，扶贫对象往往被视为保守落后的扶持客体，只是被作为资源投放过程中的最后一环，并没有参与到减贫项目的全过程，也就无法通过参与项目提升自主发展能力。当外部

① Pan L. and Christiaensen L. , "Who is Vouching for the Input Voucher? Decentralized Targeting and Elite Capture in Tanzania", *World Development*, 2012, 40（8）, pp. 1619 - 1633.
② 张倩:《贫困陷阱与精英捕获：气候变化影响下内蒙古牧区的贫富分化》,《学海》2014 年第 5 期。

支持力量撤出之后，扶贫对象便理所当然地回到了原初的发展轨迹和道路上。其二，扶贫供体的资源存量无法提供长时期的充足供给。虽然中国减贫效果显著，贫困人口大规模减少，但贫困人口总量依然十分庞大。在扶贫资源相对有限的情况下，很难对某个需求主体提供不间断的持续供应，这种因资源有限而"浅尝辄止"或"数量重于质量"的减贫模式，实际上助推了扶贫对象的返贫趋势。有学者指出，导致农村返贫现象突出的根源是主体、供体和载体三者发展的不可持续性，因此，构建多维均衡的可持续扶贫模式才是根本出路。①

第五，生态环境承载压力巨大。农村贫困问题与自然地理环境的关系十分密切。在讨论农村贫困议题时，不得不将环境议题视为其越来越重要的组成部分。研究显示，贫困具有显著的空间分布特征，区域地理环境条件的不均衡性与区域贫困关系密切。② 由于诸多复杂因素的交互影响，贫困与环境之间的因果联结不能被简单化为一维关系。③ 通常情况下，农村贫困人口往往集中于自然环境恶劣、资源条件不足以及生态系统脆弱的区域，在此意义上，贫困问题同时又是一个生态环境问题。贫困地区不但贫困问题需要被关注，而且它们基本都是生态脆弱区域和资源薄弱区域，显示出一种生态环境压力巨大与贫困问题严重的双重困境。环境与贫困相互交织必定产生复杂的扩大效应，从而陷入"环境—贫困"陷阱之中。④

与此同时，农村扶贫工作在追求经济利益、尽早摆脱贫困的主导思想的支配下，往往很难协调处理资源利用与环境保持之间的关系，不可避免地导致资源浪费和生态破坏。一定程度上，当前许多地方的农村扶贫工作实际上在印证着早就提出的"低收入—生态破坏—低收

---

① 丁军、陈标平：《构建可持续扶贫模式 治理农村返贫顽疾》，《社会科学》2010年第 1 期。

② Minot N. and Baulch B. , "Spatial Patterns of Poverty in Vietnam and Their Implications for Policy", *Food Policy*, 2005, 30 (5 −6), pp. 461 −475.

③ 安树民、张世秋：《中国西部地区的环境—贫困与产业结构退化》，《预测》2005年第 1 期。

④ 祁毓、卢洪友：《"环境贫困陷阱"发生机理与中国环境拐点》，《中国人口·资源与环境》2015 年第 10 期。

入"循环理论①。应当说，当前中国贫困地区对资源的破坏性利用现象十分突出，产生的后果也非常严重。造成这种现象的原因是复杂的，归结起来主要有三方面。其一，扶贫项目的环境侵害性。许多扶贫项目本身并没有充分考虑到对环境的负面影响，只注重对资源环境的无限制甚至掠夺式开发，攫取短期利益，忽视环境代价。其二，扶贫主体的环境侵害性。政府、企业以及农户等都是扶贫工作的重要主体，在扶贫过程中，政府常常只考虑如何能够增加财政收入，企业只考虑自身的经济收益，而农户也只考虑如何增加自己的收入所得，各主体对环境可持续的考虑并不充分。其三，生态环境本身的脆弱性。贫困地区之所以难以脱贫，生态环境脆弱和生存条件恶劣可能本身就是重要的制约因素，同时由于扶贫工作带来的环境压力，这就造成了环境侵害的恶性循环，一方面脱贫目标难以实现，另一方面生态环境承载力持续下降。

（三）农村减贫工作内卷化的生成机制

农村扶贫工作内卷化的形成显然离不开前面所述的扶贫工作的总体性特征这一宏观现实背景，即要放在总体性特征的基本框架中进行学术定位和学理分析，这有助于从整体视角把握内卷化的核心特征。但农村扶贫工作的总体性特征如何具体引发内卷化的实践困境，则是需要进一步讨论的学术议题。下文将以农村扶贫工作的总体性特征为分析背景，深入探讨农村扶贫工作内卷化的具体生成机制。

第一，扶贫开发政策灵活性差。扶贫战略的国家化和扶贫政策的阶段化决定了农村扶贫政策调整的灵活性方面存在缺陷。国家扶贫规划从长远来看有利于政策的权威性、一致性和稳定性，避免短期行为，产生长期效应；同时也便于调动不同部门、不同社会主体共同参与到扶贫工作中来。但不得不承认，这种"规划式发展"的方式尚带有明显的行政命令和计划经济的烙印，其创新过程难以跟上社会发展的历程。扶贫政策的强大惯性会衍生出扶贫制度体系滞后的弊端。这样一来，常常出现扶贫政策不能落地生根、无法适应多元化需求的

---

① 厉以宁：《贫困地区经济与环境的协调发展》，《中国社会科学》1991 年第 4 期。

尴尬局面。例如，2001 年国家确定的贫困县数量为 529 个，随着经济的发展和扶贫工作的深入，很多当初的国家级贫困县，已经成为全国实力雄厚的经济强县，早已摆脱了贫困的现实，但由于国家扶贫政策调整的滞后性，使得它们依然戴着贫困县的帽子，享受着中央财政数量可观的转移支付资金。总体上看，国家主导的扶贫政策的动态调整能力相对薄弱，这种特性使得扶贫资源合理、有效利用的程度降低，从而制约了扶贫工作的深入推进。

另外一个关键问题是，减贫政策并不是孤立的制度体系，而是中国整体制度体系中的一环，它要发挥最大效能离不开相关制度安排的配套改革。当前，制约农村减贫政策效能最大化的制度安排依然未发生实质性改变，例如城乡分割的户籍制度、工农业产品的不等价交换制度、公共资源分配制度、农村居民的政治参与制度、农村信贷制度等。当开发性扶贫政策得不到相关政策支持时，其发挥作用的空间自然受到限制。[①] 还有学者关注到农村贫困的动态性问题，如果从动态的视角来分析，贫困并不都具有持久性。当前中国农村的暂时性贫困已经占据主体地位，因此，在对少数持久性贫困人群实施以人力资本投资和物质资本投资为主要手段的减贫政策的同时，应当结合农村贫困的动态结构特征，对暂时性贫困人群实施以应对收入波动为基本举措的减贫政策。[②] 尽管暂时性贫困正逐渐成为减贫领域的重要议题，但持久性贫困依然是减贫的最大顽疾，中西部地区更是如此。显然，当前的减贫政策在应对现实领域的新变化过程中，明显表现出政策灵活性不足的缺陷。

第二，区域瞄准机制效率低下。扶贫开发以来，国家将扶贫目标从县域瞄准调整为县域瞄准与镇村瞄准相结合，呈现出县、乡、村三级瞄准的格局，甚至尝试进行农户的精确瞄准，以使扶贫目标更有针对性，从而有效提升扶贫投入的效率。实践表明，扶贫的瞄准目标定位于县级范围在精准度上存在着严重的偏差，此时扶贫资金的使用效

---

① 洪大用：《中国城市扶贫政策的缺陷及其改进方向分析》，《江苏社会科学》2003年第 2 期。
② 张立冬：《中国农村贫困动态性与扶贫政策调整研究》，《江海学刊》2013 年第 2 期。

率对于贫困地区整体而言可能有效，但对于贫困人口来说并不是特别有效。虽然镇村瞄准能够覆盖更多的贫困人口，但是重点贫困村如何选择依然是困扰镇村瞄准的核心问题，即便中央和地方政府对贫困村的选择有着明确的程序与要求，但诸多人为因素和现实困境还是会影响到贫困村的选择。另外，由于镇村内部贫富差距的存在，镇村瞄准机制还是不能保证其所覆盖的全部是贫困人口。相反，由于基层权力结构的复杂性，扶贫资源要么被平均分配给所有人，要么可能更多地流向村庄中的富裕阶层，从而违背扶贫瞄准的初衷。而贫困户的精确瞄准虽然是国家一直在倡导的瞄准方式，但同样面临着如何在贫困村庄内部识别和选择贫困农户的挑战。

实际上，各种减贫政策在如何瞄准有需求的穷人和扶贫资源如何有效传递给真正的穷人等方面一直没有根本性突破。[①] 这种减贫政策格局也导致学术界长久以来对中国农村的减贫瞄准机制争论不休。一些研究者认为，经济增长才是中国农村扶贫取得如此成就的关键性因素，开发式扶贫的政策效果并没有设想的显著，[②] 其中重要的原因是扶贫瞄准的绩效并不理想。当前，农村扶贫开发进入精准扶贫的新阶段，国家试图将扶贫资源更加有效地传递给真正贫困的农户。于是，为贫困户"建档立卡"成为当前农村扶贫实践过程中的主要瞄准政策，强调贫困户的精准识别、帮扶、管理和考核等，但在具体实施环节中，常常出现官方政策表达与运作实践的背离。[③] 虽然在扶贫瞄准理念上，经历了从"区域"到"农户"的精确性转变，但从实践操作来看，扶贫资源瞄准偏离的困局其实始终未获有效改善。[④] 事实上，精准扶贫与区域瞄准机制同样都面临着信息资讯失真、激励机制失误、方法手段失效、政治角度考量等诸多现实挑战，"贫困"作为一

---

① 李小云：《我国农村扶贫战略实施的治理问题》，《贵州社会科学》2013 年第 7 期。
② 叶初升、李慧：《中国农村经济亲贫增长的测度与分析》，《华中农业大学学报》（社会科学版）2011 年第 5 期。
③ 杨龙、李萌、汪三贵：《我国贫困瞄准政策的表达与实践》，《农村经济》2015 年第 1 期。
④ 李小云、唐丽霞、许汉泽：《论我国的扶贫治理：基于扶贫资源瞄准和传递的分析》，《吉林大学社会科学学报》2015 年第 4 期。

种稀缺资源，极易成为地方政权"俘获"的对象，政策合法性①、地方性知识②、福利配额制③等可能是农村贫困人口瞄准偏差形成的更深层次原因。因此，扶贫瞄准机制绝不仅仅是一项纯粹的技术性难题，从区域瞄准到精准扶贫的技术转变并未从根本上改变瞄准偏差的治理路径，这一问题的更有效解决要从整体扶贫体系的体制层面进行顶层反思，变革扶贫治理体制机制才是改变当前扶贫瞄准困局的基础性工作。

第三，扶贫投资项目难以对接。中国财政扶贫资金很少能以现金支付的形式直接进村入户，往往要通过项目化的运作方式才能实现与贫困人口的需求对接。扶贫部门会根据规划建立扶贫项目库，按照项目安排扶贫资金，凡是未列入项目库的项目，扶贫资金和政策一般不予支持。一项有关扶贫项目资金影响机制的研究显示，农村贫困户中，项目户的增收幅度显著大于非项目户，这意味着，如果贫困农户能够获得扶贫项目资金，那么其收入会有较为明显的增长，到户的扶贫项目资金还是具有显著的脱贫脱困效应。④ 但是，贫困人口究竟需要何种类型的项目以及项目是否能够顺利到达贫困者手中，都是现实操作过程中需要克服的难题。实际上，项目化的扶贫模式始终是学术界讨论与争论的焦点议题。一方面，扶贫项目类型的限制难以适应贫困农村和贫困人口多元化的减贫需求，项目类型的选择往往以管理便利为操作原则，这与贫困人口现实需求的多元分散性显然构成一对矛盾体；另一方面，项目投放时对配套资金和技术能力的要求也极易排斥穷人，从而形成扶贫资源对原初目标减贫群体的实践偏离。⑤

当前，以项目为依托的扶贫资金投放模式，一方面具有比较鲜明

① 袁树卓、殷仲义、高宏伟、刘沐洋：《精准扶贫中贫困的瞄准偏离研究——基于内蒙古 Z 县建档立卡案例》，《公共管理学报》2018 年第 4 期。

② 刘斐丽：《地方性知识与精准识别的瞄准偏差》，《中国农村观察》2018 年第 5 期。

③ 仇叶：《从配额走向认证：农村贫困人口瞄准偏差及其制度矫正》，《公共管理学报》2018 年第 1 期。

④ 张伟宾、汪三贵：《扶贫政策、收入分配与中国农村减贫》，《农业经济问题》2013 年第 2 期。

⑤ 李小云、唐丽霞、张雪梅：《我国财政扶贫资金投入机制分析》，《农业经济问题》2007 年第 10 期。

的技术官僚主义特征，国家为项目申报和管理提供了一整套标准化和技术化的操作程序，便于实现垂直的专业化管理和控制，扶贫开发正在变成"以项目评估和项目管理为中心的治理体制"①；另一方面，项目的准入门槛比较高，发展型项目需要农户掌握相应的技能，基建类项目则需要农户提供配套资金，这种投放模式不仅可能排斥不具备准入条件的真正贫困对象，甚至还为相对富裕的人群因项目获益提供了合理依据。因此，项目化扶贫投资受到了技术管理方便与农户需求分散这一现实矛盾的极大制约，其对于财政资金的使用效率和公平的影响存在疑问。从扶贫项目的地方性运作逻辑来看，非均衡性的项目配置格局限制了农村贫困地区和贫困人口的减贫成效，项目进入地方社会后的"委托—代理"关系使地方政府在项目打包过程中以"反控制"的实践策略谋取利益，而项目设计和规划的短期获益的目标导向则大大削弱了减贫脱困的可持续性发展能力。② 有学者甚至发现，"项目制"实质上更多遵循着政治逻辑，而不是经济逻辑或效率逻辑，对于项目分配者而言，政治考量可能还大于经济考量，从而导致大量无效率项目的出现。③

第四，造血扶贫举措流于形式。扶贫开发的核心思想是通过培育造血功能实现贫困地区脱贫致富，认为只有增强贫困地区和贫困人口的自我发展能力，才能真正摆脱贫困，实现可持续发展。国家的顶层设计也始终围绕着这种思想而展开，为此，国家专门设计出教育扶贫、产业扶贫、金融扶贫等造血扶贫手段。但"在效率优先的原则下，这种造血式的扶贫战略的减贫效果并不尽如人意"④，需要长期投入的造血扶贫工程常常异化为追逐效益的短期行为和盲目行动。同时，造血扶贫战略在实践中还带有浓厚的行政色彩，农村扶贫开发主

---

① 渠敬东、周飞舟、应星：《从总体性支配到技术治理——基于中国 30 年改革经验的社会学分析》，《中国社会科学》2009 年第 6 期。

② 李博：《项目制扶贫的运作逻辑与地方性实践——以精准扶贫视角看 A 县竞争性扶贫项目》，《北京社会科学》2016 年第 3 期。

③ Weingast B. R., Shepsle K. A. and Johnsen, Christopher, "The Political Economy of Benefits and Costs: A Neoclassical Approach to Distributive Politics", *Journal of Political Economy*, 1981, 89 (4), pp. 642–664.

④ 张新伟：《市场化与反贫困路径选择》，中国社会科学出版社 2001 年版，第 18 页。

要依靠行政体系配置扶贫资源，这种自上而下的垂直管理型扶贫显然难以有效动员和组织贫困人口，本应主动参与的农户往往沦为被动接受的客体，贫困人口必然形成对政府等外部干预的强烈依赖。另外，由于区域性瞄准机制容易忽视贫困人口的个体差异，试图一刀切式地解决所有农户的问题，农户的个性化需求无法得到有效满足。总体来看，造血扶贫的原初设想并未得到有效落实，当前诸多扶贫举措最终又返回到了救济式扶贫的老路上。

在"输血"模式与"造血"模式的争论中，参与式扶贫似乎一直以来都是站在造血扶贫一边，成为造血扶贫手段的不二之选。参与式扶贫强调尊重农民发展的主体性，主张利用农民自主发展的强烈意愿，将脱贫与发展转化为村庄和农民的内在性需求和内生性动力。不过，由于参与式扶贫模式直接成长于西方的社会制度之下，在中国情境中是否依然可行有效，显然有待重新评估和进一步实践。研究发现，虽然参与式扶贫弥补了传统扶贫模式的某些不足，且试图构建一套完整的发展话语体系，但是，囿于发展干预实践中的文化、权力以及制度等方面的多元限制，参与式扶贫很难实现理想目标与现实情境的统一。① 尽管表面上看，中国扶贫开发的政策已经接受了参与式理念和方法，但制度化的程序却早已将预期受益人群排除在项目之外。② 因此，不管是"自上而下"科层制扶贫模式还是"自下而上"的参与式扶贫模式，关键的问题不在于转变干预方法和介入工具本身，而是要在深入考察中国农村的权力结构、文化样态以及制度特征的基础之上，寻求适合本土文化和地方性情境的干预模式和实践手段，既不能盲目借鉴外来模式与方法，又要调整自身原有的传统模式与实践方法。在贫困治理的道路上，光有理想是不够的，实践成效才是硬道理。

第五，扶贫受益主体流动性强。应当说，包括农村剩余劳动力在内的各种生产要素在城乡间的自由流动，确实有利于增加农民收入，

---

① 毛绵逵、李小云、齐顾波：《参与式发展：科学还是神话?》，《南京工业大学学报》（社会科学版）2010 年第 2 期。

② ［英］凯蒂·加德纳、［英］大卫·刘易斯：《人类学、发展与后现代挑战》，张有春译，中国人民大学出版社 2008 年版，第 91 页。

从而构成农村扶贫工程的有机组成部分。但是，城乡二元结构中的户籍制度、就业制度、社会保障制度、住房供给制度等对于进城农民而言形成了巨大的刚性制度壁垒，基本公共服务均等化尚未实现，农民难以通过融入城市获得对等的发展机会，也就不能完全依靠市场经济的带动作用改变贫困面貌，农民最终不得不重新返回农村。因此，从本质上讲，大规模的城乡流动并没有从根本上改变中国农村的扶贫格局，绝大多数农民还是要在农村接受国家的扶贫制度照顾，成为扶贫工作的实然瞄准对象。但是，农村贫困人口大规模的城乡流动却在客观上增加了扶贫工作的难度，最主要的变化在于开发式扶贫发挥大规模减贫效益的主体基础已经不复存在。当前，贫困农村的主要劳动力常年处于乡城流动状态，留守人口以老年人和儿童为主，有能力承担开发式扶贫主体的人群的瞄准难度增加，从而导致现行的扶贫治理体系不能有效发挥作用。

当然，贫困人口社会流动的影响应当从正反两方面予以考察，不能一概而论。正向而言，贫困人口的社会流动能够提高贫困人群的基本生活水平，改善贫困家庭的福利，从而有可能为减少农村绝对贫困人口数量作出贡献。相关研究也证实，改善自身家庭的贫困现状是贫困地区劳动力流动最直接的原动力，并且这种流动方式对于缓解家庭贫困确实存在显著的积极效应。[①] 如今，劳动力流动在贫困农村地区愈发普遍，这也成为当地贫困人口增加家庭收入、摆脱经济贫困的重要手段。负向而言，社会流动无疑会削弱贫困地区原本相对稳固的社会凝聚力，增加贫困人口价值观层面的功利性，并且从长远来看，社会流动不是消除而是扩大了不平等，对贫困地区内部分化产生了助推作用。与此同时，由于流动外出的基本上是青壮年且文化程度较高的劳动力，无疑会对地方的农业生产产生一定的负面影响。从扶贫治理的角度来看，主体劳动力常年流动肯定会增加扶贫瞄准的难度，从而影响扶贫治理的效果。因此，在当前"乡—城"人口流动趋势不可逆转的大背景下，最重要的不是盯紧农村一方寻找扶贫突破口，应当顺

---

① 都阳、Albert Park：《迁移、收入转移与减贫》，蔡昉、白南生主编《中国转轨时期的劳动力流动》，社会科学文献出版社 2006 年版，第 276 页。

势而为，将城乡一体化发展纳入到扶贫框架之中，从城乡互动的角度寻求整体性协调发展。

二 社会工作参与农村减贫的实践空间

从上述关于中国农村减贫整体性困局及其生成机制的讨论中可以看出，政府主导的农村减贫行动正面临诸多困境，必须协调各方力量共同参与，才有可能实现农村扶贫工作的全面成功。从专业力量来看，专业社会工作是否能够在农村减贫工作中发挥应有的作用、是否具有参与农村减贫的实践空间，就成为一个亟待学术探讨的重要议题。

（一）返本开新：贫困议题与专业社会工作的历史亲和性

专业社会工作自 19 世纪末兴起以来，始终声称将长期致力于应对贫困问题。美国社会工作者协会（NASW）、英国社会工作者协会（BASW）以及国际社会工作者联合会（IFSW）定义的职业道德守则都包含社会工作援助贫困人群的具体承诺和明确陈述。根据这一承诺，许多国家出现了针对贫困议题的社会工作培训项目框架。这些尝试可以看作是社会工作学者对不同国家贫困率上升的关注和新保守主义社会政策同步加强的结果。[①]

应对和满足贫困人群的现实需求，一直是社会工作职业的中心目标。[②] 凯伦·赫利（Karen Healy）指出，社会工作强调"站在贫困人口一边的承诺""强调工作者和服务使用者之间对话的重要性"，同时，还要"研究变迁、迈向变迁和激发变迁的承诺"。[③] 事实上，在 20 世纪的最初几十年里，社会工作者都在努力为快速增长的贫困人

[①] Krumer-Nevo M., Weiss-Gal I. and Monnickendam M., "Poverty-aware Social Work Practice: A Conceptual Framework for Social Work Education", *Journal of Social Work Education*, 2009, 45 (2), pp. 225–243.

[②] Harris J., "State Social Work: Constructing the Present from Moments in the Past", *British Journal of Social Work*, 2008, 38 (4), pp. 662–679.

[③] 夏学銮：《是希望而不是深渊——凯伦·赫利的〈社会工作实践〉读后感》，王思斌主编《中国社会工作研究》第 1 辑，社会科学文献出版社 2002 年版，第 222 页。

群提供适当的解决办法，这些人群通常只有基本的社会服务和社会福利，其中大部分仍然依赖于非国有资源的保障。① 在西方，从早期的社会工作通过紧急食物和援助资金的分配、打造社区自给自足的安置房运动、扶贫计划和福利权利运动，到今天的社会资本发展，社会工作者始终站在扶贫工作的最前线。事实上，许多人可能会认为，社会工作相比其他任何职业而言，实际是一份与穷人一道工作的职业，是那些没有健康保险的人、那些生活在破败社区的人、那些靠社会安全补助提供基本收入的人、那些从来没有因为一份工作而感觉有尊严的人。需要强调的是，社会工作尤其关注与贫困相关的正义伦理规范。因此，社会工作不但特别重视贫困的个人，而且关注被排除在自给自足途径之外的群体，如妇女、儿童和精神疾病患者。

令人遗憾的是，作为社会工作领域一个传统的中心议题，贫困议题近年来获得的关注却越来越少，这引起了学术界的普遍忧思。在西方，社会工作20世纪30年代前后醉心于以弗洛伊德学派为代表的治疗取向，扛起了专业精熟分化的大旗，大量社会工作者逐步走向私人职业。于是，专业社会工作不再像以往那样关注贫困人群的致贫原因和结果。20世纪60年代左右，个案治疗取向的社会工作方法，曾被社区组织、社会倡导、社会运动等方法的光芒掩盖，社会工作又转向对贫困政策的倡导和执行。然而，伴随着福利国家的式微，这种以改变社区组织和社会政策为目标的工作模式，在一阵风潮的浸染之后，又陷入衰落之境。此后，贫困的解释迈向多元化，在个人、文化、结构等多样化取向碰撞与选择中莫衷一是。在关于贫困议题的不断理解和讨论进程中，虽然社会工作对于贫困对象个人问题的治疗与解决方法仍是主流，但来自优势视角、增能赋权、激变社会工作等理念的挑战也逐渐受到学术界的普遍重视。②

尽管国际社会工作者联合会（IFSW）的定义经常被援引，指出社会工作职业主要是消除贫困和保护弱势群体及被边缘化群体的权

---

① Axinn J. and Stern M. J. , *Social Welfare：A History of the American Response to Need*，Boston：Allyn and Bacon，2007，p. 342.

② 王笃强：《贫困、文化与社会工作——脱贫行动的理论与实务》，台北洪叶文化事业有限公司2007年版，第6—7页。

利，帮助他们融入社会，增加社会包容性。然而，世界范围内的相关调查以及社会工作专业教育和实践显示，对于科学和专业共同体来说，贫困问题依然是一个边缘化的兴趣点。虽然穷人构成了社会工作者日常工作的主要"客户"，但社会工作者通常认为与贫困人群一道工作并不是专业社会工作的核心议题。此外，从社会工作教育方面来看，贫困议题在世界范围内的社会工作研究课程中有被忽视的迹象。在美国等国家，与贫困人群一道工作，相比其他人群而言，社会工作明显是不太受学生欢迎的职业选择。① 施佩希特（Specht）和考特尼（Courtney）在《不可信赖的天使：社会工作如何抛弃了其使命》一书中批判性地指出，美国社会工作者已经抛弃了专业（行业）初期所秉承的为穷人服务的专业承诺，社会工作者已经沦为治疗师，倡导为中产阶级服务，为其缓解生活中的多种小焦虑。②

进一步而言，尽管贫困人群的社会工作实践与其他实践一样，受到本体论、认识论和道德基础的约束，但这些通常是隐藏的，其运作也是模糊的。有研究指出，事实上，贫困人群的社会工作专业实践既没有持续的社会理论研究，也没有发展出相应的研究传统，当前注重实践评估的学术研究方向助长了贫困研究中的"学术裂缝"，贫困的"治疗实践"（treating practice）成为一个相对独立的技术。③ 更为关键的问题是，虽然许多社会工作者从个人主义角度对社会发展和贫困议题进行论述，但并没有具体将他们的途径与经济活动相关联④，这无疑降低了社会工作在贫困领域功能有效发挥的可能性。

因此，有学者提出，社会工作应当重申贫困议题的集体声音，以满足社会工作者作为"称职实践的道德义务"（ethical obligations for

---

① Krumer-Nevo M. , Weiss-Gal I. and Monnickendam M. , "Poverty-aware Social Work Practice: A Conceptual Framework for Social Work Education", *Journal of Social Work Education*, 2009, 45 (2), pp. 225 – 243.

② Specht H. and Courtney M. , *Unfaithful Angels: How Social Work Abandoned its Mission*, New York: Free Press, 1994.

③ Krumer-Nevo M. , "Poverty-aware Social Work: A Paradigm for Social Work Practice with People in Poverty", *British Journal of Social Work*, 2015, pp. 1 – 16.

④ Paiva J. F. X. , "A Conception of Social Development", *Social Service Review*, 1977, 51 (2), pp. 327 – 336.

competent practice）;① 一些学者建议将"贫困意识"（awareness of poverty）② 作为一个关键的分析框架理解和反映贫困议题，以更好地采取行动、消除贫困；另外，强调将赋权方法作为贫困人群的社会工作理论和实践关键性的概念之一，也成为当代学术界的基本共识。正如詹姆斯·米奇利（James Midgley）所言，社会工作需要超越过去广泛使用的那种理想化和忠告性途径，虽然社会工作者对社会发展和贫困议题感兴趣，过去也投身于社会发展活动，但显然需要做出新的努力，才能提出一个独特的、针对社会发展的社会工作途径。③

（二）多因耦合：社会工作介入农村减贫的实践空间

专业社会工作最初发端于欧美发达国家，本质上是欧美发达国家在社会转型过程中，为应对诸多社会新问题而构建的一种保护性的制度安排。④ 作为一种正式的社会制度安排，专业社会工作萌芽于18世纪后期，并于19世纪获得长足发展，至20世纪初期逐渐走向成熟。这一时期正是欧美国家从农村社会转向城市社会、从农业社会转向工业社会、从传统社会转向现代社会的关键性转型阶段。在此期间，社会工作适应社会转型和社会变迁的现实需求，专业内容和工作方式经历了从早期以社会救济（Saving）为主，转变为以救济、解困（Helping）和发展（Developing）为基本内容的综合性专业系统，并逐渐完成了组织化、专业化和制度化的构建。

尽管西方专业社会工作的发展背景已经发生了重大转型，但农村社会工作作为社会工作的重要组成部分一直发挥着自身的专业价值和实际功能。一般而言，农村社会工作强调专业性的社会工作者以社会科学理论知识和社会工作的基本方法，在农村社区中，以乡镇社区为

---

① O'Brien M. , "Social Work Registration and Professionalism: Social Justice and Poverty-fellow Travellers or Discarded Passengers?", *Aotearoa New Zealand Social Work*, 2013, 25（3）, pp. 50 – 59.

② Davis A. and Wainwright S. , "Combating Poverty and Social Exclusion: Implications for Social Work Education", *Social Work Education*, 2005, 24（3）, pp. 259 – 273.

③ ［美］詹姆斯·米奇利：《社会发展：社会福利视角下的发展观》，苗正民译，格致出版社2009年版，第38页。

④ 叶至诚：《农村社会工作》，台北秀威资讯科技2013年版，第2页。

空间范围，以农村社区居民为服务对象，连接和运用社区内外资源，有计划、有步骤地从专业的角度解决农村和农民的问题，以减少社会冲突，提高农村社区的社会福利，促进农村社区的稳定与发展。其内容主要包括精神伦理建设、经济生产建设、基础工程建设以及福利服务建设①。然而，不管农村社会工作侧重于哪方面的具体内容，贫困议题始终是其难以绕开的核心主题或基本线索。从当前中国农村减贫工作的实践困境、国家的宏观政策环境以及专业社会工作的发展历程等方面来看，社会工作介入农村减贫具有广阔的实践空间。

第一，现实需求上，主流农村减贫工作内卷化困境催生扶贫体系重构。改革开放以来，中国扶贫开发进程大力推进，扶贫事业取得了有目共睹的巨大成就，农村地区居民的生存和温饱问题基本解决。从国家规划层面来看，《中国农村扶贫开发纲要（2011—2020 年）》已经颁布实施，精准扶贫方略正式出台，标志着中国农村扶贫工作进入决胜阶段。国家对农村贫困地区的扶持资源将保持持续性、大幅度增加的态势，扶贫力度不断加大。但是，从实践操作层面来看，扶贫工作的减贫效应却呈现出逐年递减的趋势，连带产生了诸如扶贫治理体系架空悬浮、贫困农村内部分化加剧、扶贫效果难以长期保持以及贫困地区生态承载压力巨大等许多现实困境，陷入扶贫体系内部不断精细化和复杂化且在短时期内难有实质性发展的"内卷化"状态。要想实现从救济式向开发式转变进而达到可持续发展的扶贫目标，必须正视农村扶贫工作中的"内卷化"困境，将其作为一项总体性工程加以系统治理。

在破解中国减贫"内卷化"困境的关键性环节中，扶贫主体的转型是一个需要正视的问题。世界各国的反贫困实践经验中，政府无疑都发挥着至关重要的作用，是不可替代的主体角色。但是，减贫行动中政府并非唯一的行动主体，减贫对象、市场组织、社会组织等都是减贫活动中不可或缺的主体角色。② 一方面，减贫对象不仅是减贫中

① 叶至诚：《农村社会工作》，台北秀威资讯科技 2013 年版，第 5 页。
② 李迎生、乜琪：《社会政策与反贫困：国际经验与中国实践》，《教学与研究》2009年第 6 期。

的服务对象，还是关键性的减贫主体，减贫工作不能缺少减贫对象的主动参与；另一方面，市场不仅作为经济主体存在，减贫行动中也能够承担相应的社会责任，国际上更为通行的做法是以企业为主体促进就业的减贫模式。此外，社会民间组织大量参与减贫活动亦是当前世界各国减贫工程中的常见景观。社会工作机构不仅可以作为独立的主体参与减贫行动，专业社会工作人员也可以加入到其他主体结构内部，运用专业知识和方法参与到减贫活动中。这对于农村扶贫工作从创新扶贫政策体系、优化扶贫瞄准机制、完善项目运作机制、调整扶贫干预体系以及重构扶贫空间格局等方面的"去内卷化"治理，将能够起到整体性突破的作用。

第二，政策环境上，农村传统社会管理向现代社会治理的实践转型。长期以来，行政性、非专业性的社会工作在农村生产生活中发挥着重要功能。中国政府担负着社会管理治理和社会福利服务的双重功能，既要运用自上而下的科层体系贯彻落实党和政府的各项路线、方针与政策，依靠行政权力对基层社会和农村居民实施管理，实现国家的治理目标；与此同时，也要为农村居民提供必要的社会服务和福利保障，维护农民的生存与发展权利。当前，农村行政性社会工作的组织载体主要是乡镇政府、村委会以及自然村的小组长；服务对象不仅包括享受国家特殊照顾政策的"五保户"、贫困户，还包括作为各级政府的农村公共品供给对象的普通农民；资源获取的途径主要是国家财政、乡镇统筹以及村级提留。行政性社会工作的框架体系源自中国过去计划经济体制的运行模式，具有一定程度的体制优势。但随着社会转型期的快速推进，"三农"问题呈现出诸多全新的特征，传统的行政性社会工作已经难以适应农村社区的多样化发展需求和农村居民的多元性利益诉求。

21 世纪以来，中国农村相继取消了农业税、推进了乡镇体制改革，与此同时，逐年增加中央财政向农村的转移支付额度。更为重要的是，国家的社会管理理念发生了重要转变。党的十六届六中全会特别提出要创新社会管理体制，完善党委领导、政府负责、社会协同、公众参与的社会管理格局，在服务中实施管理，在管理中体现服务，做出建设宏大社会工作人才队伍的决策部署。党的十八届三中全会进一步强调要改进社会治理方式和激发社会组织活力，坚持系统治理，发挥政府主导作用的同时要积极鼓励和支持社会各方力量参与，正确处理政府和社会之间的关系。2012 年中组部、民政部等中央 19 部门联合颁布《社会工作专业人才队伍建设中长期规划（2011—2012年）》，特别指出要"研究制定社会工作专业人才服务边远贫困地区、边疆民族地区和革命老区的政策措施"。2015 年，中共中央国务院发布《中共中央国务院关于打赢脱贫攻坚战的决定》，指出要"实施扶贫志愿者行动计划和社会工作专业人才服务贫困地区计划"，这为社会工作参与扶贫开发创造了制度性条件。2017 年，《民政部、财政部、国务院扶贫办关于支持社会工作专业力量参与脱贫攻坚的指导意见》出台，提出了一系列支持社会工作专业力量参与脱贫攻坚的政策措施，为社会工作助力脱贫攻坚提供了制度指引。社会工作作为社会力量的一种，在创新社会治理体制中能够扮演积极和适宜的角色，发挥服务型治理的作用。① 在社会管理向社会治理的转型过程中，越来越强调专业化、制度化、法制化的重要地位，这无疑为农村社会工作从行政性向专业性的实践转型营造了良好的政策环境和实践土壤，② 专业社会工作将会获得广阔的发展空间。虽然操作过程中许多方面推进得还不尽如人意，但相比以往，至少农村社会工作的发展环境有所改善，未来发展还是十分可期。

第三，知识基础上，社会工作拥有参与农村减贫的独特专业优势。一方面，专业社会工作的发展根源于社会变迁中的贫困议题。作为一个专业，现代社会工作的产生与发展源于近代资本主义，其发展与社会的现代化过程同步，经历了一个漫长且不断发展的过程。③ 许多研究也都证实，有关穷人、贫困和社会工作角色之间关系的观念，是历史的和文化的建构结果。④ 追溯社会工作兴起和发展的历程可以

---

① 王思斌：《社会服务的结构与社会工作的责任》，《东岳论丛》2014 年第 1 期。

② 赵晓峰：《现代国家建构与中国农村社会工作的发展》，《长白学刊》2015 年第 5 期。

③ 王思斌主编：《社会工作导论》（第二版），北京大学出版社 2011 年版，第 27 页。

④ Ajzenstadt M. and Gal John. , "Social Work and the Construction of Poverty in Palestine in the 1930s", *Qualitative Social Work*, 2014, 14 (2), pp. 154 – 169.

看到，其最深的发展根源实质上与社会变迁过程中的贫困议题紧紧缠绕，如从被列为贫困管理政策首次尝试的《伊丽莎白济贫法》，到今天的"福利改革"议题等，减贫行动贯穿了社会工作兴起与发展的整部历史。虽然"贫困"一词可以被应用到精神、健康等任何资源的相对匮乏状态，不过该术语通常指涉的主要还是经济贫困。无论是发展防止贫困还是缓解贫困人口上升的政策方面，抑或是构建更好的经济保障方面，社会工作从贫困的个人和产生贫困的环境两方面进行了长达超过百年之久的职业努力，以减轻贫困对人们的影响。

另一方面，减贫行动蕴含着社会工作的专业价值与专业理念。现代减贫行动和专业社会工作在理念上具有较高一致性，在服务对象上具有显著相通性，二者主要在具体的操作模式和实践方法上体现出差异性。相较于传统的减贫模式与方式，专业社会工作已形成一整套独具特点的专业化手法，操作模式也更加人性化。随着农村减贫政策和减贫行动的多元化以及减贫对象需求的多样化，社会工作作为减贫事业中新手段的作用将越发凸显其专业价值。社会工作能够避免传统减贫行动囿于资助标准统一化、资助对象整体性所产生的不能精准协助个体和家庭特殊需求的不足之处，从而使协助的服务对象更加精准化和个性化。在专业方法层面，社会工作对贫困群体自主发展意识的培育、社会支持系统的建构、社会资源系统的挖掘与链接等方面具有显著效应。值得一提的是，社区社会工作中的能力建设模式、社区发展模式等实践理论，对于贫困社区和困境人群的生计发展和全面提升具有独特优势。

三　问题意识与研究方法

（一）研究背景与问题意识

在有关农村社会工作的研究文献中，社会工作介入农村贫困问题的讨论一直是其重要议题，学者们将反贫困看作是农村社会工作的主要任务。对于如何推动社会工作在农村反贫困中的应用，国内外近些年的研究可概括成三种较为清晰的范式。

一是"问题—缺乏"范式。该范式主要关注农村贫困社区的问题和缺陷，其发展出来的反贫困策略即是如何帮助农村贫困人口解决他们的不足。主要方式有五种：第一，"直接救助方式"，主张要调动各方资源对农村贫困群众进行直接援助；第二，"现代教育方式"，主张通过发展现代化教育提高贫困地区的人口素质；第三，"基础建设方式"，认为解决基础设施问题是使贫困人口摆脱困境的基本途径；第四，"农业科技方式"，主张通过工业化或农业商品化提高贫困人口的收入；第五，"农民组织方式"，主张以组织化的方式对抗市场的风险。这种范式与传统的扶贫模式没有本质的区别。

二是"优势—资产"范式。该范式的基本假设是贫困农村和它的周围环境可能蕴藏着某种内在的优势和资源，社会工作者应该集中关注并利用这种可获得的优势、资源和资产，强调以"优势为本"和"资产建设"为核心的介入模式。美国堪萨斯州立大学的研究认为，"资产建立"是"优势为本"的实务模式，旨在发现及重新肯定个人能力、天赋、求生技能及志向。迈克尔·谢若登教授（Michael Sherraden）的资产建设研究团队将资产建设作为低收入家庭和贫困人口的发展策略。[1] 斯诺（Snow）认为，资产建设的核心假设是每个人都具有能力、潜质和天赋等，关键是要发掘并利用这些资源。[2]

三是"方法—工作者"范式。该范式的关注点主要有两方面：第一，强调社会工作专业方法的优先性。将个案工作、团体工作、社区工作等专业方法视为社会工作介入农村反贫困的制胜法宝，认为关键的问题是如何在农村的具体情境下运用好这些专业方法帮助服务对象。第二，强调社会工作者本身的重要性。要求社会工作者能够如同医生一样对农村贫困地区的问题与困境进行准确"诊断"并开具合适"处方"，采取一种将问题个人化的治疗取向，力图通过治疗恢复个人及社区的社会功能，但很少思考服务对象为什么会"生病"以及是否有什么外部原因造成了个人与社区的现实困扰。

以上研究范式为本书提供了重要的研究视角和技术路径，但也存

---

[1] Sherraden M. , *Assets and the Poor*: *A New American Welfare Policy*, Armonk, NY: M. E. Sharpe, 1991.

[2] Snow L. K. , *The Organization of Hope*: *A Workbook for Rural Asset-based Community Development*, Chicago, IL: ACTA Publications, 2001.

在进一步探讨的空间：第一，"问题—缺乏"范式从问题出发，将农民与农村"问题化"的做法饱受批评；第二，"优势—资产"范式强调"优势"、忽略"问题"的做法似乎又滑向了另一个极端；第三，"方法—工作者"范式对专业方法进行严格的划分，容易导致介入方法的彼此割裂。显然，三种范式在逻辑假设和工作方法上存在差异，究其原因，关键的问题在于对社会工作介入农村反贫困的"特质"的把握和理解不同。

本书认为，第一，社会工作介入农村反贫困最基本的功能应当是发掘贫困人群的"潜能"，增强其"自助能力"（即能力建设），使其凭借自身的能力摆脱贫困。这是社会工作区别于其他反贫困活动的特质，也是社会工作有可能在农村反贫困中产生独特价值的地方。因此，"能力建设"才是社会工作介入农村反贫困的核心内容。第二，能力的挖掘与培育过程是基于文化的多样性与特殊性的发展过程，深深根植于"地方性知识"的土壤中，其所表现的精神特质不能用外部的技术或文化进行机械替代，这表明了能力的"内源性发展"特征。因此，贫困农村要建设的实质上是一种"内源性能力"（endogenous capacity），这是以往的扶贫实践和学术研究中经常被"隐藏"和"遮蔽"的内容。第三，农村社会工作应实现多种范式的综合运用，不同范式之间不是"历时性"的序列，而是"历时积淀"与"共时并存"的关系。本书提出的"内源性能力建设"模式秉持基于"优势—资产"范式的多元融合方法，融合三种范式的问题意识、方法意识以及优势意识，一定程度上实现了农村社会工作理论范式的拓展。

基于以上反思与检讨，本书的研究秉持基于"优势—资产"范式的多元融合方法的实践取向，践行参与式行动研究的学术理路，整合运用专业社会工作的策略与方法，结合地方性、民族性的文化伦理情境，深入贫困农村社区实地，探索一种社区驱动型的农村社会工作的内源性能力建设实践模式。本研究以内源性能力建设为中心，探索社会工作价值、理论与方法介入农村反贫困实践，可为反贫困理论的扩展作出贡献，也能够为本土农村社会工作理论模式的建构提供借鉴。同时，内源性能力建设追求的是"以人为中心"的发展，是发展农村社会福利、建立适应市场经济和现代化发展的福利制度的可行方式，是落实"精准扶贫"政策的有效途径，对国家的扶贫开发攻坚战略具有显著而深远的现实意义。

（二）基本思路与研究方法

本书认为，内源性能力建设应当作为社会工作介入农村反贫困的核心议题，予以理论建构和实践展开。本书在吸收"优势—资产""问题—缺乏""方法—工作者"三种农村社会工作范式的优势意识、问题意识及方法意识的基础上，秉持基于"优势—资产"范式的多元融合方法的实践取向，整合社会工作的专业方法，综合运用动员组织、教育觉察、倡导批判、补缺支持等介入策略，展开社区驱动型的内源性能力建设的实践探索，并"在行动中反思"其理想与挑战。

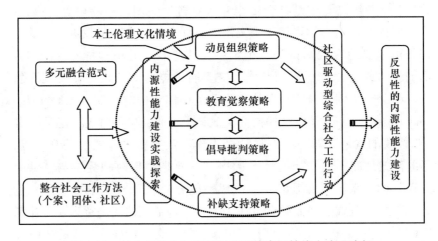

图 1-1　社会工作介入农村反贫困的内源性能力建设路径

社会工作是一门典型的应用性、实践性学科，其研究理应具有强烈的实践观照和现实情怀，为投身实践进行学术研究是社会工作研究的重要面向，也是社会工作知识的本质所在。2014 年墨尔本世界社会工作联合大会重新界定了社会工作概念，明确指出，"社会工作是以实践为基础的职业，是促进社会改变与发展、提高社会凝聚力、赋权并解放人类的学科"。通常情况下，社会科学研究主要以阐释社会现象、理解社会事实、厘清运行机制、分析背后原因为基本目标。社会工作研究也追求这种普遍性的学术目标，但除此之外，更加注重对现实社会问题解决的操作方法和实践路径的探讨。因此，社会工作对于农村贫困问题的研究，显然不能仅仅局限于理解农村的贫困事实和阐释贫困的生发机制层面，最终应以探求缓解和消除农村贫困的可行模式和操作方法为主要目标。

作为一门以助人为宗旨的实践性专业，社会工作大致可分为增能取向和医疗取向两种实践类型。医疗取向强调直接缓解服务对象面临的艰难处境，但服务对象的主体性和能力难有发展，过于强调专业主义的重要性，容易陷入专业主义的陷阱；增能取向注重对服务对象的主体性能力提升，接纳服务对象的网络关系，在动态对话过程里增进服务对象自我发展的能力。① 对于增能取向的社会工作来说，研究本身即意味着一种行动，期待在研究过程中增强服务对象的权能。因此，要想实现增能取向的学术目标，行动研究（action research）应当是最佳选择。有学者甚至指出，行动研究是社会工作最重要的研究方法，因为其蕴含的本体论、认识论、研究目标、研究手法同社会工作的内在特质十分切合。② 在农村社会工作的学术研究和实践领域中，行动研究能够协助研究者更好地了解农村民众、理解农村社区，在参与行动的过程中厘清研究问题、规划实践方案和行动计划。更为关键的是，行动研究有助于研究者在实践过程中不断反思自身与农村社区民众的专业关系，与相关理论进行有效的学术对话和思想交锋，从而推进理论发展或构建新的理论范式和实践模式。

遵循增能取向的研究理路，本书拟采用"行动研究"的方法，将范式的"多元融合方法"融入社区评估与介入的全过程，整合运用专业社会工作手法，通过"研究"与"行动"的双重活动以及"研究者"与"被研究者"的"同行"，在"行动的意念—行动—行动中反思—实践理论"的"行动与反思"的循环过程中展开研究，最终在"行动"中提炼出本土情境下的内源性能力建设的实践模式与

① 陶蕃瀛：《行动研究：一种增强权能的助人工作方法》，《应用心理研究》2004 年第 23 期。
② 古学斌：《行动研究与社会工作的介入》，王思斌主编《中国社会工作研究》第 10 辑，社会科学文献出版社 2013 年版，第 2 页。

理论。

贝西（Bassey）将研究划分为理论研究（theoretical research）、评估研究（evaluative research）和行动研究（action research）三种类型。[1] 理论研究主要是描述、诠释、说明事件，不进行价值判断；评估研究旨在描述、诠释、说明事件，使人们能够进行好坏的评估判断；行动研究试图描述、诠释、说明事件，并且寻求改善，使之朝更好的方向发展。行动研究集研究、实践和教育于一体，是一种典型的通过实践实现"培力增能"（empowerment）的助人工作方法。作为一种跨学科的研究方法，行动研究在教育学、社会工作、心理学等领域应用广泛。自 20 世纪 40 年代由美国社会心理学家库尔特·卢因（Kurt Lewin）首次使用以来，行动研究的内容和方法在不断演化，已经越发多样化和复杂化。

对于行动研究的含义界定，根据研究时所强调的不同层面所体现出的差异性，甚至出现了诸多分歧。不过，虽然不同的界定侧重点有所差异，但核心思想其实是一致的。正如凯米斯（Kemmis）和麦克泰格特（McTaggart）在《行动研究规划者》（*The Action Research Planner*）中所言，行动与研究二字的联结，就是这个方法最基本的特征，在实务工作中试验想法，作为改善现状和增进知识的手段。[2] 行动研究必须将理论与实践、行动与反思同地方民众的参与相结合，它不仅是一种纯粹的学术研究方法和知识获取途径，还是通过系统的资料收集和实践行动，探寻如何提升专业介入的质量，从而更好地服务民众的过程。[3]

通常情况下，行动研究要经历一个循环运作的周期。为此，学者们发明了不同的循环模型，比较有代表性的包括凯米斯和麦克泰格特

① Bassey M. , *Creating Education Through Research*, Newark: Kirklington Press, 1995, p. 6.

② Kemmis S. and McTaggart R. , *The Action Research Planner*, Australia: Deakin University Press, 1988, pp. 5 – 28.

③ Reason R. and Bradbury H. , *Handbook of Action Research: Participative Inquiry and Practice*, Thousand Oaks, CA: Sage, 2008, pp. 121 – 158.

的计划、行动、观察和反思四阶段循环模型,[①] 杰拉尔德·苏斯曼 (Gerald Susman) 的诊断、行动规划、行动规划的推动、评估、总结经验和学习五阶段循环模型,[②] 以及玛吉·萨文·巴登 (Maggi Savin-Baden) 和克莱尔·豪威尔·马其尔 (Claire Howell Major) 的辨识社区共享议题、辩论提出的议题、决定共同行动的方向、生产共同关注的知识、分享知识和讨论行动的程序、推动有共识的行动、反思和辩论行动背后的价值观与行动的影响、评估和决策下一步的行动八个阶段循环模型。[③] 不过,不管遵循何种循环模型,研究、行动、评估都是彼此衔接的,不是简单的线性过程,而是构成一个螺旋循环的周期。因为,一方面行动者必然受到特定情境条件和特殊社会文化的约束;另一方面,行动者也积累了自身在行动方面的体验教训,以往的知识、经验、理论和方法必须在行动过程中被不断反省和批判,这是一个动态往复的螺旋式过程。

基于发展脉络、理念和知识论基础的多元性,行动研究的操作过程和展开方法也丰富多彩、不一而论。研究者可以采用各种不同的方法实现研究目标。甚至有学者指出,行动研究能同时采用质性研究和量化研究的方法。[④] 但需要强调的是,虽然行动研究是开放和多元的,但当研究者意识到实施方法和具体技巧与行动研究的原初目标、基本理念和指导原则发生冲突和矛盾时,这些方法和技巧肯定要被重新评估甚至被放弃或者被替换。本书以探索农村贫困社区的内源性能力建设为基本目标,总体上运用行动研究的路径,采用的具体实施方法包括:(1)评估方法:参与式农村评估(PRA)、口述史研究(Oral History)、参与式观察等;(2)介入方法:个案工作、团体工作、社

---

① Kemmis S. and McTaggart R., *The Action Research Planner*, Australia: Deakin University Press, 1988, pp. 5 – 28.

② Susman G., "Action Research: A Sociotechnical Systems Perspective," in G. Morgan ed., *Beyond Method: Strategies for Social Research*, London: Sage Publications, 1983, p. 95 – 113.

③ Savin-Baden M. and Major C. H., *Qualitative Research: The Essential Guide to Theory and Practice*, London: Sage, 2013.

④ Jean McNiff, Pamela Lomax and Jack Whitehead:《行动研究:生活实践家的研究锦囊》,台湾涛石文化 2002 年版,第 21 页。

区工作、社会工作行政等。

四 田野概况与篇章架构

（一）行动研究田野概况

为了满足通过行动研究探索一种"农村社会工作的内源性能力建设模式"的需要，本书在云南的国家级贫困县（北县）选择了一个具有典型贫困特点的农村社区（田村）作为行动研究的具体场域，深入研究内源性能力建设在农村反贫困过程中的实践过程。课题组在田村开展长时期的农村社会工作实践，积累了丰富的资料，与当地村民和政府建立了良好的信任关系，并进行了富有成效的内源性能力建设实践探索。①

案例点田村②位于云南省昆明市北县唐镇境内，北县是国务院扶贫办于1986年认定的首批国家级贫困县之一。田村是北县唐镇所辖的一个行政村，位于唐镇南部，距离镇政府所在地8公里，距离北县县城23公里，距离云南省会昆明70多公里。田村建村历史悠久，据《北县县志》记载，"田村是明、清时的驿站，木密守御千户所旧址，古驿道经过此地"③。从现存的田村古城遗址的残垣断壁及其广阔的辐射范围，可以推测出当时的田村古城应该颇具规模；而从关索岭上蜿蜒而下的古驿道遗址，又可以想象出当年大量的马帮群在这条古代的"国道"上驮着千年的历史，游走在行省与京城之间的那种蔚为

① 为了回应农村的贫困议题，探索中国农村社会工作的理论和实务模式，经过两年（2002—2003 年）的前期调查和专业准备，从2004年1月开始，借助亚洲全人发展盟友协会的经费支持，在云南省北县人民政府的协助下，云南大学社会工作系钱宁教授团队选择云南省少数民族行政村田村作为项目点，推动了名为"乡村社区能力建设"的行动研究计划。本书的作者当时作为钱宁教授团队的核心成员全程参与了项目的运作过程。此后，在国家社科基金项目"社会工作在农村反贫困中的应用研究"（11CSH077）的支持下，又进行了项目的继续推进和追踪调查工作。本书即是对2004年以来田村农村社会工作实践的总结、讨论与反思。此项行动研究得以顺利推进，首先感谢田村村民、田村村委会、唐镇政府及相关部门以及北县政府各级领导的接纳、支持和参与，感谢亚洲全人发展盟友协会和国家社会科学基金的经费支持。

② 基于研究伦理，本书研究所涉及的县、乡、村庄名称及人名均为化名。

③ 《北县县志》编委会：《北县县志》，云南人民出版社1999年版，第36页。

壮观的景象。如今，昆曲高速公路、贵昆铁路、320国道公路从境内通过，田村依然是一个交通异常便利的村庄。在田村西北，干流全长423公里的牛栏江（金沙江右岸支流）跨村而过，是田村重要的灌溉水源。

田村总面积约26平方公里，海拔1900米左右，属于典型的高海拔山区地貌。全村耕地面积2844亩，人均0.82亩，主要种植烤烟、苞谷、水稻、小麦等农作物。田村辖17个自然村寨，其中汉族村寨11个，苗族村寨5个，汉、回杂居村寨1个。从居住的空间分布来看，汉族与回族村寨基本位于山间坝子和河谷槽区，苗寨则多点缀于山脉的半坡和山巅之中。居住的空间分布也反映出民族之间融合程度的差异，相对隔离的居住空间，是苗族同汉族、回族的日常生活交往并不频繁的重要客观阻隔。田村现有农户920户，人口3562人，其中汉族2690人，占75.5%；回族531人，占14.9%；苗族341人，占9.6%。田村族际通婚的现象并不普遍，苗族基本延续了族内通婚的传统，5个苗族自然村除个别农户有入赘的女婿或者嫁入的妇女为汉族外，其余人口基本都为苗族。苗族并不是田村的世居民族，而是20世纪70年代逐渐从邻县移民搬迁或游耕至此定居下来。农村社会工作项目主要在峰寨、栗寨和石寨3个苗族村寨开展，为了讨论的方便，下文有时将其统称为田村苗寨。

田村5个苗寨都属于典型的山区村寨。村民的经济收入主要来自农业种植、家庭养殖和山林采集。由于居住的山区水源不足、海拔相对偏高，农作物主要为耐旱和耐寒的苞谷、小麦、烤烟等。采集野生菌类和野菜、挖中草药是苗族村民经济收入的重要来源，他们每年都有1/4左右的时间从事采集工作，相当部分苗族家庭的采集收入占其家庭总收入的一半以上。苗族有饲养家禽家畜的传统，不过，饲养的畜禽往往难以带来明显的经济效益。一方面是因为饲养方法简单粗放，饲养周期长且病死率非常高；另一方面则是由于饲养的畜禽基本自己消费，或换一点粮食油盐、日常生活用品，很少有村民会以增加收入为目的去饲养畜禽。概括上述情况，田村苗族基本上还延续着"靠天吃饭"的生计方式，"贫困问题"也受到了各级政府和社会力量的长时期关注。总体上看，田村苗族的贫困治理历程可划分为五个阶段。

第一阶段（20 世纪 70 年代中后期）：移民定居建村与季节性救济。田村的 5 个苗族自然村都是 1975 年之后才陆续从邻县和其他地方搬迁过来形成村落的。田村苗寨建寨伊始，就一直是当地政府的重点救济对象。这一时期的政府救济主要分为"春夏荒"救济和"冬令"救济两种形式。在"余粮将断、新粮未收"的"春夏荒"时节，当地政府会划拨救济粮款给苗族农户。操作程序上，先由村队造册，乡政府审核，报县民政科批准，再由县财政划拨救济款粮到乡，乡政府直接发放到苗寨民众，年底向县民政科报销。"冬令"救济主要是在冬季对鳏寡孤独和缺乏劳动力的困难户进行临时救济，发放冬令救济款以及布、衣服、棉被、毛毯等生活物资，其具体救济流程与"春夏荒"救济一致。"春夏荒"救济和"冬令"救济是传统农业社会将政务智慧与天时相结合的产物，认为一个季节必然有其对应的政策用以实行，否则会导致农业生产紊乱和社会不稳定，属于典型的政府季节性帮扶政策。

第二阶段（1979 年至 20 世纪 80 年代中期）：民族自治县设立与公粮减免。1979 年是田村苗族贫困治理的第一个重要转折点。这一年，北县响应中央的家庭联产承包责任制号召，扩大民族地区经营自主权，实行"小段包工，定额管理""专业联产计酬到组，大包干到户"等生产方式，允许公社社员饲养大牲畜，允许经营少量自留地和开挖小片荒地。至 1982 年 10 月，田村苗寨全部"包产到户"，调动了社员积极性，苗寨经济逐渐恢复。同样是在 1979 年，北县成为民族自治县，享受到国家的更多政策照顾：一是自治县的财政收入实行"全超全留"；二是贫困生产队免征公粮，即坝区人均口粮在 200 公斤以下，半山区人均口粮在 175 公斤以下，山区人均口粮在 150 公斤以下的生产队免征公粮。[①] 当时田村苗寨都属于免征公粮的贫困生产队范围，并在此后很长时间内享受着这项照顾性政策。这一时期，民政救济工作逐步转向扶持贫困户发展生产，无偿扶持与有偿扶持相结合的"扶贫"工作深入展开，即对完全丧失劳动能力的贫困户无偿扶

---

① 《北县县志》编委会：《北县县志》，云南人民出版社 1999 年版，第 319 页。

持，对有劳动能力的困难户实行"有偿使用、定期收回、分批扶持、滚动发展"的扶持政策。

第三阶段（1986 年至 21 世纪初）：贫困县"戴帽"与全方位扶持照顾。1986 年，北县相继被列为省级、国家级贫困县，作为特困县的"特困民族"，田村苗族从此获得全方位的扶持与照顾。同年，北县成立了主抓扶贫工作的贫困山区领导小组，派出 33 人组成的山区民族工作队到贫困乡开展扶贫工作。此后，县乡两级政府将田村苗寨作为对口扶贫的重点"挂靠点"，安排基层干部开展结对帮扶工作；在苗寨大力推广当地回、汉民族早已普遍种植的苞谷、烤烟等作物新品种；发放救济粮款，进行"茅草房""杈杈房"改造和"农电"改造。与此同时，当地政府全面推广农业新技术，尤其重视地膜覆盖和营养袋育苗移栽技术，农作物产量一时有所提高。但是，苗族民众认为地膜栽培技术过于麻烦，相较于传统耕作方式，新技术耗时又费力，且需要较多资金购买地膜等农资，于是几年后，苗族民众普遍又回到了老品种、老方式的耕作套路上。

第四阶段（2003 年至 2008 年）：非政府力量的介入和参与式发展实践。田村苗族的极端贫困问题引起了诸多社会力量的关注。除了本书（从某种程度上讲，本行动研究所代表的高校力量也是"第三部门"的典型代表）所开展的"乡村社区能力建设"项目外，2003 年开始，某国际非政府机构（简称 H 机构）的"合作建房"扶贫项目也进入田村。H 机构是一个非营利的、致力于在世界范围内消除贫困房的国际组织，为需要住房的贫困家庭建造简洁、经济的住房。H 机构为被选中的贫困家庭提供无息小额贷款，选户不仅考虑需求程度，还需考虑农户的还款能力和在建房过程中的"投工投劳"，农户必须为建造自己的房子和邻居的房子义务劳动。换句话说，H 机构的建房项目不是一个赠予项目，而是鼓励户主自食其力，采取"合作建房"的理念，来自世界各地的志愿者与合作的贫困家庭直接参与建造住房的过程，共同发展社区。

第五阶段（2009 年至今）：扶贫重点村规划与项目"扎堆"进村。为了将田村苗寨打造成为扶贫开发的典型，2009 年以来，田村多个苗族自然村先后被确定为当地扶贫开发的"整村推进"重点村和新农村建设重点村。以栗寨为例，2009年6月，栗寨作为当年第一批市级重点扶持的自然村正式立项，获批20万元资金。通过招标，由T建设公司负责基础建设工程，包括道路硬化、猪圈建设、村容村貌整治等。几乎与此同时，地方政府又为栗寨申报了新农村重点村建设项目，于2009年11月30日正式获得北县"新村办"批准。依然是T建设公司中标基础建设项目，2010年3月30日竣工，建设内容包括太阳能安装、种猪购买、公共洗澡房新建、垃圾房建设，同时也包含道路硬化、外墙粉刷等之前"整村推进"的重复建设项目。可以看到，田村苗族正在被地方政府打造成"亮点村"，并获得各种重复性投资，项目"扎堆"进入栗寨，而其他可能更加需要项目的周边村庄却没有获得项目的青睐，这种"意外化后果"导致"强者恒强、弱者恒弱"，实践中可能进一步强化了部门寻租。[①] 当前，在精准扶贫的大背景下，田村苗寨的各种政府扶贫项目还在"轮番上演"，苗寨的贫困治理依然在路上。

当然，以上田村苗族贫困治理阶段的划分并不是绝对的，只是为了讨论的方便，将某些重要的发展干预事件进行了一定程度的时间性的归类整理，许多阶段实际上存在时间上的延续性和交叉性。例如，在政府力量表现强势的第五阶段中，本书的社会工作行动介入过程其实一直在持续，只是当前的侧重点发生了改变，从最初的诊断问题和干预行动为主的阶段，转向了检验行动结果和总结行动经验的阶段。

（二）本书之篇章架构

本书的总体目标是探索一种社会工作介入农村社区反贫困行动的内源性能力建设实践模式。面对这一理论性与实践性兼具的学术任务，既不能绕开"内源性能力建设"的理论探讨和学理分析；同时，又不能脱离本土情境的参与行动与实践分析，因而必须在具体的行动过程中总结提炼出相关经验。基于这种理论检讨和实践行动的要求，本书在整体架构上共分为八章。

---

① 黄宗智、龚为刚、高原：《"项目制"的运作机制和效果是"合理化"吗?》，《开放时代》2014年第5期。

第一章，导论。讨论社会工作介入农村反贫困领域的理论议题与实务构建，如果单纯从专业社会工作本身的理论脉络和方法模式出发，容易落入"专业为本"的学术陷阱，很难超越专业主义自身的局限性，从而不利于解决贫困领域的实际问题。只有在透彻理解当前中国农村反贫困的客观现实的基础上，才有可能从社会工作的专业知识库中提炼出贴合生活实际和地方情境的实践性概念，亦才有可能操作化为农村反贫困实践中具有生命力和拓展性的实践模式。本章从分析中国农村反贫困工作的整体性困局着手，希冀从总体上把握和理解当前农村的反贫困实践，并由此探讨专业社会工作介入农村反贫困的实践空间。在此基础上，提出本书重点关注的学术命题，同时对研究方法、实践田野点等进行必要交代。

第二章，内源性能力建设：基本理念与核心手段。这部分将讨论"内源性能力建设"的基本内涵。本书尝试用"内源性能力建设"将内源发展和能力建设所蕴含的理念价值建构成一个既有理论思维深度又有实践操作可能性的概念框架。在本书的概念框架内，"内源发展"是社会工作参与农村减贫工作的基本理念，而"能力建设"应作为实践内源发展理念的核心手段。内源性能力建设是专业社会工作"助人自助"本质属性的具体展现，其与农村反贫困中被"隐藏"的"自我发展能力"的提升具有显著的"亲和性"关系，应当成为社会工作区别于其他反贫困活动的专业特质。

第三章，范式拓展：基于"优势—资产"范式的多元融合方法。从范式构建的角度看，内源性能力建设并不是彻底抛弃当前主流的农村社会工作研究范式，"问题—缺乏""优势—资产""方法—工作者"三种主流学术范式不是非此即彼、相互替代的关系，而是"历时积淀和共时并存"的共生关系。本书遵循"视界融合"的理念，提出基于"优势—资产"范式的多元融合方法。"内源性能力建设"模式以"优势—资产"范式的优势意识为实践的主体线索，融合"问题—缺乏"范式的问题意识和"方法—工作者"范式的方法意识。范式融合方法能够依据变化的实际将不同范式的核心元素联结在一起获得另一种解释答案，希望在一定程度上实现农村社会工作范式的整合与拓展。

第四章，内源性能力建设实践：典型农村贫困社区的社会工作探索。本章以一个具有典型贫困特点的农村社区"田村"作为行动研究的场域，通过"研究"与"行动"的双重活动以及"研究者"与"被研究者"的"同行"，深入研究内源性能力建设的实践过程。本书在云南省北县（国家级贫困县）田村开展的"乡村社区能力建设"项目，是在内源性能力建设框架下展开的一项社会工作行动研究。该项目是一项综合性的农村社区减贫与发展干预计划，以内源性能力建设为根本宗旨，秉持基于"优势—资产"范式的多元融合方法，以贫困苗族为主体介入对象，开展了长时期的社会工作介入农村贫困社区的实践探索。

第五章，内源性能力建设实践的干预成效与现实问题。本章主要总结与讨论田村内源性能力建设实践的干预成效和面临的现实困境。从社会工作行动研究的角度看，这是一个评估研究（Evaluation Research）的阶段。对发展干预的过程进行探索分析必然涉及"评估"这一关键性阶段，它在整个项目循环过程中必不可少，对某个特定项目的持续或中止进行合法化描述，必须建立在对项目计划、原初目标以及成就效果予以系统回顾的基础之上。田村的内源性能力建设取得了一定成效，主要体现在知识技术、价值观念、资源挖掘、组织能力、社会资本、合作意识等方面；当然，也面临诸多亟待解决的现实难题，主要包括社区参与、社区冲突、发展依赖、资源链接、外部环境、政府角色、项目组角色等方面。

第六章，内源性能力建设的范式融合实践与行动整合策略。本章将在前述章节的基础上，进一步分析阐述基于"优势—资产"范式的多元融合方法的具体展开路径，并建构一种社区驱动型的综合社会工作行动模式。基于"优势—资产"范式的多元融合方法虽然不一定能被视为当前社会工作介入农村减贫实践的范式超越或范式转向，但至少可以作为一种突破了传统范式分立格局的范式补充类型。秉持范式多元融合的方法，本书尝试建立一个由"内部—外部""微观—宏观"双重维度构成的社区驱动型综合农村社会工作的减贫行动策略的分类图式。这一行动整合策略展现了在"问题与优势的平衡服务"过程中建设社区自主发展的可行能力的基本架构。

　　第七章，内源性能力建设的总体性特征与实践性挑战。本章主要对田村社会工作实践过程做一点理论层面的延伸工作，希望进一步提炼出内源性能力建设的普遍性特征和实践性挑战。社会工作行动研究不能仅停留于操作性实务层面，通常情况下，行动研究要经历一个循环运作的周期。不管遵循何种循环模型，研究、行动、评估都是彼此衔接的，不是简单的线性过程，而是构成一个螺旋循环的周期。因为，一方面行动者必然受到特定情境条件和特殊社会文化的约束；另一方面，行动者也积累了自身在行动方面的体验教训，以往的知识、经验、理论和方法必须在行动过程中被不断反省，这是一个动态往复的螺旋式过程。

　　第八章，结语：在行动中反思。为了更好地回应可能的学术批评，也为了自身的理论完善与实践进步，本书需要对内源性能力建设进行一种建设性的反思批判。另外，作为践行内源性能力建设专业主体的社会工作，究竟应该如何改变才能更好地适应中国农村减贫实践的现实需求，以及更好地满足快速转型期经济社会发展对公平正义价值理念的追求，显然，这些都是不容忽视的重要议题，需要进一步"在行动中反思"。在这里，反思不再是一种理论或批判，而是行动。与对发展的批评不同，反思是建立在发展基础上的，反思的目的不是为了怀念传统和文化，而是为了解决发展中的实际问题，因此反思是行动导向的。

第二章 内源性能力建设：基本理念与核心手段

  农村减贫行动是一项需要复合主体共同参与的复杂性、长期性、综合性的社会系统工程，政府、市场、社会等不同主体具有各自的优势与特点，只有在发挥自身优势和特点的前提下形成发展的合力，减贫行动才能取得实质性突破。与此同时，相关学科和专业领域也都可能在减贫政策与减贫行动中展现专业知识，发挥专业力量的积极作用和社会价值。但关键的问题是，由于专业性质的区别，不同学科领域的减贫着力点和切入点肯定存在差异，在不明晰专业特质的情况下盲目参与，并不一定能够促进减贫事业健康发展，相反可能给专业权威和专业合法性带来负面效应。因此，准确分析并定位社会工作参与减贫行动的专业特质就成为前提性任务。"社会工作有自己的专业特质"[1]，社会工作是运用科学方法助人的职业活动，实务性是其主要的专业性质，侧重于具体地干预和解决社会问题。[2] 社会工作秉持助人自助的核心价值理念，"助人自助的最终目标是使社区民众通向能力建设的自助与互助"[3]。

  本书的概念框架内，"内源发展"是社会工作参与农村减贫工作的基本理念，而"能力建设"是实践内源发展理念的核心手段。为此，本书提炼出社会工作介入农村减贫工作的"内源性能力建设"实践模式。内源性能力建设是专业社会工作"助人自助"本质属性

---

① 王思斌：《社会工作新定义的时代特征》，《中国社会工作》2014年第9期（上）。
② 王思斌主编：《社会工作导论》（第二版），北京大学出版社2011年版，第5页。
③ 张和清：《社会转型与社区为本的社会工作》，《思想战线》2011年第4期。

的具体展现，其与农村反贫困中被"隐藏"的"自我发展能力"的提升具有显著"亲和性"关系，是社会工作区别于其他反贫困活动的主要专业特质。本章将在梳理专业社会工作本质属性的基础上，重点讨论"内源性能力建设"的基本内涵。

一 社会工作参与农村减贫的专业特质

社会工作如何更好地利用专业优势参与农村减贫工作？对于这个问题，秉持不同理念和假设的人会提供不同的答案。制度主义者假设社会问题的解决主要依赖于制度变迁和宏观结构的改变，因此，社会工作应该更多地在政策倡导和社会行政方面有所推进；专业主义者则主要从微观的方法和技巧层面出发，认为社会问题的解决依赖于良好的工作者素质和专业手法，社会工作应该向更加科学化、精细化方向发展其专业优势。本书认为，对于这个问题的答案的探寻，应该返回到对社会工作的专业本质的辨析和追问上来。只有追本溯源、厘清社会工作的专业本质，才能廓清社会工作参与农村减贫的专业特质。

（一）追本溯源：专业社会工作本质的百年探寻

社会工作要被确认为一门具有独特视野的学科，很显然不能成为简单挪用社会学、心理学、社会政策研究的"集大成者"，必然要求有其核心的特殊原则、价值理念及其稳定且特有的本质，[①] 而东西方学术界追寻社会工作本质的努力确实也从未停止。大多数其他行业和职业，如法律、医学、护理、教育、建筑等，其本质远没有那么模棱两可，因此对这些职业进行本质的追问和澄清的需求是不太显著的。社会工作本质讨论的这种特殊需求，取决于两个相互关联的因素，第一，社会工作是一个相对年轻的职业；第二，社会工作是一个更直接地派生于特定社会结构的职业。社会工作的功能和操作模式基本上依

---

① 何国良：《序：社会工作的定位》，何国良、王思斌主编《华人社会社会工作本质的初探》，台北八方文化企业公司 2000 年版。

赖于现有的社会结构，并很大程度上受社会结构变迁的多元进程的影响。此外，随着人们对社会工作认知的深化和社会环境的变迁，社会工作的功能和模式特别容易发生变化和波动，并不必然具有发展上的逻辑一致性。

社会工作本质的模糊性导致人们对其本质和功能的不同理解和阐释，这不仅激励了社会工作专业内部的激烈讨论，还被其他专业领域"抓住把柄"予以批判。因此，有些人认为社会工作只不过是具备"心地善良"（kindness of heart）和"公共意识"（common sense）就能做到的事情，因此，对于所有善良的男人和女人都有潜在的开放性。① 这种观念偏见通常带有明显的不愿相信专业社会工作具有任何特殊的或另外的专业知识，进而对其专业合法性提出质疑。与此形成鲜明对比的是，近年来社会工作在遏制、控制和缓和社会中的一些重大问题的领域，被赋予越来越多的权力和责任。社会赋予专业社会工作的这种权力和责任意味着对其知识和能力已经具有了相当程度的信任和依赖。

一百多年以前，当专业社会工作出现在人类社会发展的历史舞台上时，就已经开始面对和处理贫困议题。西方社会工作真正意义上的专业化始于19世纪，以慈善组织运动（the charity organization movement）和睦邻友好运动（the settlement house movement）的兴起为主要标志，它们都以处理贫困议题为主要宗旨，都是协助穷人改善生活的社会行动。慈善组织运动注重对穷人的直接救济，而睦邻友好运动则更强调要给穷人教育和信息进而获得改善生活的力量。虽然二者都为当时的贫困者如新移民及劳动工人提供服务，但其实二者的服务哲学及取向已经潜藏着较为显著的分歧，最大的区别在于二者对贫困的分析以及由此引申的问题解决方案。

慈善组织运动与睦邻友好运动的分歧实质上源自二者对社会工作本质的不同理念与看法。前者认为人的问题源于个人，因此社会工作应注重个人的改变与辅助；而后者则认为人的问题是与其所处的社会环境紧密相关，因此社会工作应注重环境的改变以及建立共

---

① Butrym Z. T., *The Nature of Social Work*, London：Macmillan，1976，pp. ix-x.

同利益（common good）①。在此阶段，玛丽·里士满（Mary Rich-
mond）和简·亚当斯（Jane Addams）两位代表性人物发挥了关键
作用，从此，西方社会工作在职业化和专业化的道路上迈出了坚实
的步伐②。不过，也正是这两种不同风格的社会运动形式，促发了
社会工作专业化过程中长时期的本质之争。二者的分歧延续至今，
形成了社会工作的两种极端观念，导致社会工作体系内部一直存在
二元分化的专业格局。

作为慈善组织运动的早期倡导者和实践者，玛丽·里士满于1888
年正式加入慈善组织会社（Charity Organization Society）。慈善组织会
社是运用社会工作，专业为穷人、残障人士及其他有需求的人士提供
服务的早期社会组织。可以认为，正是由于玛丽·里士满加入慈善组
织会社才促成了其后在社会工作领域的巨大贡献。玛丽·里士满增加
了公众对慈善组织会社的关注以及组织筹款的意识，她被培养成一名
"友好访问员"（friendly visitor），这是当时个案工作者的代名词。玛
丽·里士满访问了需要帮助人士的家庭并试图帮助他们改善生活状
况。此后，她提出了许多关于个案工作如何能够更好地帮助有需要人
士的思路和理念。1909 年，玛丽·里士满协助建立了社会工作者的
网络，并成为纽约拉塞尔·塞奇基金会（Russell Sage Foundation）慈
善组织部门的主任。

玛丽·里士满公开出版了一些社会工作方面的著作，例如《穷
人的友好访问》（*Friendly Visiting among the Poor*）《社会诊断》（*So-
cial Diagnosis*）以及《什么是社会个案工作》（*What is Social Case
Work*）。这些著作蕴含着她所秉持的社会工作理念，尤其是对于社
会个案工作的理解。她相信人与社会环境的关系是影响人们生活状
况的主要因素，其理念建立在这样的社会理论基础上，即家庭或个
人的社会问题应该首先考察个人或家庭，然后是自己最亲密的社会
关系，如家庭、学校、教堂、工作等，此后还要考察社区和政府等

---

① 阮曾媛琪：《从社会工作的两极化看社会工作的本质》，何国良、王思斌主编《华
人社会社会工作本质的初探》，台北八方文化企业公司 2000 年版，第 115—116 页。
② Specht H. and Courtney M.，*Unfaithful Angels：How Social Work Abandoned its Mission*，
New York：Free Press，1994，p. 80.

因素。这种准则有助于帮助人们作出调整以改善他们的处境。玛丽·里士满集中关注人们的优势，而不是责备他们的缺陷，工作重点主要是儿童、医疗社会工作和家庭，其理念构成了今天社会工作教育的基础。

简·亚当斯是美国社会工作历史上睦邻运动和社会改革的先驱。1888年，她在访问英国汤恩比睦邻馆（Toynbee Settlement Hall）和伦敦东区（London's East End）时，决定在美国启动一个类似的睦邻馆计划。返回美国之后，她选择了赫尔大厦（Hull mansion），这是一栋最初建造在城市边缘的建筑，后来被一个移民社区所包围，然后被用作仓库。简·亚当斯迅速将赫尔馆建设成为一个致力于满足社区实际需要的闻名世界的机构。赫尔馆的大部分资金来自芝加哥富裕女性的捐赠。简·亚当斯撰写文章、四处演讲，亲自做了大部分资金募集工作，并就职于许多社会工作、社会福利和睦邻馆的董事会和委员会。她强调妇女在社会福利体系中的积极作用，因此她也被称为社会女权主义者。简·亚当斯不赞同玛丽·里士满倡导的科学、理性的专业化个案服务模式，而是积极推动所谓"非科学"的直接融入（immersion）方式，与社区居民建立互动式的、亲密的、持续的直接交流模式，期望建构平等的而非专家指导性质的专业关系。①

玛丽·里士满此后进一步提出了社会工作服务的医疗模式，深入探讨了社会工作与医学的关系。② 而简·亚当斯始终对社会工作的技术化和理性化嗤之以鼻，认为专业化很可能导致社会工作者与社区居民之间关系的疏远，难以实现社会工作的原初理想。至此，社会工作专业领域中注重个人治疗和注重环境改善的两种不同取向的服务模式正式形成，围绕这两种模式的争论仍没有定论，一直持续至今（见表2-1）。

---

① Specht H. , *New Directions for Social Work Practice*, Englewood Cliffs, New Jersey: Prentice-Hall, Inc, 1988, p. 35.

② Black W. G. , "Social Work in World War I: A Method Lost", *Social Service Review* 65 (September), 1991, p. 380.

表 2 - 1　慈善组织运动与睦邻友好运动关于贫困与社会工作关系的理解

	慈善组织运动	睦邻友好运动
对贫困者的看法	可怜的、无知的、无能的、放纵的、不知节制的	被压迫的、被剥削的
对贫困者的态度	以管制、教育进行驯化	以教育和领导进行带领
对社会工作者的看法	专业的、有知识的、有能力的、有资源的	专业的、有正义感的、有能力的
解决贫困的方法	管制性的监控、限制性的教育	倡导和政策的倡议、社区行动方法
工作方向	由上而下	由下而上
对社会的态度	维持社会稳定、体制化	追求社会改革、反体制化

　　伴随着社会工作服务模式不同的发展源头及其演化，长期以来，人们对于社会工作的本质也存在着"问题视角"和"能力视角"两种截然不同的看法。但是，社会工作实践的背景和内容在不断变化，非此即彼的本质观已经不能满足专业发展的时代要求。更多的学者试图将个人治疗和社会改革融合进统一的实践框架之中，社会工作既要解决社会现实问题，又要挖掘个体和社区能力，这种双重焦点的视角恰恰是社会工作区别于其他助人职业的独特之处。①

　　2014 年，在澳大利亚墨尔本召开国际社会工作者联合会大会（IFSW），对社会工作的含义进行了全新界定：社会工作是以实践为基础的职业，是促进社会改变和发展、提高社会凝聚力、增能赋权、解放人类的一门学科，社会工作的核心准则是追求社会正义、人权、集体责任和尊重多样性，基于社会工作、社会学、人类学和本土化知识的理论基础，社会工作要鼓励人们和各类机构应对生活挑战和改善福利。针对这个定义，王思斌进行了具体阐释和分析，他指出，救助式的、个体发展式的社会工作实践和赋权与追求人类解放的社会工作不能相互分离，社会工作既是直接面向服务对象的助人实践，又是艺

---

① McMillen J. C., Morris L. and Sherraden M., "Ending Social Work's Grudge Match: Problems Versus Strengths", *Families in Society*, 2004, 85（3）, pp. 317 - 325.

术性地运用各种资源改变社会环境，实现人与环境相互融合的专业活动。①

其实，不管是"问题取向"还是"能力取向"，都不影响社会工作的助人本质，社会工作归根结底是"一种科学的专业助人活动"，"其特征是提供服务，它为了帮助服务对象而进行服务"②。布特雷姆（Butym，Z.T.）在其代表作《社会工作的本质》（*The Nature of Social Work*）一书中明确阐述了社会工作的三个哲学思想来源，分别表述为：尊重他人；相信人具有自身独特的个性特征；相信人具有自我改变、成长和不断进步的能力。③因此，就人本主义的角度来看，社会工作的根本宗旨就是相信人的独特潜能，激活人的自助能力，社会工作者与社区民众同行，运用专业知识和技术方法，激活个体和社群的改变潜能，达到"助人自助"的终极目标。

因此，从助人自助的角度理解社会工作，其本质可以表述为：社会工作是一门增强个人、群体和社区的自助能力（self-help capacity）的服务活动。更进一步的问题是，关于社会工作本质的讨论尚属于抽象思维层面的理念分析，如何实现其所强调的"自助能力"的目标，则还需要具体的操作环节。本书认为，能力建设（capacity building）是一种能够实现社会工作"助人自助"目标的可行途径。因为，一方面，能力建设与激活人的自助潜能的目标完全契合；另一方面，能力建设与赋权增能（empowerment）、参与（participation）等实践概念关联紧密④，是一种能够借助社会工作专业知识，实现人与环境良性互动的可行性操作方法。

（二）专业社会工作参与农村减贫的特质

遵循上述关于专业社会工作本质的讨论，本书将社会工作参与农

---

① 王思斌：《社会治理结构的进化与社会工作的服务型治理》，《北京大学学报》（哲学社会科学版）2014年第6期。

② 王思斌主编：《社会工作导论》（第二版），北京大学出版社2011年版，第5页。

③ Butrym Z. T. , *The Nature of Social Work*, London：Macmillan, 1976, p. 43-47.

④ 张和清：《社会工作：通向能力建设的助人自助——以广州社工参与灾后恢复重建的行动为例》，《中山大学学报》（社会科学版）2010年第3期。

村减贫的专业特质表述为：社会工作者与农村贫困人群同行，运用科学的方法，激活贫困人群和贫困社区的自助能力。这种界定包含相互关联的两方面含义。

第一，增强"自助能力"是社会工作参与农村减贫的核心功能。穷人是否能对自己负起责任，以及他们是否有能力打理好自己的生活成为理解和克服贫穷的钥匙。[①] 社会工作介入农村反贫困最基本的功能应当是发掘贫困人群的"潜能"，增强其"自助能力"，使其凭借自身的能力摆脱贫困。这是社会工作区别于其他反贫困活动的特质，也是社会工作有可能在农村反贫困中产生独特价值的地方。因此，"能力建设"在某种程度上能够作为社会工作介入农村反贫困的核心手段和实践方式。

传统的减贫模式主要是一种"自上而下"的科层式运作架构，当地民众和社区处于较为被动的脱贫过程之中，虽然也有部分减贫行动主张当地民众的参与，但参与通常被理解为是完成某种特定国家发展目标的具有效率和效能的实践方式。[②] 本质上看，传统减贫模式将贫困人群视为受害者，工作者具有一种天生的优越感，视贫困者为无能力和缺乏的个体，他们无力回应环境的要求。能力建设取向与传统的治疗取向和解放取向的社会工作均不相同，强调工作者与服务对象的伙伴关系，承认服务对象的优势和潜能，将服务对象视为积极的存在主体。能力建设取向能够弥补社会工作的"补救"和"维护"服务的不足，属于米奇利（Midgley）"发展型社会工作"（developmental social work）[③] 的典型范畴。

米奇利和康利（Midgley and Conley）将发展型社会工作追溯到19世纪末、20世纪初简·亚当斯及其睦邻运动的社区组织和社会行动的社会工作传统。与此同时，社会投资（social investment）、生态视角（ecological perspectives）和优势视角（strengths-based practice）的

---

① Mead L. M., *The New Politics of Poverty：The Nonworking Poor in America*, New York：Basic Books, 1992, p. X.

② Dore R. and Mars Z., *Community Development*, London：Croom Helm, 1981.

③ Midgley J. and Conley A.（eds.）, *Social Work and Social Development*, *Theories and Skills for Developmental Social Work*, New York：Oxford University Press, 2010.

理论和实践也对发展型社会工作产生了重要影响。2008 年国际金融危机之后，许多国家都在不断压缩社会福利支出，返回到经济增长的目标上来，这对于发展型社会工作是一个契机。因为，发展型社会工作不仅关注社会福利，还同样关注经济发展，其核心原则是"经济参与是权能的主要来源"（economic participation is a major of empowerment）①。

发展型社会工作承认和回应社会、经济和环境发展之间的相互关系，以扩大人类的自由和能力，② 从而使社会工作成为消除贫穷和促进社会和经济平等的一种可持续方式的核心工作。发展型社会工作联结微观和宏观的实践环节，并不排斥补救和维护的社会变迁功能；它挑战了导致边缘化、社会排斥以及个体、群体和社区的压迫的非公正根源，主张运用赋权增能、优势视角、倡导、非歧视性方法以及社会投资战略等促进社会和经济的包容与融合。发展型社会工作实施的前提是自主、参与和合作。③

发展型社会工作对于缓解贫困能够起到特殊而重要的作用，其专注于扶贫工作，将边缘化群体融入社会主流。大多数社会边缘化群体生活在农村社区，尤其是受到贫困冲击的妇女以及因身体残疾、精神疾病或年老而不能工作的群体。虽然社会工作者无法阻止社会、政治和经济环境造成的贫困，但他们可以帮助人们学会控制自己的生活，并试图寻找社会问题的创造性和创新性的解决方案。④

本书所强调的能力建设取向的社会工作，实质上是发展型社会工作在农村减贫工作中的具体运用和实践展开。能力建设取向的社会工

---

① Midgley J., "The Theory and Practice of Developmental Social Work," in J. Midgley and A. Conley (eds.), *Social Work and Social Development*, *Theories and Skills for Developmental Social Work*, New York: Oxford University Press, 2010, p. 21.

② Sen A., *Development as Freedom*, New York: Anchor, 1999, p. 87.

③ Lombard A. and Wairire G., "Developmental Social Work in South Africa and Kenya: Some Lessons from Africa", *The Social Work Practitioner-Researcher*, Special Issue April, 2010, pp. 98 – 111; Midgley J., *Social Development: The Developmental Perspective in Social Welfare*, London: SAGE, 1995; Patel L., *Social Welfare and Social Development in South Africa*, Cape Town: Oxford University Press, 2005.

④ Gray M., "Developmental Social Work: A 'Strengths' Praxis for Social Development", *Social Development Issues*, 2002, 24 (1), pp. 4 – 14.

作不仅能够帮助专业人士看到作为"客户"（clients）的人，还能将人视为"社群的公民"（citizens of the community）。每个公民都有可以被挖掘的能力和优势，从而使社群生活变得更加美好。农村社区中包含了广泛的资产和优势，如志愿协会、亲密的人际关系、地方组织、历史与传统、土地和财产等。专注于能力建设的专业实践模式，可以使农村民众利用他们的资源以创新的方式来创造新的资产，帮助他们确定发展的基本方向，设定发展的优先事项，利用内部和外部资源，进而培养出地方民众的共同体意识。

第二，能力建设蕴含"内源发展"的深层理念。能力的挖掘与培育过程是基于文化的多样性与特殊性的发展过程，深深根植于"地方性知识"的土壤中，其所表现的精神特质不能用外部的技术或文化进行机械替代，这表明了能力的"内源性发展"（endogenous development）特征。因此，贫困农村要建设的实质上是一种"内源性能力"（endogenous capacity），这是以往的扶贫实践和学术研究中经常被"隐藏"和"遮蔽"的内容。

（1）能力建设深根于"地方性知识"。能力建设不是孤立独行的过程，它依赖于社会、文化、经济和政治环境，厘清所处复杂的现实环境对于理解特定情境下谁缺乏能力，为什么缺乏能力，以及为什么这样思考和行动至关重要。减贫行动经常出现对农村贫困和农村发展的误解，从而造成对目标群体的偏差，这种误解和偏差主要源自发展领域中"学院知识"和"发展实践知识"同发展对象的"地方性知识"之间的隔阂及其地位不平等。能力建设秉持"以末为先"（put the last first）[①] 的价值理念，将地方性知识视为减贫行动和发展领域中最有价值、占据主导地位的知识体系。

（2）能力建设应注重挖掘"隐藏潜能"。作为个体的人，不论贫困与否，往往都有多种能力，只是这些能力也许不被他人所知晓，也许连自己也并未觉察出来。贫困社区的能力建设即是要挖掘民众和社区的能力和潜力，当然，这是一个相当长期的实践过程。反之，减贫

---

① Chambers R. , *Whose Reality Counts? Putting the First Last*, London：Intermediate Technology Publications，1997.

过程中如果不去挖掘潜能，不仅是不以人为本的表现，同时也可能失去利用这些能力的良好机会，更为重要的是，甚至有可能还会有意或无意摧毁蕴含的能力，导致贫困人群更加缺乏生计能力。①

（3）能力建设机构应意识到自身的局限性。外部发展干预机构在进入贫困社区开展能力建设时，要把焦点放在提升社区中现存的或者可能的关系、资源、组织等方面，不仅是提供帮助或者增加外部资源。一般而言，能力建设离不开外部力量和机构的推动，但这种推动是以贫困地区内部的关系、资源、组织等为基础的，外部机构不仅不能忽视发展对象内部的原动力，相反，应该对自身的局限时刻保持高度敏感性，不能过高估计自身发展干预的能力，更不能将自身的发展理念和价值观念强行灌输给地方民众。

（4）能力建设应警惕产生依赖性。能力建设将发展合作和减贫行动视为一种"重要伙伴"（critical accompaniment）② 的过程，而非一种单纯的资源转让方式，试图消除贫困人群对外部机构和资源的依赖性。就减贫行动而言，贫困地区的能力建设可能始于外部力量的介入，形成内外部力量的合力，但最终要转换成内部发展的源泉，并脱离对外部力量的依赖，才宣告能力建设的完成。

本书尝试用"内源性能力建设"将内源发展和能力建设所蕴含的理念价值建构成一个既有理论思维深度又有实践操作可能性的概念框架。内源性能力建设将能力的挖掘与培育过程看作基于文化的多样性与特殊性的发展过程，它并不是简单机械地提升适应与迎合现代社会需要的知识技术的方法，而是更强调价值观念、理解能力、组织能力、反思能力、创新精神等"软实力"的塑造过程。内源性能力建设的理论基础是内源发展和能力建设。在这个概念框架中，内源发展强调对不同于以往"技术—现代化"发展理念的多元化发展道路的理解与追求，而能力建设则是内源发展的实践途径与方法。简言之，内源发展是基本理念，能力建设是核心手段。

---

① ［英］艾德：《能力建设：通向以人为中心的发展之路》，应维云、刘国翰译，九州图书出版公司 1999 年版，第 4 页。

② ［英］艾德：《能力建设：通向以人为中心的发展之路》，应维云、刘国翰译，九州图书出版公司 1999 年版，第 37 页。

二　内源性能力建设的基本理念：内源发展

（一）从外源视角到内源视角：农村发展理念变迁趋势

战后欧洲农村发展主导的经典构想与工业化和城市化作为发展的中心模式相辅相成，资本和劳动力越来越向城市集中。这一模式的核心原则是围绕规模经济和集聚经济（economies of scale and concentration），农村地区的功能主要是为不断扩张的城市提供粮食和资源。[①] 城市承担着区域经济发展的核心功能，集中了大部分的人口、商业和工业活动；而农村则成为由技术进步主导的、以市场为导向的农业地区。农村的空间范畴通常被看作是一个剩余范畴（residual category），并与农业的部门分类等同起来。[②]

依据城市和农村的这种分类标准，农村发展"问题"的出现被归因为这些地区和国家的土地上保留了太多的人口，从而限制了推动城市和工业增长所需的劳动力转移，与此同时，也抑制了具有竞争力的和高效率的农业发展。人们普遍认为，这种停滞不前的地区（stagnant regions）必须与充满活力的中心区域（dynamic regions）连接起来。但是，中心城市和农村地区之间最终的平衡状态（eventual equilibrium）如何，却是从来都不清楚的。即使是高度商业化的农业地区，似乎也注定会由于农业受益递减而逐步丧失其人口。因此，即便是最发达和最繁荣的农村地区，也会被锁进（were locked into）一个与城市工业增长极不平等的交换关系之中。

一直以来，农村的发展问题都被诊断为与"边缘化"（marginality）相关。作为一个概念，边缘化涵盖经济、社会、文化和政治等多个维度，关于农村发展边缘化的讨论经常被理解为外围性（peripherality）和偏远性（remoteness）等代名词相关的地理术语

---

① Galdeano-Gomez E., Aznar-Sanchez J. A., and Perez-Mesa J. C., "The Complexity of Theories on Rural Development in Europe: An Analysis of the Paradigmatic Case of Almeria (Southeast Spain)", *Sociologia Ruralis*, 2011, 51 (1), pp. 54 – 78.

② Lowe P. et al., *Participation in Rural Development: A Review of European Experience*, Newcastle: University of Newcastle, 1998, p. 6.

（geographical terms）。人们早已认识到，在这个意义上，生活在农村地区的人们遭受了来自城市的服务和就业的实际排斥。同时，初级部门的生产力低下加剧了这些困难，迫使那些在农村地区生活和工作的人处于低生活水平。

农村地区在技术、社会经济和文化上远离城市活动的中心，所有这些方面，农村地区都是落后的。从区域视角来看，可以采取措施鼓励技术和实践从活力部门和地区（dynamic regions）向停滞不前的地区（stagnant regions）转移。不管怎样，只有通过克服外围性（peripherality），农村的"回水河汊"（back-waters）才能连接到经济和社会现代化的干流（main currents）之中。① 基于这种农村发展的外源性视角，基本的政策回应是补贴农业生产以提高农民收入，并鼓励劳动力和资本的流动。

国家主导农业服务和农业实践及技术的现代化逻辑已经成为战后农村发展的一贯特征。鼓励劳动力和资本流动的政策尽管存在波动，但依然稳固。② 欧洲的第一阶段政策是巩固农业结构的土地改善计划（land improvement schemes）和面向农场的基础设施的发展（the development of farm-oriented infrastructure）。这样做的主要目的是建立能够机械化和吸收其他"唯生产力"（productivist）技术的商业单元（commercial units），特别是通过消除小型的和边缘的土地以减少农业人口规模。③ 虽然这种战略旨在加强农村地区的经济和社会结构，但其目标是更紧密地融入区域、国家和国际市场。人们普遍认为，参与这些更广阔的舞台，将最终决定农村发展的模式。

然而，很明显，这些措施并没有稳定农村经济和农村人口；实际上正相反，它们似乎在不断加大劳动力从农业和农村地区外流的力度。因此，欧洲农村发展的第二阶段强调新型的就业方式对农村地区

---

① Lowe P. et al. , *Participation in Rural Development：A Review of European Experience*, Newcastle：University of Newcastle, 1998, p. 7.

② Clout H. , *European Experience of Rural Development*, London：Rural Development Commission, 1993.

③ Lowe P. et al. , *Participation in Rural Development：A Review of European Experience*, Newcastle：University of Newcastle, 1998, p. 8.

的吸引力。鼓励城市的制造业企业从市区搬迁或设立分厂；除了金融和财政刺激，发展机构集中于提供基础设施支持，包括改善交通和通信，供应工厂用地等。大多数欧洲国家采用了这种方法，尤其法国、爱尔兰、意大利和英国对它的追求格外强烈。一些地区也十分重视旅游业的发展，或者代之以制造业，特别是地中海地区，中部和北部的偏远山区也非常普遍。

于是，20世纪70年代后期农村发展的外源模式深陷批评。持续集约化和农业产业化面临着国内市场的饱和，农业污染和生态退化导致生态极限问题的出现，以及城市部门吸收剩余农村人口的容量大大下降等发展难题不断涌现。此外，农村地区已经吸引了大量的外来投资，这极易受到世界经济波动的影响，20世纪80年代初的经济衰退导致许多分支工厂倒闭。与此同时，经历了快速扩张的旅游业也开始遭遇到季节性和周期性波动，以及对当地文化和大众旅游环境的破坏性影响。

农村发展的外源性途径受到以下几方面的批评。[1] 第一，关于依附性发展（dependent development）的批评。外源性发展被批评为是依赖于持续的补贴和外部机构决策的依附性发展。第二，关于扭曲性发展（distorted development）的批评。外源模式被视为推动了单一领域的扭曲性发展，因为它有利于定居和商业类型的进步农民（progressive farmers），却淘汰了其他类型的农民，从而忽视了农村生活的非经济方面。第三，关于破坏性发展（destructive development）的批评。外源模式还被批判为一种破坏性发展，抹去了农村地区的文化和环境差异。第四，关于支配性发展（dictated development）的批评。外源性发展是由地方农村地区之外的外部专家和规划者设计的发展。[2]
农村的外源发展困境激励了20世纪80年代人们对内源性农村发展实践的探索。内源性农村发展基于这样的假设，一个地区的自然、人力

---

① 　Lowe P. et al. ，*Participation in Rural Development*：*A Review of European Experience*，Newcastle：University of Newcastle，1998，pp. 9 – 10.

② 　Ward N. ，Integrated Rural Development：A Review of the International Literature，Working Paper，Centre for Rural Research，Norwegian University of Science & Technology，Trondhein，Norway，2003，p. 6.

和文化等特定的资源是其可持续发展的关键。总体上看，内源发展理念的形成主要有三方面的学术来源。

第一，内生动力发展实践的典型案例。20 世纪 70—80 年代，一些农村地区先前未被承认的内在动力（internal dynamism）的经济转型，已经得到经济领先地区的逐渐认可。第三意大利（The Third Italy）是最著名的例子。这个议题出现在这些地区成功的关键是什么？是否可以在其他地方进行复制？一系列的疑问引起了人们的关注和兴趣。Picchi 列举了意大利艾米利亚—罗马涅地区（Emilia-Romagna region）"从内部发展"（development "from within"）的关键性元素：农业部门向非农企业提供必要的资本和劳动力的重要性；劳动力参与新经济活动的能力；自主创业（self-employment）的文化取向；广泛的小型和中型企业的网络；经济部门和单元之间紧密依存关系的系统；有助于增强内源发展模式的政治制度安排，包括地方政府为经济部门提供丰富的服务网络，经济规划机制和稳定的工业发展趋势。[①]

第二，地方主义运动的兴起。与外源发展相对应，寻求克服以往的政策失误、减少对外部资金依赖的地方发展形式的地方主义运动（regionalist movements）逐渐兴起。强调农村多样化；注重"自下而上"（bottom-up）而不是"自上而下"（top-dowm）的路径和方法；支持本土企业；激发地方主动性（initiative）和进取心（enterprise）；提供适当的技能培训和社会教育。这种途径的典型案例可以在各种发展机构的活动和项目中找到，特别是欧洲周边地区。例如，爱尔兰境内的爱尔兰语地区（Irish Gaeltacht）；法国脆弱地区的地方契约计划（local contract plans）；苏格兰高地和岛屿；威尔士乡村；意大利山区等。

第三，关于农村可持续发展的争论。在发展领域，农村地区的环境和自然资源越来越受到重视，发展受益于这些资源。可持续发展的概念不仅旨在寻求弥合经济发展和环境保护之间的鸿沟，还包含地方

---

① Picchi A. , "The Relations Between Central and Local Powers as Context for Endogenous Development," in J. D. Van der Ploeg and A. Long（Eds. ）, *Born From Within*：*Practice and Perspectives of Endogenous Rural Development Assen*, the Netherlands：Van Gorcum, 1994.

和社区对于环境和经济活动相互依赖关系的维护能力。① 已经有越来越多的人意识到"保守的乡村"（conserved countryside）是有望实现的，不过必须依赖于农村社区的生命力（vitality）。②

表2-2 外源性农村发展与内源性农村发展的比较

	外源性发展	内源性发展
核心原则	规模经济和集聚经济	推动利用地方资源（自然、人力和文化）实现可持续发展
动力	城市增长极：发展的主要力量产生于外界	地方的积极性和主动性
农村地区的功能	为扩张的城市经济提供粮食和初级产品	多样化的服务型经济
农村发展的主要问题	低生产率和边缘性	区域和群体参与经济活动的能力受限
农村发展的重点	农业产业化和专业化；鼓励劳动力和资本流动	能力建设（技能，机构，基础设施），克服排斥

资料来源：Philip Lowe, Christopher Ray, Neil Ward, David Wood, Rachel Woodward, *Participation in Rural Development: A Review of European Experience*, Research Report, Centre for Rural Economy, University of Newcastle Upon Tyne, 1998, pp. 7 – 11.

总的来说，欧洲和北美的内源发展理念已经在第三世界的"另类发展"（alternative development）的方法和理论中得到运用。南方国家在处理农村贫困过程中基于社区发展理念的官方援助计划的失败，导致了发展机构和农村发展工作者于 20 世纪 70 年代开始一次重要反思。越来越多人认为，发展项目的设计和目标并不是一个问题，而是在处理贫困的结构性原因和融合边缘群体方面失败了。在重新评估发展援助的基本目标过程中，许多有影响力的理念开始出现，诸如"以人为本"（putting people first）③ "自下而上的发展"（development form

---

① Redcliff M. , "The Multiple Dimensions of Sustainable Development", *Geography*, 1991, 76 (1), pp. 36 – 42.

② Lowe P. and Murdoch J. , *Rural Sustainable Development: Report for the Rural Development Commission*, London: RDC, 1993.

③ Cernea M. M. (ed). , *Putting People First-Sociological Variables in Rural Development*, *2nd ed.* , Washington: World Bank, 1990.

below）① "发展决策的公众参与"（popular participation in decision-making for development）② 以 及 "可 持 续 生 计"（sustainable livelihoods）③ 等。

然而，关于"另类发展"的文献始终存在着一种张力，可看作是融合主义（integrationist）视角和自力更生（self-reliance）视角支持者之间的争论。融合主义视角以世界银行在发展领域所做的工作为典型代表。基于该视角，发展通常被定义为"经济上引起的增长和变迁"（financially induced growth and change），认为当地人必然要被整合进市场经济。参与式农村发展的角色被视为增强"融合（integrated）"的条件，其哲学基础是"给予人们更多有效参与发展活动的机会"④。这可以通过调整项目的设计、实施以满足需求和受益于它们的人们的能力予以实现。⑤

自力更生视角挑战了将弱势族群整合进外部市场关系的主张，认为这必然导致依赖性（dependency），强化无产阶级化（proletarianisaztion）和边缘化（marginalisation）趋势，质疑当地人是否能够根据自身的条件真正参与日益全球化的经济进程。这种视角借鉴了农村社会学家的见解，认为农村社会能够保持自身的团结与稳定，经常性地抵制外部权威。许多贫困社区被认为对"发展"不感兴趣，而是采取自助式的合作结构维持基本生计。从这个角度看，外部发展援助的观念是存在问题的，对边缘和贫困社区唯一恰当的回应是通过"赋权"（empowerment）⑥ 让其管理自己生计所需的资源。

在农村社会经济发展和城市重建领域中，内源发展理念的采用得

---

① Oakley P. and Marsden D. , *Approaches to Participation in Rural Development*, Geneva: International Labour Office, 1984.

② UN. , *Popular Participation in Decision-Making for Development*, New York: United Nations, 1975.

③ Chambers R. , *Rural Development: Putting The Last First*, Harlow, Longman, 1983.

④ Cernea M. M. （ed.）, *Putting People First-Sociological Variables in Rural Development*, 2nd ed. , Washington: World Bank, 1990.

⑤ Uphoff N. , *Fitting Projects to People in Putting People First: Sociological Variables in Rural Development*, 2nd Edition, World Bank Publication, 1985.

⑥ Friedmann J. , *Empowerment: The Politics of Alternative Development*, Oxford: Blackwell, 1992.

到越来越多的强调，假设地方经济的福祉（包含国家的任何一个层级，从地区到村庄）最好由基于地方的自然资源、人力资源和无形资产的发展行动予以驱动。发展需要振兴地方经济活动，而不是诉诸流动资本的依赖，同时也需要提升地方社会的基础设施以及其他生活质量的构成要素。内源发展理论包含这样的观念，任何发展行动的发生必须立足于地方参与（local participation），从而产生一种对于地区发展的所有权（ownership）和承诺（commitment），并提供一种使发展本质上与地方意愿（local wishes）相一致的机制，[①] 期望通过发展过程中的地方社区的积极参与满足地方需求。当然，在国际或国家劳动分工中提升地方生产体系的地位，并不是一件简单的事情，而是整个经济、社会和文化福祉都要为地方社区作出贡献。因此，这一发展战略不仅提出要改善农业、工业、服务等生产性的一面，同时也要提升影响社会福利的社会和文化维度。根据每个地方经济和社会的特征与能力，这种观点可能会导致不同的发展路径。

总之，内源发展可以理解为经济增长和结构变迁的过程，它由地方社区领导，运用社区的发展潜能提高当地民众的生活水平，是一个社会各方面都融入经济方面的过程。收入和财富的分配与经济增长不是一个平行的过程，但部分力量是相同的，因为公共和私人行动者做出投资决定的目标不仅是提高企业的生产力和竞争力，也是在解决问题和改善地方社会的福祉。因此，我们至少可以从三个维度识别内源发展的过程。第一个是经济层面，其特征是通过特定的生产体系使地方企业家有效地使用生产要素，达到使他们能够在市场上竞争的生产水平；第二个是制度层面，经济和社会行动者都被整合进地方制度，从而形成一个复杂的关系系统，将社会和文化价值整合进发展过程；第三个是政治层面，它创造刺激生产和带来可持续发展的地方环境。[②]

① Ray C., "Endogenous Development in an Era of Reflexive Modernity", *Journal of Rural Studies*, 1999, 15（3）, pp. 257 - 267.

② Vázquez-Barquero A., *Endogenous Development Networking*, *Innovation*, *Institutions and Cities*, London and New York：Routledge, 2002, p. 24.

（二）内源发展的扩展：新内源发展概念的提出

北方国家农村发展的举措和理论折中性地借用了来自南方国家的诸多经验，尽管它们处于不同的政治和经济环境之中。几乎所有北方国家的社会群体和地区，都在一定程度上融入了外部的市场关系，于是，土生土长的（autochthonous）或自给自足的（self-sufficient）地方发展变成了一个乌托邦式的理想。有学者指出，农村地区受到地方化（localising）和全球化（globalising）双重趋势的影响，这是外源性发展和内源性发展的区分成为一个错误二分法的原因，因为资本主义社会大多数发展的形式都涉及地方与"外来—本土"（extra-local）劳动力和资源的有机结合。关键的问题是本土的生产、消费循环如何同"外来—本土"的循环系统有效接轨。①

从这个角度看，关键的议题是发展过程中如何有效控制本土和外部力量之间的相互作用。有效的农村发展战略必须寻求在地方和区域层面建立经济和政治机构，这有助于确保同外部世界进行贸易的良好条件。很明显，行业或部门政策已经不再是解决农村社会多元化和不断变化的社会需求的适当机制，对农村地区多样性、综合性农村政策的呼吁正在加强。鉴于公共资金的压力，至关重要的是，需要提高农村发展公共补贴的瞄准效率，从而获得最大的经济、社会、文化和环境效益。农村社区自身创造性地应对各种压力将得到更多的强调，农村发展内源性理念强调充分利用人力资本和社区网络等地方资源，这有助于鼓励当地民众作为行动者主动参与发展过程。因此，"参与"不仅成为一种手段，同时也是农村发展的最终结果。

在面对内部理论张力和外部实践挑战的双重压力下，内源性农村发展模式并非一成不变，其理念在适应新发展要求的过程中进行着一定程度的调整与完善。由于实践案例的巨大差异性，尤其是欧洲在这方面更加显著，最近关于"发展"的文献在内源发展概念方面有了新的扩展。伍兹奎兹 – 巴尔克罗（Váquez – Barquero）提炼出欧洲内

---

① Lowe P., "Blueprint for a Rural Economy," in P. Allanson and M. Whitby（eds.）, *The Rural Economy and The British Countryside*, London：Earthscan, 1996, p. 196.

源发展理论的四大理论根源：第一是高度发展理论（high theory of development），它着眼于地方经济的外部性带来的规模收益递增；第二是二元增长理论（dualistic growth theory），其中包括增长过程中的资本积累；第三是依附理论（dependency theory），它解释了外围经济的支配，内源发展理论和依附理论共享这样的观点，技术依赖限制经济增长，与"中心"的连接能够促进外围经济体的增长；第四是区域发展理论（territorial development theory），它侧重于地方行动和地方发展过程。[1]

　　然而，尽管这些概念具有广泛性特质，但仍不足以解释欧洲地区经济发展的多样性和差异机制。例如，特鲁因（Terluin）试图找出领先农村地区和落后农村地区影响就业的主要因素，发现这种差异是由这些地区创造非农就业机会的数量决定的，其研究基于本土力量和外部力量之间的相互作用，即同时运用了内源性和外源性发展理论，研究结果显示创造就业机会并没有独立的发展模式，而是依循着更为复杂的发展轨迹。[2] 另一项研究显示，来自苏格兰、德国、希腊和瑞典的 16 个区域中，其农村地区不同的经济表现的因素显然具有类似的经济、社会和政治条件。这项研究基于这样的假设，即农村地区的差异化发展可能通过有形的和无形的因素相结合的互动以及特定的地方、区域和国家背景的综合变量才能予以解释。研究结果显示，成功地区和不太成功地区之间的无形因素和有形因素的重要性各不相同。[3] 特鲁因对欧盟农村地区经济发展背后的概念化的相关理论进行了批评性分析，她指出，外源性发展与内源性发展的混合模式（the mixed exogenous and endogenous approach）以及社区主导的发展理论（the community-led development theory）获得了

---

　　① Vázquez-Barquero A., *Endogenous Development Networking*, *Innovation*, *Institutions and Cities*, London and New York: Routledge, 2002, pp. 39 – 51.

　　② Terluin I. J. and Post J. H. eds., *Employment Dynamics in Rural Europe*, Wallingford: CABI Publishing, 2000, pp. 1 – 16.

　　③ Bryden J. M. and Hart K. (eds.), *A New Approach to Rural Development in Europe*: *Germany*, *Greece*, *Scotland*, *and Sweden*, Mellen Studies in Geography (9), Queenston, Lampeter and Lewiston: Edwin Mellen Press, 2004.

广泛的经验证据支持①。

很大程度上，这些分析和研究结果显示了新内源发展（neo-en-dogenous development）取向的理论构成要素。区域发展过程形成了新概念的交叉点，诸如学习型区域（learning regions）、灵活专业化（flexible specialisation）或工业区（industrial districts），强调制度特征中空间分异（spatial differentiation）的重要性。事实上，新内源发展思想借鉴了发展制度主义理论（institutionalist theories of development）。这种理论认为，地方发展的关键在于构建地方的制度能力（local in-stitutional capacity），既能调动内部资源，又能应对作用于区域的外部力量。这种视角不仅强调经济或商业发展需要嵌入（embedded）在区域中，而且认为实现这种目标的手段是通过地方行动者参与内部和外部的发展过程。②

一些学者对传统的内源发展理念进行了批评。他们认为，地方农村区域在外部影响（诸如全球化、外部贸易、政府或者欧盟的行动）下追求社会经济发展的自发性（autonomous）的观念可能只是一种理想，在当代欧洲并不是一个可实现的命题。③ 任何地方发展都是包含外源性力量和内源性力量的混合体模式，并且地方层面必须与"外来—本土"（extra-local）进行互动④。关键的问题在于如何为了他们的利益提升地方区域的能力来引导这些更广泛的过程、资源和行动。因此，新内源发展理念关注的重点是地方区域与其更广泛的政治、制度、贸易和自然环境的动态互动，以及这些相互作用是如何发生的。

---

① Terluin I. J. , "Differences in Economic Development in Rural Regions of Advanced Coun-tries: An Overview and Critical Analysis of Theories", *Journal of Rural Studies*, 2003, 19 (3), pp. 327 – 344.

② Galdeano-Gomez E. , Aznar-Sanchez J. A. , and Perez-Mesa J. C. , "The Complexity of Theories on Rural Development in Europe: An Analysis of the Paradigmatic Case of Almeria (South-east Spain)", *Sociologia Ruralis*, 2011, 51 (1), pp. 54 – 78.

③ Lowe P. et al. , "Regulating the New Rural Spaces: The Uneven Development of Land", *Journal of Rural Studies*, 1993, 9 (3), pp. 205 – 223.

④ High D. and Nemes G. , "Social Learning in LEADER: Exogenous, Endogenous and Hy-brid Evaluation in Development", *Sociologia Ruralis*, 2007, 47 (2), pp. 103 – 119.

雷（Ray c.）以欧盟 LEADER 项目经验作为参照，认为运用新内源发展理念构思行动的关键是人力资本的作用以及个体、企业与组织中积累的动力。[①] 新内源农村发展旨在寻求从农村地区的企业、从业人员和机构的工作网络中发展出人力资本和社会资本。新农村经济项目（the New Rural Economy project）正是沿着这些路线开展的，重点关注诸如大学等机构在知识经济中的作用。英格兰东北部的经验显示，在如何获取来自地区内部和地区外部的实践者和研究者的知识方面，项目活动已经设法帮助在该地区计划提供农村发展的外源行动者和新内源行动者释放潜能和建设能力。[②] 当然，这方面的经验和这种发展方式的合理性在被认可之前尚需要更多的经验证据予以支持，但新内源发展理念在对外源发展和传统内源发展的批评及缺陷的弥补方面还是应该引起足够的重视。新内源农村发展模式的基本关注点（如表 2-3 所示）。[③]

表 2-3　　　　　　　"内外融合"的新内源农村发展理念

核心原则	地方力量与全球力量的互动
动力	全球化，沟通和信息的快速技术变革
农村地区的功能	知识经济，地方行动者在地方与外部网络和发展过程中的深入参与
农村发展的主要问题	全球环境下的资源配置与竞争力
农村发展的重点	增强地方能力，提升行动者对于地方力量和外部力量的参与度
批评	尚缺乏足够的经验证据

（三）内源性农村发展的核心特征

20 世纪 80 年代和 90 年代初期，内源发展逐渐成为欧美行之有效

---

① Ray C. , *Governance and Neo-endogenous Development*. Review paper for Defra, the Countryside Agency and the Economic & Social Research Council, London: Defra, 2003.

② Ward N. et al. , "Universities, the Knowledge Economy and the Neo-endogenous Rural Development", Discussion Paper, No. 1, Centre of Rural Economy, Newcastle University, 2005.

③ Galdeano-Gomez E. , Aznar-Sanchez J. A. , and Perez-Mesa J. C. , "The Complexity of Theories on Rural Development in Europe: An Analysis of the Paradigmatic Case of Almeria (Southeast Spain)", *Sociologia Ruralis*, 2011, 51 (1), pp. 54 – 78.

的农村发展战略，① 不可避免地出现了关于如何界定内源发展特征的争论。相关文献的分析显示，内源发展这一术语没有被广泛接受的一致性定义，也缺乏明确识别的理论根源。然而，学术界有一个明显的趋势，即将内源发展视为远离狭义的经济标准，面向更广泛的基础，逐渐认识到地方社会过程的重要性。② 与此同时，内源性农村发展模式在实践中不断演化，存在传统内源发展模式和新内源发展模式的区分，不过，二者依然共享内源发展这一核心理念，同属内源发展的理论与实践范畴。可总体上概括出内源性农村发展理念的几个基本特征。

第一，强调发展的内源性潜力。内源性农村发展假设存在传统区域发展政策未得到承认的潜力和能力。内源性潜力可以界定为在有限的空间和时间内发展机会的总和，它们包括自然资源、人类技能以及社会能力。内源发展正是基于这些潜力的广泛动员，试图恢复和培育地方民众的能动性，激发地方民众觉知自身的主体价值，能够主动实践适合个体、家庭和社区的发展道路。本质上，内源性潜力强调是相对于外源性发展而言的。外源性发展侧重外界力量对地方社会的干预与介入，尤其将农村视为城市发展的粮食和原材料输送方，农村的发展则主要依靠城市发展的带动和反哺。内源发展思想并不简单宣称发展概念的"终结"，而是在对占主导地位的外源式、移植式、直线性、整体性发展理念进行建设性批判和反思之后，倡导对多元化发展道路的追求与表达，旨在寻求适合世界不同国家和地区实际情况和现实需求的多元化发展过程，强调社会历史文化条件、价值观念体系和社会成员的参与动机以及参与方式对发展的重要性。发展要以人为中心，要将发展的目标、道路、方式和技术等因素都汇总到"人"这个统一体中，通过"由人自己并为自己来完成的发展过程"实现人

---

① De Haan H. and Van der Ploeg J. D. , *Endogenous Regional Development in Europe*：*Theory*, *Method and Practice*, Luxembourg：Office for Official Publications of the European Communities，1994.

② Barke M. and Newton M. , "The EU LEADER Initiative and Endogenous Rural Development：The Application of the Programme in Two Rural Areas of Andalusia, Southern Spain", *Journal of Rural Studies*, 1997, 13 (3)，pp. 319 – 341.

的全面发展。①

第二，倡导开放性的区域经济。内源发展是一种发展和生产体系运行的区域方法。区域不再是一个简单的资源和经济活动的地方，它可以被理解为一种变革的中介，因为区域里的企业和其他行动者的互动促进了经济和社会发展。地区和地方发展的起点是经济、人力、制度和文化等资源，它们构成了发展的潜力。正是具有灵活性和组织能力的中小企业，在内源发展过程中扮演着重要角色。在早期的讨论中，内源性农村发展还包含选择性分离的理念，假设周边地区的经济发展与市场一体化不相容。② 然而，在当代环境下，这一目标似乎不切实际，最近的一些文献和政策又逐渐承认了地方经济开放性的本质。但不管怎样，内源发展仍然旨在增加区域经济自主性，以减少一个地区对外部影响的依赖。实现这一目标的措施包括加强区域内的合作、替代进口产品和服务以及出口竞争性产品等。而随着新内源发展理念的提出，区域经济逐渐转向倡导自主性改变与外部性协助的有机统一，不将发展完全看作由地方或内部实现的过程，而是结合"外来—地方"的互动关系，共同推进地方社会的发展。地方性知识与现代性知识应相互融合，要根据不同情境实施适宜于不同文化的发展政策与发展项目。任何地方的发展都是包含外源性力量和内源性力量的混合体的动态建构过程，地方层面必须与"外来—本土"进行互动才有可能突破地方性的局限。本质上看，内源发展其实应该寻求外源性发展与内源性发展的混合模式，"内"与"外"不是非此即彼的简单二元化关系，这是倡导和运用内源发展理念时必须要清醒认识到的基本前提。

第三，追求农村发展的可持续生计。内源性农村发展不仅限于经济层面，其目的是平等地对待经济、生态和社会议题。20 世纪中期以来，世界范围内推行了改变农村贫困状况的各种政策和行动计划。尽管相关政策与行动已经实施了很长时间，也取得了显著的减贫成

---

① 黄高智：《以人为中心的内源发展概念》，阿卜杜勒·马立克等主编《发展的新战略》，中国对外翻译出版公司 1990 年版。

② Mühlinghaus S. and Wälty S., "Endogenous Development in Swiss Mountain Communities", *Mountain Research & Development*, 2001, 21 (3), pp. 236 – 242.

就，但极端贫困现象依然普遍存在，农村生计承受的压力不断增加，当前农村的贫困已经演变为一种"持续性贫困"。① 于是，探讨一种农村的可持续生计模式便成为十分迫切的现实议题，消除贫困的目标在于发展个体、家庭和社区改善生计系统的能力。可持续生计能够满足地方民众和社区长远性的日常生活和生产需求，包含了人们为谋生所需要的能力、资产（包括物质资源和社会资源）及其所从事的活动。在可持续性生计模式的倡导者看来，贫困存在的一个关键原因是缺乏由社区设计和参与的可持续的发展项目的能力。② 在可持续生计模式中，贫困已经不单纯表现为经济问题，而是一种跨学科的理解和表达，涉及政治、文化、社会和生态等多个层面，③ 不仅关注物质利益，还关注非物质利益。生计系统由一整套复杂多样的经济、社会和物质策略所构成，这些策略通过个体用来谋生的行动、财产和权利得到实施，地方民众进行主动选择，形成利用机会、资产和资源的能力，继而形成稳定的生计模式。

第四，注重地方民众的自主参与。内源性农村发展是自主决定的，指涉地方需求，地方民众参与政治决策和进程是其重要特征。"大众参与不仅是一切有效的发展行动的基本条件，还是发展的目的，因为它是符合每个国家和每个社会特有环境中多种发展类型的保障"。④ 内源发展意味着地方社会的动员过程，需要能够汇集多元社区利益并寻求达成目标的组织结构、地方商定的战略规划过程以及为发展地方能力这一特殊目的的经过协商的资源配置。所以，内源发展可以被视为一种进步的形式，发展过程由地方控制，值得支持的发展

---

① 安纳利斯·祖马兹：《农村生计》，范达娜·德赛、罗伯特·B. 波特主编《发展研究指南》（第二版），杨先明等译，商务印书馆 2014 年版，第 275 页。

② Raditloaneng W. N. and Chawawa M. , *Lifelong Learning for Poverty Eradication*, London：Springer International Publishing, 2015, p. 221.

③ Kaag M. et al. , "Ways Forward in Livelihood Research," in D. Kalb, W. Pansters and H. Siebers（eds. ）, *Globalization and Development：Themes and Concepts in Current Research*, Dordrecht：Kluwer Publishers, 2004, p. 52.

④ 范如湖：《内源发展作为另一种选择——可能性与障碍》，黄高智等主编《内源发展——质量方面和战略因素》，中国对外翻译出版公司 1991 年版。

方案由地方决定，发展的好处保留在本地区。① 当地民众和农村社区自身创造性地应对各种发展压力应该得到更多的关注，应强调充分利用地方和本土资源，包括人力资本、社会资本、自然资源等，这有助于鼓励当地民众作为行动者主体参与到发展的整个过程中。因此，从某种意义上说，"参与"既是发展的一种手段，又是农村发展的最终结果。不过，参与的真正实现并非易事，内源发展中的参与往往假设地方民众具有共同目的和共同利益，而参与式发展最突出的困难和障碍也是发展规划过程中专业规划者、技术人员、发展机构和受益人口等利益相关者之间的社会和权力关系，包括最终受益社区的外部影响和地方性或社区内部的影响，且内部与外部的影响是相互联系和相互作用的。

第五，构建地方民众的区域认同。区域认同强调个体和群体的身份认同不仅在国家的范畴之中，还在其生活的地域中扎根，是在特定的社会、经济和政治环境影响下的社会建构。雷（Ray）认为，区域认同表征了地方治理尤其是农村发展领域的新兴形式，区域认同与内源发展存在内在联系，拥有特定的文化、历史和物质根源。② 区域认同不仅仅是个体和群体对特定地方的感受，还涉及更具变迁意义的社会意识和社会行动层面，是区域发展战略的重要因素，可以作为发展政策与行动中以人为本、提高地方意识的手段。③ 布洛特福格尔（Blotevogel）等人将区域认同划分为认知（cognitive）、情感（affective）和意动（conative）三个维度，可以理解为表征区域态度、区域联结和区域行动的三个相互依赖的层次。④ 区域认同作为特定地区的标志，意味着与该地区的具体关系，民众因作为地域的一部分而自

① Barke M. and Newton M. , "The EU LEADER Initiative and Endogenous Rural Development: The Application of the Programme in Two Rural Areas of Andalusia, Southern Spain", *Journal of Rural Studies*, 1997, 13 (3), pp. 319 – 341.

② Ray C. , "Endogenous Development in an Era of Reflexive Modernity", *Journal of Rural Studies*, 1999, 15 (3), pp. 257 – 267.

③ Paasi A. , "Bounded Spaces in the Mobile World: Deconstructing 'Regional Identity'", *Tijdschrift Voor Economische En Sociale Geografie*, 2002, 93 (2), pp. 137 – 148.

④ Sedlacek S. , Kurka B. and Maier G. , "Regional Identity: A Key to Overcome Structural Weaknesses in Peripheral Rural Regions?", *European Countryside*, 2009, 1 (4), pp. 180 – 201.

豪，并拥有强有力的领地意识和区域发展意识。区域认同将人们带到地方并激励他们参与社区活动，有助于构建群体身份的认同感，从而产生归属感并促进沟通与协作。内源发展作为一种行动战略，离不开地方社区开展发展行动的身份认同，一旦地方社区的组织能力得到提升，外部发展干预就可以进一步强化地方发展的潜能，从而增强其发展的进程。

（四）内源性农村发展的反思批评

近年来，内源性发展方法在西方农村发展政策中产生了广泛影响，至少从修辞学上主导着农村发展政策的运行方向和关键目标。内源性发展一词有时与"以地方为基础的发展"或"本地化的发展"等术语同义使用，提出了一种自下而上的治理模式，倡导地方性知识和地方偏好指导区域发展政策的决策过程，强调地方机构在自主发展中的主导作用。这种政策风格的变化被描述为从管理到治理的改变。[1]"保持距离的政府"主要提供一种"超地方"的政策规划与设计，确定社会的总体性目标，为地方发展制定一般性规则。不过，正如许多批评者认识到的，内源发展虽然足以成为发展干预的理想模式，却并不是当前最有可能实现的方式，它在理论建构和操作实践层面都遭遇到了相当棘手的问题。布莱克利（Blakely）认为内源发展仅是一种宏观性的发展战略，并不适合作为一种具体性的实践方法[2]，达西（D'Arcy）等人则视内源发展为乌托邦。[3] 总体上看，关于内源发展的文献既没有提供强有力的实证证据，又没有提出关于地方发展应主要依赖于地方因素的利用以及非经济行动者在协调区域经济发展方面发挥重要作用的命题的严格理论依据。这一现状主要有以下原因。

---

① Shucksmith M. , "Disintegrated Rural Development? Neo-endogenous Rural Development, Planning and Place-shaping in Diffused Power Contexts", *Sociologia Ruralis*, 2010, 50（1）, pp. 1 – 14.

② Blakely E. J. , *Planning Local Economic Development*: *Theory and Practice*, London: Sage, 1989.

③ D'Arcy E. and Guissani B. , "Local Economic Development: Changing the Parameters?", *Entrepreneurship and Regional Development*, 1996, 8（2）, pp. 159 – 178.

第一，理论基础的模糊性问题。内源发展思想的理论来源一直是学术界争论的焦点议题。许多学者尝试过分析和概括内源发展的理论来源。比较有代表性的如伍兹奎兹—巴尔克罗（Vázquez-Barquero），他认为内源发展思想与高度发展理论、二元增长理论、依附理论以及区域发展理论等关系密切。这派秉持内源发展思想具有多元理论源头的基本观点，认为内源发展思想实际上并不是某种单一理论建构的结果，而是吸收了多种发展理论涵养的基础上的综合性建构。不过，多元思想来源的弊端也是显而易见的，各种"源头理论"究竟分别处于何种地位、发挥何种作用似乎并未清晰交代，也没有形成相对完善的概念体系和理论框架。正面而言，这种现象可称为理论观点的多维性，而如果进行负面阐述的话，实质是理论观点的模糊性与不确定性。理论模糊性最直接的后果是难以形成稳定的学术共同体和研究范式，人们始终处于开放式的争论过程之中。这样一来，在与其他学术范式展开理论对话时，理论内核的模糊性常常让人难以准确把握，无疑限制了内源发展思想的延展与实践。

甚至有一派观点认为，内源发展的愿景最初其实始于"政治领域"而不是"科学领域"，其形成与发展缺乏合理的理论依据与实践支持，反而可能是某种政治性决策起到了关键性作用。遵循此种逻辑，西方国家20世纪80年代和90年代刺激外围地区增长的政治需要是内源发展方法成功的主要原因之一，而不是建立在一个合理的理论基础或经验观察的基础之上。因此，内源发展的设想可能源于对外部驱动发展的依赖性、扭曲性、破坏性和支配性等负面效应的规范性回应，或者说是对在经济发展的边缘外围区域建立企业及其标准化生产的负面经验的某种反映。很明显，这种回应或反映具有强烈的政治意涵。于是，地方层面的自我管理和自主发展的观念形态可能演变为对全球化和自由化的垄断性的政治和经济趋势的直接反映，而不是构成具有明确界定的理论根源的发展模式。

此外，有学者认为新古典思想学派中蕴含某些内源发展的支持性观点。在这种观点的影响下，成功的工业区成为小规模资本主义发展的象征与标志，具有高度的个人主义和竞争性特征。从这个角度看，对内源发展的强调是对区域融合的新古典主义预期的微弱的经验支持的回应。① 成功的地区如意大利中北部的艾米利亚—罗马涅区，通常被描述为区域融合的典范。依据新古典主义的逻辑，只有地方行动者之间的协调以及他们的利益问题会阻碍整个区域的融合趋势，因此，内源发展方法是有意识地尝试启动自下而上的融合过程。合乎逻辑的推论是，在20世纪80—90年代新自由主义的主流政治思潮影响下，强调区域增长和发展的内源性过程的原初目的是使各个地域能够自救，同时为削减集中式再分配举措提供"合法性"借口。② 在这种情况下，判断内源发展方法是否是一种科学上成立的假设就变得十分困难。就目前学术界与实践领域的争论来看，人们对内源发展的理论基础依然未达成共识。

第二，地方行动者的利益分歧问题。内源发展强调区域经济的开放性以及地方民众形成区域认同的重要价值，本质上是一种发展变迁的区域模型。但针对这种发展模型，学术界一直存在不同的看法。有学者指出，区域发展模型通常难以付诸实践，因为它们依赖于模糊的理论假设和因果关系，并用被动的、消极的过程以及抽象的、宏观的社会现象替代能动的、具体的行动者。③ 内源性农村发展模式特别容易受到这种类似的批评与质疑。在内源性农村发展实践中，参与式方法往往被高度重视，而令人惊讶的是，参与为什么如此重要却很少被追问。理想层面上，参与式方法似乎具有两个目的，一方面参与本身就是一个目标，另一方面能提高经济发展措施的效率。众所周知，民主合法性和政治经济发展的许多问题都同参与式方法相关，究其原因，主要是在给定地域内存在着广泛的异质性利益。发展实践中，尽管地方行动者的利益多种多样，但依然要保证地方社会的目标始终如一的确定，而且必须确保能够有效地实现这些目标。很显然，这些问

---

① Hadjimichalis C., "The End of Third Italy as We Knew It?", *Antipode*, 2006, 38 (1), pp. 82 – 106.

② Stimson R., Stough R. R., and Salazar M., *Leadership and Institutions in Regional Endogenous Development*, Northampton, MA: Edward Elgar, 2009.

③ Markusen A., "Fuzzy Concepts, Scanty Evidence, Policy Distance: The Case for Rigour and Policy Relevance in Critical Regional Studies", *Regional Studies*, 2003, 37 (6 – 7), pp. 701 – 717.

题往往被忽视和隐藏在一个"修辞之幕"之后，它将行动者归于地域本身，并将它们视为无问题的和同质性的地方社区。根据内源发展的基本逻辑，会在这些地方社区中建设能力并创建社会资本，然而事实上，谁的能力需要被建设这个问题其实依然是开放性的，仍旧具有讨论的空间。[①]

内源发展的目标不仅是支持经济扩张和创造就业，还应该保持地方价值观与文化特殊性。这种对地方目标的关注意味着对"发展"一词的潜在的重新定义。因此，经济目标和内源发展的其他目标之间往往需要进行取舍和权衡。考虑到这种权衡的复杂性，农村地区的相关行动者似乎难以就这些深远的问题达成稳定和可行的共识。一方面，与关注地方性因素相比，提高区域竞争力可能具有促进农村发展的更大潜力；另一方面，这种发展的分配效应是值得怀疑的，从外部动员或支持的农村经济发展可能导致农村价值观与城市增长精神之间的某些冲突。[②] 保护农村价值观和文化特殊性显然需要付诸透明性和公开化的公共讨论，只有所有行动者的相关利益得到有效协调才能保证福利最大化的内源性发展。遗憾的是，对这种关于内源发展的"非合作条件"的分析需要更正式的战略框架和对现代博弈理论的参考，而目前暂时没有寻求到恰当的解释路径。总之，即使存在一个关于地区发展的合法化规划，如果地方行动者的潜在分歧利益没有得到有效协调，也不能保证其能够被执行。目前，内源发展方法并没有提供如何完成这一任务的可行解决方案。

第三，内源发展的动力学问题。内源发展的持续性动力源自何处，一直是困扰发展领域悬而未决的现实议题。内源发展理念强调地方发展的内生动力，但这种动力究竟产生于何种条件以及如何维持和自我复制，显然还存在于"黑箱"之中。为了澄清内源发展的独特性及其动力来源，有学者尝试建构了"区域竞争力绩效立方体"模

---

① Shucksmith M., "Endogenous Development, Social Capital and Social Inclusion: Perspectives from Leader in the UK", *Sociologia Ruralis*, 2000, 40 (2), pp. 208 – 218.

② Meyer P. B. and Burayidi M., "Is Value Conflict Inherent in Rural Economic Development? An Exploratory Examination of Unrecognized Choices", *Agriculture and Human Values*, 1991, 8 (3), pp. 10 – 18.

型，即领导、制度和市场相契合的"三维立方体"的关联结构，① 突出三者在区域发展中的实践价值。但这种方法受到了广泛的质疑，因为它没有提供未经历充分工业化的经济区域如何通过三维立方体实现发展的动力学的解释。因为一般而言，有利于产业集群形成的条件主要存在于发达的产业聚集的区域，而自我强化的动力通常在集群区域形成的初始阶段开始出现。这种批判也适用于内源发展。根据内源发展的逻辑，发展过程将由地方行动者的协商予以启动和推动，地方行动者能够在地方一级掌控地方资源的利用和实施、地方层面的积累过程、创新能力以及地方部门间的彼此依赖关系。然而，如果相关因素对于过程本身是内生的，它们将不能受到地方行动者的目的性和有意识的影响。在这种情况下，将区域发展的责任转移到地方层面很可能首先使那些已经处于优势地位的区域获益，而不是亟待发展的落后区域。

此外，新增长理论的提出进一步促发了人们对内源发展动力的讨论。现代经济增长理论经历了一条由外生增长向内生增长（新增长理论）的演进历程。新增长理论认为技术进步对于增长是内生的，并且部分地解决了新古典主义模型中显著的但未解释的增长元素的问题，认为在资本存量相对较大、人口受教育程度高、有利于知识积累的经济环境下，经济增长往往更快。这样，内源发展理念和新增长理论之间显然存在诸多矛盾。首先，新增长理论对内源性力量足以开始自我维持的区域发展或可持续区域发展的良性循环表示怀疑，且认为公共政策的作用相当有限。其次，新增长理论的内部逻辑表明，内源发展相关的地方性因素，无论是知识还是企业家精神，都是可以独立于发展过程而进行本地化的静态实体。最后，新的动力空间模型已经表明，在没有补偿和转移支付的情况下，内源性增长理论暗含的累积因果关系并不会导致所有地区均衡发展。这些问题往往被内源发展的支持者重新解释为"基于地方"的增长，对新增长理论的这种表面引用和参考，掩盖了内源发展理论在解释区域动力方面的弱点，并导致

---

① Stimson R. , Stough R. R. and Salazar M. , *Leadership and Institutions in Regional Endogenous Development*, Northampton, MA: Edward Elgar, 2009, p. 21.

新增长理论与内源发展理念之间存在的矛盾被忽视，内源发展的动力学问题始终未得到妥善解决。

当前，发展研究领域并没有形成对内源性农村发展理念的一致性立场和定义，它通常是作为一系列方法存在于农村政策和实践领域之中。内源性农村发展主要（但不完全是）建立在诸如地方生态、劳动力、知识的潜力以及将生产连接到消费的地方模式等地方可用的资源之上。作为一种发展战略，内源性发展有可能改善贫困社区的生活条件与质量，然而，它并不能完全取代区域发展的传统战略，因为它的经济影响相对有限。不过，成功的地方倡导能够加强社区意识与社区认同，并开启赋权和解放的进程。这有助于边陲和贫困社区更好地表达和捍卫自身的利益和愿景，并从传统的外部发展举措中获得更大的好处。但不得不承认，内源性发展势必受到外部影响的诸多限制。事实上，西方农村发展模式经历了从自上而下的外源模型到自下而上的传统内源模型，再到越来越多地强调以地方主导的"混合内源—外源动力"为特征的方法。这种变迁趋势表明，为了提升农村地区的生活质量，内源发展必须同外部干预相结合，以更好地利用地方资源和外部支持资源。虽然内源发展强调动员和利用内部资源，但如果没有外部资源，它的良好实现显然是不可能的。这种意义上，内源性农村发展应被视为一种在地区内以及地区和外部参与者之间的沟通、交流、协作以及人际关系互动的过程。本质上看，由于融合了区域发展战略等思想的区域性传统，农村发展的内源性途径和外源性途径的划分实际上仅是一种理想类型式的二元论，并不是作为一种相互排斥的实践性二分法，发展实践中二者很难完全分离。不过关键的问题是，需要进一步研究如何实现二者彼此融合以达到农村发展目标的合适和有效的操作性方法。正如许多批评者认识到的，内源发展虽然足以成为发展干预的理想模式，却并不是当前最有可能实现的方式，它在理论和发展实践上都遇到了相当棘手的问题。作为一种新的发展学说，内源发展目前仍在寻找实践方法。[①] 因此，如何践行内源发展的理念，

---

　　① 范如湖：《内源发展作为另一种选择——可能性与障碍》，黄高智等主编《内源发展——质量方面和战略因素》，中国对外翻译出版公司1991年版。

将其操作化为具体的发展干预行动，便成为一个亟待解决的现实议题。

三 内源性能力建设的核心手段：能力建设

新发展观念的贯彻实施必须要有相应的操作方法作保障。[①] 内源发展强调以人为中心的发展思路，强调人是发展的真正主体，鼓励人们依据自身的历史、社会、经济和文化等多方面的独特性，探索适合自身的发展路径。其中，最为关键的是要注重挖掘地方社会和社会成员本身所蕴藏的潜能，培育当地民众自主发展的观念与相互协助的能力。因此，能力的发掘与培育（即能力建设，capacity-building）可能是内源发展理念得以成功实现的最基本途径。建设地方或地区的能力（building the capacity of localities or territories）以抵御更广泛的全球竞争力、财政危机和社会排斥，在学术文献中已经得到了广泛的讨论。[②]

（一）内源发展话语下的能力建设

内源发展话语强调能力建设不是"个人"（individuals）层面的能力建设，而是将"社区"（communities）作为能力建设的对象范畴和重要载体。20 世纪 50 年代的社区发展方法，类似于如今欧洲著名的 LEADER 项目，倾向于认为"社区"是一组具有共同利益的人，生活在同一地理区域，往往能够感受到一种"社区精神"（community spirit）[③]。必须承认的是，社区发展路径面临诸多实践困境。传统农村发展的观点一般都理所当然地认为，农村贫困从经济和社会边缘性的意义上来看，与地理上的边缘性实质上是等同的，因此要寻求干预以减少农村地区的边缘性（marginal）或者"空间排斥"（spatially exclu-

---

① 周大鸣、秦红增：《文化引导发展：以中国西部内源发展项目为例》，《广西民族大学学报》（哲学社会科学版）2006 年第 5 期。

② Ray C.， "Culture, Intellectual Property and Territorial Rural Development"， *Sociologia Ruralis*，1998，38 （1），pp. 3 – 20.

③ Shortall S.， "The Irish Rural Development Paradigm：An Exploratory Analysis"， *Economic and Social Review*，1994，25 （3），pp. 233 – 260.

ded)。① 此外，这种区域发展方法倾向于采用"共识视角"（consensus perspective）掩盖"社区"中社会行动者的不平等和权力关系。例如，阶级、种族和性别的差异往往被遮蔽。另外一个例证是，农村地区的年轻人往往被成年人视为一个问题，因此，对待年轻人的话语和方法基本上集中在控制上，而不是参与，年轻人被视为"区隔"（apart），这本质上就是"排斥"（excluding）。②

　　早期内源发展尝试的社区发展路径的另一个难题是如何确保发展过程中地方民众都充分参与（adequate participation）。农村地区的发展过程经常被地方精英（local notables）主导，排斥了边缘化的个体和群体。例如，英国农村的内源发展一直是相对有限的参与（narrow participation），近乎"象征性"（tokenism）的，尽管一些 LEADER 项目在这方面有所创新③。在实物规划的背景下，环境、运输和地区政府部门提出了一组新的参与机制，包括真正的规划（planning for real）、协商的民意调查（deliberative opinion polling）、地方居民论坛（local residents' forums）、焦点小组（focus groups）和公民陪审团（citizens' juries）。农村环境的特殊性可能会导致这些机制虽然必要但难以实施，如距离远会阻碍参与；社区中的精英控制也会阻碍边缘群体的参与。④

　　关于"参与"议题，内源发展尝试的社区发展路径的早期经验显示，原已存在的不平等结构通常不会有显著改善。许多情况之下，现有的权力持有者变得越来越强大，部分原因是没有考虑到治理体系和权力维度。更善于表达和有影响力的个体和群体能够更好地参与项目、申请资助和提交提案，而无行动能力的个体和群体则不能从这样的能力建设举措中受益。康明斯（Commins）和基恩（Keane）的研

① Curtin C., Haase T. and Tovey H., *Poverty in Rural Ireland：A Political Economy Perspective*, Dublin：Oak Tree Press, 1997.

② Davis J. and Ridge T., *Same Scenery, Different Lifestyles － Rural Children on a Low Income*, London：The Children's Society, 1997.

③ Goodwin M. et al., *Partnership Working in Rural Regeneration*, Bristol：the Policy Press, 1999.

④ O'Hara P., *Action on the Ground：Models of Rural Development Practice*, Galway：Irish Rural Link, 1998.

究显示，爱尔兰的 LEADER 项目没有发挥积极的作用，它们基本上是补充已经准备好的资本资源用来拓展企业。①

尽管如此，"社区"这一概念依然具有持续的修辞意义和积极的实际影响。农村发展工作者可能想寻求建设人们相信其所在"社区"的意愿，所以会鼓励和发展这种"象征性建构"。雷一直坚持认为，这种象征性建构是 LEADER 行动的本质。地方文化认同，远远不是一个固定的或者保守的概念，它能够成为全球化时代内源发展动态的、渐进的与灵活的方法的基础。在 LEADER 行动中，向区域和社区方法的转向带来了发展进程最前沿的区域构建行动，区域和文化是反思发展的关键。②

但是，全球化时代构建地方行动者的文化区域认同（cultural-territorial identity）可能面临一些风险。至关重要的是识别和处理存在于象征性建构的"社区"或"文化区域"中的真实的利益冲突，这可能遮蔽了其中的排斥性。如果没有觉察到文化认同建构的亲和力，文化区域的象征性构建过程将排斥和剥夺这些地方民众。在这样的集体能力建设过程中，个体的行动能力将被削弱。不过，目前尚不清楚，这是否会增加或减少社会的不平等。该地区所有个体的私人利益是不可能同时增加的，乃至基于文化区域认同的象征性建构的内源发展是一个政治性和冲突性的过程。③

当前，在发展研究学术议题与国际发展潮流相结合的知识体系下，社区发展的方向与主题讨论，不再仅仅聚焦于由上而下的政府政策，而是更多地转移到"社区能力建设"（community capacity-building，CCB）的实践层面。以"能力"为基础的思考，反映出社区发展开始跳脱政策依附，回归到社区及社区成员等发展的主体。

① Commins P. and Keane M. , "Developing the Rural Economy – Problems, Programmes and Prospects", in *New Approaches to Rural Development*, NESC Report No. 97, Dublin: NESC, 1994.

② Ray C. , "Endogenous Development in an Era of Reflexive Modernity", *Journal of Rural Studies*, 1999, 15（3）, pp. 257 – 267.

③ Shortall S. , "The Irish Rural Development Paradigm: An Exploratory Analysis", *Economic and Social Review*, 1994, 25（3）.

以英美发达国家为代表的世界社区发展逐渐迈向反对居高临下和消极的福利国家倾向，以及权威主义的社会干预。然而具有讽刺意味的是，尽管很多社区发展是以今天所谓的能力建设为前提，但其实直到 20 世纪 90 年代末期，能力建设才真正加入社区发展的"词典"和国家的政策议程。也正是从这一时期开始，能力建设成为发展干预的一个核心原则，包括国际性的援助机构、多边组织和城市更新项目等。如今，社区能力建设在世界范围内被广泛使用，尤其在城市政策、社区更新和社会发展等公共议题领域影响广泛，被喻为国家治理的"新圣杯"（the New Holy Grail）。① 社区能力建设已经成为西方发展研究领域成熟的学术概念和国家治理领域重要的政策话语。

（二）社区能力与能力建设：从修辞性概念到实践性概念

自 20 世纪 90 年代后期以来，发达国家和发展中国家都广泛使用社区能力建设这一术语，表征与地方社会合作的发展干预活动，促进社会、经济和政治生活的充分参与。然而，正如"社区"一词的多样化使用一样，社区能力建设的理论和实践运用并不十分清晰，它为何应该如此强烈地出现在政策话语之中也没有厘清。最早提到能力建设的文献始于 20 世纪 90 年代初，1992 年的联合国环境与发展会议、21 世纪议程以及联合国可持续发展委员会的相关工作中均有所涉及。1992 年的联合国环境与发展会议建议，能力建设应包括人力、科学、技术、组织、机构和资源等方面的能力。然而，正如麦金蒂所言，联合国确认的能力必须与社区发生接触，这就要求能力建设的讨论转向更具参与性的模式，并与社区发展紧密联系起来。② 将能力建设放在社区层面，而不是过于广大的社会层面或过于细微的个体层面，符合以社区为联系纽带和经济单位的生活实际，更为重要的是有助于恢复

---

① Duncan P. and Thomas S., *Neighbourhood Regeneration*: *Resourcing Community Involvement*, Bristol: Policy Press, 2000, p. 15.

② McGinty S., *Community Capacity-building*, Paper Presented at the Australian Association for Research in Education Conference, Brisbane, Australia, 2003, p. 5.

那些对人类生活必不可少的社区关系和支持网络。^① 于是，"能力建设"在政策话语中逐渐被具体化为"社区能力建设"。

要厘清社区能力建设的概念内涵，首先必须了解何谓"能力"与"社区能力"。能力来源于英文"Capacity"一词，既有容纳（containing）、持有（holding）、储存（storing）的含义，又有思想和行动的能力（ability）之意。^② 在阿马蒂亚·森（Amartya Sen）那里，能力指能够执行的一些基本功能，是一个人有能力去做和正在做的事情，包括充足的营养、舒适的衣物、免于疾病、可预防的死亡、生活没有耻辱等。^③ 能力是人的综合素质在现实行动中表现出来的正确驾驭某种活动的实际本领和能量，是实现人的价值的一种有效方式，是社会发展和人的生命中的积极力量。^④ 应用于社区层面，"能力"意味着一个社区能够以特定的方式行事，具备特定的能力和权力来做某些事情。这些能力可能涉及社区功能的许多方面，关注帮助提升或者维持社区的福祉及其构成要素，包括个体、非正式团体、组织、社会网络和物理环境。基本上，组成社区能力的个体能力包含在社区中，但它们也必须被纳入更大的体系，而社区只是其中的一部分。

一般意义上，社区能力蕴含着这样的假设，即什么使社区正常运转，什么使社区功能运行良好。阿斯彭研究所认为社区能力涉及社区的承诺、资源和技能的综合影响，它们能够被用来建立社区优势，解决社区问题，抓住社区机遇。^⑤ 社区能力的一个重要特征是，它在某种程度上是以社会资本为基础的。社会资本可以被定义为一个人可以获得和使用的基于人与人之间关系的资源。社会资本包括人们之间的网络和人际关系，以及在社区内存在的信任和凝聚力水平。社会资本

① 钱宁：《农村发展中的新贫困与社区能力建设：社会工作的视角》，《思想战线》2007 年第 1 期。

② Chaskin R. J. , "Building Community Capacity: A Definitional Framework and Case Studies from a Comprehensive Community Initiative", *Urban Affairs Review*, 2001, 36 (3), pp. 291 - 323.

③ Sen A. , *The Standard of Living*, Cambridge: Cambridge University Press, 1987, p. 18.

④ 韩庆祥、雷鸣：《能力建设与当代中国发展》，《中国社会科学》2005 年第 1 期。

⑤ Aspen Institute-Rural Economic Policy Program, *Measuring Community Capacity Building: A Workbook-In-Progress for Rural Communities*, Washington: Aspen Institute, 1996.

是采取集体行动的关键要素，而这种集体行动又是社区能力的核心。①
凯斯金（Chaskin）指出，社区能力是人力资本、组织资源和社会资
本在一个特定社区中的互动，能够用来解决集体问题，改善和维护社
区福利。社区能力通过非正式的社会过程，或曰个体、组织和社会网
络的组织化努力进行运作。尽管受到微观与宏观背景的影响，社区能
力可以通过战略性干预，即个体的、组织的和网络的运作过程获得
建设。

　　鉴于对能力与社区能力的多元化理解，人们对社区能力建设这一
术语的界定也体现出不同的侧重点。社区能力建设可以广泛地界定为
增加社区团体对健康或其他任何对社区成员重要的关注进行定义、评
估、分析和采取行动的能力。② 社区能力建设也被视为一个增加社区
能够利用的资产的过程。③ 社区能力建设不是针对特定的地区，也不
是其中的个人或群体，而是两者之间的相互作用。由于需要延长项目
收益，社区能力建设作为可持续技能、资源和各种环境中承诺的战略
的兴趣已经得到发展。④ 这些品质与特定人群和群体、特殊议题和关
注以及特殊活动或项目有关。社区赋权和社区能力建设与旨在解决人
们生活不平等的社会组织和动员形式密切重叠的问题，⑤ 通常是实现
增强社区赋权的结果的手段，是通过在地方一级系统地建立知识、技
能和能力来实现的。

　　英国慈善事务委员会（the UK Charity Commission）将社区能力建
设定义为：发展社区成员的能力与技能，使他们能够更好地识别和帮

---

① Woodhouse A., "Social Capital and Economic Development in Regional Australia: A Case Study", *Journal of Rural Studies*, 2006, 22 (1), pp. 83 – 94.

② Labonte R. and Laverack G., "Capacity Building in Health Promotion, Part 1: For Whom? And for What Purpose?", *Critical Public Health*, 2001, 11 (2), pp. 111 – 127.

③ Goodman R. M. et al., "Identifying and Defining the Dimensions of Community Capacity to Provide a Basis for Measurement", *Health Education and Behavior*, 1998, 25 (3), pp. 258 – 278.

④ Gibbon M., Labonte R., and Laverack G., "Evaluating Community Capacity", *Health & Social Care in the Community*, 2002, 10 (6), pp. 485 – 491.

⑤ Laverack G., *Health Promotion Practice: Building Empowered Communities*, London: Open University Press, 2007, p. 19.

助满足他们的需求并实现充分的社会参与。① 社区能力建设对地方社区成员的价值一般被描述为赋权（empowerment），这可能涉及为人们提供技能和能力；实现现有技能和发展潜能；促进人们承担责任，识别和满足自己与他人的需求的能力。作为政府推动社区能力建设的主要机构，英国内政部认为建立社区内个人和群体的能力是公民复兴进程的核心，认为社区能力建设是运用活动、资源和支持，以加强人们和社区团体在其社区发展中采取有效行动和发挥领导作用的技能和能力。② 这一定义基本符合慈善事务委员会的界定，因为它强调参与、社区发展以及加强技能、能力和责任的重要性。应当说，社区能力建设的概念在修辞上是明确的和普遍的，然而，其运用到操作实践中时含义不清晰和不确定性的缺陷往往格外凸显，如何从修辞性概念转换到实践性概念还需要更多的实践尝试与行动检验。

表 2 - 4　　　　　"社区能力"界定的几种代表性观点

序号	学者	社区能力的定义
1	Balint，2006	确定和实现有关目标的必要的技能、能力和才能的水平
2	Hounslow，2002	个人、组织和社区管理自身事物，并共同致力于促进和保持积极变化的能力
3	Smith et al.，2001	社区能够发展、实施和维持增强社区健康状况的行动的程度
4	Lavarack，2005	包括社区能够为改善他们的生活而利用的资产和品质，它是定义、评估、分析和行动的能力
5	Chaskin et al.，2001	人力资本、组织资源和社会资本在一个特定社区中的互动，能够用来解决集体问题，改善和维护社区福利
6	Aspen Institute，1996	社区的承诺、资源和技能的综合影响，它们能够被用来建立社区优势，解决社区问题

上述关于社区能力与能力建设概念的界定反映出社区能力建设的多维性特征，社区能力建设并不是某个单一角度所能完全涵盖的。一些界定重点放在组织上，一些集中于关注个人，一些侧重于情感联结

---

① Charity Commission，*The Promotion of Community Capacity-building*，Taunton：Charity Commission，2000，p. 3.

② Home Office，*Building Civil Renewal*，London：Home Office，2003，p. 15.

和价值共享，也有一些强调参与过程。不过，这些界定社区能力建设的尝试至少在以下几方面达成了一致：第一，资源的存在，从个人的技能到组织的力量，再到金融资本的获得；第二，关系网络，有时强调情感，有时强调工具性方面；第三，领导，往往只是模糊地定义；第四，某些类型的机制的支持，或者社区成员在集体行动和问题解决过程中的参与。但依然有诸多议题并未达成共识：这些因素之间的相互关系如何？他们通过什么机制参与？特定的目标具体指什么？运用何种战略建设社区能力？等等。

在所有关于社区能力的界定中，有两个关键理念是相通的：第一，社区能力是关于社区自身的集体知识和能力；第二，这种集体知识和能力是用来定义社区内的问题的。因此，社区能力是任何其他活动的先决条件。莫斯卡尔多综合相关文献，概括出社区能力的八个主要元素：定义和解决问题的知识和能力；审慎评估拟议的项目与活动的能力；地方领导和企业家；目标区域的特殊技术和管理技能；网络和社区凝聚力；与外部组织的平等伙伴关系；资源和基础设施；动机和信心。① 弗兰克等人得出了相似的结论，认为社区能力包括九大元素：愿意参与的人；技能、知识和能力；福利与社区卫生；识别和获取机会的能力；执行计划的动机和资金；基础设施、支持性机构和物质资源；领导和参与的结构；经济和金融资源；扶持政策和制度。②

基于相关文献对社区能力关键信息的解释，凯斯金概括出社区能力的四个基本特征：社区意识；社区成员之间的承诺；解决问题的能力；资源获取。③ 虽然这些特征在每个社区都一定程度地存在着，但是如果一个社区要实现特定的目的，它们必须达到相应的阈值水平。社区意识反映了成员之间的联结程度和对相互关系的认可程度，包括

① Moscardo G. (ed.), *Building Community Capacity for Tourism Development*, Oxford-shire：CABI, 2008.

② Frank F. and Smith A. , *The Community Development Handbook：A Tool to Build Community Capacity*, Human Resources Development Canada, 1999.

③ Chaskin R. J. , "Building Community Capacity：A Definitional Framework and Case Studies from a Comprehensive Community Initiative", *Urban Affairs Review*, 2001, 36 (3), pp. 291 – 323.

集体性的价值观和规范的阈值水平。承诺水平描述了特定的个人、团体或组织对社区内发生的事情的责任，包括两个基本方面：一是社区成员将自身作为社区集体福祉的利益相关者；二是社区成员具有积极参与这种角色的意愿。问题解决能力即将承诺转化为行动，是几乎所有与社区相关的能力界定的重要组成部分，是社区能力元素中最经常强调的关键信息。资源获取强调获取社区内外的经济、人力、政治和物质资源，具备充足能力的社区拥有直接影响政策的能力，能够争取支持其发展的资源。

（三）社区能力建设的操作化及其实践效应

不可否认，社区能力建设是一个理解和指导社区变迁有用的建构。可持续的社区能力的提升能够实现诸多特定的目标，如更优质的服务、对公共决策施加更大的影响、更好的居住稳定性；社区能力还可以提升共享价值观、提供非正式社会控制的机制。但又必须正视的是，社区能力建设从宽泛概念转换成社会行动依然困难重重。实践中，这种努力需要更加具体的目标和达成这种目标的可能手段，以及地方力量更好的合作意识及执行情况的影响；需要探索提升组织协作和社区居民参与的更有效手段，并意识到社区层面行动的局限性，努力与其他层面的行动相结合。重要的是要认识到，能力建设的核心是"人"，健全的社区是由健全的人和健全的家庭组成的，创造健全的环境将促进健全的经济和可持续发展。虽然所有人和社区都有一定程度的能力，但需要经常性地对其进行"挖掘"和"开发"。

一般而言，社区能力建设通过个人（individuals）、组织（organizations）和网络（networks）三个层面的社会中介的组合模式进行运作，[1] 从个人、群体、社区、社会政策等多层面整合性地思考介入策略，[2] 其实践操作通常以具体的干预措施为突破口，如教育培训、领

---

① Chaskin R. J. , "Building Community Capacity: A Definitional Framework and Case Studies from a Comprehensive Community Initiative", *Urban Affairs Review*, 2001, 36 (3), pp. 291 – 323.

② 古学斌、张和清、吴世友：《农村社会工作实务模式与方法技巧》，张和清主编《农村社会工作》，高等教育出版社 2008 年版。

导能力培养、组织发展或者社区组织工作。

第一，个体层面关注人力资本和领导能力。包括社区居民个体的技能、知识和资源，以及社区改善活动中的参与。增加个体人力资本投资能够显著影响其获取资源和提升经济福利的能力。社区居民的人力资本既可以作为一种集体资源发挥有效性，也可以通过具体的、个体的贡献帮助社区能力的建构。领导能力实质上是人力资本的特定方面，例如社区成员个体作为领导者和变迁行动者动员他人和催化行动的能力。

第二，组织层面的关注点主要是为生产商品和服务的目的而建立组织。包括以社区为基础的组织（community-based organizations, CBOs）；服务提供商、地方企业、发展组织、大型机构的地方分支；银行、学校、主要零售场所。组织层面的社区能力反映在这些组织作为更大行动体系的一部分有效地、高效地履行职能和它们与社区内外相联系的过程。某种程度上，组织可以被视为创建社区能力的组件和机制，其有效性的判断标准有可能超越简单的产品输出的核算。

第三，网络层面涉及个体与组织或者其他集体形式之间关系模式的社会结构。个体层面之间积极的社会关系网络的存在提供了信任和支持的环境，表明能够获取资源，这被称为社会资本。社团群体如街区、社交俱乐部、邻里以及租户协会，很大程度上是为一个特定的群体进行集体代言或采取行动的平台。社会资本这一概念可以扩展到关注诸如社团组织和更多正式组织之间的关系，每个组织作为结构空间里的一个"节点"而运作，与此同时，组织之间的工具性关系的基础机构能够为个体组织提供更多的资源。

美国西北大学"以资产为基础的社区发展协会"（ABCD Institute）认为，一个人每次使用他或她的能力，社区就会更加强大，个人也将更加强大。这就是为什么强大的社区基本上都是地方居民的能力被识别、评价和利用的地方；无论什么原因，弱小的社区都是调动当地居民或社会成员的技能、能力和才能失败的地方。"以资产为基础的社区发展协会"的社区发展与首先确定社区的需求、不足和问题的传统方法完全不同，相反，它开始于社区人力资本的详细清单。这份清单的详细信息包括个体的技能、工作经验、教育和培训、创业的经验等。资产清单还包括地方组织和协会、可利用的物质资源和金融资源等。不可否认的是，社区之外的其他资源也是需要的，但主要强调的是依靠社区的发展。第一，以资产为基础（asset-based），以社区"拥有什么"作为开始，而不是"什么是不存在的或是有问题的"作为开始。第二，以内部为焦点（internally focused），强调地方定义、投资、创造力、希望和控制的首要地位。第三，关系驱动（relationship-driven），建立或重建地方居民、地方协会和地方机构之间的关系，[1] 并根据社区与外部环境的关系改变该社区的内部构成，增强社区的适应力和自我发展能力[2]。

如果社区能力建设获得成功，将对社区发展产生重要的积极效应。根据阿斯彭研究所（Aspen Institute）的研究，社区能力建设主要能够形成八个方面的成效。第一，扩展的、多元化的、包容性的公民参与。在一个正在进行能力建设的社区中，越来越多的人参与到所有类型的活动和决策之中。这些人包括组成社区的所有不同成员结构，这代表了它的多样性。第二，扩大领导基础。社区领袖将"新人"纳入决策属于建设社区能力的范畴，但是，获得技能以及实践与学习领导能力的机会同样也是领导基础的重要组成部分。第三，增强个人技能。社区通过利用各种资源创造发展个人技能的机会是建设社区能力的重要途径。随着个人发展出新的技能和专业知识，志愿服务的水平也会得到提高。第四，广泛的共识和愿景。创造一个最好的社区未来的愿景是规划的重要组成部分。不过在社区能力建设过程中，重点是如何广泛地达成愿景的共识。第五，战略性的社区议程。当俱乐部和组织考虑未来并计划一起变革，其结果就是形成一个战略性的社区议程。通过广泛的社区想法对未来做出反应，是理解和管理变迁的一种方式。第六，朝向目标的一致的、切实的进步。社区能力建设能将计划转化为成果。无论是使用基准来衡量进展情况，或是设定里程碑

---

① Black A. and Hughes P. , *The Identification and Analysis of Indicators of Community Strength and Outcomes*, Occasional Paper No. 3, Department of Family and Community Services, Canberra, 2001, pp. 19 - 20.

② 袁小平、熊茜：《社会动员视角下的农村社区能力建设》，《山东社会科学》2011年第 11 期。

来标记完成情况，行动的目标都会通过社区来完成。第七，更有效的社区组织和机构。所有类型的公民俱乐部和传统组织，诸如教堂、学校和媒体，都是社区能力建设的主体。如果俱乐部和机构运转得良好和有效，社区就会变得更加强大。第八，社区更好地利用资源。理想情况下，社区应该如同聪明的消费者进行交易一样选择和利用资源。通过平衡地方自力更生与外部资源的利用，社区能够拥有面对未来的信心。

（四）社区能力建设的实践挑战与理论反思

无论是对于超然于发展之外的批评家还是作为发展机构的专家，发展都是最具有实验性质、最容易引起争议的工作领域。[1] 正如学术界已经意识到的，国际发展和社区发展领域如今成了流行语、专门术语和缩略语的"天堂"。"发展词典"（development lexicon）充满了在发展的背景下已被分配了特定含义的常用术语，例如，参与、性别、赋权、可持续发展、合作伙伴关系，或者甚至"发展"这个词本身亦具有特定表征。在某些情况下，他们充满了矛盾或融合意义，如同为了一组新的意识形态倾向的特洛伊木马（Trojan horses）。[2] "社区能力建设"作为发展领域的一个概念构建和实践模式，也有陷入类似陷阱的风险。一些学者已经意识到对社区能力建设范式进行反思的重要性，并逐渐得到学术界的响应。总体上看，学术界从至少四个不同的角度进行了反思。

第一，社区能力建设能否作为一个新概念尚存疑问。有研究指出，鉴于社区发展和社区能力建设的目标与方法之间的最低限度的差异，在政策词汇中引入一个新概念似乎是多余的。考虑到术语的起源，很可能这两个概念之间的差异是政治时尚助推的结果：希望引入新政策方案的新政府通常采用新的术语，使自己远离前任的方案。批评者指出，将社区能力建设作为一个全新概念加以推广和运用可能忽

---

① Gardner K. and Lewis D. , *Anthropology*, *Development*, *and the Post-modern Challenge*, Chicago: Pluto Press, 1996, p. 153.

② Kenny S. , "Tensions and Dilemmas in Community Development: New Discourses, New Trojans?", *Community Development Journal*, 2002, 37（4）, pp. 284 – 299.

略了文献中经常提及的事实，即社区能力建设其实根源于早期的"社区发展"运动。而且，社区能力建设背后的理念可能并不是新的，而是具有深刻的借鉴"烙印"，因为从 20 世纪 70 年代起，非营利部门就已经建立起了一个强大的社区发展实践体系，宣传并践行能力建设的理念。[①] 因此，相对于社区发展这一概念而言，社区能力建设想要被称为一个全新概念似乎还要提供更多的证据。

第二，社区能力建设的"缺陷假设"广为诟病。社区能力建设往往假设社区在技能、知识和经验等方面存在"不足"，文化差异往往被视为弱点，而不是优势，强调"能力缺陷"要重建或者问题要予以解决，存在着一种"基于问题—需求的能力链"机制，[②] 这也成为对社区能力建设最根本的批评。这种"缺陷假设"本身就存在两个层面的"缺陷"；一方面，"问题"其实不在于社区自身，而在于影响它们的社会结构、制度安排和变迁过程；另一方面，建立在缺陷模型基础上的社区能力建设又很难给出一个如何抵达终点的有效方案，即什么是正在建设的能力或者它本身的目的是什么？[③] 这是一个困扰社区发展的理论和实践问题。基本上，虽然可以确定增强或者恢复社区在技能、知识、组织等方面的特征要达成的重要目标，但社区发展的根本目的也许是确保当局对于社区拥有更大的政治权力。这种社区能力建设的缺陷模型实际上对缺乏技能和能力的社区采取一种社会病理学的方法，允许地方居民在政府确定的条件方面成为"良好的公民"，它是自上而下的、家长式的，并且将注意力从改变现有体制和经济结构的需求中转移开来，显然秉持一种服务和支持现状的观点。

第三，社区能力建设的实施动机容易引起质疑。"自上而下"促进社区能力建设的动机一直是被质疑的关键，因为能力建设的原初理想是培养人们的自信、自尊和理解能力，支持他们的赋权和参与，应该同传统"自上而下"的发展干预方式有很大差异。然而，现实中

① Hounslow B., *Community Capacity Building Explained*, *Stronger Families Learning Exchange*, Bulletin No. 1 （Autumn）, 2002, pp. 21 – 22.

② 陈福平：《邻里贫困下的社区服务与能力建设》，《中国行政管理》2013 年第 2 期。

③ Beazley M., Griggs S. and Smith M., *Rethinking Approaches to Community Capacity Building*, Birmingham：University of Birmingham, 2004.

社区能力建设往往是被各种政府机构或大型国际组织操纵，很容易将地方社区纳入既定的结构和机制，而不是与地方社区平等合作以应对现存结构的挑战。① 而这些挑战可能恰好是剥夺和不平等形成原因的核心。总之，虽然社区能力建设宣称使用一套新的发展话语和干预逻辑，但实践过程中却总是沉浸在旧的做法之中，地方当局的社区能力建设力图通过现有做法，吸收地方精英，并通过个人化而不是集体化的地方经验达到绩效目标。不得不承认，社区要想以自己的名义行事、对其确定的议题进行工作以及以自己确定的步伐和方式行事的能力，都受政府当局促进其自身的社会和政治议程需要的影响和制约。

第四，社区能力建设在实践中存在被滥用的嫌疑。与"社区"概念一样，社区能力建设这一概念在实践中出现了不加限制的滥用。经常作为"喷涂添加剂"，用于非常广泛的活动，其中许多活动实质上同其原初的"发展理想"并无多大关系。② 实际上有些活动抛弃了最为关键的对于技能、知识和资产的社区控制，以及对地方社区的深刻理解，而这些才是社区发展的真正核心。因此，吊诡的是，社区能力建设在当代背景下经常被联合国粮农组织、世界卫生组织、世界银行等国际组织以及许多国家的政府描述为有效的自上而下的干预行动，强调地方社区应该被要求参与预定目标的项目，这显然并不是地方民众的主动参与，也难以推动地方社区的自主发展。现实情况往往是，在严格的财政控制情况下将公共服务私有化，以此作为获取资金的条件，从而容易脱离自下而上的社区发展干预方法的初衷。

（五）农村减贫的"在地化"困境与社区能力建设范式的启示

中国当前的农村减贫实践本质上是一项国家外部干预贫困地区的社会工程，基本逻辑是精准识别出贫困人口并提供精准帮扶，最终实现可持续性的精准脱贫。不过，在瞄准机制逐渐定位于作为具体个人

---

① Beresford P. and Hoban M. , *Participation in Anti-poverty and Regeneration Work and Research：Overcoming Barriers and Creating Opportunities*，York：Joseph Rowntree Foundation，2005，p. 4.

② Craig G. , "Community Capacity-building：Something Old, Something New…?" *Critical Social Policy*，2007，27（3），pp. 335 – 359.

的贫困者的同时，诸多扶贫工程却使贫困者日益成为悬浮于国家政策过程之外的抽象存在，扶贫项目呈现出脱嵌于乡村社区的现象，地方民众的主体性被系统性地忽视或遮蔽，于是，"在地化"（localization）困境成为减贫实践必须要面对的一项重要议题。实际上，任何持续有效的发展干预都是"外来范畴"与"在地范畴"充分互动、转译和再创造的过程。① 如果农村减贫不能通过有效的制度性规划实现外部干预的"在地化"转变，反而因其自上而下的行动介入遮蔽了基层社区的自主意识，那么作为行动者的贫困人群将无法通过自身的主动性和自主性摆脱贫困。虽然短期内作为"社会分类"的贫困人口可能有所减少，但"昙花一现"的静态结果并不意味着动态发展过程和真正意义上的彻底脱贫。②

在减贫战略实施过程中，激活扶贫对象的内生动力，促进扶贫对象实现自身造血功能是根本。要实现农村减贫的干预目标，除了依靠外部力量和资源自上而下的介入，还要注重贫困地区内源发展能力的培育和建设，本土与外来相互融合的发展干预模式是脱贫效应可持续发挥的关键。虽然社区能力建设范式在理论和实践层面依然面临诸多现实挑战，但作为发展领域里一个颇具操作性的实践范式和较强政策实践意义的概念，③ 其在回应和弥补并不总是尽如人意的基于外源发展理念和"技术—现代化"逻辑的发展干预的负面效应过程中，依然具有相当大的理论吸引力和操作可能性。一定程度上，社区能力建设是被放置在与传统自上而下的社会工程、结构性的调整方案或者基于福利的发展模式相对立的位置，对于弥补外源干预的结构性困境和"在地化"难题具有重要的实践价值。社区发展固然离不开政府等外部力量的支持与援助，但社区要获得持续发展，必须依靠社区自身力

---

① 杨弘任：《社区如何动起来：黑珍珠之乡的派系、在地师傅与社区总体营造》（增订版），台北群学出版有限公司 2014 年版。

② 荀丽丽：《悬置的"贫困"：扶贫资金资本化运作的逻辑与问题》，《文化纵横》2006 年第 6 期。

③ 徐延辉、黄云凌：《社区能力建设与反贫困实践——以英国"社区复兴运动"为例》，《社会科学战线》2013 年第 4 期。

量。[①] 在农村减贫过程中，可综合运用社区能力建设的手段与方法，将外部资源和国家政策转变为贫困地区的内生发展力，形成"内外融合"的扶贫格局，使贫困者迈上自我发展的轨道。

第一，个体能力建设：提升地方民众和家庭的人力资本与可行能力。农村减贫强调扶贫"到户""到人"，但如果仅仅是"资源到人""政策到人"，扶贫对象自身没有与这些外部资源和国家政策相匹配的"接受能力"，缺乏主动参与尤其是不具备可行能力的参与过程，这种扶贫工程的实践效应将是暂时性和形式化的，并且可能助推扶贫对象的依赖心理，陷入久扶不脱贫的循环之中。社区能力建设范式假设，增加个体人力资本投资能够显著影响其获取资源和提升经济福利的能力，能力建设项目往往承诺给那些被排除在社会参与之外的人们赋权增能。[②] 农村减贫的根本着力点离不开地方民众自身能力的提升与营造，只有具备了能够执行一些基本功能的可行能力，贫困人群才能够应对压力和冲击，才能够找到和利用新的条件和资源。这种能力不是反应性的，而是对不利变化和环境的响应，是一种积极的和动态的适应。为此，农村减贫过程中应当避免经济资源单向输入的简单化操作倾向，应将提升地方民众自我发展的实质机会作为根本发力点，重点确保贫困人口能够获得公平、良好的教育和医疗服务，培育信息获取与利用以及积极参与市场竞争的能力，鼓励和引导贫困人口建立自我服务和自我发展的主体意识。

第二，社区组织培育：培育以社区为基础的能够"融合内外"的组织架构。社区能力建设一定程度上是一个以社区组织为载体进行发展干预的实践过程，因为代表贫困人口的组织具有互相支持、增强自信、学习提升、讨论问题、参与政治、利益游说、接触政府等诸多重要功能。[③] 社区组织的培育和发展对于农村减贫和社区发展具有基础

---

① 杨贵华：《社区共同体的资源整合及其能力建设——社区自组织能力建设路径研究》，《社会科学》2010 年第 1 期。

② Kenny S. and Clarke M. , *Challenging Capacity Building*: *Comparative Perspectives*, Basingstoke: Palgrave Macmillan, 2010, pp. 3 – 20.

③ ［英］艾德：《能力建设：通向以人为中心的发展之路》，应维云、刘国翰译，九州图书出版公司 1999 年版，第 131 页。

性作用，以社区为基础的组织架构能够作为更大行动体系的组成部分有效地、高效地履行职能，能够以社区为单位和载体对资源、人力以及其他要素进行自我传递、自我复制、自我整合和自我推动，为实现"内外融合"的发展模式提供组织基础。农村减贫工程应特别重视协助贫困人口发展社区草根组织，通过组织工作和群众活动，为地方民众提供学习和参与的机会。当然，社区组织培育是一项需要长期坚持的工作，持续性地提供组织支持必不可少，否则容易半途而废。更为重要的是，当社区组织的培育工作是由外部力量发起时，如何使组织培育演变为社区内部的自组织过程，并非被动地服从和依附于社区的外部机构，才是真正体现其自力更生能力和持续发展能力的标志。

第三，社会网络构建：构建地方民众和组织之间的关系网络与信任支持环境。贫困人口具有风险规避能力弱、脆弱性强等特点，这种问题的有效解决需要依靠行动主体自身的努力和外界网络的支持。具体而言，贫困人口应对风险和降低脆弱性除了依靠自身主体和家庭的内部努力之外，还需要依赖于政府、市场、社会组织、社区等外部主体的关联性整合作用。在个体之间、组织之间以及个体和组织之间，积极的社会关系网络的存在，构建了彼此信任的环境，并提供了可感知的和实际的工具性或表达性支持，由此能够获取更为广泛的资源。社区能力建设所强调的社会支持网络是以贫困人口个体、家庭和社区组织为行动主体，关注与这些行动主体相关联的人或组织对行动主体的影响，关注他们之间的互动关系所形成的网络系统。[①] 农村减贫工程应当重视贫困人口和社区组织的社会网络构建以及获得支持的程度，从正式与非正式社会支持网络两个层面协助个体和组织发展或维持社会支持网络，为贫困群体建立一种守望相助的社会支持机制。

第四，社区资源拓展：平衡地方自力更生与外部资源利用之间的结构性关系。农村减贫实践中，在国家强大动员能力的支持下，政府、市场和社会力量共同输入巨大的外部资源，为贫困地区的发展注入了强大的外部支持。不过，再强大的外部资源输入也是周期性的，

---

① 胡洁怡、岳经纶：《农村贫困脆弱性及其社会支持网络研究》，《行政论坛》2016年第 3 期。

当扶贫周期结束，贫困地区仍将可能面临资源和政策短缺的风险，从而影响发展的可持续性。社区能力建设强调资源的外部输入与内部动员相结合的发展模式，强调外源性因素与内源性因素的有机结合，强调外源性因素通过内源性因素发挥作用，这可能是避免单向的外部干预所带来的资源持续性困境的有效手段。因此，农村减贫工程一方面需要有效调动政府、市场和全社会各界主体的共同参与，做好项目、技术、人才和政策的配套协调工作，以提升贫困人口因对生活压力事件的资源水平和社会适应能力；另一方面，也要因地制宜，重点挖掘地方社区蕴藏的各种本土资源。通过系统的社会工程，特别是制度和政策的合理设计与有效实施，来改善贫困地区发展的外部环境，同时通过内源性能力建设加强当地民众自主发展的意识与能力，挖掘可资利用的本土资源，这可能是贫困地区摆脱"久扶不脱贫"现象的治本之路。①

四　内源性能力建设、可持续生计与农村减贫

普里斯（Preece）等人将贫困划分为四种类型：收入贫困（income poverty）、能力贫困（capability poverty）、参与性贫困（participatory poverty）和间接性贫困（consequential poverty）。② 收入贫困是在绝对收入（absolute income）的基础上，利用贫困基准线（Poverty Datum line）进行计算的贫困；参与性贫困是通过参与或者由于缺乏参与而导致一系列的剥夺（deprivations）来衡量的贫困，形成所谓的"沉默文化"（culture of silence）；能力贫困是指不能自由参与经济生活的贫困；间接性贫困被视为以一种有害的方式对自然和社会环境进行人权和政治干预，从而难以获得自然资源、劳动力而导致的贫困。

---

① 方劲：《乡村发展干预中的内源性能力建设——一项西南贫困村庄的行动研究》，《中国农村观察》2013 年第 4 期。

② Preece J. P., Ruud van der V., and Raditloaneng W. N., *Adult Education and Poverty Reduction: A Global Priority*, Papers from the conference held at University of Botswana 14th to 16th June 2004, Department of Adult Education, University of Botswana, Gaborone: Lentswe la Lesedi, 2007.

总体上看，贫困问题是十分系统复杂的社会问题，针对不同类型的贫困应当采取恰如其分的政策和行动，才能取得良好的减贫效应。

20世纪中期以来，世界范围内推行了改变农村贫困状况的各种政策和行动计划。很长一段时间内，政策与行动的目标都集中在农业增长和区域发展方面，如"绿色革命"、土地改革、农村综合发展等；当前，农村政策重点则是为实现《千年发展目标》的规划而实施的可持续发展和扶贫计划。尽管相关政策与行动已经实施了很长时间，也取得了显著的减贫成就，但极端贫困现象依然普遍存在，农村生计承受的压力不断增加，当前农村的贫困已经演变为一种"持续性贫困"。[①] 于是，探讨一种农村的可持续生计（sustainable livelihood）模式便成为十分迫切的需求。

早期的贫困和发展研究倾向于将贫困人群看作是被动的受害者，与此不同的是，可持续生计将人视为开创社区未来的有效载体，关注的焦点不再是贫困人群缺乏什么，而是他们拥有什么（资产、资本），以及他们所具备的能力和潜力。可持续生计能够满足地方民众和社区长远性的日常生活和生产需求，包含了人们为谋生所需要的能力、资产（包括物质资源和社会资源）及其所从事的活动。在钱伯斯（Chambers）和康威（Conway）看来，可持续生计指的是能够应对压力和冲击，并在受到压力和冲击之后能够获得恢复，同时不损害自然资源基础，能够维持并增加现在和未来的能力和资产。[②] 可持续生计以"贫困人群"为发展的核心主题，认为从贫困人群的角度理解影响贫困的因素至关重要。相比发展专家，穷人以更为复杂的方式理解贫困，与此同时，他们的优先事项和采取的策略与发展专家所描述的也存在很大的差异。

在生计模式的倡导者看来，贫困存在的一个关键原因是缺乏由社

---

① 安纳利斯·祖马兹：《农村生计》，范达娜·德赛、罗伯特·B. 波特主编《发展研究指南》（第二版），杨先明等译，商务印书馆2014年版，第275页。

② Chambers R. and Conway, G., *Sustainable Rural Livelihoods*：*Practical Concepts for the 21st Century*, Ids Discussion Paper, Brighton：Institute of Development Studies, 1991, p. 6.

区设计和参与的可持续的发展项目的能力。① 可持续生计模式不仅关注物质利益，还关注非物质利益。在可持续生计模式中，贫困已经不单纯表现为经济问题，而是一种跨学科的理解和表达，涉及政治、文化、社会和生态等多个层面。② 事实上，生计系统由一整套复杂多样的经济、社会和物质策略所构成，这些策略通过个体用来谋生的行动、财产和权利得到实施，地方民众进行主动选择，能够利用机会、资产和资源，稳定的生计便由此形成，因此，消除贫困的目标在于发展个体、家庭和社区改善生计系统的能力。③ 显而易见，可持续生计与本书构建的内源性能力建设概念框架具有显著亲和性关联，要想实现贫困地区的可持续生计目标，必定需要发展地方社区的内源性能力，尤其在当前中国农村减贫政策和行动出现"内卷化"困境的现实情境下，内源性能力建设是一项值得尝试和投入的事业。

对于农村减贫工作而言，内源性能力建设就是对贫困的地方社会和社会成员现存的缺点和发展潜力以及优势进行综合性诊断分析，寻找合适的减贫行动策略，创造条件以增强发展能力的过程。古学斌等学者认为，造成贫穷与苦难的症结可能在于那些抑制行动主体潜力挖掘与能力发展的力量。④ 因此，秉持内源发展和能力建设的理念，就应该假设贫困地区的个人和社区都蕴藏着自我发展和自我成长的潜力与能力，有可能这种能力还不为人们所知晓，或许连他们自身也未曾有这样的意识。内源性能力建设框架意味着我们不是紧盯着地方民众的缺陷和问题，而是应该更多地从优势视角看待他们隐藏的各种能力、资源和资产。就像斯科尔斯（Scales）和斯惴特（Streeter）所强调的，农村社会工作的角色是去揭示和重新确定人们的能力、天赋、

---

①　Raditloaneng W. N. and Chawawa M. , *Lifelong Learning for Poverty Eradication*, London: Springer International Publishing, 2015, p. 221.

②　Kaag M. et al. , "Ways Forward in Livelihood Research," in D. Kalb, W. Pansters and H. Siebers（eds.）, *Globalization and Development: Themes and Concepts in Current Research*, Dordrecht: Kluwer Publishers, 2004, p. 52.

③　纳列什·辛格、乔纳森·吉尔曼：《让生计可持续》，《国际社会科学杂志》（中文版）2000 年第 4 期。

④　古学斌、张和清、吴世友：《农村社会工作实务模式与方法技巧》，张和清主编《农村社会工作》，高等教育出版社 2008 年版，第 180 页。

生存策略和激情，以及社区的资产和资源。① 内源性能力建设对于减贫和发展的意义在于，致力于农村社区的增能赋权，以创新的方式发掘和利用地方资源，创造出新的资产，恢复与提升当地民众的自信力和主动性，促进当地民众意识到自身作为主体存在的价值，协助民众寻找和决定自己社区的发展方向，从而提升内源性发展实现的可能性。

① Scales T. L. and Streeter C. L. , *Rural Social Work*: *Building and Sustaining Community Assets*, Belmont, CA: Brooks/Cole /Thomson Learning, 2003.

第三章 范式拓展：基于"优势—资产" 范式的多元融合方法

　　农村社会工作的研究文献中，社会工作介入农村贫困问题的讨论一直是其重要议题，学者们将反贫困看作是农村社会工作的主要任务。对于如何推动社会工作在农村反贫困中的应用，国内外主流的学术研究可概括成三种较为清晰的范式："问题—缺乏"范式、"优势—资产"范式以及"方法—工作者"范式。三种范式各有侧重，都试图从各自的角度出发，探索农村贫困问题的根源及其解决之道，也都形成了一定的理论成果和实践经验。不过，从反贫困的实践效果来看，三种主流范式相对分割的现状所造成的实践困境也十分显著，呈现出困扰学术界和实践领域的"范式危机"。如何化解这种范式危机，是社会工作介入农村贫困领域必然要面对和必须要深入探讨的议题。当然，作为一项行动研究，根本上解决农村社会工作范式危机的"学术抱负"似乎过于宏大，本书仅仅在这方面进行一点尝试性的理论提炼和实践总结。从范式融合的角度看，内源性能力建设并不是彻底抛弃当前主流的范式，只是认为"问题—缺乏""优势—资产""方法—工作者"三种范式不是非此即彼的关系，而是"历时积淀和共时并存"的共生关系。本书遵循"视界融合"的理念，提出基于"优势—资产"范式的多元融合方法。"内源性能力建设"模式以"优势—资产"范式的优势意识为实践的主体线索，融合"问题—缺乏"范式的问题意识和"方法—工作者"范式的方法意识。范式融合方法能够依据变化的实际将不同范式的核心元素联结在一起获得另一种解释答案，希冀在视界融合的理念下实现农村社会工作范式的拓展。

一 社会工作参与农村减贫的典型范式

（一）"问题—缺乏"范式

从历史上看，社会工作的发展根源于城市，相对而言，较少关注农村议题。① 西方农村社会工作的兴趣起源于 20 世纪初，最初专注于"更好的基础设施的需求"等社区为基础的议题（community-based is-sues），如促进电力、教育和卫生等方面的发展。② 在这种起源的背景下，农村社会工作发展十分强调以社区为基础的做法就不足为怪了，尤其侧重于关注和解决社区资源的短缺问题（shortage of community resources），这种模式一直持续到现在。③ 因此，农村社会工作的典型写照是，它是一种发生在人口低密度地区的活动，农村的问题源于资源短缺的物理环境和地理位置。总之，聚焦社区的需求、问题和缺陷，是最历史久远的社会工作减贫路径，它掌握着减贫领域最大多数的金融资本和人力资源。

克雷茨曼（Kretzmann）和麦克奈特（McKnight）的研究显示，对大多数美国人来说，贫困地区诸如南布朗克斯（South Bronx）、洛杉矶市中南区（South Central Los Angeles）甚至公共房屋（Public

① Daley M. R. and Avant F. , "Reconceptualizing the Framework for Practice," in T. L. Scales and C. L. Streeter (Eds.), *Rural Social Work*：*Building and Sustaining Community Assets*, Belmont, CA：Thomson, 2004；Ginsberg L. H. , "Introduction to Basics of Rural Social Work", in L. Ginsberg (Ed.), *Social Work in Rural Communities*, 5th ed. , Alexandra：Council on Social Work Education, 2011；National Association of Social Workers (NASW), *Rural Social Work*, *Social Work Speaks*：*National Association of Social Workers Policy Statements.* , 9th ed, Washington, DC：NASW Press, 2012.

② Galen V. and Alexander D. , "Rural Settlements：Rural Social Work at the Forks of Troublesome Creek," in L. Ginsberg (Ed.), *Social Work in Rural Communities*, 5th ed. , Alexandra：Council on Social Work Education, 2011；Martinez-Brawley E. E. , *Close to Home*：*Human Services and the Small Community*, Washington, DC：NASW Press, 2000.

③ Barker R. L. , *The Social Work Dictionary*, 5th ed. , Washington, DC：NASW Press, 2003；Ginsberg L. H. , "Introduction：An Overview of Rural Social Work," in L. Ginsberg (Ed.), *Social Work in Rural Communities*, 3rd ed. , Alexandra：Council on Social Work Education, 1998；Martinez-Brawley E. E. , *Perspectives on the Small Community*：*Humanistic Views for Practitioners*, Washington, DC：NASW Press, 1990.

Housing）容易唤起负面图像（negative images）。他们是犯罪与暴力、失业与福利依赖、帮派、毒品与无家可归、空置和被遗弃的土地与建筑物的图像。他们是由穷人、有问题的人和有缺陷的人居住的贫困的、有问题的、有缺陷的社区图像。这些负面的图像，可以被看作是一种精神上的社区"地图"（map）（见图 3 - 1），经常传递着关于"问题社区"（troubled neighborhoods）实际情况的部分真相。但问题在于，他们不是被视为真相的一部分，而是被视为全部真相。[①]

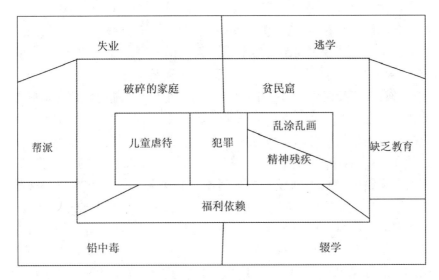

图 3 - 1 社区问题地图

资料来源：Kretzmann J. P. and McKnight J. L. , *Building Communities from the Inside Out：A Path Toward Finding and Mobilizing a Community's Assets*, Chicago：ACTA Publications, 1993。

更为关键的问题是，一旦接受了"问题社区"的全部真相，这种"需求"地图就决定了如何通过"缺乏导向"（deficiency-oriented）的政策和方案解决社区问题。通常，由大学研究和基金会支持的公共的、私人的和非营利的人类服务系统，将项目转化为地方行动，教给地方民众"他们的问题"的本质和程度以及"他们的问题"的解决

[①] Kretzmann J. P. and McKnight J. L. , *Building Communities from the Inside Out：A Path Toward Finding and Mobilizing a Community's Assets*, Chicago：ACTA Publications, 1993, p. 2.

策略的服务价值。因此，许多低收入的社区受到服务环境的影响，社区居民认为，他们的幸福取决于成为外部服务的"客户"（client）。他们开始把自己视为有特殊需要的人，并且这种需要只能由外人予以满足，他们成为服务的消费者，而不是被激励成为生产者。

传统的农村反贫困政策和行动中，大部分都秉持或暗含着"问题—缺乏"视角的理念。中国比较早期的农村社区发展尝试是民国时期以晏阳初等知识分子为代表开展的乡村建设运动。乡村建设运动把中国乡村界定为一种"有问题的乡村"，① 认为中国乡村出现了严重的社会危机。晏阳初坚信中国乡村问题根源于"愚、穷、弱、私"四大疾病，中国乡村问题的根本是"人"的问题。晏阳初认为，"构成中国的主人，害了几千年积累而成的、很复杂的病，而且病至垂危，是有无起死回生的方药的问题。这个问题的严重性，比任何问题都严重；它的根本性，也比较任何问题还根本。我们认为这个问题不解决，对于其他问题的一切努力和奋斗，结果恐怕都是白费力，白牺牲"。"大多数农民的衰老、腐朽、钝滞、麻木和种种的退化现象，更叫中国整个社会的问题，严重到不可收拾"。② 于是，晏阳初怀揣着一种基督徒般的拯救使命，建构和想象着中国乡村的前途与未来，他认定解决中国乡村问题的核心手段是运用自己的"是"去教育农民的"不是"，即以知识去愚，以生产去贫，以卫生去弱，以组织去私。③ "改造农民"成为那一代知识分子力图挽救乡村破败命运的时代精神。

当前，社会工作介入农村反贫困实践依然主要聚焦于农村社区的不足和缺乏方面，通常考虑的不足层面包括：农村地区的人口素质低下（教育落后等）、自然资源匮乏（耕地、水源不足等）、地理位置偏僻（交通出行不便等）、农业技术落后（传统耕作方式等）、基础

---

① 赵旭东：《乡村成为问题与成为问题的中国乡村研究——围绕"晏阳初模式"的知识社会学反思》，《中国社会科学》2008 年第 3 期。

② 晏阳初、赛珍珠：《告语人民》，广西师范大学出版社 2003 年版，第 33、66 页。

③ 费孝通：《评晏阳初〈开发民力建设乡村〉》，费孝通《费孝通全集·第 6 卷》，内蒙古人民出版社 2009 年版。

设施缺乏（房屋、电力等）、农民组织涣散（农民协会缺乏等）。①
"问题—缺乏"范式以一种医生的视角看待农村贫困现象，正如每个
人都有患上某种疾病的可能性一样，该范式眼中的农村贫困社区自然
呈现出病态、落后的"治疗需求"。基于"问题—缺乏"范式的农村
反贫困策略主要就是帮助农村社区和贫困人口解决他们的不足，满足
他们的各种现实需求和利益诉求。于是，直接救助救济、基础设施建
设、发展商品经济、推广高科技农业、农业商品化与市场化、银行扶
持贷款、剩余劳动力转移等成为当前主流的减贫策略。

当社会工作试图运用这些策略介入农村减贫工作时，一方面，其
所秉持的理念与"助人自助的能力建设"并不十分吻合，可以说这
是一种典型的"医生视角"，强调借助于外部力量对此类"疾病"进
行医治；另一方面，其所采取的方式与传统的政府主体、市场主体的
减贫路径并无本质区别，难以体现社会工作的专业优势和学科本质。
正如叶敬忠的研究所指出的，农村很多时候并没有成为减贫活动等社
会建设工程的主体，外来力量也没有考虑农民主体的能力和优势。②
更为严重的是，农民的问题许多时候甚至是外来者建构和想象出来
的，这种带着先入为主观念的观察，无疑会遮蔽农民自身的需求表达
和发展话语权。

"问题—缺乏"范式将穷人视为"客户"，将贫困社区看作是
"客户社区"（client neighborhoods）。不过，在导致"客户社区"形成
过程的复杂因素中，其实没有什么因素是天然存在的或不可避免的。
事实上，重要的是要注意到，地方社区居民自身其实很少影响到"缺
乏模式"（deficiency model）的普遍性形成，相反，主要是因为大量
有影响力的外部机构发展并维持了这种模式。例如，大多数大学和研
究机构社会科学研究的目的是收集和分析关于"问题"的数据。大
多数指向低收入社区的政府和基金会的资金，是基于"需求调查"
（needs surveys）的"问题导向"（problem-oriented）的数据收集。另

---

① 古学斌：《农村社会工作的主要内容》，张和清主编《农村社会工作》，高等教育出
版社 2008 年版，第 152 页。

② 叶敬忠：《农民视角的新农村建设》，社会科学文献出版社 2006 年版，第 128—156 页。

外，"需要地图"也是出现在大众媒体上的唯一社区指南，他们对贫穷、暴力和"有问题的故事"（problematic story）的欲望似乎是永无止境的。所有这些主流机构共同创造了低收入社区同社会其他主体之间的一堵难以互通的高墙。

于是，通过"需求地图"代表的"缺乏导向"构成了建设低收入社区和减贫行动的唯一指导，并给地方居民带来了诸多负面的后果。最严重的后果是，地方居民自己开始接受"需求地图"作为他们生活现实的唯一指南。他们认为自己及其邻居是存在根本缺陷的受害者，受害者是不能为他们的生活和他们社区的未来承担责任的。克雷茨曼和麦克奈特指出，基于"需求地图"的"缺乏导向"的减贫模式会导致如下严重后果。第一，将社区视为无止境的问题和需求的清单，否认基本的社区智慧，认为问题紧密缠绕在一起，社区自身的问题解决能力已经崩溃，容易使社区居民认为自己的解决方案是令人遗憾的碎片化的努力。第二，基于"需求地图"的资源瞄准方式引导资金流向的不是居民，而是服务提供者，因此结果并不总是有效。第三，在"需求地图"的基础上提供资源，会对地方社区领导的性质产生负面影响。例如，如果有效的领导是吸引资源的能力，那么，地方领袖必然贬低社区居民，突出他们的问题和不足，无视他们的能力和优势。第四，基于"需求地图"的资源提供强调只有外部专家可以提供真正的帮助，认为对地方居民最重要的关系不是在社区内部邻里之间的相互支持和问题解决，而是那些相关专家、社会工作者、卫生保健提供者和自助者的外部关系，社区团结被进一步削弱。第五，对作为资源收集指南的"需求地图"的依赖，几乎注定了不可避免的深层次的依赖周期：如果资金不断更新，那么问题总是比去年更糟，或比其他社区更棘手。第六，"缺乏导向"必然被视为关于低收入家庭的未来的讨论中无望感弥漫的重要原因之一。①

---

① Kretzmann J. P. and McKnight J. L. , *Building Communities from the Inside Out：A Path Toward Finding and Mobilizing a Community's Assets*, Chicago：ACTA Publications, 1993, pp. 3 – 4.

（二）"优势—资产"范式

基于"问题—缺乏"范式的诸多负面后果，寻找一种竞争性的社会工作减贫方法变得势在必行，"优势—资产"范式便应运而生。这种竞争性路径与"问题—缺乏"范式针锋相对，是根据低收入人群和他们所在社区的能力、技能和资产，制定发展政策和实施干预行动。"优势—资产"范式的兴起至少基于两个重要原因。一方面，历史证据表明，只有当地社区居民致力于投资自己和他们的资源，显著的社区发展才有可能发生。这一观察解释了为什么社区很少能够自上而下或者从外部进行建设。当然，有价值的外部援助可以提供给正在积极发展自身资产的社区。另一方面，外部援助的前景在总体上趋于暗淡。实践表明，等待从社区之外提供的所谓"重要帮助"越来越徒劳，艰难的事实是，发展必须从社区内部开始，除此之外似乎没有其他更好的选择。① 因此，必须重新审视可持续发展和农民自身的优势。②

研究发现，有效的社区发展的努力基本都是基于对社区的资产、能力和技能的理解，即使是最贫穷的社区，个人和组织也代表了可以建设的资源。社区再生的关键是找到和连接所有可用的本地资产，并充分利用尚未为地方发展服务的地方机构，整个过程始于一个新的"资产地图"的建设。一旦"能力导向"取代了仅包含需要和缺陷的"需要导向"，社区可以开始将其优势转变为新的组合、新的机会结构、新的收入来源以及新的生产可能性。于是，社区自己的优势及其解决问题的能力被视为社区建设和减贫工作的核心所在。③

斯科尔斯（Scales T. L.）、斯惴特（Streeter C. L.）和库珀（Cooper H. S.）为了说明缺乏视角和优势视角的区别和关系，打了一

---

① Kretzmann J. P. and McKnight J. L., *Building Communities from the Inside Out: A Path Toward Finding and Mobilizing a Community's Assets*, Chicago: ACTA Publications, 1993, p. 4.

② 张和清、杨锡聪、古学斌：《优势视角下的农村社会工作——以能力建设和资产建立为核心的农村社会工作实践模式》，《社会学研究》2008 年第 6 期。

③ Schorr L. B., *Common Purpose: Rebuilding Families and Neighborhoods to Rebuild America*, New York: Anchor/ Doubleday, 1997, pp. 361 –362.

个十分形象的比喻。当一个人很热、很累，非常口渴地进入家门时，看见桌上有半杯冰爽的提神水，怎么看待这个杯子？它是"半满的"（half-full）还是"半空的"（half-empty）？当我们把杯子看作是"半空的"，说明我们专注于生活的消极方面，我们可以用消极的态度来消费和克服绝望。但是，当我们看到杯子是"半满的"时候，我们就是把关注的焦点放在生活与周围世界的积极元素中（positive elements）。①

克雷茨曼（Kretzmann J. P）和麦克奈特（McKnight J. L.），挑战了将杯子视为"半空"而不是"半满"的观点②。他们争辩说，关注"半空"的杯子导致只看到社区的不足和问题。在农村社区，这往往意味着，我们看到了只有很少的机会留给年轻人，社区过于分散导致不能负担硬化道路、良好的互联网或者为每个人提供有线电视，因此居民必须离开农村或小镇才能获得更多的商品和服务，与此同时，农场和地方企业也被远方的大公司所控制。相反，通过分析"半满"的杯子，能够看到人类精神的深度和乡村社区中存在的创造性潜能的丰富性；看到各个领域中有才华的和有经验的人；看到强大的社会网络和组织协会；看到农村服务线路短、麻烦少，业务很容易打理；看到美丽的风景，可以轻松地享受自然；看到人们使用可利用的东西完成各种事情。换句话说，看到的是优势和资产，而不仅仅是问题和不足。

作为社会工作者，由于严重的个人问题和社会问题，很容易不知所措而变得绝望。例如，社会工作者看到孩子经历了言语上和身体上的虐待；目睹了酒精和药物滥用对家庭的可怕的伤害；每天面对贫困、偏见和压迫的社会现实。社会工作者的职业生涯被包裹在社区和社会的苦难和不利处境之中，因而难怪社会工作者有时被指责只看到了"半空"的杯子。对于工作在资源稀缺的农村社区的社会工作者而言，可能更难关注到"半满"的杯子。

一个着眼于"能力"的发展理念，可以帮助专业人士看到作为社

---

① Scales T. L., Streeter C. L., and Cooper H. S., *Rural Social Work: Building and Sustaining Community Capacity*, 2nd Edition, Hoboken, NJ: Wiley Press, 2013, p. xv.

② Kretzmann J. P. and McKnight J. L., *Building Communities from the Inside Out: A Path Toward Finding and Mobilizing a Community's Assets*, Chicago: ACTA Publications, 1993.

区公民（citizens）的人，而不仅仅只是接受服务的客户（clients）。每个公民都有能够被挖掘的能力，可使社区生活更加美好。农村社区中包含广泛的资产和优势，诸如志愿协会、紧密的个人关系、地方机构、历史和传统以及土地和财产。专注于能力建设的专业实践模式，可以赋权于农村民众，使其利用地方资源以创新的方式来创造新的资产；帮助农村民众确定发展方向，设置发展的优先事项（priorities），并利用内部和外部资源构建社区意识（community sense）。①

在近30年里，学术界和实务领域至少有三种卓有成效的工作取向帮助社会工作的关注焦点从"不足"转移到"能力"。虽然方法有些差异，但分享一个共同的"优势—资产"主题，三种工作取向和实践模式都包含倡导和弘扬个人和社区的优势与能力。

第一种取向是以丹尼斯·萨利伯（Dennis Saleebey）为代表的社会工作的优势视角实践。社会工作注重优势和资产具有十分悠久的传统。丹尼斯·萨利伯等人经过20多年的研究，发展、测试和提升了社会工作实践的优势视角（strengths perspective）。② 优势视角要求以一种不同的方式看待个人、家庭和社区，尽管可能由于环境、压迫和创伤使现实破灭和畸变，但人们的能力（capacities）、天赋（talents）、竞争力（competencies）、可能性（possibilities）、想象力（visions）、价值观（values）和希望（hopes）仍然应该被正视。优势取向要求估算人们知道什么以及他们能够做什么，尽管他们有时可能看起来还很不成熟，它要求围绕个人、家庭或社区的内部和周边组成一个"资源花名册"（a roster of resources）。③ 优势为基础的视角提供了寻求揭示和重申人的能力、才能、生存技能和愿望的实践方向，而不是专注于不足、问题或障碍，假定个人、家庭、团体和社区的优势将增加人们达到他们为自己设定的目标的可能性。因此，社会工作者要

<hr>

① Scales T. L., Streeter C. L., and Cooper H. S., *Rural Social Work: Building and Sustaining Community Capacity*, 2nd Edition, Hoboken, NJ: Wiley Press, 2013, p. xvi.

② Saleebey D., *The Strengths Perspective in Social Work Practice* (5th ed.), Upper Saddle River, NJ: Pearson, 2009.

③ Saleebey D., "The Strengths Perspective in Social Work Practice: Extensions and Cautions", *Social Work*, 1996, 41 (3), pp. 296 – 305.

了解和寻找社区内部的资源、资产和能力，所有工作必须先从社区内部开始起步。外在动力当然确实存在，也对社区发展十分重要，但只有经由社会工作者寻找社区内部的资产、解决问题的能力、社区领袖，并强调区域位置、邻里关系、相互依赖以及情境的重要性，这些因素才能最终得到有效回应（见表 3 - 1）。

表 3 - 1　　　社会工作实践的病理取向与优势取向的差异比较

序号	病理取向	优势取向
1	人被定义为"个案"；症状意味着诊断	人被定义为"独一无二"；个性、天赋、资源意味着优势
2	治疗是问题为中心的	治疗是可能性为中心的
3	个人报告有助于专家通过重新解释进行诊断	个人报告是了解和欣赏个体的基本途径
4	专业人员对个人的故事和合理化解释持怀疑态度	专业人员从内到外了解个人
5	童年创伤是成人病理的先兆或预测因子	童年创伤不是预测性的，它可能会削弱或者激励个体
6	治疗工作的核心是由专业人员设计治疗计划	工作的核心是家庭、个人或社区的志向
7	专业人员是专家	个人、家庭或社区是专家
8	选择、控制、承诺和个人发展的可能性是有限的	选择、控制、承诺和个人发展的可能性是开放的
9	工作的资源是专业人员的知识和技能	工作的资源是个人、家庭或社区的优势、能力与适应技能
10	帮助集中于减轻症状的影响以及行为、情绪、思想或关系的消极的个人与社会后果	帮助集中于人们的生活，肯定和发展价值观与承诺，发展人们的社区成员资格

资料来源：Saleebey D. , "The Strengths Perspective in Social Work Practice：Extensions and Cautions", *Social Work*, 1996, 41（3）, p. 298。

第二种取向是以克雷茨曼和麦克奈特为代表的以资产为基础的社区发展实践。他们提供了一个基于资产的社会发展的概念框架，勾勒出一套可用于在社区中绘制资产（map assets）和建设能力（build capacities）的社区实践工具，模型的核心是关系（relationships），资产绘制和能力建设是在社区中确定资源和促进社会关系。个人（individuals）、社团（citizens associations）和地方正式机构（local institutions）囊括每个社区资产基础的大部分内容，共同构成了"社区资产地图"

（community assets map）（见图3 - 2）的主体内容。[1] "社区资产地图"
关注社区居民的天赋、技能和能力的清单，其中能力和资产的有效识
别是资产地图绘制的基础，例如，社区里被标签为弱智或残疾的人，
或因为太年长、太年轻、太贫穷而被边缘化的人，在一个资产得到充
分认可和动员的社区里，这些人也将成为行动的一部分，而不是作为
援助的客户或者接受者，他们是社区建设过程中的主要贡献者。

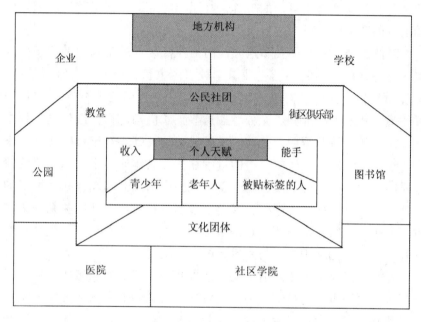

图 3 - 2　社区资产地图

资料来源：Kretzmann J. P. and McKnight J. L. , *Building Communities from the Inside Out*:
A Path Toward Finding and Mobilizing a Community's Assets, Chicago：ACTA Publications,
1993, p. 6。

　　社区资产地图除了绘制个人和家庭的天赋与技能清单，社区建设
者还要编制公民社团（citizens' associations）的清单。相比于正式机

---

　　① Kretzmann J. P. and McKnight J. L. , *Building Communities from the Inside Out*：*A Path
Toward Finding and Mobilizing a Community's Assets*, Chicago：ACTA Publications, 1993, pp.
5 - 7.

构，公民社团具有更少的正式性，更不依赖于有偿工作人员，是通过公民组合（citizens assemble）作为分享公共利益和共同采取行动的手段。通常情况下，许多社区都大大低估了社团生活的深度和广度，这在低收入和贫困社区尤其普遍。事实上，尽管社区里社团生活的某些部分已经逐渐减少，但大多数社区依然拥有大量的宗教、文化、体育、娱乐以及其他目的的各种社团形式。社区建设者也认识到，这些团体是社区发展必不可少的工具，社团中的许多人其实都可以超越原始的目的和意图，成为发展过程中的充分贡献者。

除此之外，超越个人和地方社团两种社区资产基础的是位于社区里的更正式的机构。私营企业、学校、图书馆、公园、警察、消防、医院以及社会服务机构等非营利组织，这些组织构成社区结构最明显、最正式的组成部分。充分考虑这些正式机构，在社区建设过程中获得它们的支持和帮助，是社区发展成功的关键。对于社区建设者来说，绘制社区的正式机构资产的过程往往比制作涉及个人和社团的清单要简单得多。但是，要在每个正式机构内部建立起地方社区发展的责任感，以及让社区去影响，甚至是控制机构与地方社区关系的某些方面的机制，则被证明要困难得多。不管怎样，一个动员了整个资产的社区将拥有更加积极参与和投入的地方机构。

社区不仅要认识和列出个人、地方社团和正式机构组成的社区资产清单，更为重要的是动员他们为发展的目的服务。与此同时，当开始描述基于资产的社区发展过程的基本要素时，将它置于更大范围和背景内进行讨论是非常重要的。应当尽可能说明两个主要条件。一方面，专注于低收入社区的资产并不意味着这些社区不需要来自外部的资源，如果地方社区自身充分调动和投入，外部资源将能够更有效地被使用；如果社区资产要对发展产生影响，那么社区必须获得外部资源的支持。换句话说，低收入社区内的资产是绝对必要的，但通常不足以满足未来巨大的发展挑战。另一方面，以资产为基础的社区发展的讨论建立于各地社区已经进行的卓有成效的工作基础之上，承认并涵盖尤其是强大的社区组织（community organizing）、社区经济发展（community economic development）和社区规划（neighborhood planning）等根深蒂固的社区传统。事实上，这些领域的丰富经验一直是以资产为基础的社区发展最宝贵的资源之一，后者是对前者的补充，而不是替代。

总体上看，以资产为基础的社区发展具有相互关联的特征：首先，“以资产为基础”（asset-based）发展策略始于社区、居民、地区社团和机构的现状、能力和基础，而不是社区的问题和需求。其次，因为社区发展过程是以资产为基础的，所以“关注内部”（internally focused）是必然的。发展战略首先聚焦于居民、地方社团和机构的问题解决能力。但“内部关注”并不意味着减少外部力量在帮助低收入社区提升条件时发挥的作用。“内部关注”是为了强调地方投资、创造性和希望的首要地位。最后，如果一个社区的发展过程是基于资产的和内部关注的，那么“关系驱动”（relationship driven）将是非常重要的方式。以资产为基础的社区发展的一个关键挑战是不断建立和重建地方居民、地方社团和机构内部以及它们之间的关系。

经验丰富的社区组织者和卓有成效的社区发展人员已经认识到“关系建立”（relationship building）的重要性。随着现代性力量的强势介入，以社区为基础的问题解决的强有力的纽带已经受到损害，社区的分离趋势越发显著。迫使人们产生分离的力量通常包括增加的流动性、工作与居住的分离、大众媒体、种族与年龄隔离，至少从低收入社区的角度看，它们越来越依赖于外部和专业化的帮手。由于这些因素，社区居民指望他们邻里资源的支持和优势的观念已经减弱。对于专注于资产的社区建设者来说，重建这些地方关系提供了迈向成功的社区发展的最有前途的路径。这种路径强调社区中每个人和团体的关系建立的重要性，强调立足于这些关系总是依赖于有关各方的优势和能力，从来不是依赖于他们的弱点和需求。

第三种取向是以迈克尔·谢若登（Mike Sherraden）为代表的关注穷人经济福利能力的资产建设实践。谢若登主要关注为贫困家庭发展金融资源，他认为，家庭金融资产不仅为家庭的未来消费提供贮存，更为重要的是，资产能够产生消费之外的经济、心理和社会效应。在挑战低收入家庭公共援助的传统模式之后，谢若登提出将资产建设（asset-building）作为反贫困战略。他认为，现有的基于消费的福利政策无法使人们摆脱贫困，因为这样的政策对于家庭积累个人经济资产十分不利。从资产积累的角度看，使人们脱离贫困的方式是鼓励他们增强积累资产的能力，从而能够利用资产购买住房、投资小企业或者支付儿童教育。这种机制通常被称为个人发展账户（individual development accounts，IDAs）。

谢若登领导的资产建设国家示范项目（national demonstration project）作为低收入美国家庭经济独立的途径，进行了个人发展账户有效性的大规模测试。① 此后，个人发展账户项目出现在美国和世界各地的许多国家和地区。例如，西内布拉斯加州（Western Nebraska）的个人发展账户项目的社区行动伙伴（Community Action Partnership），宣称资产建设选择（Assets Building Choices）旨在帮助低收入家庭和个人建立长期资产，实现经济独立；加利福尼亚农村资产发展网络（The Rural California Asset Development Network）提供支持性的金融教育、资产专项培训，使穷人、农村和移民社区能够享受到银行服务；《2008 食品、资源保护和能源法案》（The Food，Conservation and Energy Act of 2008）包含为起步阶段的农民和牧场主建设个人发展账户（BFRIDA）的条款，旨在通过匹配的储蓄账户，帮助他们建立必要的经济资产，以扩大他们的农业企业；美国原住民资产建设计划（The Native American Asset-Building Initiative）支持创新资产建设项目，个人发展账户、金融教育和相关服务使低收入的美国原住民能够改善经济地位，经济上变得自给自足。

张和清、杨锡聪、古学斌以中国的经济社会发展为基本背景，以云南省绿寨为行动场域，试图探索出一种优势视角下的农村社会工作实践模式。② 绿寨模式以能力建设和资产建立为核心，利用社会工作的专业手法和干预策略，发掘农村社区和地方民众的资产与能力，最终实现当地社区和民众自主发展的目标。此后，张和清团队开始思考贫困的政治、经济及社会文化根源，并反思农村社会工作实践中遭遇的生产致贫、消费致贫、生态致贫等社会现象，逐步将生计作为农村

---

① Sherraden M. , *Individual Development Accounts*：*Summary of Research*，Research Report from St. Louis，MO：Center for Social Development，Washington University，2002.

② 张和清、杨锡聪、古学斌：《优势视角下的农村社会工作——以能力建设和资产建立为核心的农村社会工作实践模式》，《社会学研究》2008 年第 6 期。

社会工作介入反贫困的突破口，通过长时期的社区经济干预实验，尝试探索一条"经济发展—社会互助—文化传承—生态良好"的农村可持续生计之路。① 为了农村可持续生计发展，农村社会工作首先要关注的不应只是提高生产效率和增加农民收入，还要强调能力建设和赋权等方面的工作，因此需要在经济赋权的过程中提升地方民众的文化自尊和信心，实现文化赋权和性别赋权，使地方民众成为发展的主体，避免在现代化发展过程中被边缘化。②

与此同时，古学斌等人也深刻体验到源于西方的专业社会工作扎根于中国农村本土的长期性、艰巨性与复杂性，专业社会工作"助人"的价值观、方法与技巧等在地方农村社区项目的实践中，往往遭遇重重困难，且效果不是很明显，甚至与资产建设、能力建设的目标相抵触，出现了文化识盲（cultural illiteracy）的问题，从而不得不回到社会工作专业对于文化敏感实践（cultural sensitive practice）的讨论之中。③ 张和清等学者的实践与研究对"问题为本"的扶贫模式和中国传统农村社会工作介入模式提出了质疑和挑战，一定程度上实现了农村社会工作介入模式的范式转向（paradigm shift），是将目前国际上主流的"优势—资产"范式与中国农村情境相结合的典范。虽然在实践过程中遭遇到诸多现实挑战，但这种将专业社会工作理论与方法进行本土化的行动努力是中国当前社会工作发展中最为迫切的实践尝试。

需要强调的是，张和清、古学斌、杨锡聪等学者的实践行动和学术探索与本书具有诸多关联性，是本书不可多得的直接性实践参照和学术对话的对象。首先，从时间维度上看，张和清等人的本土农村社会工作实践起始于 2001 年，且时间跨度较长，至今仍在进行持续探索，是改革开放以来中国学术界在农村社会工作本土化过程中开创先

① 张和清：《全球化背景下中国农村问题与农村社会工作》，《社会科学战线》2012年第 8 期。

② 古学斌：《行动研究与社会工作的介入》，王思斌主编《中国社会工作研究》第 10 辑，社会科学文献出版社 2013 年版，第 25 页。

③ 古学斌等：《专业限制与文化识盲：农村社会工作实践中的文化问题》，《社会学研究》2007 年第 6 期。

河式的探索，为中国内地农村社会工作的发展提供了一个典型的"实践样本"。我们的农村社会工作的驻村实践正式开始于2004年1月，也是中国内地较早将专业社会工作理念和方法运用于农村减贫工作的实践行动，至今也进行了长时期的干预实践和观察反思，并公开发表了诸多学术成果；① 其次，从空间维度上看，张和清等人的农村社会工作实践以云南省曲靖市师宗县的绿寨为项目点。师宗县位于云南省东部，在曲靖市东南部，地处滇、桂两省（区）接合部，县城距离省会昆明178千米，距离市府曲靖120千米。我们的农村社会工作项目点同样位于云南省，具体地点是昆明市北县田村。北县是民族自治县，地处云南省东北部，县城距离省城昆明90公里，距离曲靖87公里。最后，从介入对象上看，张和清等人的介入对象以壮族为主。绿寨属于典型的壮汉杂居村落（6个壮族村，2个汉族村），壮族占总人口的80%以上。本书农村社会工作项目的介入对象以苗族为主。项目点田村属于汉、苗、回的杂居村落，共辖17个自然村落，其中汉族村寨11个，苗族村寨5个，汉、回杂居村寨1个，本项目主要以田村3个苗族自然村峰寨、栗寨和石寨为介入对象。最后，从学术脉络上看，张和清团队秉持"优势—资产"范式，强调资产建设和能力建设，此后又倡导"城乡合作"与"公平贸易"，试图突破城乡矛盾对农村问题的负面影响。我们

---

① 云南大学钱宁教授团队以云南省田村的农村社会工作实践为基础，公开发表了多篇相关学术论文。参见钱宁《文化建设与西部民族地区的内源发展》，《云南大学学报》（社会科学版）2004年第1期；钱宁《中国社会结构变迁中的农村贫困与社区能力建设——社会工作介入农村发展的理论探索》，载王思斌主编《社会工作专业化及本土化实践》，社会科学文献出版社2006年版；钱宁《农村发展中的新贫困与社区能力建设：社会工作的视角》，《思想战线》2007年第1期；钱宁《寻求现代知识与传统知识之间的平衡——少数民族农村社区发展中的文化教育问题》，《云南社会科学》2008年第1期；钱宁《对新农村建设中少数民族社区发展的思考》，《河北学刊》2009年第1期；钱宁、田金娜《农村社区建设中的自组织与社会工作的介入》，《山东社会科学》2011年第10期；方劲《以社区发展基金促进社区能力建设——农村小额信贷运行模式的一种尝试性研究》，《四川行政学院学报》2006年第5期；方劲《民族社区发展中的消费文化与新贫困》，《云南民族大学学报》（哲学社会科学版）2009年第1期；方劲《乡村发展干预中的内源性能力建设——一项西南贫困村庄的行动研究》，《中国农村观察》2013年第4期；王肖静《社会排斥：农村社区能力建设中的妇女贫困问题研究》，《社会工作》2006年第11期。此外，田村的农村社会工作实践还产出了多篇博士、硕士学位论文。

的研究从理论渊源上亦倾向于"优势—资产"范式所倡导的优势视角下的能力建设与资产建设模式，不过并不排斥"问题—缺乏"范式的问题意识和"方法—工作者"范式的方法意识，强调基于"优势—资产"范式的多元融合方法。

（三）"方法—工作者"范式

方法主义认为，"只要找到确当的方法，便能够发现和解析一切现实经验及其历史过程"，"方法主义可以建立一种迷信：似乎越能够寻得一种精巧的方法，就越有信心把握住我们全部的生活经验"①。"方法—工作者"范式强调专业、方法和工作者本身的前提性与重要性。秉持这一方式的社会工作者在农村减贫行动的过程中，最关心个案工作是什么、小组工作是什么、社区工作是什么，以及这些具体方法在减贫工作中如何操作和实现。"方法—工作者"范式要么将三大方法奉为法宝，要么只注重工作者能够像医生那样对农村贫困地区和贫困民众的问题做到药到病除，却很少思考地方民众为什么会生"病"，究竟是什么原因造成了这种普遍性的个人困扰和社会问题。②古学斌、张和清和杨锡聪在中国农村社会工作的实践中就深感专业知识的无力和矛盾，他们反思道：

> 我们深感源于西方的社会工作专业扎根于中国本土的艰巨性。而感触最深的是，我们这些接受过专业化训练的"知识分子"，在面对复杂的村落文化处境时，一种无知和无能感常常使我们感到步履维艰。在村庄浸染得越深，与村民走得越近，自己就越无知。我们用专业社会工作"助人"的价值观、方法和技巧等在村庄推动一些项目的时候，总是遭遇到重重困难，效果不是很明显，甚至有时与我们"能力建设"的目标相冲突。……要想继续往前走，需要自我反思和批判的东西很多，其中专业知识与

---

① 渠敬东：《破除"方法主义"迷信：中国学术自立的出路》，《文化纵横》2016年第2期。

② 张和清：《社会工作的社会责任——关注民生 服务民众》，《中国社会报》2008年版。

当地文化的矛盾尤其值得反省。这些矛盾从理论上我们是有所警觉的，但在实际的操作中，我们又常常堕入了专业知识的陷阱。①

社会工作对于"方法—工作者"的重视和强调，部分原因在于其作为一门专业在发展历程中的专业化努力及其遭遇的"专业危机"。如今，对于我们所处社会的正常运作而言，专业已成为不可或缺的组成部分，通过特殊途径培养的专业，我们能够建构社会的主要事务并进行运作。② 作为一个相对成熟的科学术语，专业（profession）被视为一个富含历史与文化意蕴而又富于动态变化的概念，通常意指那种知识含量相对较高的特殊性职业。③ "专业"或"专业工作者"这两个词语既可以宽泛地使用，也可以狭义上使用。在最宽泛的层面上，专业是"业余"的反义词。遵循此种逻辑，假设某人将全部或大部分时间精力投身于一项行动之中，那么相对于仅仅偶尔或者临时性的参与者来说，他就是典型的专业工作者。从这种视角对社会工作进行分析，对于全职从事这项工作的人来说，毫无疑问它是一门专业；而对于那些仅仅偶尔或部分投身慈善活动或救助工作的人而言，它可能还不是一门专业。④ 从较狭义的角度看，专业是一个有限的职业共同体，其间每个参与者都有特定的、共享的制度（institutional）与意识形态（ideological）。弗赖森（Eliot Freidson）认为，狭义的"专业"界定往往会步入"专业主义"（professionalism）的职业发展模式，不仅强调统一的专业人员身份，还重视排他性的市场保护（market shelter），使不同专业有所区分且壁垒分明。⑤

---

① 古学斌、张和清、杨锡聪：《专业限制与文化识盲：农村社会工作实践中的文化问题》，《社会学研究》2007 年第 6 期。

② ［美］舍恩：《反映的实践者：专业工作者如何在行动中思考》，夏林清译，教育科学出版社 2007 年版，第 4 页。

③ 赵康：《专业、专业属性及判断成熟专业的六条标准——一个社会学角度的分析》，《社会学研究》2000 年第 5 期。

④ Flexner A., "Is Social Work a Profession?", in Proceedings of the National Conference of Charities and Correction at the Forty-second Annual Session Held in Baltimore, Maryland, May 12 – 19, Chicago: Hildmann, 1915, pp. 579 – 590.

⑤ Freidson E., *Professionalism Reborn: Theory, Prophecy and Policy*, Cambridge: Polity Press, 1994, pp. 16 – 17.

　　社会工作成为一门被认可的专业和学科，大概也只是最近大半个世纪的事情。[1] 1957 年，格林伍德（E. Greenwood）在美国《社会工作》杂志上发表了著名文章《专业的属性》，指出专业的特质包括系统的理论、社会认可、专业权威、伦理守则以及专业文化五个方面，并通过这些指标来衡量社会工作专业，宣称社会工作已经成为一个准专业，并呼吁关注专业规范标准，提高社会工作入职门槛，维护专业的纯洁性。[2] 沃特金斯（Watkins）和德鲁里（Drury）也指出，社会工作在 20 世纪中叶已经发展为一门专业，它是伴随着福利国家的诞生而发展起来的。[3] 主流观点认为，社会工作既是一种职业，又是一门专业，职业性和专业性兼具构成了专业社会工作区别于其他社会工作或其他职业与专业的基本特征。[4] 作为一种起源于英美发达国家，脱胎于由宗教组织和民间团体所衍生的救济和减贫事业的非专业的慈善行为，社会工作已经演化为一门具备专门知识和技术手段的专业和学科。在社会工作专业化的过程中，一种专业的自我肯定和专业态度逐渐形成并得到确立与强化。社会工作逐渐成为一门专技的专业和学科，专业知识、介入方法和技术手段成为专业介入（professional intervention）不可或缺的组成部分。于是，社会工作原初的使命感、人文价值以及对社会的批评视角，正在被日渐强烈的"专业关注"所替代。与此同时，社会工作作为一种具有强烈价值涉入的活动和道德实践意义的行动则往往被忽略或淡化。[5] 总之，社会工作专业化显然不是一个自然的进程，而是

---

　　① 朱志强：《社会工作是什么?》，何国良、王思斌主编《华人社会社会工作本质的初探》，台北八方文化企业公司 2000 年版，第 16 页。

　　② Greenwood E. , "Attributes of Profession", *Social Work*, 1957, 2 (3), pp. 45 – 55.

　　③ Watkins J. W. and Drury L. , "The Professions in the 1990s," in S. Clyne (ed.), *Continuing Professional Development: Perspectives on CPD Practice*, London: Kogan Page Limited, 1995, p. 27.

　　④ 王思斌：《中国社会工作要走专业化道路》，《中国社会工作》2009 年第 16 期。

　　⑤ Lee Porter. , "Social Work: Cause and Function," in Fern Lowry (ed.), *Readings in Social Casework 1920 – 1938: Selected Prints for the Case Work Practitioner*, New York: Columbia University Press, 1939, pp. 22 – 37.

一种集体性的努力，将其称为"专业工程"似乎更加合适①，一个
职业的专业化本质上是一项巨大的社会工程。

当前，社会工作已经成为一门有别于其他专业的专门领域，除了
其秉持的意识形态、道德价值、政治信念有区别之外，所拥有的知识
基础和方法技术也区别于一般专业。② 作为一门专业，社会工作存在
着不同的形态与取向，但不管怎样，社会工作作为一种实践性专业，
介入的理论、方法和技术是其最核心的组成元素，也是发展得相对活
跃的方面。③ 传统社会工作将技术细分为个案工作方法、团体工作方
法、社区工作方法、社会工作行政等；现代社会工作又根据服务领域
和服务对象区分为医务社会工作、企业社会工作、精神治疗社会工
作、感化社会工作、康复社会工作等。当前，社会工作的核心介入理
论和专业技术已经发展得非常精致和异常复杂。特别是个人和家庭辅
导方面，社会工作吸纳了大量心理治疗的理论和技术，成为这类社会
工作者日常工作中的基本知识储备。也正是源于核心理论和技术的全
面成熟，社会工作者在进行专业介入时能够具有较强的自信力，相信
自己掌握的专业知识能够正确评估个人和社会的问题，亦能够运用恰
当的专业方法进行介入和干预，从而减轻或解决现实问题。这种发展
趋向，不仅使社会工作变得更加知识化和技术化，同时还使社会工作
专业人员成为管理社会福利服务事务的技术官僚以及进行临床治疗的
技师。④

格林伍德的"专业主义式"宣称之后不久，西方社会就开始了对
社会工作专业特质的各种质疑。费舍尔（J. Pischer）通过系统性的文
献梳理后认为，社会工作专业的诸多实务模式显然并未提供充分的实

---

① 佘云楚：《社会工作专业化的梦魇——一个社会学的剖析》，何芝君、麦萍施主编
《本质与典范：社会工作的反思》，台北八方文化出版社 2001 年版。

② 朱志强：《社会工作的本质：道德实践与政治实践》，何国良、王思斌主编《华人
社会社会工作本质的初探》，台北八方文化企业公司 2000 年版。

③ 朱志强：《社会工作是什么?》，何国良、王思斌主编《华人社会社会工作本质的初
探》，台北八方文化企业公司 2000 年版，第 17—18 页。

④ Dominelli L.，"The Changing Face of Social Work：Globalisation，Privatisation and the
Technocratisation of Professional Practice"，*Journal of Monetary Economics*，1998，4（2），
pp. 297 – 305.

际证据以证明其专业效果，相反，还可能存在自我吹嘘的成分。① 总体上看，对社会工作领域的批评主要包括左派批评主义和实证主义。② 这些批评的声音反而刺激了社会工作专业进行反应与回击，力图维护自身专业形象和专业地位的努力日益加强。20 世纪 80 年代之后，对专业社会工作的各种批评之声依然此起彼伏，于是，有学者宣称，西方社会工作已经正式步入后专业化时代，③ 强调知识来源的反思性实践，注重实务领域的创新突破，并且依赖于知识生产的分散化模式，反对学院式纯学术的霸权地位和专属专业领域的精细划分与专业垄断，强调学术与实务的良好结合，并格外注重多学科与跨专业的联合实践。

从当前社会工作的发展趋势来看，寻求后专业化的过程其实不是不要专业本身，而是促成一个多元化的专业发展光谱序列。在这个光谱序列中，实证主义者依然秉持科技理性的专业观念，尝试将社会工作的介入效果建基于充分的实验探索基础之上；与此同时，反思性实践理论、后结构主义理论以及批评理论等都借由这个机会与社会工作直接联姻，从根本上挑战了不平等的专业关系和疾病式的治疗模式，并逐步形成了基于优势视角的赋权增能、发展抗逆力以及资产建设等实践策略。④

显而易见，当前中国主流社会工作的专业知识和方法技术依然是源自西方的功能主义取向。功能主义社会工作注重问题个体化，"个体"相对于整体而言无疑充满了问题，"案主"除了包括"问题人"以外，还包含问题群体、问题社区、问题村庄等，强调通过科学理性的理论知识与方法技术处理"案主"的问题，这无疑是典型的"修补式社会工作"⑤。于是，建立于功能主义假设基础之上的中国社会

① Fischer J. , "Is Casework Effective: A Review", *Social Work*, 1973, 18 (1), pp. 5 - 20.

② 郭伟和：《后专业化时代的社会工作及其借鉴意义》，《社会学研究》2014 年第 5 期。

③ 曾家达、许达、胡晓韵：《北美社会工作的发展及对中国的启示》，王杰秀、郎文开主编《中国社会工作发展报告（2011 —2012）》，社会科学文献出版 2012 年版。

④ 郭伟和：《后专业化时代的社会工作及其借鉴意义》，《社会学研究》2014 年第 5 期。

⑤ 张和清：《社会转型与社区为本的社会工作》，《思想战线》2011 年第 4 期。

工作专业化过程，对社会工作的认识不是被简化为个案工作、团体工作以及社区工作为标识的三大专业手法，割裂地注重运用三大专业手法应对各种社会问题，就是被神话为能够"药到病除"、无所不能的通用处方，强调社会工作是处理社会问题的灵丹妙药，呈现出"社会工作方法是个大箩筐，任何社会问题都能轻易往里装"的专业自信。依循此种逻辑的专业实践毫无疑问是方法割裂的、专家主义的临床性、个体化的社会工作。此时，每一名社会工作专家都至少精通一种或几种专业方法，面对案主问题时，能够"对号入座""对症下药"，正确诊断并治疗案主的"疾病"。

　　当前，中国的农村社会工作依然呈现出较为明显的临床社会工作趋向。社会工作介入农村贫困治理主要是为了弥补政府属性以及相对宏观的工作方法的局限性，运用专业知识和方法技术，从微观层面开展工作，[①] 强调运用个案、小组、社区等技术方法处理农村地区的贫困问题。[②] 有学者认为社区工作的地区发展模式、社会策划模式、社会行动模式的基本假设与工作策略同农村贫困具有良好的切合性，是社会工作介入农村贫困的主要切入路径。[③] 但是，面对着中国社会快速转型的复杂性，临床社会工作很难从根本上处理农村社区的贫困及可持续性发展议题。不得不承认，中国社会工作正遭遇一种十分尴尬的专业困题，一方面，社会工作宣称其专业宗旨是以利他主义为指导，以科学知识为基础，以专业方法为手段的助人服务活动；[④] 另一方面，临床社会工作实务往往又很难回应地方民众最为迫切的生计生产、文化认同、生态保持、社区参与等诸多层面的现实需求。也正如哈特曼（Ann Hartman）一针见血式的观点："如果社会工作既要追求专业性，同时又号称以赋权（empowerment）为职志，这就必然会面临一对相当痛苦的实践性矛盾，因为

①　刘辉武：《民族地区社会治理与社会工作的着力点》，《光明日报》2015 年 9 月 2 日。

②　胡阳全：《社会工作介入民族地区农村社区贫困问题的思考》，《云南民族大学学报》（哲学社会科学版）2013 年第 4 期。

③　东波、颜宪源：《农村社会工作介入农村反人文贫困的可能性探讨》，《西北农林科技大学学报》（社会科学版）2010 年第 4 期。

④　王思斌主编：《社会工作导论》（第二版），北京大学出版社 2011 年版，第 5 页。

专业本身往往强调拥有某方面的知识和技能，专业人士都是某个具体领域的专家，而专家所掌握的这些知识与权力，却又会反过来剥夺了服务对象的权力，影响赋权的可能性，并因此背离和颠覆社会工作的原初使命（mission）。"①

二　典型范式的比较及其限度

"问题—缺乏"范式主要关注农村贫困社区的问题和缺陷，其发展出来的反贫困策略即是如何帮助农村贫困人口解决他们的不足。主要方式有五种：第一，"直接救助方式"，主张要调动各方资源对农村贫困群众进行直接援助；第二，"现代教育方式"，主张通过发展现代化教育提高贫困地区的人口素质；第三，"基础建设方式"，认为解决基础设施问题是使贫困人口摆脱困境的基本途径；第四，"农业科技方式"，主张通过工业化或农业商品化提高贫困人口的收入；第五，"农民组织方式"，主张以组织化的方式对抗市场的风险。这种范式与传统的扶贫模式没有本质的区别，从最初的输血式扶贫到现在越发强调"造血"的作用。在具体的操作过程中，非常强调地方民众要转变落后的与市场经济不相适应的发展观念，提升生产与生活的现代性技能，以便外部力量能够帮助其发展商品经济，从而脱贫致富。

"优势—资产"范式假设贫困农村和周围环境可能蕴藏着某种内在的优势和资源，每个人都具有能力、潜质和天赋，关键是要发掘并利用这些资源。社会工作者应集中关注并利用这种可获得的优势、资源和资产，强调以"优势为本"和"资产建设"为核心的介入模式，将资产建设作为低收入家庭和贫困人口的发展策略，旨在发现及重新肯定个人能力、天赋、求生技能及志向。"优势—资产"范式注重培育地方民众的自主能力与合作精神，关注民众的生计发展，力图在这种追求中尽力抵抗片面的市场化和过度的专业化。与大多数社会工作

① Hartman A. , "In Search of Subjugated Knowledge", *Journal of Feminist Family Therapy*, 2000, 11（11）, pp. 19－23.

组织和机构侧重于个人、团体或社区照顾活动等专业性社会服务相比，这种范式呈现出农村社会工作实践的一种"另类"风格。①

"方法—工作者"范式的关注点主要包括两方面。第一，强调社会工作专业方法的优先性。将个案工作、团体工作、社区工作等专业方法视为社会工作介入农村反贫困的制胜法宝，认为关键的问题是如何在农村的具体情境下运用好这些专业方法帮助服务对象。第二，强调社会工作者本身的重要性。要求社会工作者能够如同医生一样对农村贫困地区的问题与困境进行准确"诊断"并开具合适"处方"，采取一种将问题个人化的治疗取向，力图通过治疗恢复个人及社区的社会功能，而很少思考服务对象为什么会"生病"以及是否有什么外部原因造成了个人与社区的现实困扰。

以上三种农村社会工作减贫范式为本书提供了重要的学术视角和技术路径，是本书工作的起点和基础，不过，这些范式还有进一步讨论和厘清的学术空间。

第一，"问题—缺乏"范式从问题出发、将农民与农村"问题化"的做法饱受批评。在现代主义者那里，问题显然是客观存在的，能够被外部专家通过客观分析与诊断获得结论或得到界定，社会工作人员能够科学地界定案主的问题，并依据案主的问题与需求提供有针对性的帮助。不过，强化服务对象的问题可能导致一系列对服务对象、服务对象的环境、服务对象应对环境的能力的悲观期待和预测。后现代主义对专业主义的挑战的首要问题恰恰是关于"问题的界定"。② 服务对象的问题从哪里来？谁有资格界定服务对象存在问题？在后现代主义者看来，"问题"本身已经演变为一个十分复杂且充满价值判断的过程，因为界定什么是"问题"时，实质上暗含着谁造成"问题"以及谁要对"问题"负责等基本判断。因此，从问题出发的农村社会工作假设必然遭遇诸多现实难题与困境。其最关键的困局是，秉持缺乏视角看待穷人的问题和需求时，作为发展主体的地方

① 陈涛：《农村社会工作及其主体角色定位》，《湖南农业大学学报》（社会科学版）2014 年第 3 期。

② 张和清：《专业的确信与后现代视角下的社会工作》，《华东理工大学学报》（社会科学版）2003 年第 3 期。

民众被客体化，他们的潜能、资产、天赋都被遮蔽，这可能是传统减贫模式"越扶越穷"的根本原因所在。

第二，"优势—资产"范式强调"优势"、忽略"问题"的做法滑向了另一个极端。从理想类型而言，"优势—资产"范式确实是在看到了"问题—缺乏"范式的诸多弊端之后的理论回应与实践尝试，似乎一下子打开了人们看待农村贫困议题的思路，改变了解决问题的传统路径。在面对贫困社区时，社会工作介入的立足点由服务对象的问题与需求层面，转变为服务对象的资产与能力层面；介入策略由帮助农村贫困人口弥补他们的不足、满足他们的需求转变为发现及重新肯定穷人的天赋、智慧和能力，以及社区的共同财产和资源。"优势—资产"范式反对将穷人问题化，认为问题的标签对穷人具有显著的"蚕食效应"，多次重复之后会融入他们的自我认同，从而降低改变的自信心。但是，在实际操作过程中，"优势—资产"范式容易忽视影响服务对象及其周围人群的实际问题，可能由此导致对服务对象生活的损害。正如优势视角的奠基者丹尼斯·萨利伯（Dennis Saleebey）所提醒的，"否定问题的存在就像否定事情成功的可能性那样，两者都是错误的"。① 很显然，问题与优势是人们日常生活中如影随形的两个方面，我们既没有办法否定优势的存在与价值，与此同时，也无法忽视问题的存在和长期影响。虽然问题不是个体日常生活的全部，但它确实是生活经验中不能否认和摆脱的组成部分②。麦克米伦等学者回顾了专业社会工作自起源以来100多年的发展历程后指出，一些呼吁从关注问题（problems）向关注优势（strengths）、赋权增能（empowerment）和能力建设（capacity building）的范式转向（paradigm shift），实际上是建立了一个非自然的二分法（unnatural dichotomy），要求社会工作者认同一方或者另一方。其实，从社会工作的历史争论来看，最好的社会工作实践是一直保持"问题"和"能

---

① ［美］丹尼斯·萨利伯：《优势视角：社会工作实践的新模式》，李亚文、杜立婕译，华东理工大学出版社2004年版，第270页。

② 童敏：《从问题视角到问题解决视角——社会工作优势视角再审视》，《厦门大学学报》（哲学社会科学版）2013年第6期。

力建设"的双重关注（dual focus）。[1] 纵观历史，那些支持面向问题的实践也强调优势和不断增强的案主的能力；而如今的优势为本、能力导向的专业人员通常也倡导对于服务使用者当前问题的解决。

表 3 - 2　　　　　　　三种典型的农村社会工作范式比较

	"问题—缺乏"范式	"优势—资产"范式	"方法—工作者"范式
范式假设	"问题化"的农村和农民	个人和社区具有优势、资源和资产	方法是成功法宝
核心理念	问题为本	优势为本	方法为本
介入方法	直接救助、现代教育、基础建设、农业科技、农民组织	资产绘制、资产建设、能力建设	个案工作、小组工作、社区工作
农民角色	福利接受者	积极参与者	案主、"病人"
不足之处	方案碎片化福利依赖	缺陷和问题的忽视或不平衡评估	彼此割裂的方法

第三，"方法—工作者"范式容易陷入方法主义和专业主义的陷阱。"方法—工作者"范式的理论假设主要是功能主义取向，强调社会由个体构成，个体对社会而言是一个问题，在适应和应对社会方面存在问题。大卫·豪认为，遵循功能主义的基本假设，社会工作的目标是对个人问题进行治疗、纠正、维护、控制与监督，具体的介入方法是改变行为、提供支持和维护性服务。[2] 然而，生态系统理论启发我们，社会工作介入模式应当强调人与环境的交互作用，强调整体环境中完整的"人"。传统的疾病治疗模式本质上是一种个人归因，对服务对象的评估与介入应当涉及与服务对象相关的宏观、中观和微观等各个层次的环境特质、功能及运作情况。"方法—工作者"范式静态式、单向度的结构功能分析极易忽视主体与环境的互构关系，而临床社会工作的介入模式又将原本相对完整的个体需求割裂成不同组成

---

① McMillen J. C., Morris L., and Sherraden M., "Ending Social Work's Grudge Match: Problems versus Strengths", *Families in Society*, 2004, 85（3）, pp. 317 – 325.

② 转引自王思斌主编《社会工作概论》（第二版），高等教育出版社 2006 年版，第 70 页。

部分分开应对和处理，这必然导致农村社会工作既有可能一方面丧失敏锐的社会分析能力，同时又不可避免地陷入方法主义的陷阱而无法自拔。当前，农村减贫工作的复杂性对整合性服务的现实需求与社会工作自身整合性欠缺之间无疑形成了巨大的张力，造成社会工作在介入农村减贫时常常陷入服务有效性和系统性不足的困境。

三　基于"优势—资产"范式的多元融合方法

　　范式一经形成并得到学术共同体认同就会由于其解释上的封闭性和不可通约性容易陷入范式研究和实践运用的困局，往往会被各种批评和质疑之声所包围。不同范式之间论战的结果往往意味着原初范式的终结、旧范式的重新调整或者新范式的生成。随着范式论战的不断延展和深化，旧范式经过改进后会增强理论上和实践上的解释力，或者旧范式为了适应形势变化运用了新的解释方法和操作手段，或者某种全新范式应运而生。范式思维影响下的农村社会工作也始终处在范式的论战状态之中。但是，就当前农村社会工作的发展趋势来看，不管是强调专业主义的"方法—工作者"范式，还是针对"问题—缺乏"范式调整后所提出的"优势—资产"范式，在解释力上一直没有消除"范式鸿沟"，尚未走出范式束缚的"铁笼"。

　　不可否认，范式（paradigm）被看作是一门学科或者专业在其发展过程中趋于成熟并被广泛认可的重要标识。根据美国科学哲学家托马斯·库恩（Thomas S. Kuhn）的界定，范式是指"提出某些被实际科学实践所接受的范例（examples），这些范例包括定律（law）、理论（theory）、应用（application）和仪器手段（instrumentation），为特定的、连贯的科学研究传统（traditions of scientific research）提供模型（models）"，"在既定的用法中，范式就是一种公认的模型（model）或模式（pattern）"。① 遵循库恩的经典阐释，不同范式之间根本

---

① Kuhn T. S. , *The Structure of Scientific Revolutions*, 3rd ed. , Chicago：University of Chicago Press, 1996, pp. 10, 23.

不存在所谓中立的、客观的、可用于比较范式优劣的中性语言，范式之间显然是"不可通约的"。新现实主义开创者肯尼思·沃尔兹（Kenneth Waltz）指出，通常情况下，新的理论范式的确立，必须将某个范域同其他范域相隔离，只有这样，才能建构某种解释内部现象的理论范式的前提条件。① 也正是因为这种对范式的理解，一般的范式研究策略只是从某种单一视角和某个方面对社会事实进行阐释，这种为了寻求理论范式的简约性和解释观点的明晰性的分析路径是导致单一范式困境的主要推动力。

事实上，范式的不可通约性这一经典命题一直被学术界广泛质疑。最简单的逻辑是，如果不可通约命题成立的话，不同范式之间显然不存在任何理论上和方法上的交集，由此不同范式之间也就不会有所谓的真正分歧和学术交锋，因为显然这个命题在不同范式中的含义并不相同。但现实的情形是，不同范式之间的矛盾与交锋从未停止，甚至直接助推了学科与专业的向前发展，因此，"就有充分的理由质疑不可通约性命题"。② 其实，范式研究的鼻祖库恩本人也并非对范式不可通约性这一命题毫不妥协，他也赞同不同范式之间部分转化是可能的，赞成分属于不同范式的研究者或学术共同体之间一定程度上可以也应该相互交流、彼此增益。③

在如何突破范式研究困境的尝试中，拉里·劳丹（Larry Laudan）与库恩基本站在了相反的阵线上。劳丹并不赞同科学研究中能形成所谓的统一研究范式，认为不同研究传统之间能够在相互竞争中实现长期共存，其核心思想也可以进行重叠和融合，与此同时，研究者可以利用不同的范式进行科学分析。劳丹还对不可通约性命题进行合理的批评，指出即便研究者不能寻找到某种中性的观察语言以及用来把理论范式转译为观察语言的对应性规则，研究者依然可以在范式之间进行相对客观的合理阐释。④ 有学者注意到，单维度范式在一定程度上

---

① ［美］肯尼思·沃尔兹：《现实主义与国际政治》，张睿壮、刘丰译，北京大学出版社 2012 年版，第 69 页。

② ［美］萨米尔·奥卡沙：《科学哲学》，韩广忠译，译林出版社 2013 年版，第 84 页。

③ 同上书，第 84 页。

④ 马雷：《进步、合理性与真理》，人民出版社 2003 年版，第 75 页。

限制了科学研究的发展，更有前途的方法是借鉴复杂的体系理论的观点，将社会变迁的物质层面、制度层面以及文化层面等诸多元素融合在一起。① 在科学研究中，不同范式和论证路径之间，除了竞争和交锋状态之外，相互补充、彼此增进也是完全可能实现的。② 理论范式之间的鸿沟和壁垒并非没有逾越的可能性，一旦实现融合，理论范式和分析框架的缺陷就能够得到补充和完善。

希尔（Rudra Sil）和卡赞斯坦（Peter J. Katzenstein）倡导一种范式分析上的折中主义（Analytical Eclecticism），主张以问题研究为导向，跨越实证主义与后实证主义的界限，克服科学研究中的理论割据状态，吸收看似互不相容的理论传统中的各种理念和分析工具，从不同的理论范式中汲取合理的营养成分，以便更实用地解释科学研究中的经验现象。希尔和卡赞斯坦认为，关系到实质性问题的理论最终必定要依靠经验参照对概念、变量和机制进行分析处理，这些参照对象又会提供调整和整合来自不同范式理论元素的方法技术，通过关注实质性问题来运用概念，对源自不同范式的理论重新概念化和部分整合就具备了某种现实可能性。③ 于是，范式融合便成为超越范式研究困境的一种可能出路。

范式融合方法不像单一范式建构过程那样，纠结于理论范式的本体论假设，它不强调提供一种能够适用于阐释所有社会现象的系统性的、完整性的学科理论，而是注重解释方法的多元化和不同思想观点之间的交流互动。因此，与其说范式融合是试图建构另一种理论范式，还不如说它实质上是一种全新的解释方法，强调寻找到不同范式的契合点和交叉点进行综合分析，注重吸收各种理论的长处与优点，最终寻求解释问题的关键元素。从这个意义上看，范式融合方法具有强烈的问题实用性导向特征，并不强调理论范式的建构，无须进行任

---

① Snyder J. , "Anarchy and Culture: Insights from the Anthropology of War", *International Organization*, 2003, 56 (1), pp. 7 – 45.

② Katzenstein P. , *The Culture of National Security: Norms and Identity in World Politics*, Columbia: Columbia University Press, 1996, p. 71.

③ Sil R. and Katzenstein P. J. , *Beyond Paradigms: Analytic Eclecticism in the Study of World Politics*, New York: Palgrave Macmillan, 2010, p. 15.

何理论范式的建构与努力，只需整合和运用现存各种理论的核心思想对现实问题展开分析，进而更加有效地加以解决。①

　　显而易见，农村社会工作的三种范式在逻辑假设和工作方法上存在差异，究其原因，关键在于对社会工作介入农村反贫困的"特质"的把握和理解不同。每种范式都有其存在的价值和合理性，都因其独特的方式而得到理论与实务界的部分承认，也因为同样的原因而被质疑和批评。基于这种认识，本书并不打算单纯借鉴其中某种范式开展研究工作，也不是重新创建出农村社会工作的全新范式，而是希望在厘清不同范式的特点与缺陷的基础上，构建一种农村社会工作范式的"多元融合方法"。"问题—缺乏""方法—工作者""优势—资产"三种范式不是非此即彼的关系，不是"历时性"的序列，而是"历时积淀和共时并存"的共生关系。本书遵循"视界融合"的理念，以"优势—资产"范式为核心载体，融合三种范式的优势意识、问题意识以及方法意识，提出基于"优势—资产"范式的"多元融合方法"（见图 3 - 3）。

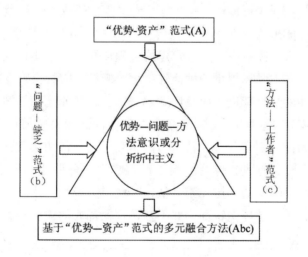

图 3 - 3　基于"优势—资产"范式的多元融合方法

———————

① 刘胜湘：《国际关系研究范式融合论析》，《世界经济与政治》2014 年第 12 期。

所谓基于"优势—资产"范式的多元融合方法，意指在社会工作介入充满复杂性、系统性的农村反贫困的实践过程中，秉持"优势—资产"这一核心变量，在优势视角的指导下，强调贫困社区的能力建设和资产建立，同时注重吸收"问题—缺乏"范式的问题意识和"方法—工作者"范式的方法意识，以问题解决为基本导向的农村社会工作解释方法。值得注意的是，基于"优势—资产"范式的多元融合方法，不是三种范式的"简单折中"或"无条件整合"，而是以"优势—资产"为主体范式的前提下（即"A"），根据反贫困工作的实际需求，适时、适当地吸纳其他两种范式的优点和长处（即"b"和"c"），共同推进减贫目标的良好实现。换句话说，多元融合方法不等同于多种解释"并重"，差异格局的、时序错落的解释可能较为合适。①

基于"优势—资产"范式的多元融合方法是对当前农村社会工作范式呈现割裂状态的一种尝试性回应。不得不承认，在当前农村社会工作多元范式并存且激烈交锋的背景下，提出一种所谓的多元融合方法，一定会遭受各方面的质疑与挑战。因此，在实践运用的过程中，对于多元融合方法的缺陷应当了然于胸。

首先，研究边界的不确定性。一般而言，范式都有自身相对明确的研究边界和研究范畴，否则难以形成公认的范式属性。虽然多元融合方法强调不是建构一种确定的范式，而是要倡导一种全新的解释方法。但是，这种解释依然不能较好地解决其研究边界不确定性的缺陷。多元融合方法确实没有像已经得到公认的理论范式那样对相关概念和解释范围进行有效限定和严格界定，解释范畴显得过于宽泛而让人看不到边界。正因如此，多元融合方法似乎很难体现出理论的"魅力"，容易陷入解释上的"万能陷阱"，从而被视为一种无所不包的"霸道"方法。

其次，解释变量的模糊性。社会工作介入农村反贫困的范式研究侧重于强调某种核心因素的主要影响，注重的是核心变量的干预作用。如"优势—资产"范式强调能力因素，从而基本排除其他变量的

①　周怡：《贫困研究：结构解释与文化解释的对垒》，《社会学研究》2002 年第 3 期。

影响；"问题—缺乏"范式强调需求因素，基本排除了其他变量的影响；"方法—工作者"范式强调专业因素，同样也排除了其他变量的影响。与此不同的是，多元融合方法试图寻找不同变量之间的契合点，注重多元变量之间的联系和彼此之间的互动过程。正是因为这种互动影响，往往造成解释的结果不是很好拿捏和权衡。所以，多元融合方法实质上是一种多元化的因果解释机制，这难免会造成解释答案的模糊性，很难做到单一范式的确定性和具体性。

最后，研究方法的复杂性。每种研究范式都有相对固定的研究方法，多元融合方法无疑增加了方法选择的困惑。"问题—缺乏"范式注重自上而下的介入方法，强调外界干预的重要性；"优势—资产"范式则突出自下而上的介入方法，强调地方社区与民众的主体性；"方法—工作者"范式则强调专业人员如何更好地将个案、小组、社区等工作方法应用于农村减贫实践。多元融合方法以问题解决为导向，强调根据实际情况吸收不同范式的研究方法和介入手法，以达到农村减贫的最终目的。从单一范式中选择研究方法有比较固定的套路，这种套路是经过学术共同体长期运用和验证的结果；而从多元范式中选择研究方法不仅仅是单纯地增加了选择项，更为关键的是不同范式之间的研究方法通常都具有互斥性，如何将这些假设、立场和操作都迥异的方法融合进统一的实践过程，确实面临不小的挑战。

无论如何，范式融合方法都提供了一种重新思考"问题—缺乏""优势—资产"和"方法—工作者"三种典型的农村社会工作范式的机会和方向。在多元融合方法的倡导者看来，多元范式既能提供独立的问题解决方案，同时也有可能共同提供有助于解决更大疑难的"组合式方案"。① 单一范式能够解释这种范式范围内确定的社会现象，从而得到一个较为确定的范式答案；而范式融合方法则能够依据变化的实际将不同范式的核心元素联结在一起，获得另一种解释答案。在社会工作介入农村减贫的研究与实践中，运用单一范式具有合理性，同样地，运用多元融合方法也是一种值得尝试的选择，也许正是这些

---

① Lebow R. N., "Constructive Realism", *International Studies Review*, 2004, 6 (2), 346 - 348.

不同解释答案的统合，才构成了农村社会工作的真实。同时也应当看到，多元融合范式在理论建构上的先天性不足带来了分析具体问题时操作难度的增加。所以，将多元融合方法运用于农村社会工作实际并取得预期效果还需要学术界的进一步论证和完善。本书将多元融合方法运用于内源性能力建设的实践过程，可以看作是这方面的初步探索。

第四章　内源性能力建设实践：典型农村贫困社区的社会工作探索

内源性能力建设作为一种农村社会工作的理念模式，需要借助特定的干预行动和实践检验才能实现其应用价值。我们在云南省昆明市北县田村的"乡村社区能力建设"项目，是在内源性能力建设框架下展开的一项社会工作行动研究。"乡村社区能力建设"项目是一项综合性的农村社区减贫与发展干预计划，以内源性能力建设为根本宗旨，秉持基于"优势—资产"范式的多元融合方法，以云南省昆明市北县（国家级贫困县）唐镇田村的苗族为主体介入对象，开展了长时期的社会工作介入农村贫困社区的实践探索。本章以"乡村社区能力建设"综合减贫项目中"社区发展基金"（CDF）这一核心行动计划为基本线索和主要讨论对象，通过阐述该行动计划在社区的金融（经济）能力、资产建设、组织建设、文化教育等方面对可持续性生计带来的改变和影响，展现内源性能力建设的实践过程。

一　社区发展基金：金融功能与能力建设相融合的减贫组织形式

2016 年 1 月，美国社会工作与社会福利学会（AASWSW）在社会工作研究大会（SSWR）上发布了当前社会工作发展面临的 12 个方面的"大挑战"（grand-challenges），其中，"建设所有人的金融能力"（build financial capability for all）位列 12 大挑战之一。为了实现金融保障和安全，人们必须拥有足够的金融能力以及能够积累资产，社会工作应当在建设金融和资产能力方面做出努力，以减少贫困和不平等。要回应这些议题，社会工作必须秉持包容性（inclusion）、渐进性（progressivity）、增强权能（empowerment）和发展（development）的核心价值与基本原则。① 社会工作对提供金融能力和家庭资产的努力应该包含全部人口（包容性），应该提供给弱势群体而不是富人更大的利益（渐进性），从而有利于人们对金融系统的决策参与（赋权增能），促进长期的金融保障，减少经济上的不平等（发展）。集中资源提升弱势群体的金融能力和资产建设，为社会工作者减少了贫困和不平等，同时提升了人群经济幸福感的平台和杠杆（leverage）。通过发展金融能力和资产，社会工作者能够提升家庭和社区的经济未来。

当面对地方民众的现实生存困境和贫困现状时，不得不回应他们的生计和经济困扰，这才是地方民众最为关心的现实问题。生计问题的有效回应决定了地方民众参与项目的积极性和持续性，决定了减贫的最终效果，它是内源性能力建设最核心的议题。如何培育贫困民众和社区的金融（经济）能力，是社会工作介入农村减贫工作面临的"大挑战"。所以，在内源性能力建设的基本框架内，反贫困的核心仍然是建立一种可持续的生计模式，其他所有层面诸如文化、环境、观念、教育、组织等元素都以社区可持续生计建设为中心。在田村苗族的社会工作行动过程中，社区发展基金一直扮演着建设社区资产、提升地方民众金融能力的"中轴"（axis）角色，所有其他事务诸如文化教育、基础设施建设、组织建设、环境保护、政策倡导、性别议题等都围绕这个核心工作展开。田村实践表明，社区发展基金通过金融功能与非金融功能的有机结合，能够较好承担起社区发展"中轴"的角色。正如丹尼尔·贝尔所力图说明的，"中轴"强调一种中心性（centrality），而不是澄清现实经验关系中的因果性（causation）。② 社会如何结合在一起以及如何运转，对于这个问题的回答，"中轴"力图寻求一种概念性图式阐明其他机制围绕在其周围的组织架构，或者

---

① Sherraden M. S. et al., *Financial Capability and Asset Building for All*, AASWSW. Working Paper, 2015, No. 13.

② ［美］丹尼尔·贝尔：《后工业社会的来临》，高铦等译，新华出版社1997年版，第9页。

对其他所有一切而言作为首要逻辑的动力原理。当然，需要进一步澄清的是，尽管认识到生计问题的重要性和现实性，但对内源性能力建设的宗旨而言，农村社会工作首先要关注的不应只是增加贫困民众的经济收入，还要重点关注能力建设和增强权能的工作，应当在经济赋权的过程中努力提升地方民众的文化自尊和发展自信。

当前，在国际扶贫实践中，通过帮助贫困人群建立可持续性的地方金融组织和制度，为其提供金融服务和产业发展的机会，被认为是改善贫困人群生计的有效方式。总体上看，这些类型的金融组织和制度基本上属于不同于正规金融的非市场化金融机制，是对传统市场化小额信贷模式的创新发展，具有运作成本低、操作方便灵活等特点。国际上最著名的例子是被称为"穷人的银行家"（banker to the poor）的孟加拉国穆罕默德·尤努斯（Muhammad Yunus）创办的格莱珉乡村银行（the Grameen Bank），它专门贷款给一些诸如社区合作社的群体组织，贷款的目的是扶贫，而不是获利，借贷由此变成了一个社会援助活动。① 自从 1983 年获得孟加拉国政府颁发的银行执照后，格莱珉乡村银行一直稳步成长。尤努斯和他的格莱珉乡村银行，也因为在扶贫领域的卓越贡献，共同获得了 2006 年度诺贝尔和平奖。1984年，约翰·哈奇（John Hatch）推动建立了一种非营利性的微型金融组织"国际社区援助基金会"（FINCA）。FINCA 通过独特的村庄银行（Village Banking）模式，使没有抵押品的穷人通过集体担保的形式获得贷款，达到为穷人提供金融服务的目的。具体的运行模式上，村庄银行采取基于社区的民主参与和自我管理的草根组织形式。

社区发展基金（community development fund, CDF）最早是由世界银行倡导并支持的社区驱动型发展（Community Driven Development）计划的主要项目之一。CDF 从解决民众生计问题出发，以增强权能和培育自组织能力为根本，以社区组织为核心载体，以小额贷款为主要运行机制，以农户自我决策、自我管理及基金自我滚动为基本运行原则，通过小额贷款活动及其产生的积累，将社区助贫扶弱、科

① ［孟］穆罕默德·尤努斯：《穷人的银行家》，吴士宏译，生活·读书·新知三联书店 2006 年版。

技推广、公共品供给等有机结合起来，以推动社区可持续发展。①
CDF 是一种明显不同于传统正式金融机构商业信贷的农村金融服务机
制，不仅能够提高经济收入，还能提升地方民众使用和支配资金的能
力，②并有助于恢复地方信用和构建人们的社会资本。③

　　CDF 在中国的发展可追溯到 20 世纪 90 年代中期贵州省草海国家级
自然保护区为解决环境与发展问题发起的"村寨发展信用基金"；安徽
霍山县 1998 年试点过"社区基金"。此后，一些非政府组织也尝试过
类似的试验，如香港乐施会自 1999 年开始在西部地区开展的"社区发
展基金"项目。2006 年，由世界银行提供赠款、国家配套相应款项的
社区驱动型发展项目在广西靖西县、四川嘉陵县、陕西白水县和内蒙
古蒙牛特旗四地实施，其中 CDF 便是重要的项目内容。不过，其中一
些项目基本上以满足民众融资需求为主要目标，尽管有些项目在设计
之初也确定了非金融目标，但在实际运作中往往只剩下金融服务的内
容。也有一些项目提升了社区自主供给公共金融产品的能力，通过自
我决策和自我管理，社区组织和农户的发展能力得到培养。

　　因此，不能将 CDF 视为一种单纯的金融工具，从内源性能力建
设的角度看，更应将其看作是一种促进社区可持续综合发展的新路
径。④本质上而言，CDF 不应仅仅作为一种单纯缓解贫困农村金融需
求困境的手段，还应该在实现非金融目标方面有所作为，通过实践创
新，注重开发其非金融功能。在实现金融功能与非金融功能的有机结
合之后，CDF 可以成为推进贫困地区农村居民内源性能力建设的重要
手段。著名经济学家、联合国千禧年发展目标制定顾问杰弗里·萨克

---

① 腾昊、何广文：《社区发展基金与农村信用社联结机制研究》，《农业经济问题》
2009 年第 4 期。

② Hartarska V. and Nadolnyak D. , "Board Size and Diversity as Governance Mechanisms in
Community Development Loan Funds in the USA", *Applied Economics*, 2011, Vol. 44 (33),
pp. 4313 – 4329.

③ Labonne J. and Chase R. S. , "Do Community-driven Development Projects Enhance Social
Capital? Evidence from the Philippines", *Journal of Development Economics*, 2008, 96 (2011),
pp. 348 – 358.

④ 朱乾宇、马九杰：《参与式自组织制度安排与社区发展基金有效运行——对陕西省
白水县 CDF 项目的案例分析》，《中国农村观察》2013 年第 4 期。

斯（Jeffrey Sachs）对非市场化小额贷款的减贫功能给予了高度评价，认为消除极端贫困的关键是想方设法让最贫困的穷人能够顺利地踏上发展的阶梯，穷人主要因为缺乏必要的资金而难以立足，所以必须要有一个能够协助其踏上发展之梯的第一个阶梯的推动力，而非市场化小额贷款通常能够发挥这样的作用。[①]

二 西南田村的社会工作减贫实践探索

（一）项目缘起：农村社区的能力贫困与脆弱性

田村位于云南省昆明市北县唐镇境内。北县是一个集民族、贫困、山区、老区为一体的国家级贫困县。首先，北县是少数民族自治县。少数民族人口 10.6 万，占全县总人口的 25%，其中回族 6.28 万，占 14.8%；彝族 3.46 万，占 8.18%；苗族 6726 人，占 1.58%，属于昆明 3 个少数民族自治县之一。其次，北县是国家级贫困县。北县是全国 592 个国家级扶贫开发重点县、乌蒙山区 38 个连片开发县之一，也是云南省 73 个国家级贫困县之一。虽然隶属云南省会城市昆明，且经历了 30 多年的扶贫开发，但北县贫困面广、贫困程度深的状况仍未得到根本性改变。2014 年年底，北县建档立卡[②]的贫困乡镇 6 个，建档立卡的贫困村 69 个，建档立卡的贫困人口 63321 人，贫困户 18832 户，边缘贫困人口 71667 人。再次，北县是典型的山区县。全县范围内山区、高寒山区占总面积的 87.5%。最后，北县是

---

① 转引自［英］迪恩·卡尔兰、［美］雅各布·阿佩尔《不流于美好愿望：新经济学如何帮助解决全球贫困问题》，傅瑞蓉译，商务印书馆 2014 年版，第 61 页。

② 对扶贫开发对象建档立卡被认为是当前国家实施精准扶贫的基础和前提。中办、国办《关于创新机制扎实推进农村扶贫开发工作的意见》（中办发〔2013〕25 号）明确指出，要建立精准扶贫工作机制，国家制定统一的扶贫对象识别办法，"各省（自治区、直辖市）在已有工作基础上，坚持扶贫开发和农村最低生活保障制度有效衔接，按照县为单位、规模控制、分级负责、精准识别、动态管理的原则，对每个贫困村、贫困户建档立卡，建设全国扶贫信息网络系统。专项扶贫措施要与贫困识别结果相衔接，深入分析致贫原因，逐村逐户制定帮扶措施，集中力量予以扶持，切实做到扶真贫、真扶贫，确保在规定时间内达到稳定脱贫目标"。根据国务院扶贫办《扶贫开发建档立卡工作方案》（国开办发〔2014〕24 号）《云南省扶贫开发建档立卡工作方案》和《昆明市扶贫开发建档立卡工作方案》要求，北县于 2014 年开展了全县贫困人口的建档立卡工作。

革命老区县。中华人民共和国成立前，红军长征曾经两次经过北县，是云南省59个革命老区县之一。

田村辖17个自然村寨，其中11个汉族村寨，5个苗族村寨，1个汉族与回族杂居村寨。"乡村社区能力建设"项目主要在峰寨、栗寨和石寨3个苗族自然村寨开展，为了论述的方便，本书必要时将其合称为田村苗寨。田村是一个典型的少数民族山区贫困村，虽然地理位置不算偏僻，临近公路干线，但村民的生产生活较为传统，村民的经济收入主要靠种植、养殖和山林采集，属于典型的农耕村落。由于山区缺水，海拔高，农作物主要为耐旱耐寒的玉米、小麦和豆类，当地也种植经济作物——烟叶。由于耕作方式落后，加之土地贫瘠和品种老化，粮食产量非常低。近年来，当地政府大力推广农业新技术，苗族民众逐步掌握地膜栽培玉米技术，产量大幅度提升，基本解决了"吃饭问题"。采集野生菌类和野菜、挖中草药是田村苗族民众经济收入的重要来源，[①] 村民每年都有1/4的时间从事采集经济，一部分苗族家庭的采集收入甚至能占到家庭年收入的一半以上。

> 每年的5月到9月，我都会到马县（临近的一个县）捡菌，带上睡觉的行李，背上一口小吊锅和一袋米粮。村里其他人也去，我们通常一起在山里做饭。一般要在山里待上一个星期，然后回家休整两三天，之后又到山里待上一段时间。每天都有贩子到山里收菌，干巴菌最贵，价格好的时候可以卖到120元一公斤，多数情况也能卖到100元左右一公斤。（访谈资料：田村苗寨村民WHZ）

---

① 苗族的发展历史中，大幅度、远距离、长时期的迁徙时常出现。游猎四乡、漂泊不定成为苗族的日常生活状态。苗族是一个善于狩猎的民族，其居住地点通常都位于高寒山区，山高林密，猎物通常十分丰富，居住地也有着十分丰富的采集资源，采集药材、野生菌类、果实、野菜、蜂类也是其日常生活的重要组成部分。中华人民共和国成立后，苗族才逐渐定居下来。随着国家野生动物保护政策缩紧，限制打猎，并收缴猎枪，如今苗族已经没有了狩猎的空间。田村苗族平日外出劳作时，男性村民依然会带上自制的弹弓等小工具，也能打上几只鸟雀；农闲时，男女老少会到附近的山林里采集菌类和药材，采集收入是田村苗族重要的经济来源。

现在的野生药材很贵，这几年挖药的人多了，药越来越少。近两年虫蒌（当地人对一种野生药材的称呼）能卖到25元一公斤。一个星期下来，能赚到四五百元。不过太辛苦了，一天要走上几十公里，都是在陡坡上转，因为只有这些地方才有药。（访谈资料：田村苗寨村民 ZHH）

苗族保持着饲养家禽家畜的传统，但是，饲养畜禽却没有带来经济效益。一方面是因为饲养方法简单粗放，传统方法的畜禽饲养周期长且病死率非常高；另一方面则是因为所养畜禽大多用于家庭食用，或换一点粮食油盐或者日常生活用品，很少有村民以增加经济收入为目的饲养畜禽。概括上述情况，田村苗族基本上采取的还是一种"靠天吃饭"的生计方式。

田村苗族贫困的另一个重要特征是村民受教育水平非常低，人均受教育年限不到三年，读过初中的人属凤毛麟角，大多数成年人仅上过两三年小学就辍学回家干农活。50多位成年村民没有受过任何学校教育，其中绝大多数为女性。儿童的就学情况极其令人担忧，除了一部分学龄儿童因为家庭困难辍学外，相当一些家庭和儿童有"读书无用论"的思想。儿童一般读到小学三四年级就辍学，很多小孩宁愿在家放牛羊、采野菜、干农活、捡拾废品，也不愿到学校读书，仅有少部分儿童读到小学毕业。

苗族村民的生活方式简单，但消费习俗极不合理，延续着即时消费的传统。村民不喜积累财产，有钱就花，游耕游猎时代的遗风仍有所保留。村里的男性嗜酒成性，农闲的日子，几乎每天都可以看到醉醺醺的"酒鬼"。无酒不成席，吃得虽然简单粗糙，酒却一定要有，而且不醉不散。

村里的男人太喜欢喝酒了，曾经出现过喝酒死亡的情况，这两年我们村就有3起喝酒事故了。杨荣西前几个月喝酒喝死了，他经常到收费站那里的商店打酒，回家的路上边走边喝，没走到家酒都喝得差不多了。长期下去，就将身体喝坏了，后来就喝死了。另外，村里有一位老人，晚上在王满诚家喝酒，喝完后回

家，人倒在王满诚家墙跟头就死了，第二天早上才发现的。（访谈资料：田村苗寨村民 WRX）

　　现代性的消费观念也对村落产生了深刻影响。村民喜欢新奇时尚的东西，听流行音乐、跳劲舞，模仿电视里的时尚在年轻人中间颇为流行。村民对电子产品、摩托等现代消费品非常崇拜。2004 年年初项目组刚"驻村"时，恰逢村民领到昆曲高速公路的征地补偿款，多的家庭补偿数万元，少的也有五六千元，于是只见家家户户打酒买肉，购买各种消费品，村里陡然多了许多山地自行车、许多崭新的儿童玩具、电视机、摩托车、沙发和音响，甚至有村民购买了价格高昂的面包车和小轿车。一位村民还模仿城里人，花费近 3000 元购买了一辆崭新的电动车，但由于电动车不适应农村的颠簸道路，不久便不得不当作二手车便宜卖掉。几个月之后，大多数村民便花光了征地补偿款。当地村干部告诉项目组工作员，有时候政府都不敢把救济粮、补偿金直接发给村民，担心他们用来打酒喝了。还记得项目组最初进入社区时的印象。

　　　走进社区，第一感觉便是有些"破烂不堪"，整个社区基本没有做过规划，各种土坯的建筑包括房屋、烤烟棚、牲口圈显得异常凌乱。很多小孩几乎是光着身子在社区里玩耍。与此形成鲜明对比的是，年龄稍微大一点的小孩则骑着刚买没多久的自行车在场地上追闹，时不时还有摩托车和面包车穿梭而过。随着走访的深入，项目组发现村民家里似乎很"现代"，许多家庭刚购置了沙发、彩电、音响、DVD 和 VCD 机以及摩托车等现代消费品。后来得知，原来这段时间大家刚领到征地补偿款。社区里消费的热潮也因为这次补偿款而高涨起来。不过，几个月后，社区又恢复了往日的平静，原来补偿款基本都消费光了。

　　田村苗族社区的贫困问题，当地政府也非常关注。县乡两级政府将其作为对口扶贫的"挂靠"点，推广玉米新品种及现代种植技术，发放救济粮款，改造"茅草房"，进行"农电"改造。政府的扶贫措施极大改善了社区的生产生活条件，也使村民的经济收入增加并一定程度上缓解了温饱问题。但是，这种扶贫行动也养成了村民对"输血式"或"外源性"扶贫的依赖，他们每年就等着盼着政府的救济，希望政府帮助解决各种问题。如果政府没有"表示"或"指示"，村民也就没有动力。社区发展变成了以政府为主体，由政府来推动的外源发展。

> 区域特征、民族传统和低收入纠结在一起，使少数民族的减贫问题成为典型的外部干预下的发展问题。贫困问题浮现表明传统的文化和生计方式已经不足以适应社会变化，但是外部推动的发展也带来了许多问题。①

在此种发展状态下，贫困依然是田村苗族的基本问题。但这种贫困已不完全是经济学家所说的"老式贫困"（ancient poverty）或绝对贫困，而是相对贫困和绝对贫困并存的所谓"丰裕中的贫困"（poverty in the midst of plenty）。② 经济的增长并没有改变人们传统的贫困的生活方式，反而带来了更为深刻的贫困问题。正如卡尔·波兰尼（Karl Polanyi）深刻指出的，"赤贫化（pauperisim）使人们的注意力集中于这样一个无法理解的事实，即贫穷（poverty）伴随着富足一起增长"。③ 苗族的贫困议题也正在向"丰裕中的贫困"转化，它并非一种单纯的物质上的绝对匮乏，而是一种发展的内在动力的缺乏，与当地汉回民族社区相比存在明显的收入、生活方式上的差异，以及由于抗风险能力和应变能力不足、缺乏自主性而造成的脆弱性等原因产生的贫困。

田村苗族需要解决由于能力贫困而造成的脆弱性的问题。能力贫困（capabilities poverty）是诺贝尔经济学奖获得者阿马蒂亚·森

---

① 王晓毅：《反思的发展与少数民族地区反贫困——基于滇西北和贵州的案例研究》，《中国农业大学学报》（社会科学版）2015 年第 4 期。

② 谭崇台：《论快速增长与"丰裕中贫困"》，《经济学动态》2002 年第 11 期。

③ ［英］卡尔·波兰尼：《大转型：我们时代的政治与经济起源》，冯钢、刘阳译，浙江人民出版社 2007 年版，第 74 页。

（Amartya Sen）提出的重要概念，能力贫困就是可行能力的缺乏。所谓可行能力（capability）是指一个人"有可能实现的、各种可能的功能性活动组合"，而"功能性活动"是反映"一个人认为值得去做或达到的多种多样的事情或状态"，"有价值的功能性活动的种类很多，从很初级的要求，如有足够的营养和不受可以避免的疾病之害，到非常复杂的活动或者个人的状态，如参与社区生活和拥有自尊"。① 因此，可行能力是一种自由，是实现各种可能的功能性活动组合的实质性自由，而这种实质性自由也就是人们能够实现各种不同的生活方式的自由。

将自由和人的可行能力结合起来分析贫困问题，可以看到，不仅仅是缺吃少穿或基本需要得不到满足，更重要的是人们不能去实践他们可能的生活方式，缺少自由，也就是缺少能力，能力贫困反映的就是这样的状态。正是由于能力贫困，人们不可能自主地或者说靠自己的力量去进行选择、追求那些值得尝试的生活方式，也不可能应对各种社会风险和生活压力，造成他们对生活变动的脆弱性。可行能力方法的提出，超越了对于生活手段的关注，并转向实际的生活机会的视角，这有助于转变以往专注于被约翰·罗尔斯（John Rawls）称为"社会基本品"（primary goods）的以手段为导向的评价方法，将注意力更多地放在实现合理目的的机会和实质自由上。②

基于田村苗族社区的上述情况，"农村社区能力建设"项目组以外来的"第三部门"角色进入田村，开展了长时期的社区能力建设的行动研究。田村的行动研究中，虽然项目组不能算作严格意义上的"第三部门"，但它所秉承的助人理念和追求社会平等和公正的社会服务宗旨，以及非营利性质，使它具有了第三部门的基本特征。正如戴维·刘易斯所言，"'第三部门'这个术语在研究者和决策者中间流行起来，它是对一些组织的松散归类，这些组织在不同的文化和背

① ［印度］阿马蒂亚·森：《以自由看待发展》，任赜、于真译，中国人民大学出版社2002年版，第62页。
② ［印度］阿马蒂亚·森：《正义的理念》，王磊、李航译，中国人民大学出版社2012年版，第216页。

景下，被冠以'自愿的'、'非政府的'或'非营利的'等不同定语"。① 实际上，要给"第三部门"下一个确切的定义十分困难，不同的社会文化背景下，"第三部门"的内涵有所不同。不过从第三部门的社会作用来理解，在中国社会的特定语境下，凡是以非营利和自愿的形式提供社会服务的民间组织和社团都应视为第三部门组织。大学作为学术和研究机构，它的专业人员以研究者的身份介入农村社区进行发展干预活动，提供具有专业研究特色的服务，所扮演的正是第三部门的角色。

作为非社区组织的外来第三部门组织，在介入农村社区发展的过程中，根据贫困即能力剥夺的论点，从内源性能力建设的思考方向出发，以"发掘地方民众优势的增强权能"取向为介入目标，在这一目标体系中，核心的操作性理念包括增强权能（empowerment）和优势视角（strengths perspective）。

增强权能的理念对于内源性能力建设具有特殊的重要性。英文"empowerment"一词在中文里有各种译法，如增能、授权、增强权能和充权等，本书采用"增强权能"一词来表达外来机构在社区发展中的作用和角色，意在指明外来者在社区发展中既要对社区有所贡献，为社区提供所缺的资源，又不能越俎代庖地将自己置于发展的主体位置上，而是要帮助社区建立、发展并强化其自身在社区发展中的主体地位，使其得到增能或在解决自身的问题时，具有更大的权重而不至于被非社区的力量（组织或机构）所支配。对此，约翰·弗里德曼（John Friedman）说得精彩，"增强权能这个词是个挑战。'权'是个带威胁性的字眼。人类的每种关系都有若干方面涉及权，而指导着我们行为的思想有许多是出于想要用权，增加自己的权，改变权的关系。我把此词用于良性的含义，不指'压迫他人'或'使人受苦'之权而指能力，例如阅读和写作的能力；教会人们阅读和写作便是增

---

① ［美］戴维·刘易斯：《揭示、扩展和深化？人类学方法对"第三部门"研究现有的和潜在的贡献评述》，何增科主编《公民社会与第三部门》，社会科学文献出版社 2000 年版，第 384 页。

强权能。我的主要之点是论述使人们得以自助之权"。① 也诚如刘梦所言，"增强权能并不是赋予案主权力，而是挖掘和激发案主的潜能"。②

概言之，增强权能强调案主有潜能、有能力、有机会为自己的生活做出决定，并能够积极主动地采取行动。增强权能的核心是通过资源的提供、知识和能力的增加，个人能够从生活的被动弱者，变成主动的强者，这样他们控制自己生活的能力就会得到提高。③ 从社会工作的视角来看，增强权能就是社会工作者伴同和支持无力回应外部环境挑战的服务使用者，学习、练习动员自己一切可以动员的力量，消极摆脱无能为力，积极控制有效资源，取得自我实现的过程。④

从 20 世纪 80 年代开始，社会工作学术界对优势视角在实务中的应用进行了诸多讨论。⑤ 优势视角以人有能力成长和变迁、人有界定其处境的能力与知识以及人有复原力为基本假设。⑥ 实际上，优势视角与增强权能两者在关心的议题、助人的过程、问题的评估、行动的策略等方面十分相似。虽然二者在具体的介入技巧上存在一些差异，例如，增强权能经常运用"意识提升"（consciousness raising）的技巧，而优势视角则会使用"讲故事"（storytelling）以及"重讲故事"（re-storying）等方面的技巧。不过，总体上看，二者将"能力"视为优势，希望服务使用者重新回到社会工作干预核心的目标显然是一致的。当然，二者并不是可以简单替换的关系。有学者指出，增强权能主要提供思考问题的分析框架，优势视角相对而言更加注重实践操作

---

① 约翰·弗里德曼：《再思贫困：增强权能与公民权》，《国际社会科学杂志》1997年第 14 期。

② 刘梦：《增强权能观念在妇女小组中的运用——小组的理念、设计和本土化探讨》，王思斌主编《中国社会工作研究》，社会科学文献出版社 2002 年版，第 86 页。

③ Staples, "Powerful Ideas About Empowerment", *Social Work*, 1990, 14（2）, pp. 29 - 42.

④ 王笃强：《贫困、文化与社会工作——脱贫行动的理论与实务》，台北洪叶文化事业有限公司 2007 年版，第 77 页。

⑤ Weick A., Rapp C., Sullivan W. P., and Kisthardt W., "A Strength Perspective for Social Work Practice", *Social Work*, 1989, 34（4）, pp. 350 - 354.

⑥ 王笃强：《贫困、文化与社会工作——脱贫行动的理论与实务》，台北洪叶文化事业有限公司 2007 年版，第 86 页。

层面，可以将二者的关系概括为"增强为体、优势为用"。①

如前所述，增强权能和优势视角是以建立、发展和强化社区居民自己的主体意识和内源发展能力为目标，在外来机构的支持协助下，改变少数民族农村贫困社区的脆弱性、能力不足和由于社会排斥造成的弱势地位的过程。因而，增强权能和优势视角的方法就是在外来机构的介入下，社区与第三部门组织通力合作，以村民参与的方式开展社区能力建设。它包含了外来机构对社区生活和社区结构变化的干预，也意味着必须有社区自身的积极参与，按照村民的意愿和需要，由村民自己来完成社区的发展。从方法论上讲，增强权能和优势视角就是增强和扩大社区的权利和能力，使其成员有更多的机会与空间自主地思考、规划并采取行动来满足自己的需要，实践自己的生活愿望。

按照这一方法论的指引，本书把内源性能力建设看作是一个"发掘地方贫困民众优势的增强权能"的过程。通过"乡村社区能力建设"项目实施的一系列行动计划，对社区过程进行干预，动员、吸引村民参与到项目中来，通过他们的参与，在行动中发展出规划生活、解决问题的能力。而项目组在这种行动研究中，也通过与村民一起工作的过程，对将增强权能和优势视角的理念与方法运用到行动中去的意义有了更深的理解，学会了很多具体的实务技巧。应当说，项目组的行动能力也得到了锻炼和提高，这是一个实施主体和干预对象双向成长的互动过程。

（二）社区评估：缺乏视角与优势视角融合的综合性评估过程

如果依据行动研究的循环模型进行界定，社区评估是辨识社区共享议题和辩论提出的议题阶段，最核心的工作是全方位了解社区，以便下一步行动能够贴近地方民众的真实需求。"乡村社区能力建设"项目组扎根田村，用人类学田野调查的方法，梳理田村的历史变迁、自然资源、人口教育、文化传统、权力结构，深度了解村民的日常生

---

① 王笃强：《贫困、文化与社会工作——脱贫行动的理论与实务》，台北洪叶文化事业有限公司2007年版，第83页。

活和生产劳动过程。项目组在田村的社区评估遵循多元融合范式的逻辑框架，体现出缺乏视角与优势视角相融合的综合性评估过程。"优势—资产"范式虽然反对传统"问题—缺乏"范式对案主进行"疾病"诊断而形成的负面性评估，但不能因此排斥和抛弃寻求真实问题和需求的评估过程。强调"优势—资产"范式只是基于有助于发展和变迁可能性的考量，进而对于服务使用者"优势"和"潜能"的重视。优势视角的倡导者丹尼斯·萨利伯一再强调，即便从优势取向的角度看，评估服务对象及其家庭和社区的问题、痛苦、困难和病症也应该是社会工作服务不可忽视的重要组成部分，优势视角的关键并不是否定服务对象问题的存在，而是希望改变以往实务过程中过分强调服务对象问题的现象，使社会工作实践同时注重服务使用者的能力与机会。①

驻村的田野调查发现，田村苗族社区的贫困，本质上是因可行能力的缺乏或未开发而导致的发展性贫困。尽管社区在各级政府和各种社会组织的支持下，村民的温饱问题得到解决，收入相比过去有了较大增长，但社区自己解决问题和抗御风险的能力却没有明显提高，发展方面的脆弱性仍然是困扰社区的首要问题。在政府与社区、国家与民间刚性的结构关系支配下，社区的发展呈现出不可持续的"内卷化"特点。这种治理模式下，社区解决问题的方法不是建立在自身对问题的控制并主导解决问题的过程上，而是建立在与政府的强关系基础上。"如果我们把钱花光了，就去找政府，政府不会不管的。"这句话体现了项目组刚进入田村苗族社区时，村民拿到征地补偿款后，将钱大量花在生活消费品的购买上而不是生产性投资上的基本心态。在村民眼中，政府是他们的依靠，也是保障他们生活的强大力量。因而，相信政府、依靠政府就成为村民所能拥有的最主要的社会资本，而政府也乐意扮演这种家长式角色。

然而，政府的转移支付式资源毕竟有限，一旦减少支持或工作重点转移到其他同样需要政府资源的社区，不能满足社区民众的期待

---

① Saleebey D., "The Strengths Perspective in Social Work Practice: Extensions and Cautions", *Social Work*, 1996, 41 (3), pp. 296 – 305.

时，各种抱怨和不满就会充斥社区。田村的发展困局反映了中国社会目前存在的一种普遍现象，即在处理贫困农村社区发展的问题上，大多数社区特别是少数民族社区，发展不是基于社区能力的增加，而是靠政府在资源分配上的"非权利转移"①，即以赈济、扶贫等形式对贫困社区进行无偿援助。

"非权利转移"在对穷人进行无偿援助的同时，也会造成贫困社区人们的"贫困心理"。人们会把贫困当作一种争取资源或取得免费"福利"的"权利"（rights），把生活的希望寄托在政府和社会的"扶贫行动"上。其结果是社区失去自我脱贫、自我发展的动力。这种情况，正是项目组最初进入社区时民众普遍持有的态度。而要进行以增强权能和优势视角为中心的社区能力建设行动，首先面临的最大挑战，也是之后的实践中不断需要克服的问题，就是这种贫困心理的困扰。

项目组刚进入田村苗族社区时，无论是村民还是当地政府都有这样的期望，希望项目组给他们带来的是可以立刻就见到效益的项目，最好就是给钱给物，使他们得到短期实惠。对村民来说，他们把项目组看作是来帮助他们的，是能给他们带来福利的"城里人"。当他们听说项目组没有带资金，不是搞投资建设基础设施，也不是给扶贫款的民政工作人员，而是搞能力建设的"大学师生"，很多村民的热情就开始"降温"。村民所习惯的政府扶贫模式和资源（商品）的"非权利转移"方法与项目组强调自助与互助，以培育社区的内源发展能力为目的的理念和方法之间形成了巨大的反差。在与村民的交谈中，他们最经常说的一句话就是"我们苗族落后，太穷了！你们来帮我们就好了，我们就靠你们了！"自信心不足，习惯于等待外部社会的援助的心理溢于言表。如何克服这种贫困心理，建立村民的自信，激发内在潜能，就成为项目组必须要面对的

---

① 这是阿马蒂亚·森运用贫困的权利方法对交换权利的分析中提出的概念。森认为，贫困是权利（entitlement）的缺乏，而权利是指那些可以满足人自身需要的物品的占有、获取或支配的能力。交换权利就是指一个人在将他所拥有的一种商品转换成另一种商品的能力。而非权利转移指穷人不是依靠自己的能力去获得所需商品，而是靠社会的慈善救济、单方面的援助而得到资源的现象。

首要问题。

　　除了贫困心理外，要开展社区能力建设，发展村民的可行能力，面临的问题还在于村民采取行动的各种"功能性活动"存在重大缺陷，限制了他们的行动空间和可能的自由。比如，村民的识字能力低，存在大量文盲与半文盲人口，大多数人无法阅读，更不能理解和接受对他们的生活改变具有重大意义的信息、技术、知识和行为方式。特别是苗族妇女，文盲率高达70%以上，大部分连自己的姓名都不能写，以至于村民自己都调侃地说，"到城里去时，连厕所门口的男女二字都分不清，尿急了都不敢上厕所，怕走错了地方"。因此，村民平时的活动范围大多限于乡村集市和村落之间，社会交往的范围顶多是到邻县乡村走走亲戚。总之，识字能力低下限制了村民的很多功能性活动，使他们所能掌握的真实机会变得非常少。

　　与识字能力低相联系的是村民计算能力极其有限，不会记账、不知道如何理财，甚至家庭一年的收入有多少，日常生活支出需要多少钱都难说出一个比较精确的数字。因此，他们很难规划自己的生活，没有积蓄和必要的生产准备金，基本上是一年的收入有多少就花多少，甚至实际收入还高于国家和地方政府制定的贫困线，①但是村民的生活状况却显得非常贫穷。家庭基本建设非常糟，基本生活设施缺乏，整个村庄都没有一个厕所，垃圾和畜禽粪便遍地都是，家中分不清哪里是住人、哪里是关牲畜的地方。② 可是另一方面，村民花钱又非常豪爽，喜好请客，到处做客；喜欢时尚新奇的东西和炫耀性的攀比消费。有一段时间，村里兴起手机热，很多人买了手机，然而，手机的日常花费让他们难以承受，不到三个月，

----

　　① 据项目组调查，仅就夏季采集野生菌一项计算，一般家庭有1000元至3000元的收入，有些家庭可达4000元至6000元。项目组织过一些大学生志愿者到苗族社区开展文化教育活动，他们一个突出的感受就是村民收入比他们家乡高多了，但是生活质量却远不如自己的家乡。

　　② 北县在田村进行扶贫的干部曾讲过一个故事：当年一位县领导看到村民家里没有床，大多是席地而睡，春节慰问时就给每户送一张铁制大床，一些村民不知如何安装，床的底部和上部装反了，结果睡上去硌得身体非常难受，说地上比床舒服，之后仍然睡在地上。

几乎所有的手机都停机了。一位村民本来打算到集市上卖玉米买一些化肥和生活资料，用手扶拖拉机拉了几百斤玉米到街上，看到有人卖手机，就用玉米换回来一部二手手机，妻子与他大吵一架，一气之下他外出打了半年工才回来。村民大部分收入都作为生活消费花光，以至于每到春播秋种时节，或者家庭有急用时，绝大多数村民都要靠借贷应急。

田村苗族社区的另一种能力局限性是村民习惯于一家一户的个体生产劳动，缺乏组织性和互助合作意识。尽管苗族群众保有互相帮忙的村落传统，一家有事，远在上百公里以外的亲友都会前来帮忙，血缘联系十分牢固，但是，他们并没有形成有机团结的社会。相互间的帮忙是出于质朴的乡土亲情和血浓于水的亲缘关系，而不是基于社会功能的分化与互补、权益交换的契约和异质性的组织整合而形成的组织性和社会合作。因此，在田村，村民表现出了小生产社会特有的个体性，他们只关注自己的生活，对公共事务和集体协作的活动十分冷淡，表现出与世无争的态度。在项目开始阶段，项目组与村民们讨论社区事务时，他们最爱说的一句话就是"自家的事自家管，我们不懂别家的事"。同这种态度相一致的是村民中间存在的互相猜忌和不信任，既害怕别人的行为会危及自己的利益，也担心相互之间的竞争会使自己"吃亏"，又顾及相互之间的"和气"，怕说出什么会伤了面子。因而，在公众场合和集体讨论社区事务时，村民表达自己的意愿总是非常谨慎，极力避开涉及他人的话题，即使是事关社区共同利益也不愿多谈。而在私下里，各种议论和流言却总是不断。比如，项目开始时，项目组在进行社区调查和需求评估之后，发现了一些社区积极分子，准备培养他们成为骨干，由他们自主组织社区活动。他们的参与是自愿的、无报酬的，但是有一些村民就开始议论，认为这些人拿了项目组的钱，把它装到自己的口袋里了，不然他们为什么会这样积极。村里的各种议论和猜忌极大地伤害了这些积极分子，使他们产生畏惧心理，一部分人甚至消极退缩了。村民这种心态的背后，隐藏的是一种根深蒂固的平均主义的平等观和利益均沾的意识，以及害怕失去既有利益的现实考虑。

就苗族的传统意识而言，平均分配成果不仅是族群团结的需要，也是个人的"面子"问题，如果既有的利益自己不能参与分配，那就意味着在族群里没地位、被人瞧不起。① 这种平均主义的分配观后面隐藏的文化意识深刻地印在苗族的日常行为之中。奉行与世无争、不愿做出头椽子的生活哲学，使他们不愿参与竞争性和具有改变意义的公共事务或集体行动，甚至不愿意在公众面前表现自己的能力。对他们来讲，任何竞争和改变都可能给个体家庭带来巨大的危机，使他们暴露在冲击、压力和风险之下。因而，没有防御能力的脆弱性，既是他们个体性的经济与生存方式的特性，也是他们极力维持现有社区关系和秩序，不愿冒险改变的主要原因。

总之，田村苗族今天的贫困，并非完全由他们自身的原因造成，也不完全源自经济层面的匮乏。从社会学的视角分析，这种贫困乃是社会结构变迁中现代文化与传统文化的冲突造成的。从传统社会的方面理解，田村苗族的这种生活方式和价值观是适应传统生存条件的经济、社会结构而形成的，具有其小生产社会的合理性。但是，从现代社会的经济与社会结构关系来看，就会发现，曾经是合理性的东西变得不适应了。在市场经济已经全面发展的今天，沿袭旧俗、仍然用农业社会的方式回应市场化社会的挑战，必然使他们处于劣势，造成难以逾越的发展性障碍，其间带来的能力贫困和脆弱性就成为必须回应的重要议题。

综上，从缺乏视角来看，贫困意味着存在客观的问题和缺陷，田村的发展问题表现出以下特点：第一，村民保持即时消费的传统，养成了不积累、无计划的习惯；② 第二，村民不愿在公众面前展现能力，不愿参与竞争性的公共事务；第三，村民养成了严重的依赖心理，通常指望政府保障他们的基本生活；第四，村民采取行动的功能性活动存在缺陷，例如识字能力低、不懂理财和规划生产生活；第五，村民

---

① 当地人流传着一种说法，过去苗族民众打猎，几个人即使只打到一只麻雀也要人均一份进行分割，哪怕一个人只分到指头大的一点也必须这样做，否则就被视为不公平。

② 据苗族老人回忆，定居田村前，他们时常举家搬迁，过着游猎、游耕的生活。为了方便迁移，除必需的生产、生活工具外，他们几乎无其他固定资产，而迁移时只将基本用具随身携带，其他不易携带的物品都被抛弃。

习惯于开展个体性的生产劳动，缺乏组织性和互助合作意识。在主流发展主义、消费主义意识形态以及现代传播媒介的持续影响下，民族贫困农村的经济活动越发市场化和商业化，地方民众的生活方式逐渐迈向现代化和城市化，这一过程无疑给贫困农村带来了普遍且深刻的影响，具体表现为市场经济和商品经济促发的越发严峻的生计问题以及城市消费主义文化引致的地方民众对农村传统文化的认同危机。

与以"问题为中心"（problem focused）的缺乏视角不同，优势视角以"可能性为中心"（possibility focused）。[1] 在以问题为中心评估田村的发展现状之后，还应从发展的可能性和潜能方面梳理田村的优势清单。从优势视角来看，能力、资源和资产通常应当被列入优势的清单之中。[2] 田村也具备一定的潜能和资产。第一，物质层面，当地交通便利，翻修废弃的小学校舍后可用作公共活动的场所，村民采集业收入可观，村里有文化水平较高的小学教师，妇女有加工民族服饰和刺绣的手艺。第二，组织层面，村民能歌善舞，村里有妇女歌舞队、青少年歌舞队，具备一定的组织基础；并且，田村是政府的扶贫"挂靠点"，可获得常规的物资和技术援助。第三，动机或态度层面，村民有脱贫致富的强烈愿望，社区积极分子愿意为社区事务服务，村民特别是妇女希望能掌握基本的识字、算术及理财方面的知识。

内源性能力建设主张对贫困地区进行综合评估和考察，既要看到发展过程中存在的脆弱性，又要充分发掘自主脱贫的优势、资产与能力，这与联合国社会发展研究所（UNRISD）对"能力赋予"（capacitation）的阐述不谋而合，能力赋予不是去界定和实现如何控制未来，也不是给未来事先规划诸多条条框框，而是在当前的社会中努力创造条件，增强能力，使人们今后有能力解决自己所碰到的各种问题，因此，这种方法关注的不是从理想上为不确定的未来提前设计出某种诱人的目标，它强调的是对现存的缺点不足和发展潜力进行分析诊断，

---

① Saleebey D., "The Strengths Perspective in Social Work Practice: Extensions and Cautions", *Social Work*, 1996, 41 (3), pp. 296 – 305.

② [美] 丹尼斯·萨利伯：《优势视角：社会工作实践的新模式》，李亚文、杜立婕译，华东理工大学出版社 2004 年版，第 72 页。

寻找合适的政策和行动策略并及时调整发展和变迁的方向。①

　　生活在极端贫困和剥夺状态下的人们是最脆弱的群体之一，正如安德森和伍德罗所言，"发展是一个降低脆弱性（vulnerability），增强能力的过程"②，"对于人类发展的方式，只有引入对脆弱性和抗逆力（resilience）的分析才算完整"③，二者的结合不仅看到风险和不确定性，还能看见希望与未来，因为，穷人不仅体现出一定程度的脆弱性和缺陷，在本质上也具有能动性和优势。脆弱性具有多面性和动态性，仅仅关注脆弱性是远远不够的，只有从能力、选择权和自由的角度全面分析人类的脆弱性，才有可能完整地理解脆弱性。因此，对发展过程的干预既要使地方民众充分认识到导致自身脆弱性和不足的原因，又要使他们有机会认识到增强自身能力的方法与途径，同时，还要使人们认识到这两者之间互构的动态共变关系。正是对田村的脆弱性和特殊的地方性优势的理解启发了项目组，能否有一个发展干预项目，既能满足村民经济和物质方面的需求，降低生存与发展的脆弱性，又能密切结合苗族地方性文化与资源，提升贫困民众的自主发展能力，从而降低脆弱性，增强可持续生计的能力。于是，以社区发展基金（CDF）为载体的综合性社会工作干预项目逐渐被开发出来。

（三）前期培育：完善功能性活动组合与构建内源发展的组织基础

　　内源性能力建设是一个长期的发展干预过程，不能急于求成。首先，应当通过建立信任关系，提高民众对项目的参与度和认同感。④其次，应提升民众采取行动的可行能力。可行能力是一个人有可能实现的、各种可能的功能性活动的组合。最后，要构建起能力建设的组织基础。"增强人们认识自己的价值和社会地位的能力，并将他们组

---

　　①　转引自［英］艾德《能力建设：通向以人为中心的发展之路》，应维云、刘国翰译，九州图书出版公司1999年版，第17—18页。

　　②　［英］坎迪达·马奇、伊内斯·史密斯、迈阿特伊·穆霍帕德亚：《社会性别分析框架指南》，社会性别意识资源小组译，社会科学文献出版社2004年版，第108页。

　　③　UNDP, Sustaining Human Progress: Reducing Vulnerabilities and Building Resilience, Human Development Report, 2014, p.17.

　　④　钱宁：《文化建设与西部民族地区的内源发展》，《云南大学学报》（社会科学版）2004年第1期。

织起来实现他们的价值和应有的社会地位，这是发展的基础"①，"农村组织的发育及发展对于农村发展具有基础性作用"②，因此，应"培育和组建社区资源整合的新载体"③。本质上看，社区发展基金最终还是希望挑战和抗衡强调个人主义与竞争模式的主流发展思维，通过社区组织的形式推动一种新的集体合作形式的经济模式。

2004 年 1 月，项目组正式进驻田村，开始"驻村"实施项目。首先，项目组在前期评估的基础上又进行了为期两个月的调查走访。主要有以下目的：其一，围绕社区环境、亲属关系、人口结构、经济状况等方面进行详细调查，全面了解社区；其二，深入社区，广泛接触村民，与村民建立信任关系，与当地政府建立合作伙伴关系；其三，动员村民，争取村民的广泛参与，同时发掘社区积极分子，为项目的实施打下群众基础；其四，在深入走访调查的基础上，进一步评估社区和村民的现实需求，调整和完善项目计划。

刚进驻社区时，许多村民将项目组视为上级政府派来帮助他们的官员，表示非常愿意配合工作，他们认为自身发展落后，需要项目组的帮助，这体现出村民对于政府和外界的强烈依赖心理。同时令项目组感到有些意外和惊讶的是，一些村民对于项目组的到来似乎十分排斥。原来，2003 年某国际非政府组织曾有在田村开展项目的打算，也进行过社区调查与动员，后来由于各种原因将项目转移到了其他村庄。这件事对村民的打击很大，他们对类似外来的组织或人员变得非常敏感，认为这些人不可信任。这给项目组的工作造成了一定的难度，不过也正好可以借此澄清项目组的身份和工作。在此过程中，项目组同每一位村民真诚交流，村民也逐渐接纳了项目组，尝试着同项目组一起考虑和分析他们面临的问题。同时，一些社区积极分子也发掘出来，在此基础上成立了村民议事会，讨论社区事务，为社区发展

---

① Eade D. and Williams S. , *The Oxfam Handbook of Development and Relief*, Oxford：Oxfam，1995，p. 9.

② 仝志辉等：《农村民间组织与中国农村发展：来自个案的经验》，社会科学文献出版社 2005 年版。

③ 杨贵华：《社区共同体的资源整合及其能力建设——社区自组织能力建设路径研究》，《社会科学》2010 年第 1 期。

基金项目的启动打下了一定的组织基础。不过，这件事也提醒项目组，发展干预项目如果处理不妥，可能随时给当地人带来意想不到的伤害。

与村民的交谈中，他们普遍希望能有一个公共活动的场所。从能力建设的角度来讲，也需要一个组织村民的场地。在与村民讨论后，提出了两个方案：一是组织村民翻修村里原有的废弃小学，项目组提供材料费；二是由项目组提供部分资金，村民投工投劳建设一间新的文化室。由于三个苗族自然村居住相对分散，为了方便村民组织活动，两个方案都予以采纳。2004 年 3 月，废弃小学翻修和文化室新建工作启动。新建文化室的过程中，村民的观念与态度经历了一个不小的转变过程。起初，村民认为是项目组替他们建文化室，所有的事都应该由项目组做，他们参与的积极性并不高。于是，项目组与村民讨论新建文化室对于他们自身以及社区的意义。村民逐渐觉得这是"我们自己的事情"，于是每家都投工投劳，大人小孩齐上阵，从挖地基到最终竣工，村民参与了文化室建设的整个过程。文化室修建时地基开挖过程很好地体现了村民的参与积极性：

　　　　文化室的选址位于较高的山脊，为了保证地基的牢固性，需要挖掉大量的土石方，平整出一块能够正常盖房的地基。由于经费预算的限制以及能力建设本身的实际需要，地基的开挖工程没有承包给施工队，这项任务最终落在了村民身上，如果人工开挖，保守估计需要十多天。开挖工程完全由村民自主组织，几乎动员了全村男女老少的所有人工力量。刚开始所有家庭合在一起挖，速度较慢，之后大家提出将任务分到户，每户平均挖 2.7 米宽，这样形成了一定的竞争性，大家干得更加卖力，结果原本十多天的工期缩短到了 4 天。

正是有了村民的积极参与，文化室竣工比预定时间提前，赶在了村民农忙之前。此后，村民还选出了文化室的义务管理人员。文化室建设工程刚一结束，村民聚在一起讨论文化室的用途。开办文化夜校、建立图书资料室以及进行实用农业技术培训成了许多村民的愿望。在项目组的协助下，这些项目后来都——一实施。文化夜校最初由社区里的小学教师和项目组工作员授课，讲授最基本的识字和计算。

> 我们应村民们的要求教计算器的使用。这个教起来是比较困难的，一是不能保证每个村民都有一个计算器，教起来不方便。二是计算器上的功能键很多，计算器本身又有很多种，害怕教了反而会影响大家的正确使用。三是操作计算器必须很细心，还不能完全相信它。这些都成为我不得不去面对的问题，但我又不知道如何解决。开始说到计算器时，我就想按最主要的、村民可能最常用的讲，于是我忽略了计算器上的其他键，只把数字键、加减乘除键和小数点键提出来，放到黑板上，这样村民学习起来就很简单了。并且村民在生活中算账也就只用这么多，不必担心影响他们的使用，所以很快就完成了讲解。正当我不知如何说计算器容易出现错误和怎样检查时，一位村民主动跟我说有一个乘式计算器是算不出来的。我让他把这个式子写在黑板上，然后大家一起用竖式乘法算出结果，再让村民用计算器算出结果。在这个过程中教村民使用计算器应注意的细节和检验方法，不但简单了不少，还鼓励了村民学习的积极性，可真是一举两得。从中我学习到了要让村民们自己去发现问题，找出问题，解决问题，而我们只要支持他们、提示他们和相信他们。
>
> ——一位项目工作员的日志

之后社区里一些接受过初中以上教育的骨干逐渐成长起来，由项目组协助他们为村民授课。村民普遍反映这样的效果更好，更易理解，也更贴近他们的日常生活。文化夜校不同于一般的学校教育，更注重上课形式和内容的生活化，选用合适的乡土教材，让村民学到平时生活和生产中随时可以利用的知识。另外，项目组发动云南大学社会工作系学生在校园和昆明"新知图书城"开展捐书活动，为社区图书室募集了近 500 册实用的图书，包括识字类、种养殖类、儿童类以及妇幼卫生保健类等。在项目工作员的协助下，村民们将这些图书分类整理，登记在册，并选出了图书管理员，负责图书借阅工作。农业技术培训结合田村的实际情况和村民的自身能力开展。项目组聘请县乡农业部门的技术人员进行现场示范和指导，让村民在"手把手"教的过程中学到种植和养殖的技能，同时组织村民到县里的种养殖示范户实地参观交流。培训后，许多村民都结合自身实际对原有的传统种养殖品种和方式进行了"改良"。更为可喜的是，村民们在参与的过程中形成了农业技术互助小组，大家在一起交流发展经验，这成为之后 CDF 计划实施重要的组织保障。

在项目实施过程中，妇女成为重要的发展主体。一般而言，现代性话语通常都乐于拒绝承认妇女的生产角色。阿黛勒·缪勒（Adele Mueller）研究指出，"发展机器是最大的、最为男性主导的、最能主宰世界的制度之一"。[①] 丹麦经济学家艾斯特·博塞拉普（Ester Boserup）在《经济发展中妇女的角色》一书中指出，发展不仅对妇女在经济中的贡献视而不见，反而有损于妇女的经济地位和社会地位。[②] 通常，妇女很容易被排斥在农村发展项目以外，其原因与发展干预过程中的男性偏向（male bias）相关。所以，发展实践中，提高农业生产的项目往往都是针对男性。当然，也有一些项目提供针对妇女的培训，不过这些培训一般集中关注妇女的天职领域，如手工艺、育儿、缝纫或家务整理等，最多会提供一些从事维持生计活动的培训项目。

另一个不容忽视的问题是，从事农村发展干预的人员基本以男性为主，同时，他们往往又都经历过男性专家的训练，还主要以男性为干预对象并与男性进行互动。当然，发展者这种认识的变化也就预示着改变将随之到来，许多发展机构对本机构员工以及受助组织的员工进行性别方面的培训就是一个很有说服力的例子。[③] 因此，无论在技术层面上，还是在社会层面上，最终的获益者都是男性。人们越来越

---

① Mueller A. , *In and Against Development*：*Feminists Confront Development on Its Own Ground*, East Lansing：Michigan State University, 1991, p. 1.

② Boserup E. , *Woman's Role in Economic Development*, London：George Allen & Unwin, 1970.

③ Kabeer N. , *Reversed Realities*：*Gender Hierarchies in Development Thought*, London：Verso, 1994, pp. 264 – 305.

意识到，发展干预不能将妇女视为"看不见的农民"①。事实上，妇女可以对发展作出贡献，应当鼓励"妇女参与发展"（women in development）。妇女只有通过上升为一个新的社会主体，而不是"看不见的农民"，才有可能建构出一种新的发展模式，其中蕴含着妇女自己理解的需求，也才是一种确实"把妇女当回事的发展"（Development as if Women Mattered）。

不得不承认，在发展项目所考虑的相关因素中，最难以确定的又莫过于针对女性农民的各种计划安排。首先，人们对女性农民发展干预行动一直以来都持有怀疑态度，不太相信这种项目的实际成效及其对现实社会的影响；其次，当项目中涉及专门针对女性农民的计划时，总会让人们感觉不是很自在，因为它毕竟触及了每个人内心中始终存在的性别意识；最后，制定和实施项目的专业人员如何突破长久以来形成的性别意识束缚，开发出适应农村社会实际的女性干预项目，也面临着较大的现实挑战。但不管怎样，对"妇女参与发展"进行有意义的实际回应都是发展项目规划者义不容辞的责任。

在项目实施初期，可以发现田村苗族妇女的社区参与度很低，基本不参与社区公共事务的决策。不仅如此，田村苗族妇女的家庭地位远远低于男性，这种失衡的两性关系在家庭日常生活中体现得非常明显。

> 我们去赶街时，也不买什么，有时买点米啊、盐啊、味精啊，有钱的时候买一件衣服、一条裤子穿穿啊。我们不乱花钱。他（指自己的丈夫）会到街上去吃烧烤，我不想去吃，不喜欢去呢。有那些钱，我会去买点米、买点肉到家里来，大伙一起吃，还可以多吃两顿呢。他们男的连米线都不吃，说米线不好吃，他们要进馆子吃肉、喝酒。又没得哪样钱，回来没钱抽烟了就捉鸡去卖啊！
>
> 他有钱的时候，去哪里我也认不得，回来了才知道。有时问

---

① ［美］阿图罗·埃斯科瓦尔：《遭遇发展：第三世界的形成与瓦解》，汪淳玉、吴慧芳、潘璐译，社会科学文献出版社 2011 年版，第 199 页。

了，他可能告诉你，有时你问两三次，他一句话都不搭理你。男人呢，乱花钱。他们不花在重要的地方，不该花的他们又花了，就是这样啦。他们买的那些东西都不该买，比如手机啊。有时不该去的地方，他们就去了，比如有朋友喊着去玩啊，他们就跟着去了，也没什么事情啊。今年我讲，你年年去贷款，又要还，钱我也不得使，不要去贷了。但我认不得，他又借来了，也没得哪样（什么）办法啊。他想整哪样就整哪样，花就花掉了，一样都不见，连化肥都不买啊！

这样就没有钱存下来了，钱难找（挣）得很，但一到街上就花完了。如果两口子都计划点，虽然说不多，每年也能够存一些钱的，比如五六百块钱啊。自己没学过几个字，对他就没意见啦。我要说了，有时就会吵架、会打架啊。我也就认了，一般都是我让着，这样日子也就好过一点。如果经常嚷啊，日子就不好过了啊，天天打也没什么意思，很烦呢……

—— 一位社区苗族妇女的感受

社区能力建设项目将田村苗族妇女视为重要的发展主体。以往田村苗族妇女主要以娱乐的方式组织起来，节日或喜庆活动时在一起跳舞唱歌，很少讨论社区公共事务。苗族是个能歌善舞的民族，"人人会唱歌、人人会跳舞"，长期以来，歌舞伴随着苗族发展的整个历史，也十分鲜明生动地表达出苗族民众的生产劳动与日常生活。在项目组进入田村之前，每个苗族寨子都有自己的歌舞队。项目组通过前期调查了解到，歌舞队的组织性虽然较为松散，但拥有较为固定的组织者和成员。于是，项目组试图以歌舞队这个本土的社区组织为载体，进一步促进社区妇女的组织建设和能力建设。项目组的首要工作是动员歌舞队的领袖，使之积极参与到能力建设项目中来。

一次，项目组找到了峰寨中年文艺队的王淑雅，通过前期调研了解到，王淑雅不仅能歌善舞，还是文艺队的领队，文艺队每次活动基本都是由她牵头。于是，项目组动员王淑雅，希望她能召集一下中年文艺队的妇女成员，大家一起讨论寨子里的妇女如何参与到能力建设的项目中来。不过，在村民看来对文艺队事务非常积极的王淑雅，此时似乎很是缺乏信心。她回应说不知道如何去跟寨子里的妇女说这件事，怕说不清楚，万一大家问起来，也不知道如何回答。王淑雅甚至建议项目组去找小村长①的媳妇，因为寨子里的妇女都听她的。此后，项目组又动员了王淑雅多次，她才勉强答应参与到项目中来，并且希望与小村长媳妇一起来召集村里的妇女。同时，她还提到了王雪青，认为王雪青是个有能力的人，如果以后改选中年文艺队队长，妇女们肯定都会选她。

尽管苗族妇女本身具有一定的组织性，但这种组织性是建立在日常歌舞的基础之上，跳舞唱歌已经成为日常生活的组成部分。这种组织形式不需要过多地动员，不需要多少人为地策划，大家会以娱乐的目的较为自然地聚集起来。因此，田村苗族妇女这种娱乐组织形式看似具有一定的组织性，但它与能力建设所要求的组织建设还是具有很大的不同。王淑雅参与文艺队的组织工作，并不能简单理解为她对社区实务的关心与参与，也不表明社区男性认可她的组织能力。妇女几乎不参与寨子的公共事务，进行社区和家庭决策的永远是男性。但苗族妇女特别勤快，除了"承包"家务劳动，田地里、生产上的活计并不比男性做得少。村里男性有喝酒的习惯，②并且经常喝得耽误农活，此时都是妇女承担起大部分的生产劳动。发展主要体现为"人"的发展，在社区能力建设项目中，妇女参与发展是一个不可避免的议题。从能力建设的角度看，妇女要想实现社区参与和家庭地位的提升，组织建设可能是较为合适的方式。因此，如何将妇女文艺队这种本土组织形式的潜能充分发挥出来，可能是项目组在妇女发展方面的重要突破点。

---

① 田村共辖 17 个自然村，自然村组长被当地老百姓称为"小村长"。

② 历史资料中有许多关于苗族喜爱饮酒的记载，郭子章《黔记》卷 59 记载，明朝时期苗族常"仲春刻木为马，祭以牛酒"；爱必达的《黔南识略》记载，清朝乾隆年间苗族常"吹笙置酒以为乐"；同治年间《毕节县志稿》卷 8 记载，苗族遇丧事时，亲朋好友都要携酒食为礼。在项目组的田野观察中，田村苗族男性饮酒、醉酒的现象确实十分普遍。

文化室建成后，通过项目组的协调和进一步动员，田村妇女组成了妇女小组，聚在一起进行文化学习和家庭问题的讨论，逐步参与到社区事务中来。妇女小组发育初期，成员除一人以外，其他妇女基本不识字，不会写数字，许多人连自己的姓名都不认识，她们最渴望的是学会一些常见的汉字和简单的计算。最初基于这种"单纯"的目的，她们和村里男人们同时参加了文化夜校。

> 活动结束后，想着刚刚（文化夜校）课上发生的事，我久久不能平静。在课程讲完后，有两名妇女一直在那儿记笔记，并就自己不懂的问题积极询问了我们。其中一位妇女说："在我们娘家那里，村里的女孩子都没有上学的机会，现在我嫁到了这里，有了这个机会，我一定要努力学习。"听了她的这番话，我感慨万千。我们有那么好的条件，却有很多人不思进取，而这位妇女却能抓住机会努力学习，我们又怎么不觉得汗颜呢？就现在所看到的情况，我觉得不论是哪个理论，必须强调妇女的主动参与，也就是说妇女要意识到自己的权利并努力挖掘自己所能利用的资源与机会，才能达到妇女的发展与提高。妇女发展的过程中，必须在提供硬件的同时，也要注重提升她们自我发展的意识，从而实现我们和他们共同成长的目的。
>
> —— 一位项目工作员的实践反思

一段时间之后，生产劳动的辛苦，家务的繁重，以及学习上的困难，一部分人退出了，原来热闹的文化室逐渐沉寂下来。不过，仍然有几个妇女积极分子利用晚饭后的一段时间坚持每周在文化室集体学习两到三次。她们请村里上过初中的人当老师，教她们识字、算算术，也讨论妇女自身的问题和社区的问题，互相鼓励。不久之后，她们能认识几百个汉字，会计算比较复杂的混合运算题，能够通顺地朗读乡土课本里的课文。后来，几位妇女还积极要求参加农业技术培训，对社区事务提出自己的意见，希望能够参与到社区计划里来。这同她们过去不愿意参加公共活动，不敢在公开场合说话，总是躲在角落里的情景相比，对比之鲜明令人赞叹。最有意义的是她们的"知识"不是外来教师"教"出来的，而是靠社区自己的力量，靠她们的自学而达到的。正如艾德（Eade）指出的，穷人往往因为贫困和被剥削而缺乏信心，妇女基本上都从主观上认同当前的性别压迫，实践表明，对妇女的技能培训和领导能力的训练则可以增强妇女的自信心和自我意识。[①] 妇女成了社区能力建设的重要力量，妇女小组也为CDF 计划实施打下了良好的组织基础。

> 这次讨论中，村里的几个妇女都比较积极。特别是陆姐，作为社区发展基金小组的会计，不但汇报了基金的具体出纳情况，还对几名男性的问题进行了回应。关于他们提出数额较少的问题，陆姐就说，贷款数额可以适当增加，以前也贷出过。村里的其他妇女也对此事投以关注的眼神，她们知道这些关系到以后村子的发展状况，而这些变化在一年前还是不可能的。记得去年国庆节我们来到田村时，妇女们还只是聚在屋里的一角，讨论问题时，也只有男人们的声音。让妇女表达看法时，几乎每个人都是急忙摇头说自己不会说或者不知道说什么。特别是小村长的妻子，上次来时她就躲在人堆里不说话。而现在她在课堂上表现得相当积极，学习也非常努力，而且拿着一本书告诉我说她在自学书里的内容，对自己不懂的问题也很坦诚，直接让我讲给她听。在这里，我真的感觉到田村在变化着，田村的妇女在变化着。并且我觉得我们不用讲什么意识提升，也不用说什么能力建设，只要和他们做些事情，陪他们一起经历，他们就能改变，就能发展。我们也就可以和他们共同成长，这也许就是人的天性。
>
> —— 一位项目工作员的观察日志

以上项目的开展基本都由村民自我组织完成，这样的方法使他们获得了更多锻炼自己的机会，并且引起了社区和村民许多方面的改

---

① ［英］艾德：《能力建设：通向以人为中心的发展之路》，应维云、刘国翰译，九州图书出版公司 1999 年版，第 80 页。

变。一方面，村民的行动能力有了相应提高，在参与活动的过程中，一些基本的技能得以掌握，开始学会用集体议事的方式讨论社区事务，敢在公共场合发表自己的意见；另一方面，村民开始思考发展方面的问题，不再强调"我们不行，要靠你们"，"你们要我们做什么，我就做什么"，而是认为"这是我们自己的事，我们来做"。于是，当项目组尝试着提出将提供一笔经费作为村里的发展基金时，村民们的做法令项目组感到惊喜。他们聚在一起讨论钱应该如何利用，许多村民谈到，以前村里曾经售出过一个山砂场，获得了一笔集体资金，由于担心集体的钱被某些人私吞，大家都一致同意将这笔钱分掉，但钱分到个人手里很快就花完了，没起到任何成效。村民们认为，现在这笔钱不能再拿来"瓜分打水漂"了，应该好好规划利用，大家倾向于将这笔钱以集体基金的形式利用起来。2004 年 11 月，在农业技术互助小组和妇女小组的基础上，田村成立了 2 个社区发展基金（CDF）小组，CDF 计划正式开始实施。

（四）基金启动：在保持民众自主性的基础上激发内在动力

CDF 计划是以一定的资金投入协助村民解决生产资金不足的发展干预项目，但其终极目标又不是单纯为发展生产提供资金援助，而是以此为平台，试图改变一家一户的个体经济在强大的商业机构和变化莫测的市场力量面前无能为力的脆弱性，以有机团结的力量与之抗衡，培育村民的互助合作能力和组织化能力。村民参与到 CDF 计划的管理和运作过程中，培养对自己和社区共同体负责的意识，使他们成为社区发展和能力建设的主体，最终，由他们来实现社区的内源发展并成为发展的受益者。

CDF 计划的实施过程秉持了以下原则：第一，项目组不是"主导"或"领导"民众脱贫，不能使农民"集体失语"[1]，而应充当支持者、协助者和资源链接者等角色，给予村民自主性，使他们能够有

---

① ［美］阿图罗·埃斯科瓦尔：《遭遇发展：第三世界的形成与瓦解》，汪淳玉、吴慧芳、潘璐译，社会科学文献出版社 2011 年版。

在行动中发现自己能力的机会，培育"可持续发展的内在动力"①。第二，发展计划的可持续性建立在当地民众内心信念的基础上，这种精神层面的改变不可能在短期内实现，需要通过采取持续的干预行动加以强化。第三，不随便改变社区的文化和资源网络，社区本身的资源链条才是民众可能掌握的"真实机会"，也是能够实现"功能性活动"的前提与基础。

按照上述原则，项目组在实施社区发展基金计划时，将资金交给村民，让他们在自愿的基础上组成发展小组，推选出管理人员，对资金的使用进行管理，按照村民自己的意愿和计划，由管理人员负责审批申请、发放和回收资金，在基金的使用与管理上实现了完全的自主性。CDF 计划具体的建立过程如下：前期形成的农业技术互助小组转型成为 CDF 小组（以下简称"小组"）。小组以户为单位，每组 10 户，首批共有 2 个小组。资金由项目组提供，每个小组拥有一定额度的启动基金。值得一提的是，小组并非只有男性参加，文化夜校和妇女小组中成长起来的妇女积极分子也加入到小组中，成为 CDF 计划的参与者甚至管理人员。基金管理制度由项目组同所有小组成员共同讨论制定。小组成员在文化室召开了多次讨论会，就 CDF 计划的管理及运作细则展开了激烈讨论，讨论的主题涉及基金管理负责人人选、基金发放形式、使用期限、借款金额和利息、超期罚款问题、担保制度、借款用途、借款的申请和发放程序、小组定期召开会议等问题，最终形成了"社区发展基金管理运作制度"（详见附录一）。

2005 年 3 月，经过充分酝酿和讨论的 CDF 计划正式启动。村民特意将 CDF 计划管理运作制度全文誊写在四张大纸上，并且每家都签上名字，张贴在村文化室的墙上，以此宣告大家对管理制度的认可与承诺。许多村民都为 CDF 计划的运作献计献策，体现了良好的积极性和参与感。村民张文林就向项目组提出了很好的建议：

村民向小组递交基金借款申请书时，每个人都要盖章（签名

① 杨贵华：《社区共同体的资源整合及其能力建设——社区自组织能力建设路径研究》，《社会科学》2010 年第 1 期。

章），申请书最好要一式两份，还款时小组负责人要给还款人写收条，表明已经正式还款了，否则容易出现差错和矛盾。另外，从发展项目来看，村民从外面买回来的鸡、猪一定要隔离一段时间再放养，否则村里的鸡、猪染上疾病要罚款，这是对全村的养殖业负责，也是对社区发展基金的运行负责。

与此同时，项目仍然持续给予小组各方面支持，除了文化夜校、妇女小组等继续进行外，这一阶段还针对 CDF 计划运作过程中已经出现和可能出现的问题进行调整和解决。项目组组织小组成员参加养殖技术培训，培训内容包括牲畜品种改良和病虫害防治等，并组织村民参观示范养猪场。经过半年的运行，在第一批发放的基金已经基本收回并进行第二批借款发放的情况下，组织了 CDF 计划经验交流会。以下是其中一次经验交流会的现场记录：

今天在田村村委会组织了一次"CDF 经验交流与培训会"，主要目的是通过 CDF 小组在运用和管理社区发展基金的得与失的交流，进一步完善管理，同时也让有加入小组意愿的村民对基金运作加深认识。

峰寨村民首先发言。韩高成、韩高华、杨荣光以及小村长王满诚讲述了 CDF 计划在峰寨的运作情况。应该说，他们在基金的管理上做得很不错，有专门的记录本和账本，并且账目清楚，利息计算也很清晰，还款时间也都有详细的记录。另外，王满诚、杨荣光、韩高华还着重交流了成功的养殖经验。

栗寨村民听了峰寨村民的成功经验后，显得有些"尴尬"。因为他们认为 CDF 计划在栗寨运行得不是很理想。张文石、张文林、张文山三位管理人员先后发言，认为基金对有的村民没有发挥太大的作用，就像拿来打酒喝了；有的村民也没有按时还款。不过也有做得比较好的，例如张文林今年的烤烟和苞谷就都不错，养殖也发展得不错，算是利用 CDF 计划赚到了第一笔钱。

之前没有加入第一批 CDF 小组的石寨也来了几位村民。以前他们对 CDF 计划只有一个大概的印象，但不知道具体如何操作，通过此次交流，他们表示进一步了解了 CDF 计划。石寨村民都说，等到大春收完后，先把养猪的卫生圈整起来，然后利用 CDF 计划进行规模养猪。

小组成员各抒己见，利用基金获益较大的村民喜悦之情溢于言表，向大家介绍成功的经验；而由于各种原因暂时没有多少收益的村民也积极发表"失败"感言，希望别人能从中吸取教训。另外，经过半年的试运行，也发现基金管理过程中存在的一些问题，交流过程中大家对基金管理提出了中肯的建议。不久之后，随着第一批参与小组的村民陆续获益，许多村民逐渐向项目组表达了想要加入 CDF 计划的意愿，这表明项目已经扩大了影响力，并逐步得到更广泛村民的认可。项目组积极开展协调工作，总结第一批小组运行的经验和教训，争取建立第二批 CDF 小组。

（五）遭遇困境：外部干扰与内部危机的双重夹击下前行

发展干预过程并非是独立运行的真空实验，而是受到内外部因素共同影响的"非线性过程"[1]。CDF 计划的运行并非一帆风顺，而是遇到了许多挫折和困境。既有小组内部运作的困扰，如小组成员之间的矛盾、个别成员外出务工退出、不按时还款等；也有外部环境如市场波动对组员种养殖业的沉重打击，例如 2006 年上半年当地生猪价格暴跌就给养殖户带来了巨大损失。

从 CDF 小组内部来讲，保持小组成员的积极性与稳定性是一个难题。总体上看，小组成员保持了较好的稳定性，由于大部分参与的村民都获得了不错的收益，并且有村民还扩大了养殖、种植的规模，这也带动了其他村民的参与积极性。不过，小组在运行过程中内部矛盾和冲突也在所难免。CDF 小组成员杨荣昌的"退出事件"就掀起了不小风波，也产生了较大的负面影响。

---

① 王伊欢、叶敬忠：《农村发展干预中的非线性过程》，《农业经济问题》2005 年第 7 期。

　　起初，小组负责人向项目组反映说杨荣昌自己主动退出了。后经项目组了解，原来杨荣昌几次小组的会议因为不在家所以没有参加，他的媳妇说没有接到开会的通知。几次之后，CDF 小组的负责村民觉得杨荣昌违反了基金运行制度，于是就提出不让他继续参加。然而，杨荣昌觉得太冤枉，自己不是故意不想参加，只是有事不在家，这样就想开除我，还不如自己主动退出，不然被小组开除了名声不好。

　　后经过项目组的协调，杨荣昌参加了后续的小组会议，并对这件事进行了主动澄清。小组成员借此讨论了基金制度的重要性及在实际操作过程中应当如何保持制度的"弹性"与"变通"的意义。制度是为 CDF 计划良好运作服务的，不能过于生硬，不过，制度既然是全体成员共同讨论的结果，大家就应该尽量遵守。将制度与社区生产生活实际相结合，在产生约束作用的同时，更重要的是发挥激励作用。通过杨荣昌"退出事件"，小组成员更加清晰自己的权利与责任，对如何利用 CDF 计划发展生产也有了更深的体会。

　　相对于小组成员的退出，小组骨干和负责人态度的转变则会对小组的运行产生更加直接的负面影响。每个 CDF 小组都有成员选出的负责人，负责基金的管理和日常运作。项目组平时并不直接参与，主要发挥指导、监督、协调和培训等作用。一旦小组骨干出现态度转变或者选择退出，负面效应可想而知。社区骨干王满诚养猪的曲折故事使项目组不得不进行深刻反思：

　　　　从项目组"驻村"开始，王满诚一直是参与项目的积极分子，也是 CDF 小组的骨干成员。近期，王满诚参加了由市委组织部组织的农民素质工程培训，培训内容为饲养肉牛，主要讲授了人工授精技术，培训完成后颁发了证书。于是，王满诚打算大量削减生猪的养殖计划，转而准备饲养肉牛。一方面，王满诚觉得当前的猪价较低，赚的钱不如前两年多。另一方面，这次培训直接激发了他养殖肉牛的兴趣。从能力建设本身来讲，这未必不是一件转变养殖方向的积极信号。

不过，王满诚此后明显表现出对 CDF 小组事务的冷淡，甚至连他自己前几次提出的希望到外地培训养猪人工授精技术的想法也打消了。当项目组向王满诚提出，可否趁农闲时间举办他本人一直想学习的种猪人工采精技术培训时，王满诚迟疑了，并找各种理由推脱此事，这件事不得不暂时搁置下来。当项目组试图说服他承担起 CDF 小组负责人的责任时，他总是顾左右而言他。此时，市场的低迷加之饲养肉牛的刺激可能已经让王满诚转变了观念，觉得养猪已经没有前途，这直接导致他对小组事务的冷淡。

不得不承认，王满诚此前对 CDF 小组事务的热心很大程度上是因为从养殖小组和 CDF 计划中获得了发展的益处，此后养猪的行情暂时不理想，恰好他又看到了政府支持的饲养肉牛的希望，可能就对小组事务失去了"兴趣"，对项目也失去了参与的积极性。但不管怎样，不能责怪王满诚的"见异思迁"。作为个体化的农民，抵抗市场风险的能力实在太弱，当遭遇发展风险时及时转变经营方向反而表明他有自己较为成熟的思考，是"可行能力"的某种表现。此时，倒是项目组需要适时调整介入策略，反思工作中存在的不足。项目组与王满诚坦诚交流，协助他辨析市场风险、技术壁垒以及自身优势，同时鼓励他继续积极参与小组事务。此后发生的"故事"证明，由于政府的"一次性"培训之后并没有持续的支持举措，王满诚饲养肉牛的想法仅仅停留于观念层面，不久之后，生猪和猪仔价格回升，坚定了他继续扩大养猪规模的信心。如今，王满诚的猪舍已经扩大到几十间，成为远近闻名的养猪能手。

CDF 计划运行的外部冲击中，贵昆铁路复线工程与昆曲高速公路改扩建工程的施工所造成的负面影响最为严重，曾使峰寨的 CDF 计划运作因此一度陷入"瘫痪"状态。峰寨紧邻贵昆铁路和昆曲高速公路，俗话说"要致富，先修路"，但这两条路不仅没有加快峰寨苗族村民脱贫致富的步伐，反而给他们带来了诸多烦恼。峰寨恰好处于两条线路的中间，两个工程都需征用峰寨的大量耕地。峰寨村民与村民之间、村民与村干部之间、村民与地方政府官员之间的各种错综复杂的权利利益关系，以及社区的贫困问题均与这些国家工程息息相关。为了修建昆曲高速公路和扩建贵昆铁路，峰寨前后被征用四次土地。

第一次征地：1992年12月，因修建昆曲高速公路，政府以每亩1500元的地价征用了峰寨的土地60亩，另加3万元的青苗补偿共支付给村民12万元（由田村村委会代管）。后由田村村委会出面，用7万元购买田村三社约90亩山坡地（位于峰寨后的山坡上）分给峰寨村民，并给村民1万元青苗补偿费，剩下的4万元交由时任小村长王德厚和会计杨荣西保管，后这笔集体资金去向不明。村民对村委会的处理方式不太满意，一方面所购买的土地既偏僻又贫瘠，两亩地的产量还赶不上原先的一亩，很多村民直到现今宁愿到其他村寨去租种土地，也不愿耕种这些山坡地；另一方面，集体资金的去向不明也使村民一直耿耿于怀，最为重要的是，它使村民失去了对村干部的信任。

第二次征地：1998年，北县政府、唐镇政府和田村村委会三方将峰寨紧临高速收费站的52亩土地卖给某老板搞经济开发，同时，政府置换了田村另一村寨的62亩土地分给峰寨村民。村民为此十分不满，因为原来的地块占有较为优越的区位优势，土地平整、土壤肥沃，且水源丰富，村民极为看重。在时任小村长王德厚的带领下，村民多次到省政府上访，后来北县政府给了峰寨4万元补偿费才算平息此事。与王德厚一同上访的村民从这4万元中得到了好处，据村民反映，王德厚按照参与者投入劳动和精力的多少，从4万元中提取劳务费，而他自己则提留了10000元，而未参与"闹事"的村民则分文没有，这件事使村中形成了两股势力。一旦涉及社区公共利益时，两大利益集团的派系结构便会体现出来。1999年地方政府为了安定民心，拨了15万元专款给峰寨修建蓄水池，用于解决村民的饮水问题，但由于蓄水池建设的质量不过关，村民并不买账。而被征用的那块土地至今依然闲置，村民看着自己的土地被白白浪费，非常辛酸。

第三次征地：2004年1月，昆曲高速公路扩建工程，政府以每亩 8000 元的价格征用了峰寨 40 多亩平坦优质的土地，加上青苗补偿费，总计 40 多万元现金补偿。其间，正是"社区能力建设"项目组"驻村"的初期，项目组注意到，大部分村民很快就将补偿款花费掉，用于修建房屋，购买大宗家用电器、手机和摩托车，打酒买肉，甚至购买二手小轿车以及并不适应乡村崎岖道路的电动自行车。比较可惜的是，最终这笔资金并没有发挥多大的生产性功能，消费的短暂愉悦过后，村民又回到了此前紧巴巴的生活，购买生产资料时，依然需要赊账或到信用社贷款。

第四次征地：2004 年 4 月，贵昆铁路昆明至曲靖段修建复线，田村项目段的工程由中铁下属 Y 建设局负责。新建的复线从峰寨背面的杨梅山下通过，需要打通一条较长的过山隧道。由于运送隧道中挖出的土石方以及修建隧道的各种材料需求量较大，工程方需要从隧道旁新建一个侧口，方便运输土石方和建筑材料。因此，需要征用峰寨部分村民的土地。Y 建设局与北县政府商谈，从北县土地管理局、唐镇土地管理所和田村村委会抽调专门工作人员，组成"土地征用协调领导小组"，划定此次征地范围，峰寨共计 61 亩土地被选为征地范围。起初，Y 建设局拟将此次土地征用列为临时性征地，土地使用期限为三年。但村民担心，三年工程期过后，土地恐怕已经很难恢复到征地前的耕种条件。在村民多次交涉之后，Y 建设局口头答应将临时性征用改为永久性征用。至于如何补偿，村民只是等来了一句"等候上级通知"。这种口头承诺也为今后部分村民的群体性事件埋下了伏笔。

四次土地征用之后，峰寨失去了大量优质耕地，剩下的土地多为陡坡山地，这对于本来就十分脆弱的峰寨生计无疑是雪上加霜，许多发展项目都因土地资源不足或达不到要求无法开展。昆曲高速公路改扩建工程和贵昆铁路复线工程于 2005 年上半年相继动工，随着这种大型国家工程的开工建设，新的问题又逐渐浮现。

一天晚上，我们（项目组）在峰寨小村长王满诚家聊天。张正平的媳妇来找小村长，说有事情向小村长反映。原来，自从

2004年下半年昆曲铁路复线在峰寨的过山隧道动工以来，峰寨村民整天都心惊胆战，村民们几乎天天都生活在惶恐之中。因为只要炸隧道的炮声一响，峰寨就有明显震感，家里吃饭时房顶上的灰土经常往下掉，饭菜里全是土灰。更为麻烦的是，据初步统计，全寨共有9户村民的房屋出现明显的裂缝。张正平家墙壁的裂缝尤其严重，一片片灰土经常往下掉，由于是土坯房，房屋已经快承受不住，存在随时倒塌的危险。

"遇到下雨，就害怕，感觉房子随时都要倒了"，张正平媳妇说，"我们也向Y建设局（工程方）反映过，开始他们说现在隧道还没有打通，也不好处理这件事，等到隧道打通之后再行解决。可现在隧道打通了，施工队都快撤完，也没有动静。我们去找了施工队4次，都没有解决。还去了2次唐镇土地管理所，他们派人来看了我家的房子。前几天我又打电话到管理所，他们说正在与施工队联系。听说Y建设局9月15日之前就要全部撤离，这事如果不抓紧解决，之后恐怕解决不了。希望小村长明早跟我们一起到镇土地管理所，他们说要几个村民代表和小村长一起到所里才好解决"。

王满诚说："这事不好解决，明天去管理所的时候人不能太多，又不是去打架，去几个代表就行了。如果再解决不了，就直接到工地上去堵。Y建设局的人不好找，前几天我知道张志宏去找老黄（Y建设局工作人员），到了天隆宾馆三楼，明明人在里面，打电话就是不接，敲门也不开，我们也是没得办法。"

从谈话过程来看，小村长王满诚对张正平媳妇的诉求显得有些"无能为力"，甚至有点推卸责任的意图，似乎不太愿意同村民一起到土地管理所反映"房屋安全"问题。直到晚上十点项目组离开王满诚家，他也没有最终表态，只是提了一点建议。不过他还是在张正平媳妇的请求下，找出电话本给镇土地管理所的某位负责人拨了电话，不过没人接听。除房屋受损之外，国家工程还带来一些严重影响村民生产和日常生活的问题。

第一，施工带来的灰尘污染问题。从2005年下半年开始，峰寨就受到施工产生的大量灰尘的污染。高大的挖掘机、推土机以及各种工程车辆施工扬起的灰尘遮天蔽日，天空整天灰蒙蒙，如果遇到大风天气，能见度更是不足30米。灰尘侵袭了峰寨的小春，① 地里的庄稼完全被灰尘覆盖，受灾面积达80余亩，致使作物严重减产，受害最严重的田地几乎颗粒无收，就连菜地里种植的蔬菜也不能幸免。灰尘还影响了村民正常的生活，村子里、家里都盖上了厚厚的灰尘，村民每天都要清扫好几次。

第二，灌溉用水和生活用水的水源被切断。峰寨历来水资源缺乏。几年前当地政府投入一笔资金帮助村里修建了一座水池，拉起自来水管，引一处山泉水作为村里的灌溉和人畜饮用水。但是，自贵昆铁路施工以来，铁路隧道从峰寨后山穿过，阻断了水源，泉水越来越少，已不能满足村里正常的人畜饮水需求。另外，峰寨原本有一个小水塘，是寨里主要的灌溉水源，水塘原本不属于工程的征地范围。施工方在没有征得村民同意的情况下，就用废砂石土将水塘填埋。没有了灌溉水源，村民不得不绕道几公里到其他水源地人工拉水种植庄稼，费时费力，大大增加了人工成本。

第三，生产路被施工方切断。峰寨被老昆曲高速公路隔开，中间有一座石桥相连，平时村民到地里耕作、小孩子上学都必须经过此桥。由于高速公路扩建，施工方将桥挖断，一直没有建起新的道路。最让村民担心的是，这里是孩子每天上学、放学的必经之路，桥切断之后，孩子们每次都要横穿车流量极大的高速公路，村民为此都提心吊胆，害怕自家的孩子出事。2006年3月，田村两名小学生去上学时，从工程挡墙上滑落，当即受伤住院。几天后，另一名小学生横穿公路时，被一辆迎面驶来的汽车吓昏倒地，好在司机眼疾手快及时停车，才没有酿成悲剧。另外，随着庄稼的成熟，地里的庄稼拉不到家里，农家肥也无法运到地里，严重影响了村民的生产。

在此期间，CDF小组的村民根本无暇顾及基金的运转和小组事

---

① 田村的种植根据季节分为大春和小春，小春指秋冬季播种第二年初夏收获的作物，大春指春夏季种植秋季收获的作物。田村种植的小春主要包括小麦、豌豆等，大春主要包括烟叶、玉米等。

务，将所有的精力都花在与施工方的利益周旋上，项目几乎处于停滞状态。此后，项目组积极与当地政府、施工方协调，并借助昆明某媒体对此事件进行"曝光"，同时依靠村民艰苦的"抗争"，村民与施工方终于达成了相关协议。施工方同意在新桥修好之前，每天派人接送学生穿越公路上学，并全额赔偿受伤学生医药费。此外，因拆桥造成村民不能顺利穿越公路收种庄稼，施工方每亩愿意给予40元的补助；被沙尘污染的庄稼，由施工单位与村民代表一同出面丈量受灾面积，根据损害程度给予相应的赔偿，庄稼颗粒无收的每亩赔偿400元，有少量收成的按照受损比例给予赔偿。事件过去之后，项目组与小组成员一起讨论这次事件对社区以及基金运作造成的危害，总结经验和教训，通过共同努力，小组终于又正常运转起来。同时也使项目组感到内源性能力建设在遭遇外部环境干扰时确实非常脆弱。这就是真实的发展场域，田村不是孤立存在的封闭社区，具体情境下的发展干预行动必须面对复杂的现实处境。

（六）项目维持：社区自主运行中积极效应与负面效应并存

随着外部市场的渐趋稳定以及贵昆铁路与昆曲高速公路改扩建工程对村庄负面影响的降低，CDF计划运行渐趋平稳。组员王满国说，"以前每年捡菌都能有几千元的收入，可就是不知道花到哪里去了。现在我每次向基金借600元，这钱不是属于我的，就要想着花在哪里，想着怎么快地赚到钱"。王满国利用基金养猪，第一批贷款买了几头仔猪，按照项目组培训的方法自己配饲料，节省了成本，效果也很好，猪出栏后卖出了好价钱。于是，他又扩建了猪圈，增大了规模，并且养了几头优质母猪。虽然之后碰到短暂的生猪价格下跌，他还是有惊无险地挺了过来。现在王满国已经成为村民"竞相追赶"的致富能手与榜样，而他也乐意向其他村民传授自己的养殖经验。

由于发展势头良好，村民凭借这种合作方式获得了收益，之前许多持怀疑或观望态度的村民表示想加入项目。于是，项目组又注入资金，新成立了第二批CDF小组。现成的经验模仿使第二批参与项目的村民很快适应了这种发展方式。不过，随着小组数量的增多，小组之间如何协调以及如何形成发展的合力，又成了棘手的问题。在项目组的倡议与协调下，每个小组各选出两名代表，与村委会两位委员一起组成"社区发展基金管理委员会"，负责监督基金运作，协调小组活动，同时以组织共同体的形式与外界进行经济交涉和谈判，例如联系市场、订购饲料、引进品种、创造考察机会等。

> 第二批两个CDF小组成立之后不久，在田村村委会的协调和参与下，成立了"社区发展基金管理委员会"。四个小组分别选出一名代表作为管委会成员，村委会主任和另一位工作人员作为管委会成员加入进来。在管委会的第一次会议上，村民们讨论热烈，普遍认为各个CDF小组应该联合起来，共同面对市场风险、交流生产经验等。选举张文海、王满诚为管委会主任，负责管委会召集、重大事项协调等事宜。讨论了"管委会章程"及主要任务，并一致确定每月30日为管委会例会日期，有事详细讨论解决，无事则简略召开。同时，明确了管委会成员的职责，在每次开会前，委员都要详细了解本小组村民种植、养殖等发展的情况和问题，及时向管委会沟通，并负责将管委会会议的内容传达给小组成员，落实相关工作。会议特别强调，要以集体协商的方式解决牲畜的防疫、品种改良、饲料统购、寻找销路等问题。与此同时，也明确了田村村委会成员的职责，为了充分体现管委会的自治性，明确规定村委会虽有参与权利，但不能随意"指挥"。

经过多年的运作，2011年，项目组"驻村"的主体实施阶段告一段落，此后转入追踪回访阶段。项目组撤离后，项目进入自主运行阶段，其负面效应逐渐显现出来。近年来，几位社区骨干相继外出打工，个别小组的负责人拖延还款时间，导致其他小组成员效仿不还款，基金运作受到较大影响。

> 前些天村子里（指栗寨）为基金的事还召集开会了，总共开了两次，张文河和张文海召集的，说小组成员要将从小组借出去的钱还回来，给了一个月还款时间，可是现在一个月早已经到了，也没有人还。开会时，张文湖说暂时不要提钱的事，为此，

张文河还和张文湖嚷了几句。（访谈资料：村民 ZHN）

2011 年村委会换届之后，参与管委会的委员不再担任村委会职务，直接导致管委会名存实亡，CDF 小组又恢复到"各自为政"的局面。不过，CDF 计划的积极效应也是明显而深远的。2011 年，几位村民从原来"小打小闹"的小规模经营发展成为种植和养殖大户。村民张文海的雪莲果种植已经形成了较大规模，带动了村里其他村民竞相模仿，好几户村民都种上了目前在当地销路和价格都还算不错的雪莲果。还记得张文海当初打算种植雪莲果时的心路历程：

> 明年还是要种烤烟，不过我打算试种 2 亩地的雪莲果。前几天我去附近的明县考察了一下，他们今年开始大规模种植，大概有好几百亩，那里有专门的加工厂收购。去年也有贩子到我们村来收购，10 元钱 1 公斤。雪莲果的产量很高，1 亩地可能有 5000 到 6000 公斤，只按 1 元钱每公斤来计算的话，1 亩地的收入也有五六千元。成本低，省工，地膜都不需要，只需一点化肥和农家肥。需要土层厚、松软的土地，就是需要一块好地来种。前几天峰寨的王明木带着杨荣昌来找我，看到我种的雪莲果，杨荣昌也十分想种。这个月的基金管委会就可以讨论这件事，我可以带着大家到明县去实地参观。

王满诚和张武国扩大生猪养殖规模，分别新建十几间标准化猪舍。年纪轻轻的张武国由于养殖能力突出，养殖生猪的经济效益良好，又愿意向村民传授养殖经验，获得村民的普遍信任，2012 年被石寨村民选为村民小组长（小村长），带领村民大力进行生猪养殖。

> 去年新盖两间新房，外加 6 间猪圈，算上之前盖的 4 间，现在总共 10 间猪圈。前几年平均每年出栏十多头，猪价不好时也没有亏本，少赚点，今年猪价好，上半年已经卖出十多头。今后还打算扩大规模，预计达到每年 50 头以上。我现在基本都是自己到镇上买药，自己给猪看病打针。母猪配种也是自己到明县买

试管苗，进行人工配种。这些技术有许多都是（能力建设）项目组培训时掌握的，比如养猪要注意"栏干食饱"，就是培训时老师教过的。此外，我的养猪计划还受到项目组培训时到外地参观的启发。（访谈资料：栗寨村民张武国）

村民王明建在自留地种植蔬菜的基础上又租用邻村几十亩土地扩大蔬菜种植规模，并购置了农用车用于在附近几个乡镇的集市上销售蔬菜，经济效益非常不错，还带动村里一批村民种植，改变了以前苗族村民基本靠买菜过日子的传统。2011年年初开始大规模搞种植、养殖时的情景，王明建仍历历在目。

> 我在峰寨高速公路旁租了10亩地，主要种植蔬菜和搞养殖。每周二、四、日用三轮车拉着菜到田村街子、小兴街子和唐镇街子卖。主要种植大白菜、小青菜、茄子、甜脆苞谷、豆类、黄瓜等。今年在信用社贷了2万元，加之发展小组的基金借款，盖蔬菜棚、买发电机和抽水机等总共花了12000元盖了一个养鸡的大棚，白天鸡在外面找吃的，晚上就回到大棚里。养了一百多只鸡，也卖了2000多元。今年从4月开始卖菜，到现在7月，已经卖了1万多元。今年可能将1万多元的成本找回来。我还想扩大面积，将周围剩下的地都租下来，打算种植西瓜。因为去年我和杨荣昌一起到杨林给一个种西瓜的老板打工，基本掌握了西瓜的种植、嫁接、人工授粉技术，老板给的工资太低，一天才给45元，不包吃，干了半年我就回来了。说真的，我的一些种植、养殖技术都是在（能力建设）项目组学到的，有些是自己后来在其他地方学的，今后如果有机会，还想继续学习。

最近两年以来，一些外出务工的社区骨干相继回乡，村里许多公共事务又重新走上了正轨。田村的积极变化得到了当地政府的关注与肯定，一些新农村建设项目也随之进入，进一步促进了田村的整体性与持续性发展。经过多年的运行与发展，"乡村社区能力建设"行动计划基本上朝着原初的规划目标前行，推动了田村苗族的能力建设进程，在内外部各种因素的综合作用下，田村苗族的经济条件、精神面貌、合作意识、自信力、性别关系、干群关系等发生了可喜的改善。

在项目的运行过程中，项目组基于"优势—资产"范式的多元融合方法介入田村苗族的反贫困行动中，假设贫困农村及其周围环境蕴藏着优势和资源，社会工作者应该集中关注并利用这种可获得的优势、资源和资产，强调以"优势为本"和"资产建设"为核心的介入模式，同时也关注社区存在的各种现实问题，不回避问题，有时甚至为了解决这些问题而"伤透脑筋"。在具体的干预过程中，依据苗族特殊的社会情境和环境特点，整合或者独立运用个案工作、小组工作、社区工作、社会工作行政等社会工作专业手法开展工作。总之，内源性能力建设遵循范式融合的方法，一切以问题解决为导向，采取范式上的折中主义和灵活主义，试图激励贫困社区和民众自主参与到发展干预的全过程。与此同时，行动研究的魅力还在于研究者与服务对象之间长时期的互动关系总是让人"捉摸不透"，可谓是每天都有"新发现"，其间的酸甜苦辣只有亲身参与者方能体会。以下一位工作人员的日记真实再现了行动研究对于价值伦理的考问。

项目开展以来，我产生了一个深刻的感受，每当我们觉得项目走上正轨，变得较为顺利时，又会遇到新的困难。今天本来打算召开管委会全体会议，却听说峰寨CDF第二小组的村民不愿意参与，大家都有各自的理由。这其中发生了什么，又需要我们进行深入的了解。我现在真的不知道村民们的真实想法是什么？现实的变化性和不确定性决定了我们对农村工作要有足够的思想准备和变通性。我们应该随时反思自身的工作方法是否恰当，要随时从自身以及项目的理念和方法上思考原因。不得不承认，农村社会工作如何本土化其实是个永恒的话题。这也激励着我们继续前行。

我们深切体会到行动研究的不确定性和非线性（non-linear）的特点，整个农村社会工作过程并不沿着事先设计的计划依次展开，"摸着石头过河"反而成为实践中最有效的武器。我们也深切体会到

"没有滴水不漏的公式，没有原因与结果之间的直线变化，能力建设是一门艺术，而不是一门科学"① 这句话的理论内涵和实践价值。与此同时，行动研究必须接受在一定的时间之内所推动的改善十分缓慢而显得没有多少效率的事实，改变并不是一蹴而就，也不是一朝一夕就能发生，也不一定与此前的状态有明显的不同。② 令人欣喜的是，项目开展过程中，村民不断展现其潜能和天赋，在实现经济赋权的同时，呈现出社区参与、文化传承、社会互助、性别平等、自信心提升等诸多积极面向。

除了村民的积极改变和点滴成长，我们（项目组）也在项目实施的过程中不断有新的发现和新的体悟。社会工作者和社会工作专业教师从象牙塔式的书斋走向广阔的实践舞台，是践行社会工作本土化和专业化之专业理想的不二选择。我们在农村贫困社区的整个行动过程，无论成功的经验，抑或是失败的教训，无论最终是否完全达到项目的原初目标，对于整个农村贫困地区的内源性建设，都是崭新的命题和难能可贵的经验总结。社会工作是承载"强烈价值"的专业实践，③ 社会工作者与服务对象的关系，是富于实践道德性的（practical moral involvement），社会工作者对服务接受者的操心和努力，体验和经历了实践的道德性，因此，社会工作的知识本质上不是纯技术性的知识（technical knowledge），而是道德知识（moral knowledge）。④ 因此，社会工作实务过程中所呈现的道德和伦理价值的考量，尤其是涉及困境与两难局面的应对和处理，就是社会工作实务中一项不可避免的核心活动，在这种意义上，社会工作实质上就是一种道德实践。⑤

---

① ［英］艾德：《能力建设：通向以人为中心的发展之路》，应维云、刘国翰译，九州图书出版公司1999年版，第34页。

② Jean McNiff, Pamela Lomax and Jack Whitehead：《行动研究：生活实践家的研究锦囊》，台湾涛石文化2002年版，第44页。

③ 张良广：《"批判诠释论"视角下的"争吵"事件——一个国际项目实施中的冲突与转向》，《社会》2010年第3期。

④ Whan M. , "On the Nature of Practice", *British Journal of Social Work*, 1986, 16 (2), pp. 243 - 250.

⑤ 朱志强：《社会工作的本质：道德实践与政治实践》，何国良、王思斌主编《华人社会社会工作本质的初探》，台北八方文化企业公司2000年版。

总之，"面对底层社会的苦难却强调'价值中立'"① 这种貌似合理的理论论述，在社会工作实践中是很难站得住脚的。

在农村减贫的行动研究中，我们并不是价值中立的参与者，而是作为一个拥有丰富情感的、活生生的人介入到田村苗族的日常生活之中。当面对项目开展的步履艰难、村民的"不理解"、项目组成员的内部意见不一致以及身心的双重疲惫时，我们会茫然、无助，也会抱怨和伤心；当每次我们回到田村，村民们总是用一句"你们回来啦！"的简单问候，让我们倍感温暖，顿时充满前行的勇气和力量，同时也更多了一份应尽的责任。多少次清晨在村里醒来，我们都会不断鼓励自己，相信行动的力量，相信改变的美好。不知不觉，我们对于项目、村民、贫困、社会工作的理解与认识也在发生潜移默化的改变。项目在积极效应与负面效应并存中前行，我们也在此过程中经历了专业性与社会性的成长和历练。

① 沈原：《市场、阶级与社会——转型社会学的关键议题》，社会科学文献出版社2007年版，第355页。

第五章　内源性能力建设实践的干预成效与现实问题

　　从社会工作行动研究的角度看，对田村内源性能力建设实践的干预成效与现实困境的讨论是一个评估研究（evaluation research）的阶段。评估是发现价值（finding the value）并依据社会优先顺序（societal priorities）来做决定的过程。① 对发展干预的过程进行探索分析必然涉及"评估"这一关键性阶段，它在整个项目循环过程中必不可少，对某个特定项目的持续或中止进行合法化描述，必须建立在对项目计划、原初目标以及成就效果予以系统回顾的基础之上。② 人们通常认为，发展干预是由多元因素长期共同作用下产生的改变，因而，对于发展干预项目来说，要展示其项目有效地、显著地推动了发展，确实是一件十分困难的事情。③ 一般而言，要是没有其他条件的支持与配合，单凭一个独立的发展干预项目显然很难推动发展进程。

　　这样一来，发展干预的推动者就不能好大喜功，把所有的改变和功劳算在自己的头上，而忽略甚至抹杀了其他因素的贡献。因此，对发展干预实践所取得的干预成效以及存在的现实问题进行梳理和总结，就是一件需要十分谨慎的事情。正如埃里克·扬奇（Erich Jantsch）所言，"现实是复杂的，或者是更加复杂的（这并不是同种程

---

　　① ［美］德博拉 K. 帕吉特：《质化研究与社会工作》，王金永等译，台北洪叶文化事业有限公司 2000 年版，第 208 页。

　　② Long N. , *Development Sociology*：*Actor Perspectives*, London and New York：Routledge, 2001, p. 37.

　　③ ［加拿大］弗雷德·卡登：《让知识推动政策的改变：如何使发展研究发挥最大的作用》，徐秀丽、齐顾波、李小云译，社会科学文献出版社 2012 年版，第 259 页。

度的复杂性，而是更深层次的复杂），因此，我们需要有一个更加现实的态度来面对它"。① 这意味着在评估发展干预项目时，一定要承认现实的复杂性，不过分简化事实，不发表任何虚言妄语。鉴于此，厘清发展干预项目评估过程中可能遭遇的现实难题就是开展项目评估的基本前提。

一　发展干预项目评估的功能定位与操作难题

经济合作与发展组织（OECD）对发展干预评估或曰援助评估进行了如下界定：对一个正在进行或者已经完成的项目或方案的设计、实施和结果进行系统和客观的检查，其目的是确定发展目标、发展效率、有效性、干预影响和可持续性同项目实施过程的相关性，评估应该提供的可信的和有用的信息，以便能够使这些经验教训进入到受助者和捐助方的决策之中②。发展项目评估在项目或计划的本质、设计、实施和结果等方面通常不同于其他类型的评估。因此，发展项目评估的方法、评估结果依据的标准往往是不同的。对于依靠有限的公共资金赞助的发展援助组织而言，评估显然是其进一步获取外部资金并取得合法性必不可少的程序。③

也许有人会说，"只要是出于美好的愿望，任何人的行为都是值得赞扬的，无论他们的行为最终在多大程度上偏离了最优目标。但是，如果所有人都认为经过评估、效果明确的援助方式是最酷的，那么，我们对这个世界的贡献必定将会大得多"④。发展干预项目的评估不仅在理论层面存在多元范式的争论，在实践操作层面也面临诸多现实难题。当前，有关减贫援助和发展干预的公开争论中，在解释为

① Jantsch E. , *The Self-organizing Universe：Scientific and Human Implications of the Emerging Paradigm of Evolution*, New York：Pergamon, 1980, p. 267.

② OECD, 1992：132.

③ Iverson A. , *Attribution and Aid Evaluation in International Development：A Literature Review*, Ottawa：Evaluation Unit, International Development Research Centre（IDRC）, 2003, p. 12.

④ ［英］迪恩·卡尔兰、［美］雅各布·阿佩尔：《不流于美好愿望：新经济学如何帮助解决全球贫困问题》，傅瑞蓉译，商务印书馆2014年版，第17页。

什么贫困现象依然如此突出而难以消除时存在多元彼此竞争的学术观点。

一种观点是以前联合国高级顾问、著名全球发展问题专家、美国哥伦比亚大学经济学家杰弗里·萨克斯（Jeffrey Sachs）等人为代表的"挺发展干预派"，他们向人们阐述了各种发展援助的成功之处，认为许多发展项目成功实现了贫困地区的减贫与转型，因此需要继续投入大量资源，提升援助的参与水平。因为，许多发展干预项目规划是在确定了良好目标的基础上制定的，它确实希望带来好的社会变化。为此，一些学者指出就实现预期目标来说，大多数发展干预项目可能基本都是倾向于成功的。① 另一种观点是以世界银行前高级官员、美国纽约大学发展研究中心联合主任威廉·伊斯特利（William Easterly）等人为代表的"反发展干预派"，他们则讲述了完全相反的故事，指出发展援助项目中存在的各种问题与困境，甚至认为许多发展项目最终都将走向失败，援助根本起不了多大作用。当然，即便是"反发展干预派"，也并非是要否定发展干预这个客观事实，实际上他们主要认为以联合国、世界银行等为代表的大型国际组织由于过度膨胀而变得笨拙烦琐，因此在发展干预领域中难有作为，主张聚焦于一些更加灵活化、小型化以及本土化的项目，认为这才是发展项目未来的真正出路。

两派固执己见，一方面不断强化自身的观点，另一方面又猛烈攻击对方的观点，其争论仍在继续。为了避开两种竞争性观点的锋芒，近年来出现了一派趋向"现实折中派"的观点，该派观点认为发展援助可能是有时有用，有时没用，要依据具体的情况进行有针对性的分析。"折中派"显然不赞同前述两种竞争性观点的极端式交锋，指出争论时可以天马行空、肆意发挥，但寻找实践答案时则必须本着问题导向的原则，只能脚踏实地、细细探索，而不能总是走向极端。梅德利（Madeley）指出，应当厘清发展项目失败的复杂原因，以及这些项目有什么好处，而不是一味指责它们代表"新帝国主义"，都是

---

① Cassen R.，"Does Aid Work：Report to an Intergovernmental Task Force"，*Population & Development Review*，2011，64（1），pp. 287－310.

不好的。① 那么，关键的问题就出现了，即什么项目是有效的？如何评估这些项目是有效的？如果证明项目是持续有效的，那么可以将它继续推广或扩大应用范围；如果被证明是部分有效或者无效的，则需要在实践中进一步改进或者尝试一些新的方法。实际上，没有哪一种途径能够在短时期内快速消除贫困，但实践还是不断证明，一些援助措施已经取得了可衡量的、有意义的进展。诺曼·龙（Norman Long）认为，从功能的角度看，发展干预的评估是一种将发展干预中不同的活动连接起来的机制，也暗示了实施机构与目标群体之间的权力关系，但评估并不是为了指责特定项目的干预目标的失败，同时，评估规则要依据社会现实进行考虑，不能一味依赖干预模式预期的功能。②

总体上看，发展干预项目的有效性评估至少包含两方面的现实功能。第一，学术层面上，可能是回应当前知识界对于发展项目是否真正有效或是否能够实现原初目标的学术争论的最直接手段。不管是以杰弗里·萨克斯等人为代表的"挺发展干预派"，还是以威廉·伊斯特利等人为代表的"反发展干预派"，以及为避免两种竞争性观点的极端性而刻意营造的所谓"现实折中派"，其实都需要解决一个最根本、最核心的前提性问题：运用什么手段或途径确切知晓发展干预项目的实际效果？目前来看，对于这个问题的回答，除却"项目评估"这一最直接的操作化路径之外，显然并无其他更好的办法。对于事物的评价与争论显然不能仅仅停留于是非判断、孰优孰劣的理论抽象层面，尤其像发展研究这种强调实践性、政策性的学术领域，应当回归现实世界，从真实的发展干预场域中提炼出可资讨论或批评的原始素材，避免陷入纯粹的"文字性游戏"或者没有共同指向的"臆测性争论"。第二，实践层面上，能够对特定发展项目的持续或中止进行合法化描述。"发展规划、发展人员与发展政策是客观存在的，无论其存在的前提多么值得怀疑，我们都不能简单地把它们归结为一种建

---

① Madeley J. , *When Aid is No Help*: *How Projects Fail*, *and How They Could Succeed*, London: Intermediate Technology Publications, 1991.

② 叶敬忠、那鲲鹏：《发展干预社会学研究综述——解读〈寻找中间地带——发展干预社会学研究〉》，《中国农业大学学报》（社会科学版）2008 年第 3 期。

构而不承认其存在"①。从目前全球减贫和发展的基本趋势看，发展干预实践现在存在，将来很长一段时期内亦仍将存在。当前，发展实践依然主要是通过干预项目的形式予以实施，在项目运行的循环过程中，有效性评估是其中必须可少的环节。项目评估的结果可以直接应用于项目过程中，达到"结果应用"（findings uses）的目标。评估本身及其取得的效果是一种典型的"高质量经验"，这些经验是其他人或其他发展项目有可能关注并引起重视的。此时，项目评估的主要任务就是对项目目标、方法、过程、结果等进行系统性评价，并推动发展工作者作出调整与改变。应当说，对发展干预过程中经验教训和相关理论的反思，将有助于学术界和实务界更好地立足当前，让发展思想和发展实践"发展"得更好。②

正如发展人类学家凯蒂·加德纳（Katy Gardner）和大卫·刘易斯（David Lewis）所深刻指出的，"由于发展引起的问题与发展想要解决的问题都不会在一夜之间改变或消失"，"简单地希望这些问题自动消失或否认它们的存在，这样的态度是不可取的"，③ 重要的是应该考虑如何批评、改进它，或者提供另一种解决办法。实际上，发展项目的作用往往是十分微妙的，无论什么利害关系在发挥作用，无论发展工作者认为自己在做什么，他们都只能在一整套异常复杂的社会和文化背景中运作，这个背景可谓根深蒂固，而且不容易正确认识与清晰理解，从而容易使得干预结果成为原初目标的一个古怪而难以辨认的"变形"④。应当说，要对发展干预项目进行评估，往往会遭遇各种各样、复杂众多的困难，而这些困难如果归结成最重要的一点，其实就在于如何判断发展干预行动是否真正推动了减贫发展与社会变迁。具体来说，这些难题主要包括：复杂社会系统中干预效果的

---

① ［英］凯蒂·加德纳、［英］大卫·刘易斯：《人类学、发展与后现代挑战》，张有春译，中国人民大学出版社 2008 年版，第 2 页。

② 普雷斯顿：《发展理论导论》，李小云、齐顾波、徐秀丽译，社会科学文献出版社 2011 年版，序言第 3 页。

③ ［英］凯蒂·加德纳、［英］大卫·刘易斯：《人类学、发展与后现代挑战》，张有春译，中国人民大学出版社 2008 年版，第 155 页。

④ Ferguson J. , *Anti - politics Machine*：*Development*，*Depoliticization*，*and Bureaucratic Power in Lesotho*，Cambridge：Cambridge University Press，1990，p. 17.

归因偏差议题；阶段性影响与最终效果的关系平衡议题；普遍性与情景化的评估方法的采用偏向议题；项目评估的时间节点的动态选择议题。

（一）复杂社会系统中干预效果的归因偏差

自形成以来，社会科学就特别关注社会现象的因果解释（causal explanations）。从历史上看，社会科学中最复杂、最重要的问题之一是关注建立不同变量之间的因果关系模式。受自然科学的影响，早期社会科学解释因果关系就开始采用实证主义方法（positivist approach）。人们基本上认为，原因和结果只能是"科学决定的"（determined scientifically），必须依据理论和基于经验的观察，并经过系统的实验和定量分析（如统计）。① 因此，实证主义方法和程序被社会科学用来解释社会世界中的现象。早期的社会科学家主要对可量化的测量和分析感兴趣，通过实验，能够揭示模式和规律，从而引出一般性、普遍性的社会法则。但是，不像自然科学中的标的物（subject matter）可以在隔离和控制的条件下操作，社会科学中的因果关系已经被证明有更多的问题。"原因"和"效果"的原则通常意味着一个过程，涉及一个或多个自变量（原因）与一个因变量（效果）之间的关系。②

发展项目的归因（attribution）与影响（impact）这一概念密不可分。③ 发展实践的评估过程中，往往需要将某种具体的改变与特定的干预项目联结起来，这就是发展干预的归因。归因意味着观察到或者预计将观察到某种变化与特定干预之间的因果关系的归属，它涉及观察到的变迁或者结果达成应归功于什么因素的问题，代表了观察到的

① Rebien C., *Evaluating Development Assistance in Theory and Practice*, Aldershot, Avebury, 1996.

② Iverson A., *Attribution and Aid Evaluation in International Development: A Literature Review*, Ottawa: Evaluation Unit, International Development Research Centre (IDRC), 2003, pp. 16 – 17.

③ ［加拿大］弗雷德·卡登：《让知识推动政策的改变：如何使发展研究发挥最大的作用》，徐秀丽、齐顾波、李小云译，社会科学文献出版社 2012 年版，第 259 页。

发展效果在一定程度上可以归因于一个特定的干预，或者归因于一个或多个合作伙伴的其他干预措施、预期或不可预期的混杂因素以及外部冲击。

如今，大多数评价者熟悉关于归因变迁的普遍性关注和考虑，但是，可以说很少有对评估研究中因果宣称的认识论基础的全面了解。满意于他们的方法和设计的可靠性，实践评价者可能对建立归因的证据标准没有疑问。但是在评估研究的某些分支中，方法论层面的考虑已经被证明是更敏感的，特别是那些嵌入复杂社会系统之中的综合干预措施。也许没有比这更显而易见的，在国际发展研究领域中，"援助"（aid）工作的社会经济、环境、政治和文化驱动力为评估者提供了非常独特的挑战，其变化很少能够归因于任何单一因素，并且是极为不可预知的。这些人类和社会系统的特点是大量的未知变量，以及通过互动、反馈和非线性关系，这些变量之间形成的未知的因果关系。如此的复杂性和不确定性使得选择控制潜在复杂变量的因素几乎不可能①。

复杂系统中的干预嵌入在独特的时间和地点之中。此外，不同于简单的系统，组成和影响这些系统的变量对于研究者而言是高度模糊的。因此，多个未知的混杂变量是常态，这个复杂系统对于归因来说表征着严重的障碍，这些特点往往使得特定因果变量的权重和相对强度变得没有实际意义。② 于是，评估发展干预就预示着众所周知的困难，因为它通常涉及不同的和迅速变化的条件，这显著影响研究的有效性和可靠性。所以，通常情况下，一个项目仅仅只是发展变迁结果的众多影响因素之一。事实上，决定某种结果有多少真正归因于这个项目，而不是其他因素的影响，可能是评估研究中最具挑战性的任务。

在减贫实践中，正式机构、非正式机构等各种社会主体都身处其

---

① Homer-Dixon T. , "Strategies for Studying Causation in Complex Ecological-political Systems", *Journal of Environment & Development*, 1996, 5（2）, pp. 132 – 148.

② Iverson A. , *Attribution and Aid Evaluation in International Development：A Literature Review*, Ottawa：Evaluation Unit, International Development Research Centre（IDRC）, 2003, p. 36.

中，不同的政治、经济、社会环境因素交相辉映，共同促成了发展场域的复杂性和多变性。由此，发展干预的"影响"（impact）往往是各种事件综合汇聚后的产物，没有一个单一的机构或组织能够宣称这种改变完全是自己努力的结果。然而，当前越来越多的发展组织在压力之下需要证明他们的计划和项目带来了预期受益者福祉的重大和持久的变化，因此"负担"（burdened）越来越重。因为发展干预机构通常不能自我支持，有责任向其提供财政支持的第三方表达感激，以表明他们之前承诺的能够实现。他们需要不断证明他们的合法性存在，并为他们的工作提供理论基础。[①] 其结果是，评估发展项目的"影响"会带来各种负面效应，但许多组织依然还在为此疲于应付，衡量和评估的结果通常远远超出了项目原初的计划。正如弗莱福伯格（Flyvbjery）的提醒，社会科学其实本身尚欠缺"硬的"理论，所以很难利用确凿的事实根据证明某件事的发生就是由某个活动造成的。[②]

（二）阶段性影响与最终效果的关系平衡

通常情况下，人们对发展干预项目开展评估的路径，依据的都是项目执行之后的最终效果。人们基本都会认同这样的观点，发展是实践场域中各种复杂因素彼此影响、相互建构之后所产生的改变。这样一来，发展项目要想进行有效性评估，面临的难度便可想而知。最理想的状态是，服务使用者或地方民众对项目产生了拥有感和责任感，真正将项目视为自己的或社区主导的事情时，可能发展干预的真实效果才算得上得到了一定程度的展现。在现实的项目评估中，受限于各种因素的影响，项目实施团队或援助机构往往会有意或无意拔高项目本身的作用和影响，同时还可能主动搜寻或建构项目中展示出积极性或发展性的改变的方面。在这种评估理念的指引下，人们通常就会只容易关注到项目最终达成的结果和产出，从而忽略了项目实施的过程及整个过程中可能展现出的新型关系结构和实践模式，并影响到评

---

① Torjam S. , *Are Outcomes the Best Outcome?* , Caledon Institute of Social Policy, 1999.

② Flyvbjery B. , *Making Social Science Matter：Why Social Inquiry Fails and How It Can Succeed Again* , Cambridge University Press, 2001, p. 73.

估结果的完整性和有效性，进而很难概括出关键性的成功经验和有待完善的干预机制。于是，发展项目的经验要想在其他环境中推广和应用就会遇到理论层面和实践层面的更大障碍。

萨拉·厄尔（Sarah Earl）等人指出，发展干预行动的结果往往是随同其他各种因素共同发挥效应，在一定的情境之中形成对干预对象的影响力（impact），因此，项目评估的目标就是要厘清项目的实施究竟在哪个层面产生了切切实实的影响（influence），产生了哪些影响，并做出相对客观的评价。[①] 厄尔等人一再强调，发展项目评估并不是要看到其最终的影响（impact），这样的评估可能出现了方向性的偏误或者说错误，因为这种影响可能最后是由地方其他的合作伙伴予以完成的。所以，在开展项目评估时，要十分慎重地处理项目的阶段性影响和最终结果之间的关系，注重结果影响无可厚非，但千万不能将最终的结果都揽入自己的怀中，将明明是由其他合作伙伴带来的影响亦说成是项目的功劳；与此同时，发展项目评估其实要对阶段性或过程性的影响保持敏感性，其间可能蕴含着项目本身带来的许多新模式和新关系，而这些显然是结果评估很难看到的。

对于本项行动研究来说，本身就是一个过程性评估与最终效果评估相结合的过程。项目开始阶段，通过需求评估，项目组制定了相应的项目介入计划。虽然这些项目计划也得到了地方民众的认可，但随着实务工作的深入，项目组需要根据项目运作情况随时调整介入计划。而这个过程，所依据的实际上就是社会工作的过程性评估的结果。另外，在田村发展场域中，地方政府、其他非政府组织、市场主体等都纷纷参与减贫工作，由于这种复杂性，地方民众和社区所得到的服务，有可能是不一样的，不能将最终的影响结果全部归为某个参与主体，因此，也需要在发展干预的过程中适时进行项目评估。当然，项目的最终效果评估也必不可少，要想整体上了解能力建设的效

---

① Earl S., Carden F., and Smutylo T., *Outcome Mapping*: *Building Learning and Reflection into Development Programs*, Ottawa: International Development Research Centre, 2001.

果及存在的问题，必须实施相应的总结性评估（summative evalua-
tion），[1] 以便比较方案实施后发生了哪些变化，以及没有此方案又会
发生什么。对内源性能力建设的评估研究而言，基本上属于过程性评
估和最终效果评估综合运用的过程。

（三）普遍性与情境化的评估方法的采用偏好

社会科学领域的研究方法之争延续到了发展项目的评估领域。根
据加拿大国际开发署（CIDA）的理解，评估者需要定性方法，因为
如果没有这样的方法，他们将不能正确评估项目，因此项目实际发生
的定性资料就变得至关重要。一般而言，定性方法往往被视为更有利
于项目评估，因为它可以被设计为满足评估的规格和需要，并可以迅
速和有效地进行。并且，通过包括利益相关者对于干预效果的主观看
法，定性研究可以证实和证明影响评估的结果。此外，一些人认为定
性方法更适合于评估，是因为它们对社会项目的条件更加敏感。[2] 而
且，在回应定性方法是"不科学的"（unscientific）批判时，朱蒂·
贝克（Judy Baker）坚持认为，"定性数据的有效性和可靠性很大程度
上取决于方法上的技能、感受性和对评估者的培训"。[3] 也就是说，
正如不同的定量研究人员拥有不同程度的方法上的"诀窍（know-
how）"一样，定性研究人员恰当采用先进方法的能力取决于研究人
员的知识和经验，这将决定分析的严谨程度。

当然，定量和定性的支持者有一个激烈的"交锋史"。当前，越
来越多支持定性方法的学者并不依赖于攻击定量方法的基础，认为这
取决于回答重要评估问题时的效用。最近发展研究领域定性研究的兴
起并不意味着定量研究的过时。相反，应用和学术研究依然被定量方
法主导。定性评估的支持者普遍认为，目前，可能发生的检测和评估
很大程度上仅限于培训的人的数量（numbers），或者产生的信息或培

---

① Russell K. Schutt：《社会研究法：历程与实务》（第六版），高美英译，台北洪叶文
化事业有限公司 2010 年版，第 464 页。

② Shaw，I.，*Qualitative Evaluation*，London：Sage Publication，1999.

③ Baker J. L.，*Evaluating the Impact of Development Projects on Poverty：A Handbook for
Practitioners*，Washington，DC：The World Bank 2000.

训资料的数量，换言之，即注重"量"（quantity），而项目的"质"（quality），包括学习、培训或支持系统的质量往往大多是未知的。依赖于数字作为项目有效性的体现使评估进一步复杂化，项目的延续和工作的有效性往往推动达到一个令人印象深刻的报告。项目工作员可能会认为，他们必须形成定量的报告，而不仅仅是用简单的叙事格式描述发生的事情。于是，可能在一个项目过程中积累的定性知识仍不清晰的情况下，有效干预的机会就失去了。

事实上，根据特定的研究主题、研究者的兴趣和议程来匹配研究方法，往往有助于产生创新性的方法策略。为了对给定的主题提供一个更加全面、详细、合理的解释，在条件允许的情况下，发展项目评估越来越偏向于使用多元方法技术（multiple methodological techniques）。① 这种程序通常被称为混合方法（mixed methods）、方法多元主义（methodological pluralism）或者三角测量方法（methodological triangulation）。研究专家诺曼·邓金（Norman Denzin）解释说，这种策略的理论基础是，一个方法的缺陷经常是另一个方法的优势；通过组合式方法，观察者可以克服他们每个独特的不足而达到最佳状态；当然，评估不能仅仅从研究手册中所给的原则衍生，这是一个创发性过程（emergent process），取决于调查人员、研究设计和研究者的理论视角。② 如今，多元方法在评估研究中的使用已经超过了30年；当前，它在评估应用中比单一研究方法更常见。美国开发署和美国国际开发署都承认，"在实践中，项目有时可能会结合不同的方法，无论是提高说服力，还是回答不同的问题"。③ 评估研究必须针对不同的项目方案，为回答所提出的特定的研究问题是有用和有效的，以及为所探查的特殊方案是恰当合适的，而选择某种研究设计和某种资料收集方法，因此，当评估者设计评估研究时，必须以最完整且最周全的

① Ragin C. , "Turning the Tables: How Case-Oriented Research Challenges Variable-Oriented Research", *Comparative Social Research*, 1997, 16 (1), pp. 27 - 42.

② Denzin N. K. , *The Research Act: A Theoretical Introduction to Sociological Methods*, New York: McGraw-Hill Books, 1978, pp. 308 - 310.

③ United States Agency for International Development (USAID), *Performance Monitoring and Evaluation: TIPS*, 2000, p. 4.

方式来考虑和反思整个研究过程，以及过程中的不同部分如何能够最好地进行混合。①

混合方法设计在回答形成性评估问题如过程和实施问题时，被认为是特别有效的。洛伊丝·埃琳·达塔（Lois-ellin Datta）解释说，"在评估实施过程中，案例研究结合文献分析几乎已经成为标准"，然而，直到最近，混合方法应用于对一个给定的发展干预的产出、结果和影响总结性评估才被追捧；此外，我们通常认为评估研究是一个访谈和文献资料的混合，但很少有一个"与其他方法紧密整合的完整案例"。② 在一般性社会科学尤其是评估研究中，混合方法已经被证明是有效的手段，它能够减少任何一种方法独立使用的不确定性。在奈拉·卡比尔（Naila Kabeer）的国家发展背景下大量涉及妇女赋权的分析中，带出了重要的方法上的视角，她认为迫切需要对项目所提供的证据进行三角（triangulate）或者交叉检验（cross-check），以确定人们认为的就是如此，指标不仅压缩了大量信息到一个单一的统计数字，同时也假设这一信息所表示的含义。③

在过去的几十年中，无论是在一般性社会科学中，还是在特殊的发展项目的评估研究中，定性方法已经稳步获得了合法研究的土壤，已经从被认为是可信的研究的边缘移动到它本来应该拥有的位置。如今，根据研究者的兴趣、研究主题的特点，项目可能是定量或定性为主，或者可以采用混合方法。然而，定量方法和因果解释之间的结合的信念有助于保持定量和定性研究之间的分离和对立，在实践中而不是在理论上，后者继续服从于前者④。争论的焦点其实不在于应该采

① Russell K. Schutt：《社会研究法：历程与实务》（第六版），高美英译，台北洪叶文化事业有限公司 2010 年版，第 453 页。

② Datta Lois-ellin, "Multimethod Evaluations: Using Case Studies Together with Other Methods", in Eleanor Chelimsky and William R. Shadish (eds.), *Evaluation for the 21st Century: A Handbook*, California: Sage Publications, 1997, p. 347.

③ Kabeer N., *The Conditions and Consequences of Choice: Reflections on the Measurement of Women's Empowerment*, UNRISD, 1999, p. 29.

④ Iverson A., *Attribution and Aid Evaluation in International Development: A Literature Review*, Ottawa: Evaluation Unit, International Development Research Centre (IDRC), 2003, p. 32.

用定量方法还是定性方法，毕竟这两种方法在不同的情景和条件下都十分有效，二者的使用和效果通常是并行不悖的。关键的问题是：在社会科学领域，普遍性的知识是否比具体的情境性知识更有价值。①总体而言，社会科学的价值和使命在于阐释和理解人与社会究竟是如何相互作用、彼此建构的，而人们的价值观念、处事原则和行为方式离不开具体的情境性因素，这表明社会世界的情境性特点。人类构成的世界异常复杂多样，不能仅仅依赖于一些外部的抽象解读或者理论原则，这种方式很难获取社会世界全部的真实信息。

因此，本书的项目评估遵循这样的路径：努力探寻内源性能力建设背后的逻辑与机制，分析其发展趋势及其影响因素，为今后的实践探索总结经验和教训。在评估行动的效果时，主要采用参与式观察、深度访谈、焦点小组等偏向于人类学田野研究的方法。需要说明的是，行动研究的过程和方法是开放式的，并没有十分固定的资料收集和项目评估的方法。② 很多时候，只有当融入社区之后，才能判断究竟什么方法比较适合理解民众的日常生活、何种方法比较适合展开介入行动以及哪些方法比较适合评估行动效果。实务工作通常是非线性的（non-linear），生活从来不遵循直线发展的路径。大多数情况下，行动研究方法的选取都是在田野的动态情境下与地方参与者共同决定的结果。

（四）项目评估的时间节点的动态选择

如何恰当选择开展发展项目评估的时间，是许多评估研究者十分苦恼的一个问题。发展干预项目始终处于动态变化过程中，不仅项目在实施周期之内是动态的，在项目实施周期结束之后，还会沿着一定的方向变迁，项目本身的影响力可能会长期存在。因此，究竟选择哪个时间点进行"最终的"评估，肯定是一个存有争议而难以达成普遍共识的议题。许多人都会赞同这样的观点，如果地方的合作伙伴或

---

① ［加拿大］弗雷德·卡登：《让知识推动政策的改变：如何使发展研究发挥最大的作用》，徐秀丽、齐顾波、李小云译，社会科学文献出版社 2012 年版，第 261 页。

② 古学斌：《行动研究与社会工作的介入》，王思斌主编《中国社会工作研究》第 10 辑，社会科学文献出版社 2013 年版，第 7 页。

发展干预对象理解并内化了新的观念、知识与技能，恢复了自主发展的信心和希望，并能够运用它们来服务于生计的改善，那就可能预示着发展项目的基本目标就快实现了。从这个逻辑上看，如果发展项目较为成功，那么随着干预行动的逐步深入和时间的渐渐推移，项目的影响应该会逐渐变大，外部援助机构的作用反过来则会显得越来越小，在干预行动中的身影会慢慢消失。但是从评估的角度看，此时令人尴尬的问题就出现了，如果项目进展得较为顺利，一切向着良好的方向转化，那么，等到外部援助机构回身过去再对项目进行评估时，恰恰可能是他们对项目的实际影响并不十分显著的时刻。

另一个与时间相关的议题是项目的可持续性问题。毋庸置疑，对项目可持续的追求是每个从事发展干预工作者的梦想，也是考验项目成功与否的关键性指标。理论层面，一个发展干预项目所产生的积极影响越具有可持续性，那么证明它越发具有生命力和适应性，给地方民众和贫困社区带来的影响可能就会越大越持久。通常而言，在资金、人力、机构发展战略转移等各种因素的限制下，每个发展项目都有一个相对固定的周期，在这个周期之内，各种外部资源投入供给，积极变化也会相对集中地呈现出来。随着项目周期的结束，考验项目生命力的时刻也随之来临，如果此时进行项目评估，各项指标可能仍然会表现得比较活跃，因为外部影响对项目的"余温"还足够强烈；但如果项目周期结束之后很长时间再返回来进行跟踪评估，此时依然发现项目还在良性自主运行，且表现出可喜的变化，那会是我们最乐于看到的景象。

从本书的内源性能力建设项目运作过程来看，自 2004 年正式启动以来，经历了社区评估、前期培育、基金启动、遭遇困境等各个发展阶段，这些阶段基本属于项目组驻村开展服务的集中投入阶段。其间，项目工作员长期在田村蹲点，日常生活都在村子里，可以说基本做到了与地方民众"同吃、同住、同劳动""打成一片"的参与式行动状态。在此阶段，项目组、地方民众、基层政府各方主体为了共同目标，大家都投入了大量的时间和精力，共同体验了项目带来的酸甜苦辣，经历了彼此人生中都无法抹去的时刻，项目也呈现出各种积极变化。不过，随着 2011 年项目第二个资助周期的结束，持续 7 年之久的全面驻村干预计划暂时告一段落，项目进入由社区全面自主运行的追踪回访阶段。当然，项目驻村干预的结束并不完全是由于外部资助的停止，主要考虑经过两个周期的运行之后，社区自组织已经基本发育成形，社区的治理结构有所调整，大部分参与项目的村民自主发展能力都不同程度地表现出积极变化，干扰社区发展的外部环境也趋于缓和，鉴于这种综合的积极变化，从社会工作实务"结案"的角度看，可以将项目完全授权给社区自主运行。不过，项目组始终都在对田村尤其是 CDF 项目的运行情况进行不定期的回访，这也为项目的跟踪评估打下了良好的基础。因此，从时间的维度看，本书的评估更加注重项目可持续性改变，更加看重项目长远的影响，这也是基于内源性能力建设的基本要求作出的判断。

总之，田村社区能力建设项目的实施是一个长期而艰苦的过程，项目组与地方民众、各级政府及相关部门、媒体、志愿者等各方社会主体共同推进了这项农村社会工作实践。虽然投入了大量的时间和精力，但由于各种主客观条件的限制，项目运行不能说十分完美，其间遭遇到诸多挫折与困境，但项目组工作员始终没有放弃而是依然饱含热情全情投入，田村的村民也积极投身到这项事业之中，从目前运行情况看来，项目在内源性能力建设方面还是取得了令人欣慰的进展。也许，正是行动研究的这种不可预知性，恰恰也是它吸引人们不断挑战与尝试的重要原因。正如杜赛德普（Dusseldorp）深刻指出的，"以项目为基本形式的发展干预可能永远不会是一个完美的工具，然而社会的发展是必不可少的，我们只能尽力将其做到最好"，[①] 而要达成这样的目标，发展干预项目评估显然是一个绕不开的议题。

二　干预成效

结合"乡村社区能力建设"项目及社区发展基金计划实施期间的过程性评估和长时期对项目自主持续运作的跟踪回访，可以较为全面

[①]　Dusseldorp V. , "Planned Development via Projects: Its Necessity, Limitations and Possible Improvements", *Sociologia Ruralis*, 1990, 30（3）, pp. 336 – 352.

客观地观察项目给社区带来的整体性变化。总体上看，田村 CDF 项目在内源性能力建设方面取得的成效主要体现在以下几个层面。

（一）知识技术

每个社会共同体自身都拥有一套知识和技术，不可否认的是，随着现代性的传播，这套知识和技术不可能一成不变，如今，它已间杂着雷德菲尔斯所谓的"后起文明"（现代性）的因素，所以，正是基于这套既有的知识和技术，人们与进入他们家门的"新世界"形成了关系①。因此，我们不能将本土知识浪漫化，他把当作一种静态的、不变的、纯洁的知识系统，不能像现代化的拥护者赋予现代知识以特权那样，赋予本土知识特权②。实际上，无论知识来自何处，对于贫困人口来说，可能只要它们能够带来经济利益并在文化上能够接受，人们就会采纳和试验新的观念。因此，作为对"本土知识"一词的替代，"本土传播知识"（local mediated knowledges）一词可能会更合适③，"事实上，快速的经济发展要求整个社会都具有自下而上的技术能力"④。

田村社区能力建设的过程中，村民掌握了一定的适应现代社会的知识技术，包括规模化种植和养殖技能、识字与算术技能、理财和规划生活的技能、保健知识、生态知识等。项目组围绕社区发展基金这一"中轴"，开展了各个层面的本土知识与现代技术相结合的探索。例如，由于田村苗族定居历史不长，传统狩猎文化的影响至深，定居田村后，还没有形成成熟的蔬菜种植习惯和技术，种植的蔬菜品种少，产量低，无法满足家庭的日常蔬菜消费，平日里除"赶街"购买汉族、回族种植的蔬菜，就是农闲时到山林里采集野

---

① 王铭铭：《局部作为整体——从一个案例看社区研究的视野拓展》，《社会学研究》2016 年第 4 期。

② 布里格斯：《本土知识和发展》，［英］范达娜·德赛、［英］罗伯特·B. 波特主编《发展研究指南》，杨先明等译，商务印书馆 2014 年版，第 204 页。

③ Briggs J.，"The Use of Indigenous Knowledge in Development：Problems and Challenges"，*Progress in Development Studies*，2005，5（2），pp. 99 – 114.

④ ［美］杰弗里·萨克斯：《贫穷的终结——我们时代的经济可能》，邹光译，上海人民出版社 2007 年版，第 221 页。

菜。后来，项目组聘请当地农科站的农技员，到村民的田间地头进行现场示范，不是采用全新的品种和技术，而是沿用苗族喜爱的蔬菜品种，根据当地土质情况规范种植技术。在这种"手把手"的知识传授过程中，村民很快掌握了相应的蔬菜种植技术，不仅满足了家庭的消费需要，更有几户村民扩大了种植规模，以前通常向本地的汉族、回族购买蔬菜，现在已经能够将自己规模化种植的蔬菜卖给附近的其他民族，产生了不错的经济效益。再比如，通过社区发展基金的运作，村民的理财和规划能力逐步提升，尤其是妇女掌握了一定的识字和算术技能后，有的妇女主动承担起家庭的理财责任。财务方面以前主要由男性说了算，妇女没有话语权，如今有的家庭"双方商量着来"已经成为一种沟通模式，并悄然之中开始改变原有的家庭权力结构。

内源性能力建设不否定现代化过程及其相伴随的现代性知识，在市场化、全球化不可逆的情况下，地方民众更好的选择是"适应"，而不是如有些观点所鼓吹的，返回到市场的对立面。然而，也不能如同纯粹的外源发展模式一样，脱离不同民族和地方社区的文化脉络，完全依赖于外部知识和资源，这样可能使发展变成无根之木和无源之水的"幻象"。[1] 从内源发展的观点看，少数民族地区的发展干预行动中如果忽视民族传统知识和生存技能，寄希望于单纯依靠现代文化教育和外部知识技术的灌输与替代，很难真正解决少数民族面临的发展难题。当然，反过来，当强调地方性知识作为民族贫困社区发展的内源动力时，那种将其奉为圭臬的狭隘社区主义和绝对的文化相对主义态度也是不可取的。本书认为，发展干预应该在尊重少数民族原本的传统知识的基础上开展符合少数民族自身需要的文化教育，寻求现代知识与传统知识之间的平衡是问题解决的关键之所在。[2]

因此，发展干预实践中，提倡和发展一种优于少数民族本土传统

---

① 许宝强、汪晖：《发展的幻象》，中央编译出版社 2001 年版，前言。
② 钱宁：《寻求现代知识与传统知识之间的平衡——少数民族农村社区发展中的文化教育问题》，《云南社会科学》2008 年第 1 期。

知识的低效率技术的知识类型，但又比外部复杂的现代技术要更加简洁、更加实用的"中间技术"，①为贫困地区内源发展提供技术层面的支持，无疑是社区能力建设必须考虑的现实议题。"中间技术"会超过原有传统性技术的生产力，与此同时，也会比依赖于高度资本密集的现代技术便宜，它比较容易与使用它的外部环境相契合，设备、技术、操作相对简单，对市场波动的适应性也更强。对于地方民众而言，运用这样的技术于日常生产生活中，在资金支持、教育水平、组织能力等方面都往往是力所能及的。所以，发展干预行动必须对现有的现代教育方式和普遍性、大规模的发展模式进行深度反思，在秉持以人为中心的内源发展道路时，立足于本土的文化和民间的知识，努力探索地方性知识与外部现代知识对话的空间和机制，积极地吸收外部有利于传统知识体系更新与本土发展能力提升的知识技术，将这种新的知识要素融合进地方性知识体系之中，使其在地方性文化的传承与发展中成为适应全球化趋势的与时俱进的催化剂。

（二）价值观念

除知识技术这种"硬"的条件以外，价值观和态度的发展，也是能够使个性充分发展和提高创造力的关键性要素。②田村苗族保持了原初游耕、游猎时期消费的即时性和生活生产的无计划性等诸多习俗特征，日常生活中不太注重计划与积累。这种适应"原初丰裕社会"的生计模式在现代性逻辑强调"积累促进生产"的生活方式的冲击下变得十分尴尬，极易陷入杰弗里·萨克斯（Jeffrey Sachs）所说的"贫困的陷阱"之中，即为了维持生存，家庭所有的收入被用作消费，在现在的经济中没有个人储蓄，结果是人均资本存量下降以及人均增长率成为负值，这一过程导致家庭在未来进一步贫困。③这种分

---

① ［英］舒马赫：《小的是美好的》，虞鸿钧、郑关林译，商务印书馆1984年版，第145页。
② ［阿尔吉利亚］阿卜杜勒—马利克等：《发展的新战略》，杜越等译，中国对外翻译出版公司1990年版，第22页。
③ ［美］杰弗里·萨克斯：《贫穷的终结——我们时代的经济可能》，邹光译，上海人民出版社2007年版，第213页。

析路径与费孝通对中国社会变迁的思考相当吻合，他认为，匮乏经济的生活程度低，物质的基础被限制了，但丰裕意味着要不停地积累与扩展，两种经济所养成的基本态度和价值体系是不同的，匮乏经济中的主要态度是"知足"，而丰裕经济所维持的精神则是"无餍求德"。① 在少数民族减贫实践中，可能依然要承认费孝通先生的基本判断，"由于长期生活在自给自足经济里，很多少数民族还不习惯于发达的商品经济。社会制度是改变了，意识形态还赶不上"。② "我能体会到它们（少数民族）的处境和困惑，在这种情况下，不采取办法来改变它们原有的生产和生活方式是不可能的了。"③

田村苗寨的许多村民开始主动思考自身的脱贫道路，发展种植业、养殖业或外出打工成为大多数村民的选择。同时，不再"墨守成规"，不再坚持自己原先的低效率种植和养殖方式，会创造性地开拓致富门路，创新精神得到彰显。村民逐渐理解和接受对生活改变具有重大意义的信息、技术、知识以及行为方式，许多村民又重新拾起了技能培训学到的但后来被放弃的营养袋、地膜等种植技术，并认识到这些技术确实是提高农作物产量的保证；许多村民意识到理财和规划对于生活的意义，开始转变消费方式，注重积累资金，生产性投资成为一些村民利用资金的优先考虑。村里多位村民扩大了养殖业和种植业规模，形成了一定的规模效益。

例如，通过社区发展基金的小组化运作模式，村民意识到以前不积累、无计划的生计方式已经"行不通"，有的村民将基金受益所得用于扩大再生产，而不是满足即时消费需要，其他村民也逐渐仿效，积极规划来年的生产，主动思考适合自身的发展项目。用村民自己的话说，"以前总觉得喂猪就是为了过个好年，现在也想着能够卖钱了"。以往，村民很少出去"跑市场"，社区发展基金管委会成立后，几个苗族社区的骨干主动承担起跑市场的责任，到周边乡镇、县市联

---

① 费孝通：《中国社会变迁中的文化症结》，费孝通《费孝通文集》第 4 卷，群言出版社 1999 年版，第 302 页。

② 同上书，第 511 页。

③ 费孝通：《美好社会与美美与共：费孝通对现时代的思考》，生活·读书·新知三联书店 2019 年版，第 270 页。

系种猪、饲料，看市场行情，学先进技术，回来后大家一起商议解决的办法。近年来，打工潮蔓延到田村苗族，当地政府将输送村民外出务工作为减贫工作的重点，外出务工的村民日益增多，但比较有意思的一个现象是，部分村民在经历各种外部不适应之后毅然回到村里或者改为到村庄附近打季节性短工，返乡村民往往更加意识到开发自身优势产业的重要性，不再迷信外面的世界，这也形成了社区发展的比较稳定的内生性人力资源。

当然，价值观念层面的变化是相对缓慢的、复杂的过程，这种根植于人的认同感与内心深处的改变，不是外力灌输或强加能够实现的，不是仅靠知识的更新或学习一些外来技术的"知识嫁接术"，它需要人们真正意识到当前状况需要改变的重要性和紧迫性，再结合相应的改变条件，多种因素共同发挥作用才可能实现，主要还是知识的内生性问题。从内源性能力建设的角度看，就是要激活和养成一种面向未来生活的价值观、美好憧憬以及生活态度，将这些内容作为本土性发展的内在动力进行塑造，从而摆脱发展主义的困扰。当然，作为外部的介入力量，要时刻警惕自身的价值观念强加到地方社区，要避免造成地方民众的自卑感以及外部干预的矮化作用，要意识到专业的限制与文化识盲的问题。[1] 这方面议题的处理是一个生活化的过程，会面临难以避免的各种伦理困境，实际工作中需要寻找一个相对稳定的平衡点，否则干预工作会适得其反，并陷入无法自拔的艰难境地。

（三）资源挖掘

基于"优势—资产"范式的多元融合方法首先强调社区民众充分挖掘并学会利用身边资产的能力，遵循的最基本原则是社区及其周边环境可能蕴藏着某种内生的发展性资源，发展工作者要欣赏和激发社区内外存在的资源和资产，更为重要的是，能力建设应当努力构建地方民众在资源利用方面的意识与能力。但遗憾的是，现实的贫困社区

---

① 古学斌、张和清、杨锡聪：《专业限制与文化识盲：农村社会工作实践中的文化问题》，《社会学研究》2007 年第 6 期。

中，贫困者往往极易忽略本身贮藏的可利用资源；而如果是秉持"问题—缺陷"范式的外部发展工作者，也容易根据自身的刻板印象，理所当然地首先聚焦于问题、缺陷和冲突。田村的实践经验是，"优势—资产"范式的实际操作远比其理念建构要复杂得多，当项目组怀揣着能力建设的理想，试图协助村民挖掘和利用社区资源时，才真正感受到发展干预的理想与现实的距离原来如此遥远，社区资产的挖掘和利用是一个十分艰苦的非线性过程。不过，当经过一番努力和探索，真正实现了哪怕只有部分预定目标时，也会激励整个社区巨大的发展信心和继续前行的动力。

田村栗寨水资源的利用就是一个非常典型的案例。苗族定居的地点多位于半山腰或山脊上，自然条件恶劣，其中最突出的限制是严重缺乏生产生活用水。村民主要在山上平缓处开挖田地，种植高寒耐旱作物，养殖本地的小山羊等牲畜，基本属于"靠天吃饭"的生计方式。这种生计方式很难维持全年的粮食需求，每年都有几个月主要依靠政府与社会各界的救济粮款。地方政府扶贫工程也进行过水资源问题的解决尝试，主要试图借助高马力的抽水设备，将山脚低洼处的泉水直接抽到村里。但栗寨山脚泉水的供水量并不充足，夏季缺水季节还是无法满足人畜饮用水的需求，更没有可能解决庄稼的灌溉之需。更尴尬的是，当政府提供的抽水设备出现故障时，村民都认为这是政府的事情，也都不管不顾了，后来设备闲置废弃，村民又都如往常一样，继续到山脚人工挑水。

缺水问题也困扰着能力建设项目组，因为如果不解决这一严重限制村民农业生产和日常生活的急迫现实问题，项目规划的经济发展计划根本无法开展。项目组与村民深入讨论，列出多种可选择的方案，最初也包括利用现代技术的可能性，由于有了"政府抽水机事件"的经历，后来这些技术性解决方案都被村民否定。最终还是回到了社区本身的资源角度寻求解决方案，有村民提出利用山脊的地形特定，大规模收集雨水资源，可以考虑修建大型蓄水池，这样不仅可以解决人畜饮水问题，如果工程达到一定规模，甚至能够有效缓解灌溉用水的困难。这个方案获得了全体村民的一致同意，蓄水池工程开工后，项目组投入资金购买基建材料，全体村民投工投劳，主动承担蓄水池土石方开挖任务。最终，栗寨新建 2 个大型蓄水池，基本解决了长期困扰村民的水资源短缺问题。以往下大雨时，村民总要想方设法将雨水引开，以防冲毁了房屋和庄稼，如今转换一种思路，天然丰富的雨水变成了生存与发展的资源，劣势转换成了优势，能力建设项目也因此更加获得村民的支持与认可。

（四）组织能力

如果援助是要引进某些新的经济活动，那么只有在它们能由大多数民众的现有教育水准可以支持的情况下，且只有在援助能增进并推广教育、组织、规则等进一步发展时，项目才能存活，也才能发挥真正的价值。[①] 从社会工作的角度讨论社区能力建设时，可将其看作是一个组织与教育的过程，主要包括动员、参与、合作和自治等元素。社区能力建设是一个社区系统发育和成长的过程，不能一蹴而就，必须渐进演变以逐步适应环境变迁。这个过程中，如何使以个体和家庭为单位的自雇小农联合起来，以个体的却同时又体现为社区共同体的利益为契合点，培育社区发展的自组织体系，激发社区不同主体的潜能并联合社区内外的多元资源，塑造社区整体性的互助合作精神，以自主性和自助性的方式解决生计困境，是内源性能力建设的关键所在。

田村能力建设项目运作的动员阶段，绝大部分村民欣然表示愿意参与，对项目计划表现出浓厚的兴趣，但当进一步希望大家能够主动承担一些社区动员和协助工作时，一些村民却又显得十分犹豫，总是推迟说担心自己做不好，担心自己出来协助项目组会遭到村里其他村民的嘲笑或诋毁，似乎有种不愿意做"出头椽子"的担忧。甚至当项目组动员村里的小学老师、小工程包工头、村委会任职干部、文艺队的骨干等参与项目时，也很少有积极回应，多数人都呈现出旁观者的心态或者观望的态度。随着项目的深入开展，通过鼓励和支持村民直接参与社区发展基金的运作管理，社区骨干的组织能力和协调能力显现出来，他们愿意在公众面前展现自己的能

---

① ［英］舒马赫：《小的是美好的》，虞鸿钧、郑关林译，商务印书馆 1984 年版，第 136 页。

力，愿意参与竞争性的公共事务，原先观望的村民也逐渐开始支持社区发展基金小组的运作，或者直接加入到小组中来。尤其值得一提的是妇女的改变。最开始村里的妇女主要以文艺娱乐的形式组织起文艺队，除了跳舞唱歌，基本上不涉及村里的公共事务，妇女普遍觉得自己的社区参与能力不足；而现在有些妇女已经能对公共事务发表自己的看法，并且直接参与项目的管理工作，同时在家庭中的地位也悄然发生着变化，开始与丈夫共同管理和规划财务以及尝试协商式处理家庭重要事项。

组织能力的培育不是自我封闭式的，并不是仅以社区的狭小圈子为组织对象，这种形式的组织建设不能长久，也不可持续。在强调内源发展与外源支持彼此结合的理念下，社区自组织如何与外部组织系统相融合，形成利用外部资源的组织能力，是走出组织封闭陷阱的关键。经过初期的组织发育后，田村不同苗寨的社区发展基金小组联合起来，形成了社区发展基金管委会，每个寨子都选出自己的代言人参与管委会的事务，同时，还邀请田村村委会的主任和委员参与，试图建立一个范围更大的组织网络，发挥组织联合的特点与优势。这种模式的形成，一定程度上缓解了社区发展基金小组与田村村委会之间沟通机制不畅的现实尴尬，使村委会干部更加了解村民的需求和发展方向，也使村民的多元利益诉求能够得到地方政府更加快速的响应。除此之外，市场力量也是需要考虑的重要因素，如何使社区自组织形成与外部市场之间的良性互动，往往决定着组织最终的可持续性。显然，这方面需要不断拓宽组织发展和建设的思路，从更加宏观的结构性和制度性视野进行更多的实践性探索。

（五）社会资本

基于社会资本的研究结论，世界银行在《世界发展报告 2000/2001》中强调贫困人口网络合作以增强其资源获取能力的重要性，网络将穷人连接到中介组织、机构和国际市场的同时，也促进了善治和社会责任这两个举措并行不悖。普特南（Putnam）研究了形成不同资本类型的一般模式，诸如物质资本（physical capital）和人力资本（human capital）的组合，并宣称个人的技能和生产力可以在一个特定的网络或背景中得到增强。① 例如，物质资本、人力资本与社会资本的结合可能是个催化剂（catalyst），从而产生进一步的物质资本、人力资本和其他类型的个人资本以及不同群体成员之间的资本。② 因此，个人、社区和区域可以通过自身复杂的工作过程，发展不同形式的资本作为减贫的资源和潜力。③ 从发展干预的角度看，社会资本可以被定义为促成发展机遇和成果的社会网络和规范。④

特殊网络的性质取决于社会背景以及与网络之内其他行动者的关系，⑤ 因此灵活性（flexibility）和适应性（adaptation）适用于参与的每一个行动者⑥。网络研究表明，知识和学习机会的转移提供了面向更高层次的社会能力建设（social capacity building）的潜力挖掘的更多机会。⑦ 能力建设项目对低收入和中等收入群体和社区是至关重要的，除了对知识转移渠道的强势发展，他们还提供了一个分析互动和关系建设如何支持更大范围的参与者的机会。⑧ 普特南认为，社会资本有利于促进社区通过团体集合、合作与互惠支持关系获取信息和技能。⑨ 因此，后续的项目及其参与者在能力建设时将得到更好的条件，能够更有效地管理、获取和利用资源去有针对性地解决问题。拉马纳

---

① Putnam R., "Bowling Alone: America's Declining Social Capital", *Journal of Democracy Article*, 1995, 6 (1), pp. 65 – 78.

② Coleman J. S., "Social Capital in the Creation of Human Capital", *American Journal of Sociology*, 1988, pp. 94, S95 – S120.

③ Allahdadi F., "Building Social Capital for Poverty Reduction in Rural Areas of Marvdasht, Iran", *Journal of American Science*, 2011, 7 (6), pp. 532 – 535.

④ Dudwick N., Kuehnast K., Jones V. N., and Woolcock M., *Analyzing Social Capital in Context: A Guide to Using Qualitative Methods and Data*, World Bank Institute, 2006.

⑤ Chang S. C., Tu C. J., Li T. J., and Tsai B. K., "Social Capital, Cooperative Performance, and Future Cooperation Intention among Recreational Farm Area Owners in Taiwan", *Social Behavior & Personality: An International Journal*, 2010, 38 (10), pp. 1409 – 1429.

⑥ Wilkinson I. and Young L., "On Cooperating: Firms, Relations and Networks", *Journal of Business Research*, 2002, 55 (2), pp. 123 – 132.

⑦ Batjargal B., "Social Capital and Entrepreneurial Performance in Russia: A Longitudinal Study", *Organization Studies*, 2003, 24 (4), pp. 535 – 556.

⑧ Brass D. J. and Labianca G., "Social Capital, Social Liabilities, and Social Resources Management", In Corporate Social (ed.), *Capital and Liability*, US: Springer, 1999.

⑨ Putnam R., "Bowling Alone: America's Declining Social Capital", *Journal of Democracy Article*, 1995, 6 (1), pp. 65 – 78.

坦等学者（Ramanadhan）认为，基于网络的社会资本对于能力建设项目的目标和评估可能是一个有益的补充。① 拉马纳坦引用哈威（Hawe et al.）等人的观点，认为社会资本值得在能力建设工作中进一步关注，因为即便离开外部干预系统，因为社会资本的效应，地方社区还具有处理当前和未来发展议题以及那些项目之外议题的较大能力。②

社区发展基金的运作过程即是一个构建发展网络的过程。分布在每个苗族村寨的社区发展基金小组，以同一个寨子的村民为中心组织起来，建立小组内部规则，形成一个相对稳定的基金运作的发展性小组。虽然成立小组之前村民也生活在同一个村落，但家户制的"单干"生产模式以及近年来相对大规模的外出务工还是限制了村民在生计发展方面的彼此协助，即便平时聚在一起时，男性可能只是喝酒聊天，女性多数时候仅是跳舞休闲，不太会涉及公共议题和生计发展议题的讨论与解决。社区发展基金小组的建立，提供了合作的平台，凝聚了发展的组织力量，构建了社区内部的组织网络。另外，跨社区的社区发展基金小组管理委员会的建立，是为了构建更大发展网络的实践。此时，村民的发展网络不再局限于本寨子的熟人社会，扩展到寨子之外的地域空间和差序格局外围的关系网络，这种延伸一定程度上拓展了村民的社会网络，增强了资源链接的可能性。与此同时，将田村村委会的行政力量引入到网络之中，也是扩展村民社会资本、提升网络异质性的一种尝试。应当说，通过这些举措，村民已经逐步有了积累社会资本的意识，过去田村苗族村民的生活圈子相对封闭，很少同附近的汉族、回族村民交往，也缺乏同政府打交道的技巧；现在有些村民已经开始尝试同其他民族的村民做生意或一起外出打工，村民的自信心有了显著提升。

---

① Ramanadhan S., Kebede S., Mantopoulos J., and Bradley E. H., "Network-based Social Capital and Capacity-building Programs: An Example from Ethiopia", *Human Resources for Health*, 2010, 8 (1), pp. 1 - 11.

② Hawe P., Noort M., King L., and Jordens C., "Multiplying Health Gains: The Critical Role of Capacity-building within Health Promotion Programs", *Health Policy*, 1997, 39 (1), pp. 29 - 42.

（六）合作意识

"农民需要合作，农民合作需要组织，这是一个基本共识"。[①] 几乎在所有地方，农民都通过共同劳动和换工的方式合作。[②] 合作依然是人类社会运作的常态，也是当前中国农村广泛存在的互动形式。应当承认，即便是家庭联产承包责任制全面替代人民公社制之后，分户经营的农民也存在合作的意识和形式。无论是生产过程中的劳动互助，还是日常生活中的邻里相恤，以及人际交往中的资源共享，都是合作广泛发挥作用的领域。同时也必须承认的是，这种形式的合作主要是非组织化和非制度性的。村民之间的帮助是出于质朴的乡土人情和亲缘关系，而不是基于社会功能的分化与互补、权益交换的契约和异质性所形成的组织形态和社会合作。受全球化、市场化的影响，当下贫困地区的农民也如同其他城乡地区一样，全面卷入到了全球市场的变动过程之中，演变成为"社会化小农"。贫困地区的农民依附于土地进行自雇式生产的属性越来越弱，同社区之外进行社会交往的需求日益强烈。进一步而言，他们被卷入到的不再是一个封闭的乡土社会，而是开放多元、充满风险和不确定性的市场社会。因此，在经济社会加速转型期，分散的农民要想扬帆远航，适应现代社会发展的大浪，规避外部社会的不确定性与市场风险，良好的合作意识与合作行为将必不可少。

社区能力建设项目中，教育、组织等策略都有一个核心意图，即培育地方民众的合作意识，将培养民众组织合作作为一项重要工作，具体包括社区内的组织合作与跨社区的组织合作。社区内的组织合作以社区发展基金小组、妇女小组、农业技术小组等形式组织起来；跨社区的组织合作以不同苗寨寨子的社区发展基金小组联合的形式组织起来。前者聚焦于村民个体之间的合作，将微观的个人联结成具有一定发展能力的组织形式；后者聚焦于社区之间的合作，是一种"微观

---

① 徐勇：《如何认识当今的农民、农民合作与农民组织》，《华中师范大学学报》（人文社会科学版）2007 年第 1 期。

② 阿特伍德、巴维斯卡、希克：《农村合作组织》，［英］范达娜·德赛、［英］罗伯特·B. 波特主编《发展研究指南》，杨先明等译，商务印书馆 2014 年版，第 298 页。

区域的跨社区合作"（Inter-Community Cooperation in the Micro-Region）的组织形式。① 跨社区合作假设社区之间的相互依存关系使两个或两个以上的社会单位（社区）的网络通过任何形式的资源连接起来。罗杰斯等人（Rogers et al.）认为，尽管合作可能导致协作的努力，不过"合作"（cooperation）相较于"协作"（coordinative）而言更加体现出一种自愿行为，两个社区之间的合作会导致两者独立的和自治的结果，而协作会导致更加正式和更加妥协的结果，后者假设伙伴社区具有更少的自主性行动。②

通过社区发展基金项目的开展，村民意识到组织化合作与跨社区合作的重要性，一起跑市场、找销路，共同抵御市场风险，彼此之间的信任关系也得到了进一步增强。例如，在社区发展基金的运作过程中，项目组织来自不同苗寨的村民到规模化的蔬菜种植基地、畜牧养殖基地学习参与之后，虽然大家都感触很深，但一开始并没有多少村民下定决心要开展规模化经营。不过，少数村民还是有点"心动"，打算发展规模化养猪，但由于害怕没有相关经验，又苦于没有交流对象和合作伙伴，心里很是没有底，不太敢"先吃螃蟹"。在项目组的动员下，社区发展基金管理委员会联合这些村民一起到生猪示范基地进一步了解生猪养殖的产业链条，尤其考察了饲料、配种、销路等村民最为关心的问题，之后还聘请农技员进行多次现场示范教学。在组织合作的助推下，这些村民最终走上了规模化养殖的产业之路，之后还带动其他村民共同发展。

三　现实问题

内源性能力建设是一个非线性的发展过程。在不可预测、不确定性的社会背景以及各种社会主体频繁互动、彼此博弈的环境下开展发展干预工作，面临的困难与挑战是可想而知的。"迄今为止，在反贫

---

① Baker H.，"Inter-community Cooperation in the Micro-region：A Saskatchewan Perspective on Rural Development"，*Sociological Practice*，1990，8（1），pp. 145 – 156.

② Gamm L.，"Review Essay：Interorganizational Coordination：Theory, Research, and Implementation"，*Administrative Science Quarterly*，1984，29（3），pp. 470 – 472.

困这个问题上唯一真正达成了一致意见的是关于这个问题的严重性的认识"①，真正要做的是采取实际行动而不仅仅只是流于美好的愿望。田村的内源性能力建设实践始终处在问题解决的动态过程之中，这形成了发展干预行动的常态。总体上看，田村社区发展基金项目带来了诸多积极改变的同时，在实践中也产生了诸多不得不面对和反思的操作性难题。

（一）社区参与

社区参与是农村能力建设的关键，没有在地民众的参与（non-participation）是导致社区发展工作失败的根本原因。② 发展项目中的社区参与往往假设地方民众具有共同目的和共同利益。参与式发展最突出的困难和障碍是发展规划过程中利益相关者之间的社会和权力关系，包括专业规划者和技术人员、受益人口以及相关发展机构。除此之外，参与式发展的障碍还包括最终受益社区的外部影响和地方性或社区内部的影响，且内部与外部的影响是相互联系和相互作用的。安贝·恩乔（Ambe J. Njoh）的研究指出，影响社区参与的障碍包括受益社区的家长制（paternalism）、国家的规范性作用（the prescriptive role of the state）、对于发展成功的过度化报告（over-reporting of development success）、选择性参与（selective participation）、困难议题的偏见（hard-issue bias）、群体间冲突（inter-group conflicts）、立竿见影效果的过度压力（excessive pressures for immediate）、缺乏兴趣（lack of interest）、人口规模（population size）以及信仰体系（belief systems）。③ 研究显示，除非社区参与的障碍被完全理解或者处理，否则发展过程中利用社区参与的优势可能会面临

---

① ［英］迪恩·卡尔兰、［美］雅各布·阿佩尔：《不流于美好愿望：新经济学如何帮助解决全球贫困问题》，傅瑞蓉译，商务印书馆 2014 年版，第 3 页。

② 古学斌：《农村社会工作：理论与实践》，社会科学文献出版社 2018 年版，第 41 页。

③ Njoh A. J. , "Barriers to Community Participation in Development Planning: Lessons from the Mutengene（Cameroon）Self-help Water Project", *Community Development Journal*, 2002, 37（3）, pp. 233 – 248.

失败的危险。

从本质上看，地方社区其实也是一个异质、分立和复杂的社会。吉尔伯特（Gilbert）总结了社区参与存在的问题和争议的最本质的论述，"可以得出的唯一合理的结论是，一个关于社区参与的积极观点，最后总是受制于当地的特殊情况，社区参与是值得提倡的，可以有助于改善低收入社区的生活条件，但是，参与的缺点也可能被利用，穷人经常被谨慎地建议限制他们的参与"。[1] 然而，尽管众多研究揭示了参与式发展的诸多问题，但在当前的国际发展实践中，人们对社区参与仍然持有普遍的乐观主义，因为，"发展这个词在完整意义上是不可能没有适当的社区参与的"。[2]

参与既是一种相对抽象的发展理念，也是可以直接操作的实践性概念。社区发展基金项目始终强调能力建设过程中参与的重要性，从项目的前期调查到项目启动，再到运作过程以及此后的项目评估，动员和倡导村民的主动参与都是项目推进的核心要素。总体上看，项目基本实现了村民参与的预期目标，参与成为推进项目前进的有效手段。但是，正如相关研究所揭示的，项目实施过程中出现了诸多影响参与的障碍，如社区内部的派系斗争、村民与小村长之间的矛盾、国家工程对社区的负面影响、规模性外出务工、村民对项目短期效益的质疑、社区发展基金小组内部矛盾以及工作员自身的工作方式等。村民的参与程度呈现出项目前期高于项目后期、男性高于女性、社区骨干高于普通村民的特点，项目初期全村男女老少投工投劳参与文化室建设、积极参与农业技能培训和文化夜校学习的情形在项目后期已经很难再现，村民更多的是"选择性参与"，妇女的参与率总体上不及男性，社区发展基金项目如今也基本上变成了少数社区骨干的工作，对普通村民的带动作用不如预期。

---

① Gilbert A. , Forms and Effectiveness of Community Participation in Squatter Settlements", *Regional Development Dialogue*, 1987, 8（4）, pp. 56 – 80.

② Botes L. and Rensburg D. V. , "Community Participation in Development：Nine Plagues and Twelve Commandments", *Community Development Journal*, 2000, 35（1）, pp. 41 –58.

（二）社区冲突

冲突不仅发生在"冲突频发"的地方，它是世界范围内社会生活的一个必然特征。冲突的过程发生在多个层面，上到国家政治下到村庄内部，即使不被视为特别容易发生冲突的地理区域，冲突也是真实存在的。发展项目与冲突不可避免地密切相关、齐头并进（go hand in hand），因为发展天生是一个政治性的和有争议的过程。[①] 由于引进新的资源到贫困社区，发展计划不可避免地塑造和激发出当地的冲突动力（conflict dynamics），对这些资源的竞争可能直接导致冲突，或者与现有的竞争局势进行互动，从而导致了冲突的升级。发展项目面临的主要挑战是确保这些冲突得到建设性处理，不仅要使它们不至于发展成为更严重的暴力，还要使其成为进步的社会变革力量的有效组成部分。承认发展和冲突结果之间的内在关联，对如何设想发展过程，以及如何准备发展项目会产生一些积极影响。

发展项目和政策往往是在权力关系不断协商与再协商的舞台上展开运作的。发展项目本身就是一种政治资源，发展活动构成外部输入的资源和规则系统，合法化特定的行动和话语，从而增强特定的个人、团体或损害他人利益的观念。这对于所有发展干预来说都是真实存在的，包括那些没有专门针对影响当地的社会、政治组织或冲突的形式。因此，发展项目可能正面或负面地影响冲突动态，这表明发展干预的一些基本影响。首先，发展过程特别是发展干预中一般性的政治基础必须得到明确承认；其次，规划和实施项目时，潜在的和实际的冲突动态必须予以考虑，所有发展项目应当承认，他们明显地塑造了冲突的地方动态，因此他们可能引发或者限制暴力冲突；最后，谁受益、谁不能受益以及它们如何映射到现有的权力关系和分歧中，这种发展干预的分配结果必须进行评估，并为处理他们引起的紧张局势

---

① Barron P. , Diprose R. and Woolcock M. , *Local Conflict and Community Development in Indonesia*: *Assessing the Impact of the Kecamatan Development Program*, The World Bank, Indonesian Social Development Paper, No. 10, 2006, p. X.

提供可行的机制。①

　　作为外部干预组织，能力建设项目组显然不是"空手"进入社区，携带资源是每个外部干预组织的基本特征。不可否认，地方政府和社区能够接纳项目组，本身实际蕴含着对项目组身份背后资源的期待，希望能为地方发展带来各种资源和支持。项目组作为携带资源的外部力量，进入社区后必然引起原有社会关系和社区结构的改变。尽管项目组一直保持警惕，但还是引起了一些社区矛盾和冲突。例如，有些村民认为，社区骨干之所以积极参与项目，一定是拿了项目组的"好处"，为此，有些社区骨干因受不了这样的压力而故意疏远项目组。另外，项目的开展还激化了社区中原有的矛盾。峰寨小村长王满诚与村民之间的矛盾其实由来已久，但一直没有正式爆发。矛盾主要源于村民怀疑王满诚私吞了出售村集体资产所得的资金，但村民没有直接的证据，双方一直僵持不下。随着项目的深入推进，村民经常围绕项目展开讨论，平时在一起的时间也多了起来，讨论激烈的时候，便会有村民提起集体资金的事情，多次之后，王满诚终于被激怒，村民与小村长的矛盾公开化。本来参与项目最积极的王满诚，因为这件事萌发了退出社区发展基金小组的想法。有些村民甚至怀疑项目组有意包庇王满诚，因此也对项目组产生了不小的误解。在此过程中，项目组不得不耗费大量的时间和精力处理这些社区矛盾和冲突，但是，这种夹杂着各种复杂因素的社区冲突本身有其深层性和顽固性，单靠外部力量的介入有时是难以予以妥善解决的，并且可能会将"社区内部矛盾"转化为社区（村民）与外部机构的矛盾，而这对于社区和外部发展机构双方而言，显然都是最不愿看到的最坏结果，也违背了社区发展的初衷。

（三）发展依赖

　　社区能力建设强调发挥地方民众的自主性，注重引导社区实现自

---

　　① Barron P. , Diprose R. and Woolcock M. , *Local Conflict and Community Development in Indonesia：Assessing the Impact of the Kecamatan Development Program*, The World Bank, Indonesian Social Development Paper, No. 10, 2006, p. xvi.

主发展。从内源发展的意义上看，能力建设试图恢复和培育地方民众的能动性，激发地方民众觉知自身的主体价值，能够主动实践适合个体、家庭和社区的发展道路；社会工作者在发展干预实践中，应当想方设法同地方民众一道知觉阻碍主体意识的各种外部和内部力量，并与地方民众共同寻求展现主体能动性的实践途径，从而挑战那些使他们陷入生活困局的力量。① 实践表明，如果单纯从受助者的角度进行减贫工作，只会强化地方民众的依赖性，弱化地方民众的自主发展能力，因此，从"自助"的角度看，发展干预项目必须激活个人、群体和社区自我改变、成长和不断进步的能力，迈向能力建设的助人自助。② 内源性能力建设的社会工作模式具有十分显著的社会公正与社会改变意向，对外部干预力量保持足够的敏感性，看重发展干预结果但更注重在过程中提升地方民众及社区的能力，因此，从基本假设和理想状态上推演，这种发展模式是不应该制造依赖关系的。③

　　田村发展实践中，项目组秉持优势视角的基本理念，注重村民的有效参与和主体性呈现。社区发展基金的运作过程，项目工作员主要参与前期的动员与组织工作，基金步入正常运转阶段后，管理与运作都交由村民，此后项目组主要发挥指导和监督作用。这种介入方式符合能力建设的基本意蕴，也符合社会工作"助人自助"的原初假设。通过诸多蕴含参与性、自主性的项目活动的开展，一些村民确实开始主动思考自身的发展问题，并主动采取行动实践发展项目，且取得了不错的发展成效。不过，许多村民依然离不开项目组的"推力"，当项目组撤出田村后，一些村民又放弃了之前的发展计划，返回到"靠天吃饭"的老路上。妇女小组在项目运作过程中发挥了重要的组织作用，妇女们从中学习到很多实用知识，提升了与外界沟通的能力，但是，当工作员将小组的运作权力完全授权给小组骨干之后，小组运作

---

　　① 刘晓春、古学斌：《解放/被解放——谈批判教育学与社会工作社区发展教育》，王思斌主编《中国社会工作研究》第 5 辑，社会科学文献出版社 2007 年版，第 108—109 页。
　　② 张和清：《社会工作：通向能力建设的助人自助——以广州社工参与灾后恢复重建的行动为例》，《中山大学学报》（社会科学版）2010 年第 3 期。
　　③ 古学斌、张和清、吴世友：《农村社会工作实务模式与方法技巧》，张和清主编《农村社会工作》，高等教育出版社 2008 年版，第 180—181 页。

就因为少数成员之间的个人矛盾受到影响，矛盾的激化直接阻碍了小组的正常运行。因此，虽然项目的正式介入期已经结束，但项目组工作员还是不得不在"藕断丝连"的状态中处理各种社区关系和社区问题。

（四）资源链接

农村社区包含广泛的资产和优势，诸如社区非正式组织、民众之间紧密的互动关系、地方机构、历史文化传统以及丰富的土地资源等。专注于能力建设的专业实践模式，可以赋权于农村民众，使其利用他们的资源以创新的方式创造新的社区资产；可以协助农村民众确定他们的发展方向，设置他们自身的优先事项（priorities），并利用内部和外部资源的方式构建他们的社区意识（community sense）。[①] 内源性能力建设集中关注并洞察社区内外可获得、可链接的资产、资源和优势。优势视角假设，社会工作者要了解和寻找社区内部的资源、资产和能力，所有的工作也必须先从社区内部开始起步；外在动力当然确实存在，也许对社区发展十分重要，但只有经由社会工作者寻找社区内部的资产、解决问题的能力、社区领袖，并强调场域位置、邻里关系、相互依赖以及情境的重要性，这些因素才能最终得到有效回应。

田村发展项目注重开发地方性资源，希望在地方性文化资源的基础上挖掘发展潜力，也取得了一定的进展。不过，从优势视角来看，田村还有一些可供挖掘的潜力并未充分呈现，例如，某些寨子交通相对便利，妇女能够熟练加工民族服装与刺绣，村民的采集能力突出等。但是，如何将这些社区潜力更好地与村民的发展计划相联结，如何将这些社区资源更好地与外部世界链接起来，是项目至今没有很好突破的难题。本质上，这些问题的解决仅仅依靠社区内部或者地方基层是很难解决的。从项目的经验看，社区内部资源通过能力建设能够较好地被挖掘出来，并很快产生积极效应；但当涉及社区内部与外部

---

① Scales T. L., Streeter C. L., and Cooper H. S., *Rural Social Work: Building and Sustaining Community Capacity*, 2nd Edition, Hoboken, NJ: Wiley Press, 2013, p. xvi.

环境结合的资源链接时，则会遭遇诸多现实难题与尴尬。相关学者的研究提供了更加广阔的思路，中国目前是一种资源约束下的工业化、城市化优先发展战略，工业化的强制性与中国既有资源禀赋之间的张力所造成的现代化悖论，形成了城乡之间的断裂，因此，要想寻找到解决"三农"问题的新取向，首先要做的就是反思工业化和城市化的发展模式，反思资本文明。①

（五）外部环境

在全球化、市场化的强大力量助推下，农村社区即便是偏远的贫困村庄也不可能在完全封闭的环境中独自寻求发展。国家制度、市场经济、消费主义文化等各种因素都交织在每一个微观的社区的权力结构、文化网络、民众心理以及行为惯习之中，并深刻影响地方社会的发展变迁。例如，一个小的合作社很难改变国际贸易的规则，这些规则是由发达经济体的世界贸易组织制定的，一味强调草根社会可能会忽略掉一些重要的结构体。② 因此，即便是以社区为驱动力量的发展干预项目，也必定要处理各种复杂的内外部关系问题，尤其是显著影响内源发展的外部环境因素。从内源发展与外源发展相平衡的角度看，当然应当从政府、经济、市场等方面思考发展可能性，但关键的问题是，这些主体往往很难通过个体、社区组织或者基层农村社会与之进行有效对接。相对于政府与市场的垄断和强势，基层农村社会和农民还是显得过于渺小，难以从地方层面构建起平等的互动机制。

> 对农村贫困产生影响的主要外部因素，包括体制改革、贸易自由化和全球化，特别是市场自由化，使贫困农村陷入债务。农村的购买力本来就弱，而优惠信贷计划撤销，高质量生产资料缺乏，技术推广体系崩溃，农产品规避出口风险的倾向，以及农村

---

① 何慧丽、古学斌、贺雪峰、田力为、毛刚强、Luca Colombo、Ada Cavazzani 等：《城乡链接与农民合作》，《开放时代》2009 年第 9 期。

② 莫汉：《参与式发展》，[英] 范达娜·德赛、[英] 罗伯特·B. 波特主编《发展研究指南》，杨先明等译，商务印书馆 2014 年版，第 89 页。

内部较大的差距、生计系统的破坏、边缘化、性别歧视等综合因素，都对贫困地区形成消极作用。在社会经济层面上，农村与城市在获得医疗保健、教育、收入机会等公共产品方面的差距，从来都是有目共睹的。①

项目运作过程中遭遇到市场波动较大、贵昆铁路与昆曲高速公路改扩建工程征地与施工等外部影响，这些因素对项目的负面影响巨大，常常使发展计划半途而废或需要长时间才能恢复。比如，社区生计发展离不开与外部市场打交道，而市场的波动非常直接和迅速地反映在发展项目开展过程中。参与社区发展基金项目的村民大多数选择进行规模种植和养殖，能力建设在某种程度上解决了村民的技术缺乏、信心不足、组织化程度低、信息不畅等现实问题，但村民最为担心的市场销路问题，项目组往往也显得力不从心。当然，项目组和村民也会主动跑市场、链接外部资源，但是，当市场价格波动时，村民即便卖出了农产品，也往往是血本无归，于是，原本刚建立起自信心的村民又陷入对现实的再次绝望之中。再比如，贵昆铁路与昆曲高速公路改扩建工程征地之后，田村苗寨的土地资源基本上只剩下陡坡山地，土地质量不高，水源也被切断，村民的蔬菜规模化种植不得不到邻村租地。当与农民生计生产、日常生活密不可分的耕地、水源等基础性资源都被大量剥夺时，依赖于社区资产开发的能力建设显然成了"无本之木"。

（六）政府角色

缓解和消除贫困是政府和地方民众的共同愿景。专业社会工作机构或组织作为第三部门介入到地方社区发展过程中，必须将国家（政府）视为一个重要的战略行动者和参与主体。国家可能会利用社区发展项目转移特定类型的成本到社区组织；② 另外，获益社区也需要政

---

① 马伦：《农村贫困问题》，［英］范达娜·德赛、［英］罗伯特·B.波特主编《发展研究指南》，杨先明等译，商务印书馆2014年版，第270页。

② Schady N. R. , "The Political Economy of Expenditures by the Peruvian Social Fund (Foncodes), 1991 - 1995", *American Political Science Review*, 1999, 94 (2), pp. 289 - 304.

府提供相应的政策、投资、培训等关键性支持。① 也有研究显示，集中式的官僚机构和部门倾向于抑制发展项目的效果，但这类研究的证据通常都非常薄弱。托马斯·斯莱特（Thomas - Slayter）等人的研究显示，随着社区力量的增强，他们往往构成对地方政治利益的挑战，导致国家和社区组织之间的竞争关系和国家支持的撤退。② 古学斌、张和清等学者的研究也表明，如果肯定地方民众是减贫过程的主体角色，那么就要厘清他们真实的现实处境、想法打算、未来考虑等，否则非但他们参与扶贫过程的动机得不到增强，而且还会使政府与地方民众的关系变得紧张，农民会面临新的困扰。③ 在这种情况下，社区发展工作可能是十分脆弱的。

同样的，田村发展干预项目的开展需要妥善处理项目与地方政府（包括村委会）的关系。总体上看，田村项目同北县政协、唐镇政府以及田村村委会形成了良好的合作关系，政府提供了必要的物资和技术支持。项目实施过程中，唐镇农科站、畜牧站、卫生院等部门参与了农业实用技能培训、妇幼保健知识培训等工作，村委会委员作为社区发展基金管委会的成员直接参与项目的管理工作。同时，对于政府出台的不符合当地发展实际的政策措施，项目组积极与政府沟通，使政策更加符合农民的现实需求。但政府介入的程度和稳定性对项目往往会产生直接影响。例如，田村不同苗族村寨的社区发展基金小组联合组建的社区发展基金管委会，邀请田村村委会的主任和委员参与，建立了一个范围更大的组织网络。这种模式的形成，一定程度上缓解了社区发展基金小组与田村村委会之间沟通机制不畅通的尴尬，使村委会干部更加了解村民的需求和发展方向，也使村民的许多利益诉求能够得到地方政府更加快速的响应。但是，2011 年村委会换届，新

---

① Mansuri G. and Rao V., "Community-based and-driven Development: A Critical Review", *World Bank Research Observer*, 2004, 19 (1), pp. 1 – 39.

② Thomas -Slayter B. P., "Structural Change, Power Politics, and Community Organizations in Africa: Challenging the Patterns, Puzzles and Paradoxes", *World Development*, 1994, 22 (10), pp. 1479 – 1490.

③ 古学斌、张和清、杨锡聪：《地方国家、经济干预和农村贫困：一个中国西南村落的个案分析》，《社会学研究》2004 年第 2 期。

的两委班子对管委会事务的参与不够积极，这直接导致社区发展基金管委会中政府力量的"隐身"，也致使管委会的异质性降低，又返回到了纯粹由地方民众参与的社区自助型的组织格局。

（七）项目组角色

作为外部干预主体，项目组的身份是一个需要时刻警醒和反思的敏感议题。从内源发展的角度看，外部干预力量主要扮演启发者、催化者、支持者、协助者以及资源链接者等有利于推动地方民众觉知自主能力的角色，而不能代替社区做决策，不能包办社区发展事务。因此，社会工作专业通常强调工作者要"矮化"自身，做到与地方民众"同行"，积极动员民众参与，从而形成发展的自我意识和知觉能力。但是，在发展干预实践场域中，工作者想要矮化自身并与地方民众平等同行是十分困难的。一方面，由于问题解决这一习惯性思维的局限性，工作员可能会不自觉地承担施救者的角色，极易导致工作员与地方民众的主体位置出现不平等，这与内源性能力建设的原初假设是背离的；另一方面，工作员本身的外来者身份即携带着的权力和资源，工作员主观上可以不去触碰，但在实际工作中，地方民众还是会采取变通、迎合、讨好的方式与工作员相处；与此同时，个体意识的知觉和观念的改变通常是一个非线性的发展过程，当外部环境出现波动时，不仅地方民众的信念会发生动摇，就连工作员自身可能也难以完全稳定心绪，时常会返回到自身更为熟悉的行动模式之中。

田村项目开展过程中，项目组试图以支持者、协助者、资源链接者等赋权式角色进入社区，推动村民参与了几乎所有发展计划的讨论与实施，但在实际操作过程中，村民通常都会主动迎合项目组的意图，导致最终许多发展计划的制定与实施本质上还是出现了项目组主导的情况。譬如，为了提升农业技术小组的种植和养殖能力，项目组与村民商议可否进行实用农业技能培训。在与村民的交流中，几乎所有村民都一致表示赞成，认为这是一件好事，并表示肯定会积极参加培训。项目组又进一步与村民讨论培训的具体形式和内容，此时，有些村民表示，只要是关于烤烟、苞谷、生猪、牛羊、蔬菜等相关的技能培训，他们都十分欢迎。于是，项目组聘请了一所农业大学的教授到田村授课，培训时村民也都积极参与。事后证明，这次培训效果并不理想，有村民私底下向项目组透露，培训时根本听不懂，讲的知识也不太实用，但又不好意思当场提出来。此后，项目组不得不临时调整培训方案，改为聘请唐镇农科站的农技员进行培训，本土农技员更了解地方特点和村民需求，采用田间地头"手把手"的教学形式，同时由于农技员的工作地点就在本镇，也方便平时相互交流，培训效果得到显著提升。这件事带给项目组的教训是，在与村民的互动过程中，有时看似平等讨论和协商的背后，其实蕴含着高度不对等的权力关系，村民在"拿不准"或者"不好意思"的情况下，往往会选择主动迎合，最终出现偏离发展结果的状况就可想而知了。

第六章　内源性能力建设的范式融合实践与行动整合策略

　　本章将在前述章节的基础上，进一步阐述基于"优势—资产"范式的多元融合方法的具体展开路径，并建构一种社区驱动型的综合社会工作行动模式。内源性能力建设不将问题取向、优势取向和方法取向简单分立或者选择其一，而是秉持范式研究的多元融合方法，强调以当地居民能力建设为主线，立足于对居民自身问题与优势的平衡分析，从个人、群体、社区、社会等多层面综合思考能力建设的行动策略。本书认为，基于"优势—资产"范式的多元融合方法虽然不一定能被视为当前社会工作介入农村减贫实践的范式超越或范式转向，但至少可以作为一种突破了传统范式分立格局的范式补充类型。秉持范式多元融合的方法，本书尝试建立一个由"内部—外部""微观—宏观"多重维度构成的社区驱动型综合农村社会工作的减贫行动策略的分类图式。这一行动整合策略展现了在"问题与优势的平衡服务"过程中建设社区自主发展的可行能力的基本架构。

一　迈向基于"优势—资产"范式的多元融合方法

　　20世纪80年代以来，随着能力建设（capacity-building）、抗逆力（resilience）以及增能赋权（empowerment）等注重能力挖掘的理论的逐渐兴起，优势视角迅速演变为一种一般意义上的社会工作理论和实

践的视角，成为整个专业社会工作发展的主导，① 并深刻影响着农村
社会工作的发展进程。当前农村发展干预实践中，虽然实际上存在着
"问题—缺乏""优势—资产"以及"方法—工作者"三大范式的对
垒与争论，但总体上看，当前学术界的讨论中，"优势—资产"范式
似乎已经开始占据道德和理论的制高点，在范式竞争中将另外两种范
式甩在了身后，逐渐成为当前农村社会工作发展的主导原则。与此同
时，当人们讨论"优势—资产"范式的时候，通常又习惯性地将
"问题—缺乏"范式和"方法—工作者"范式归为同一个大类，认为
它们都遵循病理取向（pathology-based approaches）的基本假设，与前
者的优势取向（strengths approach）构成一对竞争性的范畴。② 农村社
会工作似乎也正沿着强调服务对象的主体性、抗逆力、优势等观念的
"发展型社会工作"③ 的理论研究范式的大道阔步向前。

　　一般认为，病理取向的农村社会工作看问题时主要关注不足和缺
陷，将注意力放在如农村人口素质低下、自然资源匮乏、地理位置偏
僻、农业技术落后等问题上，干预策略往往是帮助贫困人口解决他们
的不足，其基本做法是通过外来者的直接资助，推动现代化教育、大
搞基础建设、引进农业科技和推动农民组织等。④ 塞利贝（Saleebey
D.）指出，"优势视角的实践要求我们从一个完全不同的角度看待案
主、他们的环境和他们的现状，不再是孤立地或专注地集中于问题，
而是把目光投向可能性。在创伤、痛苦和困难的荆棘之中，你能看到
希望和转变的种子。其实这个公式很简单：动员案主的力量（天才、
知识、能力和资源）来达到他们自己的目标和愿望，这样，案主将会
有更好的生活质量"。⑤ 优势取向认为发展工作者应该从社区和农民

---

① Howe D. , *A Brief Introduction to Social Work Theory*, London: Palgrave Macmillan,
2009, pp. 83 – 89.

② Saleebey D. , "The Strengths Perspective in Social Work Practice: Extensions and Cau-
tions", *Social Work*, 1996, 41 (3), pp. 296 – 305.

③ 文军:《论社会工作理论研究范式及其发展趋势》,《江海学刊》2012 年第 4 期。

④ 张和清、杨锡聪、古学斌:《优势视角下的农村社会工作——以能力建设和资产建
立为核心的农村社会工作实践模式》,《社会学研究》2008 年第 6 期。

⑤ Dennis Saleebey:《优势视角：社会工作实践的新模式》,李亚文、杜立婕译, 华东
理工大学出版社 2004 年版, 第 4 页。

现有的资产和能力出发，而不是从社区及农民缺少什么、出现了什么问题、社区的需要是什么入手。① 张和清等人认为，农村减贫实践之所以出现"越扶越穷"的窘况，是因为问题为本的干预模式持守缺乏视角看待农民的问题和需要，采取"输血式"的扶贫策略自上而下地帮助农民，而作为主体的农民被客体化了，他们的主体性、优势、能力和资产等被忽视了。②

然而，从农村发展干预的实践来看，当前国内学术界关于病理取向与优势取向的争论更多的是一种"理想类型式"的理论博弈，因为，不同的研究取向在实际发展过程中往往相互交织在一起，不是非此即彼的关系。首先，在农村贫困社区，真正的问题和困难是客观存在的，是发展工作者必须面对的现实，如果忽视了影响农村社区和农民的实在问题，可能最终导致对他们现实利益的损害，发展也难以实现。其次，优势取向强调"抗逆力"（resilience），认为人们在遭遇严重麻烦时会反弹，个人和社区可以超越和克服严重麻烦的负面事件，这是一种面对磨难而抗争的能力。但是，面对困境时人们自身具备反弹和抗争的能力并不排除他们对于外界援助的需求，两者相结合才是全面的发展之路。再次，在现实的发展干预实践中，很难将"问题"与"优势"加以严格区分或隔离，发展工作者往往是在同当地人一起处理面临的问题和困境的过程中，去尽力发挥优势、挖掘潜能、展现抗逆力。最后，从农民对外界发展干预的反应方式来看，一些实质性项目一般会吸引社区居民的积极参加，但对于那些长期性、以增强困难人群能力为目的的发展项目，当地人可能会有不同反应，他们比较看重眼前的困难，而认为某些增加其能力的活动与其所遭遇关键问题的解决相去太远。必须承认，现实生活中人有不同的能力，同时也有不同的需要并面临不同的问题。③ 因此，从病理取向和优势取向的

---

① Kretzmann J. P. and McKnight J. L. , *Building Communities from the Inside Out：A Path toward Finding and Mobilizing a Community's Assets*, Chicago：ACTA Publications, 1993, p. 2.

② 张和清、杨锡聪、古学斌：《优势视角下的农村社会工作——以能力建设和资产建立为核心的农村社会工作实践模式》，《社会学研究》2008 年第 6 期。

③ ［英］迪恩·卡尔兰、［美］雅各布·阿佩尔：《不流于美好愿望：新经济学如何帮助解决全球贫困问题》，傅瑞蓉译，商务印书馆 2014 年版，第 37 页。

二元争论迈向在现实情境的"问题解决"① 过程中开展社会工作服务才比较符合中国"底层贫弱群体接受帮助的反应"②。

内源性能力建设实践不主张在农村发展干预过程中严格区分"问题—缺乏"范式、"优势—资产"范式以及"方法—工作者"范式，不是"择其一"的非此即彼，而是基于"优势—资产"范式的多元融合方法，在社会工作介入农村反贫困的实践过程中，秉持"优势—资产"这一核心变量，在优势取向的指导下，强调贫困社区的能力建设和资产建立，同时注重吸收"问题—缺乏"范式的问题意识和"方法—工作者"范式的方法意识，倡导以"问题解决"为基本导向的农村社会工作解释方法，把关注的焦点放在问题解决的过程中，注重运用问题意识、优势意识和方法意识相结合的平衡服务。因此，在具体服务实践中，为了形成效果更好的发展干预模式，在农村减贫这一现实需求的驱动下，强调基于不同理论范式对分析和解决问题的不同侧重点以推进农村社会工作的减贫实践，应是一种新的思路和选择。

正式基于以上反思和审视，在田村的内源性能力建设实践中，项目组进行一种综合的评估和考察，既看到社区的脆弱性，又充分发掘社区的优势、资产与能力。从现实考虑，不能故意回避社区实存的问题，这些问题可能是制约社区发展的关键因素，如果不与村民一道予以解决，村民可能没有参与的积极性。发展干预行动需要在协助村民解决社区问题的过程中发挥其优势，培育他们的可行能力，而不仅仅是为了解决不足和缺乏。而单从社区现有优势入手的干预行动往往是片面的，也难以提起村民参与的积极性，不利于实现社区整体性的发展。在田村内源性能力建设的过程中，项目组既分析了田村存在的脆弱性与问题，也注意发掘田村存在的优势和资源，然后将二者结合起来统筹考虑。行动研究发现，村民现实问题的解决有助于村民的参与，在解决社区问题的过程中同时也培养了村民自主发展的能力。比

① 童敏：《从问题视角到问题解决视角——社会工作优势视角再审视》，《厦门大学学报》（哲学社会科学版）2013 年第 6 期。
② 王思斌：《社会工作本土化之路》，北京大学出版社 2010 年版，第 370 页。

如文化室的翻修与建设、国家工程施工损害村民利益事件的解决等都对社区发展基金的顺利运行起到了积极的促进作用，如果这些困扰村民日常生活、生产的现实困境与问题不能解决，村民将难以组织起来，所谓的能力建设和优势发挥也将无从谈起。

　　与此同时，内源性能力建设也吸纳"方法—工作者"范式的方法意识，只是并非从方法本身出发，而是立足于深度分析社区和地方民众拥有的优势和面临的缺陷，整合性地思考社会工作的介入策略，灵活地使用"技术组合"回应不同层面和取向的农村贫困议题。① 其实，整个田村苗族社区发展基金的建立与实施过程，就是整合运用社会工作方法的过程。为了提升苗族民众运用基金的能力，项目组聘请当地农技站的农技员、懂苗语的小学老师以及高校的教师和大学生志愿者举办种养殖技能、算术识字等各种形式的社区教育；为增进不同苗寨之间的相互了解，项目组倡导举办苗族传统节日"花山节"，不仅吸引了田村苗寨民众的积极参与，北县境内其他苗寨民众也闻讯赶来参加，许多汉族、回族群众也参与其中；在文化室建设过程中，工程建设不是完全承包给施工队，而是动员全体村民参与图纸设计、地基挖掘、文化室墙面布置等。这些以社区为平台所开展的组织动员和教育活动，实际上就是专业的社区工作方法。

　　当项目组尝试提出将提供一笔经费作为村里的发展基金时，村民们聚在一起讨论这笔钱应该如何利用。许多村民谈到，以前村里曾经售出过一个山砂场，获得了一笔集体资金，由于担心集体的钱被某些人私吞，都一致同意将这笔钱分掉，但钱分到个人手里很快就花完了，没起到任何成效。村民普遍认为，现在这笔钱不能再拿来"瓜分打水漂"了，应该好好规划利用，大家倾向于将这笔钱以集体基金的形式利用起来。于是，田村成立了社区发展基金小组，社区发展基金计划开始实施。当看到田村苗族妇女农闲时常常聚在一起唱歌跳舞，已经具备一定的组织基础时，项目组以文化娱乐小组为切入点，逐步将其转化为田村妇女发展小组，不仅丰富了妇女的文化娱乐活动，妇

　　① 文军、吴越菲：《灾害社会工作的实践及反思——以云南鲁甸灾区社工整合服务为例》，《中国社会科学》2015 年第 9 期。

女们也通过小组参与学习了诸多日常实用的文化知识，提升了她们的家庭地位和发展能力。这些以团体形式开展的组织性活动就是专业的小组工作方法。

当有些村民对参与社区发展基金小组还存在疑虑时，项目工作员分别找到社区骨干、种养殖大户谈心，和他们讨论社区发展基金并不仅仅是满足少部分村民的发展需求，而是希望能够看到更多村民从中获得益处，继续吸收其他村民参与农业技术小组和社区发展基金小组。社区骨干和种养殖大户也向工作员祖露心声，谈了自己的想法和建议。工作员一方面认真倾听，汲取他们的建设性看法；与此同时，也借此更进一步阐明项目组的工作原则、项目开展的目的与期望，这种面对面的深度交流加深了彼此的理解，增强了相互信任和接纳。这种形式的工作方式就是专业的个案工作方法。

总之，在内源性能力建设的农村社会工作减贫实践中，通过优势取向确定介入主线，以问题解决过程为关注焦点，秉持整合性的社会工作专业方法，工作员始终保持足够的优势意识、问题意识和方法意识。第一，始终将"优势—资产"范式作为减贫实践的基本原则，充分挖掘个人、家庭和社区的天赋、潜能和价值，开展能力建设和资产建设，培养社区自主发展的能力。第二，正视"人的生活总是面临某种问题这一事实"[1]，努力帮助地方民众解决生活中的苦难和问题，努力寻找面对、处理和超越问题限制的具体方法和路径[2]。第三，工作者保持足够的方法敏感性，当意识到应该从社区层面开展工作时，就进行社区动员、举行社区活动、开展社区教育等；当意识到需要从小组层面开展工作时，就构建社区发展基金小组、农业技术小组、妇女小组，培养小组领袖和骨干，激发小组动力，维持小组可持续性；当意识到应该从个人层面介入时，就寻找恰当时机与社区民众、基层干部交流谈心，增进相互了解和信任，面对面解决问题。这就是社会

---

① 童敏：《从问题视角到问题解决视角——社会工作优势视角再审视》，《厦门大学学报》（哲学社会科学版）2013 年第 6 期。

② Weick A. and Chamberlin R. ，"Putting Problems in Their Place：Further Exploration in the Strengths Perspective"，in Saleebey D. （2nd ed. ），*The Strengths Perspective in Social Work Practice*，New York：Allyn and Bacon，1997，p. 47.

工作介入农村减贫实践的整合性实践方法。

综上所述，内源性能力建设不将问题取向、优势取向和方法取向简单分立或者选择其一，而是秉持范式研究的多元融合方法，强调以当地居民能力建设为主线，立足于对居民自身问题与优势的平衡评估，既要评估农民的困难与不足，更不能忽视农民的资源和优势，并从个人、群体、社区、社会等多层面综合思考能力建设的行动策略。本书认为，基于"优势—资产"范式的多元融合方法虽然不能被视为当前社会工作介入农村减贫实践的范式超越或转向（paradigm shift），但至少可以看作是一种突破了传统范式分立格局的范式补充。当然，本书所推动的乡村能力建设项目只是基于"优势—资产"范式的多元融合方法的初步尝试，每一种方法的成熟都是经过长期实验、点滴积累和不断反思的结果，这种范式融合方法还有待更进一步的实践检验和理论完善。

二 社区驱动型综合社会工作行动策略

专业社会工作通过努力解决人与环境的互动以提升人们的生活质量，并通过技术性干预促进社会变革与发展。社会工作寻求帮助社会弱势成员，提高社会背景下人们的幸福感，并以促进社会的整体福利为目标。通过关注人与环境的交互影响，社会工作实际上一直都强调方法上的全面性。学者们建议社会工作应采用"人在环境中"（person-in-environment）[1] 的理念去分析和解决服务使用者所面临的问题，个人与环境应当成为两个同等重要的关注点（dual focus）。正是因为这种包容性，使得社会工作具备和拥有挑战性的解释能力。不过，尽管社会工作本身从一开始就追求一个更加综合的方法，但是却始终缺乏一个能够解决人与环境相结合的理论。这种缺乏理论凝聚力的后果之一是社会工作者之间分化出强调"人"和专注于"环境"的干预类型。尤其许多社会工作者将关注点放在解决个人、家庭和小群体面

---

① Miley K., O' Melia, M. and Dubois B., *Generalist Social Work Practice：An Empowering Approach*, eighth ed., Boston：Pearson, 2016, p. 41.

临的问题，并逐渐舍弃了社区层面，放弃了协助社区组织以及改变社会政策的工作。[①] 为了秉持其全面性的专业视野，社会工作在整个行业的历史上进行了整合理论和建立整合性的实践模式的各种尝试。然而，社会工作专业始终在与自我认同感做斗争，并一直在寻找一个更加明确的自身定义。[②] 这可能是因为社会工作专业的优势在于其跨越专业边界的能力，为了最有效地解决人和环境的问题，试图将理论和知识从不同的学科进行整合。但由于这些理论已经拥有了排他性和自身偏好，已经没有理论能够为同时照顾到环境和人这两者提供一个统一的理论基础。

20 世纪 60 年代至 80 年代，一些综合实践模型被发展出来，试图指导社会工作者更好地从人与环境整合的角度进行实践干预。霍利斯（Hollis）和伍兹（Woods）发展了个案工作的直接与间接方法相结合的社会心理疗法（psychosocial therapy）。[③] 这种方法根植于传统的个案工作方法，并借鉴了自我心理学（ego psychology）、家庭治疗理论（family therapy theories）、交往和角色理论（communication and role theories）、系统理论（systems therapy）以及其他相关社会科学的数据和概念。然而，根据福德（Forder）的分析逻辑，这种社会心理实践显然是独立于系统理论的基础上发展起来的，很难被定义为一种系统方法。[④] 此外，社会心理方法强调人，只是简单地将围绕人的社会关系进行了概念化，还不能算作是社会工作实践广谱（broad spectrum）上的一个理论。[⑤]

社会工作的理论基础在 20 世纪 70 年代依然存在各种不确定性。

① Nuttman-Shwartz O. and Hantman S. , "The Social Role of Social Work: An Experimental Teaching Model: The Israeli Case", *International Social Work*, 2003, 46 (4), pp. 469 – 480.

② Gibelman M. , "The Search for Identity: Defining Social Work-Past, Present, Future", *Social Work*, 1999, 44 (4), pp. 298 – 310.

③ Hollis F. and Woods M. E. , *Casework: A Psychosocial Therapy*, Boston: McGraw-Hill, 1981.

④ Forder A. , "Social Work and System Theory", *British Journal Social Work*, 1976, 6 (1), pp. 23 – 42.

⑤ Larkin H. , "Social Work as an Integral Profession", *Journal of Integral Equations & Applications*, 2006, 1 (2), pp. 320 – 350.

此时，人格理论继续构成临床导向（clinically-oriented）社会工作的知识基础，而人格理论对于拥有更多社会学和组织知识基础的社会行动专业人员而言，可能完全不被重视。家庭治疗师强调能够解释家庭成员行为的知识；小组工作者关注小组实践过程中小组的发展性（development）、结构性（structural）和功能性（functional）的理论。鉴于此，迈耶（Meyer）进一步指出，认知的边界比人更广，社会工作者必须具备对身边的问题的实质性的知识，还必须了解个人、团体、组织和社区的过程以及相关的社会政策，对于案主来说，由于没有真正的边界，就不可能只用一种方法来限制社会工作实践。①

此后，生态系统理论（eco-systems perspective）的出现很大程度上改变了社会工作整合性理论缺乏的尴尬局面。社会工作的生态系统理论不同于一般系统理论（general systems theory）。一般系统理论注重解释对象之间的关系，并提出概念化个人和环境行动者的途径，无论有生命的还是无生命的，都进入关注的单元。源自生态学和一般系统理论的生态系统理论，为人和环境之间的联结提供了一个分析视角，为环境干预的行动原则带来了发展希望。根据杰曼（Germain）的观点，环境包含"内部"（inner）和"外部"（outer）两个层面，这种在概念上具有挑战性的区分，充分显示了环境本身的复杂性。②自然和建构的世界组成了物理环境，而人类关系网络的各个层次的组织则构成了社会环境。文化价值观、信仰、规范和知识通过引导社会交往以及对物理环境的作用，影响了社会环境和物理环境，时间和空间的观念也影响了自然的、构造的和社会的世界。

生态系统理论提供了一个增加理解"他的（its）"（客体间性，interobjective）的象限（quadrant），以及社会工作者认识文化价值或者"我们（we）"（主体间性，intersubjective）的象限的能力。③ 虽然

---

① Meyer C. H. , *Social Work Practice*: *A Response to the Urban Crisis*, New York: The Free Press, 1970, p. 76.

② Germain C. B. , "The Ecological Approach to People-environment Transactions", *Social Casework*, 1981, 62 (6), pp. 323 – 331.

③ Germain C. B. , "The Ecological Approach to People-environment Transactions", *Social Casework*, 1981, 62 (6), pp. 323 – 331.

没有一个"我（I）"和"它（it）"象限的理论上的整合，社会工作者也能够带来对环境的更深一步的理解，并创建整合性的实践模型。例如，斯文森（Swenson）提出了一个利用社会网络和自助/互助概念的实践模型；① 哈特曼（Hartman）以家庭作为援助和转变的环境资源，成功将生态原则付诸实践；生活实践模型（The Life Model of Practice）通过整合生态视角和心理学理论以提高环境的反应能力和强化人的适应能力②。

　　然而需要注意的是，在当时的时代背景下，这些模型仍然继续强调个人层面，并由临床医生使用，虽然他们也认识到环境是很重要的，但本质上依然是临床主义的实践取向。例如，尽管杰曼（Germain）指出种族主义、性别歧视、年龄歧视和贫困问题等宏观环境必须像微观环境一样受到重视，但他却是从个案工作的角度进行阐述的。与此同时，社区组织者、社会规划者、管理者或政策分析者则继续强调环境优先于个人，并借鉴其他社会科学理论，但这些都不是综合性的实践方法。事实上，社会工作者将人带入环境进行考虑的行动介入过程中仍然缺乏一个综合实践模型。

　　尽管存在上述诸多争议，但生态系统理论还是具有重要的启发意义。面对自然社会环境中人的问题，静态单向度的结构功能分析往往会忽视作为主体的人与作为客体的外界环境的有机联系。治疗病理取向的临床社会工作通常将完整的个体、家庭和团体的需求分立开来，割裂性地运用个案、小组和社区工作解决问题。社会工作实践走向个人辅导和微观治疗取向，逐渐淡忘或忽视关注社会变迁与社会公平正义的目标。在生态系统理论的整合视域中，社会工作应当脱离结构功能分析和临床救助的理论和实践困境，从修修补补的方法主义和专业主义中解放出来，借助生态系统中人的视角重新思考困扰个体、家庭和社区的社会与自然根源，向社会工作的社会性回归，重拾社会工作

　　① Germain C. B. （ed.），*Social Work Practice：People and Environments*，*An Ecological Perspective*，New York：Columbia University Press，1979.

　　② Germain C. B. and Gitterman A.，*The Life Model of Social Work Practice：Advances in Theory & Practice*，3 Edition New York：Columbia University Press，2008，p. 1 - 4.

中的社会本质，① 践行社区为本的社会工作，② 才能系统整合地回应贫困、不平等、可持续生计等事关社会公平正义的重大议题。根据这种诠释理路，社会工作实践要将宏观的自然环境和社会环境与个人、家庭以及社区的日常生活勾连在一起进行辩证性思考。

很长一段时间以来，社区一直是学术界和政策领域重点关注的对象，它被视为生活在不利条件下人的需求的最佳环境。③ 近些年出现了几种社区为本的社会工作的方法（approaches to community-based social work），旨在引导不同的实践视角，如行动研究（action research）、焦点小组工作（group focused work）、家庭为本的工作（home based work）以及社区工作（community work）等。这种发展趋势的根源是多方面的，譬如社区是作为共同的需求和问题的地方而汇聚到一起，同时也是作为最好的解决问题的地点和场所（spot）。④ 目前，个人、家庭和社会发展方面的社区方法取向的社会研究兴趣正在增加，以及将社区作为最好的地方层级研究社会问题的兴趣也有所突破。⑤ 这些方法促进了对社区为本的社会工作实践的更为深刻的反思以及进行重新界定的现实需求。

"社区"并不是一个新近的术语，它早已存在于社会学的经典作家与开拓者的分析和研究中，例如滕尼斯（Ferdinand Tönnies）、涂尔干（Emile Durkheim）、韦伯（Marx Weber）等都对社区进行过深入讨论。"社区"一词十分复杂，学术界形成了不同的理解。亨德森（Henderson）和托马斯（Thomas）认为，这个术语背后蕴含许多道德和意识形态的力量，它已经被赋予过多的含义。⑥ 希拉里（Hillery）

---

① 甘炳光：《社会工作的"社会"涵义：重拾社会工作中的社会本质》，《香港社会工作学报》2010 年第 1 期。

② 张和清：《社会转型与社区为本的社会工作》，《思想战线》2011 年第 4 期。

③ Halpern R., *Rebuilding the Inner City: A History of Neighborhood Initiatives to Address Poverty in the United States*, New York: Columbia University Press, 1995.

④ Chaskin R. J., "Neighbourhood as a Unit of Planning and Action: A Heuristic Approach", *Journal of Planning Literature*, 1998, 13 (1), pp. 11 – 30.

⑤ Warren M., *Dry Bones Rattling: Community Building to Revitalize American Democracy*, Princeton: Princeton University Press, 2001, p. 254.

⑥ Henderson P. and Thomas D. N. (eds.), *Readings in Community Work*, London: George Allen & Unwin Ltd, 1981.

梳理出社会学家界定的 94 种不同的"社区"定义；[1] 威廉姆斯（Williams）则概括出 80 余种对"社区"的界定。[2] 社区的英文词源为 community，其意义丰富多元，中文通常翻译为社区、社群与共同体，至少包含地理层面、身份层面与认同层面三种内涵，且彼此之间并不互斥。[3] 通常情况下，"社区"这一概念与一组生活在一起的居民相联系，或者用来指涉共享类似的行为方式的人，或者一组具有类似信仰和实践的人，并且无论他们在哪里，在他们的关系中都凸显出一种非常强大的凝聚力（宗教、传统习俗、文化背景等）。[4]

内源性能力建设以提升发展的可行能力为解决贫困问题的关键，必须将社区作为能力建设的依托，因为能力必须通过地方民众的参与才能获得，而参与的地方，既不能小到资源不够，又不能大到彼此陌不相识，因此，最适宜的地方便是以共同生活圈中脱贫行动者（包含脱贫意愿者及愿意协助脱贫者）为范围所构成的地理及心理上的社区。[5] 这也符合舒马赫对于"中间技术"的提倡，以小巧的工作单元及善用当地人力与资源的地区性工作场所，是"把人当回事"的发展干预的实践基础。[6]

本书倡导和运用社区驱动型综合社会工作行动策略（community-driven social work，CDSW），这与传统的社区工作（community work）以及以社区为基础的社会工作方法（community-based social work，CB-SW）有着显著区别。传统社区工作方法主要强调找出社区中的问题，并授权地方社区。社区工作者试图影响地方社会结构，帮助地方民众

---

[1]　Hillery G. A.，　"Definitions of Community"，*Journal of Rural Sociology*，1955，20（2），pp. 111 – 124.

[2]　Williams R.，*Keywords*：*A Vocabulary of Culture and Society*，New York：Oxford University Press，1976/1983，pp. 75 – 76.

[3]　萧高文：《重思社区工作的内涵与本质》，《台湾社区工作与社区研究学刊》2013年第 2 期。

[4]　Marrengula M. L.，*Addressing Socio-Cultural Animation as Community Based Social Work with Street Children in Maputo*，*Mozambique*，Tampere University Press，2010，p. 38.

[5]　王笃强：《贫困、文化与社会工作——脱贫行动的理论与实务》，台北洪叶文化事业有限公司 2007 年版，第 266 页。

[6]　［英］舒马赫：《小的是美好的》，虞鸿钧、郑关林译，商务印书馆 1984 年版，第 115 页。

更好地管理他们的生活。这种方法首先是确定一个社区中的问题，并赋权地方社区和改变环境的功能，社区工作者的主要方法包括协商、赋权和支持。另外，社区工作还试图影响不同的边缘化案主，以确定他们的个人资源，改变他们的生活政治，使他们能够更好地应对日常生活。其间，诊断、教育和社会交往等方法都是针对特定的群体，以达到代表不同案主类别的目的。与此同时，社区工作还帮助人们运用网络和团体的形式处理个人问题。[①] 以社区为基础的社会工作实践通常强调将项目的规划、决策、实施运作与维持的决策权和控制权都交给社区，但最关键的项目资金依然掌握在外部组织和机构手中，社区对项目资金没有控制权。

社区驱动型社会工作源自 CBSW，从参与式发展的角度看，前者属于社区参与发展的最高阶段。社区驱动型社会工作将社区项目的决策权、控制权和项目资金都授权给社区，社区不仅控制项目的规划、决策、实施、运作与维护，同时还拥有对项目资金的直接管理权。其基本假设是社区是他们自身的生活与生计如何改善的最好的裁判，如果提供足够的资源和信息，他们能够自主组织起来满足自己的迫切需求。此外，社区驱动型社会工作项目由人们之间的信任所激发，因此倡导人们改变他们自身的环境，并以此作为发展的强大动力。在发展过程中，通过将穷人作为资产（assets）和合作伙伴（partners），更好地回应地方需求，更加具有包容性，相比于政府主导和非政府组织主导的项目，具有更好的成本—效益。[②] 在具体的操作过程中，CDSW 倡导将资金直接提供给贫困社区，然后由社区决定如何利用资金，社区制定计划和实施项目，并且负责对整个过程进行检测。

社区驱动型综合社会工作干预行动策略，将社区看作是微观个人、家庭与宏观社会环境之间的接触面（interface），作为宏观结构的

---

① Roivainen I. , "From Community Work to Community-based Strategies: Transformation of Social Work in the Finnish and Swedish Contexts", *Nordisk Sosialt Abreid*, 2008, 28, pp. 154 – 168.

② Dongier P. et al. , "*Community Driven Development*", Chapter 9 in PRSP Sourcebook, Volume 1, The World Bank, 2003, pp. 3 – 7.

环境通过社区这一界面及围绕其间的日常生活塑造个人、家庭的思想观念和行动准则，反过来，个体又通过在社区中发挥其主体性和能动性，从而影响宏观结构环境。因此，社区驱动型综合社会工作干预策略的宗旨是注重个体与环境互构性的双向变迁，即将社区作为干预行动的基本平台和枢纽结构，一方面，通过社区动员和组织参与，增强发展动力和自主性，促进个人与家庭生活的改善，减轻或纾缓个体的现实困扰；另一方面，通过不同社区层面的发展状况的改善，可以达致更大范围内可持续生计的形成。

社区驱动型减贫方法的理念认为贫困缓解本身不是最终的结束，除了在现存体制框架内帮助贫困者"增加收入"外，还应致力于创建超越单纯经济发展的基于社会赋权的系统性社会经济的社区减贫模式，[①] 减贫是更广泛的经济社会发展的一个子集（subset）。社区为基础的减贫方法并非基于服务于需要援助的案主（clients）的个人，而是力求通过授权地方组织和个人的尊严和参与，以实现持久的改变结果。它的一个主要目标是通过弱势群体和脆弱社区的参与，识别现有的资源和人才，挖掘和建设个人的优势，承认其独特的天赋与能力，投资于新技能的发展，建立社区资产，最终通过创新和努力工作来改善自己的生活。

当然，需要强调的是，社区驱动型综合社会工作行动策略并不是抛弃传统社会工作或社区工作的方法，而是以社区这一枢纽结构和基本平台为干预基础，以内源性能力建设为主要目标，运用主体、对象、目标、伦理、知识和方法组成的体系组合，[②] 整合运用个案、小组和社区工作等专业方法，在个人、家庭、组织、社区、社会倡导不同层面开展专业社会工作服务，突破微观与宏观介入实务的界限，弥补传统减贫模式容易产生的依赖性和短期性，进而推动社区向可持续生计方向发展。

基于云南田村的"优势—资产"范式的多元融合方法的内源性能

---

① 古学斌：《农村社会工作：理论与实践》，社会科学文献出版社 2018 年版，第175—176 页。

② 范明林：《社会工作方法与实践》，上海大学出版社 2005 年版，第 6 页。

力建设实践，本书尝试建立一个由"内部—外部""微观—宏观"双重维度构成的综合性农村社会工作的减贫行动策略的分类图式（见图6-1）。从农村内源性发展的实际来看，内源性能力建设并不排斥外部资源输入，相反，还要充分利用外部世界的各种资源，社会工作要综合运用多种干预手段处理内源性因素与外源性因素的平衡问题，因此可以将"内部—外部"作为分类图式的一个维度。与此同时，社会工作介入农村减贫实践，不是在个人、家庭和小群体层面可以实现的，而必须投身于社区组织、社会行动、倡导工作、政策改革、性别议题等宏观层面，分析厘清宏观结构与微观主体的交互关系，也就为综合性增权实践奠定了理论基础，[①] 因此，又可将"微观—宏观"作为另一个分类维度。这样一来，"内部—外部"与"微观—宏观"两个维度共建构出社会工作综合性行动策略的四个象限（quadrant），分别形成动员组织、教育觉察、倡导批判以及补缺支持四种基本实践策略。

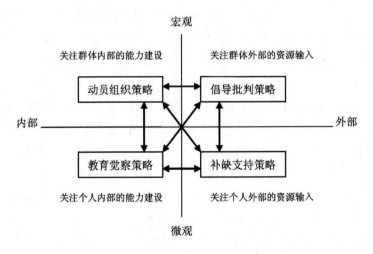

图6-1　社区驱动型综合社会工作行动策略

---

① 郭伟和：《后专业化时代的社会工作及其借鉴意义》，《社会学研究》2014年第5期。

（一）动员组织策略

舒马赫对物质主义哲学进行了严厉批评，他认为，粗陋的物质主义哲学只让人们看到"物质性的机会"，而忽略了非物质性的因素，自然资源、资本、基础建设不足等因素相对而言可能是次要的，组织和教育方面的不足才是极端贫困的主要原因。[①] 一定程度上，增强穷人建立和维持能够代表他们的组织的能力是能力建设的本质。[②] 囿于自身行动能力的限制，贫困者对围绕其身的社会、经济和政治秩序很难形成较大的影响。要想突破这种现实局限性，最有效的方式是那些命运相关、苦难相似的民众自我组织起来，共同面对外部压力，呼吁相关方对他们组织目标的支持，从而争取并维护他们的切身利益。与此同时，外部机构或组织（如社会组织）则可以采取措施激励这种地方民众的组织行动，促进其向发挥正向功能的方向转变，不过，在整个干预过程中，外部组织都不能替代社区内部组织。地方民众需要获得外部支持以便发展他们彼此合作的能力，才有可能克服内在的脆弱性，从而提升他们改变生计困境以及参与社会变革的可能性。总之，组织建设的最终目的是使穷人不再受到物质、经济或政治等方面的过度限制。[③] 组织的形式可以多种多样，对于社区组织而言，多数是非正式的，它们通常在比较微观的层面运作。

内源性能力建设是一个以社区组织为载体进行发展干预的实践过程，秉持代表贫困者的组织具有相互支持、增强自信、反抗不公、学习提升、讨论问题、参与政治、利益游说、接触政府等诸多重要功能这一基本假设。创建和维持能够代表农民自身的组织形式是能力建设的重要内容，农民需要获得支持以发展他们相互联系的能力，从而使他们摆脱其内在的薄弱性，增强他们自主发展的质量。艾德认为，代

---

① ［英］舒马赫：《小的是美好的》，虞鸿钧、郑关林译，商务印书馆 1984 年版，第 135 页。

② ［英］艾德：《能力建设：通向以人为中心的发展之路》，应维云、刘国翰译，九州图书出版公司 1999 年版，第 128 页。

③ Barrig M. and Wehkamp A. (eds.), *Engendering Development Experiences in Gender and Development Planning*, Amsterdam and Lima: Novib and Red Entre Mujeres, 1995.

表贫困者的组织具有非常重要的实践功能，提供相互支持和团结；增强自尊心和集体主义精神；通过组织行动，增强人反抗不公正的能力；作为一个学习的场所；鼓励讨论和分析共同关心的问题；增强公民对政治过程的参与；就有关直接的利益问题开展游说；同政府和其他官方机构进行接触；同精英团体、官方团体、非政府组织、资助者进行协商。[①]

当然，不得不承认，农民的组织化难题确实是一个困扰当前农村发展的现实议题。自20世纪70年代末期中国农村经济体制改革以来，农村全面实行家庭联产承包责任制，农业生产的组织方式从集体制转变为家户制，个人与单户成为农业生产的基本单元。这是一个"从合到分"的过程，极大地释放了农村社会的生产力和资源配置效率，由此奠定了中国改革开放以来的物质基础与体制基础。不可否认的是，家庭联产承包责任制也改变了中国农村的组织形式，农村的组织化程度基本返回到了小农经济时代。当前，随着小农经济内在的困境与缺陷不断彰显，家庭联产承包责任制这一制度变迁红利的边际效益正在递减。从这个意义上看，中国农村又不得不面临一次新的"由分到合"的变革，其关键元素是提升农民的自组织能力，重塑农民合作的组织载体。[②]

关于中国农村传统制度的本体传统，存在着"村落制"和"家户制"两种不尽相同的观点。张乐天指出，村落制是中国农村的本体传统。[③] 秦晖虽然对这种观点的原创性提出了质疑，但依然认为，人民公社制度确实对中国"大共同体本位传统"产生了一定程度的强化作用。[④] 与此种观点不同的是，徐勇认为中国农村的本源型传统是家户制，提倡各家"看好自家门，管好自家人"，这明显不同于俄国

---

① ［英］艾德：《能力建设：通向以人为中心的发展之路》，应维云、刘国翰译，九州图书出版公司1999年版，第127—130页。

② 王曙光：《论新型农民合作组织与农村经济转型》，《北京大学学报》（哲学社会科学版）2010年第3期。

③ 张乐天：《告别理想：人民公社制度研究》，上海人民出版社2005年版，第7页。

④ 秦晖：《农民中国：历史反思与现实选择》，河南人民出版社2003年版，第298—309页。

和印度的村社制，以家户经营为基础的农业经营组织构成了中国农村社会发展的基础性制度，尽管一度中断，但总是会顽强地存在和再生。① 徐勇进一步指出，我国农村改革的最大特点是重新确立了家户经营的自主地位，吸纳和承接了历史上家户制的积极因素，将农民从原有人民公社体制和土地上解放出来，由此极大地调动了农民积极性。②

阎云翔将这一进程概括为"中国社会的个体化"趋势。③ 改革初期通过国家开启主导，通过体制改革给个体"松绑"，人们从无所不包的计划经济体制和高度集中的全能主义国家这一"总体性支配"中脱嵌出来；④ 而20世纪90年代中期以来，主要受到市场、社会和文化等多种因素的交互影响，越来越多的在地民众从地方性的共同体、家族、家庭乃至亲密关系中解脱出来，把日常性生产和生活关系转变为即时性交易关系。从当前农村发展的实际来看，不得不承认，由于家庭联产承包责任制的全面实行、家户制传统的根深蒂固以及社会个体化趋势的增强，当前中国农村的低组织化程度在面临高风险的全球化、市场化时，多少显得力不从心。鉴于此，如何提升重塑农民的组织能力，构建农村发展的组织基础，建设农村社会的公共性，⑤就成为农村社会工作不能回避的重大现实议题。

田村的社区发展基金计划特别重视协助村民发展社区草根组织，通过组织工作和群体活动，建立支持网络，为村民提供学习和参与机会。社区发展基金项目的实施过程其实就是一个组织化的过程。文化室建设过程中，村民虽然投工投劳、积极参与，但其组织结构还相对松散，尚属于自发式的基于短期目标的联合阶段。此后建立的农业技能互助小组、妇女小组则有了明确的更长远的组织目标，村民在组织

---

① 徐勇：《中国家户制传统与农村发展道路——以俄国、印度的村社传统为参照》，《中国社会科学》2013年第8期。

② 徐勇：《历史延续性视角下的中国道路》，《中国社会科学》2016年第7期。

③ 阎云翔：《中国社会的个体化》，陆洋等译，上海译文出版社2012年版。

④ 渠敬东、周飞舟、应星：《从总体性支配到技术治理——基于中国30年改革经验的社会学分析》，《中国社会科学》2009年第6期。

⑤ 吴理财：《论个体化乡村社会的公共性建设》，《探索与争鸣》2014年第1期。

内交流发展经验，讨论社区问题，既可以提供相互支持，又能提升个人发展技能。社区发展基金正式运行之后，小组成员共同努力，积极分子承担管理、协调与运作的责任。管委会的成立使村民增强了同外界沟通与谈判的能力，从而降低了发展过程中个体的脆弱性和风险。当然，项目组要适时对新培育的社区草根组织提供支持，及时纠正与调整不合理的组织策略，否则，这些内生性社区组织容易半途而废。在推进社区组织建设的过程中，也有诸多现实难题需要处理，才能使组织具有可持续性。例如，田村社区发展基金小组的运作过程中，由于需要项目组为小组提供启动资金，村民会主动向项目组寻求被资助的机会，从而迎合项目组的行动和期待，这是必须警惕的负面效应。所以，实践中必须努力避免村民屈从于项目组的管理模式和外部文化，这会导致村民丧失发展的自主性，也违背了社区能力建设的初衷。

（二）教育觉察策略

内源性能力建设所强调的教育与传统意义上对教育的理解有所差异。行动研究中对于教育的理解深受巴西著名教育家保罗·弗莱雷（Paulo Freire）的深刻影响。[①] 在农村的扫盲实践中，弗莱雷根据农民的日常生活经验进行文字编码，用农民最容易理解和接受的方式开展扫盲教育，教育的目的不仅是识字和算术，而是希望农民在学习的同时也在阅读世界，从而批判性地意识到自己被压迫的现实处境及其根源，最终形成反抗的行动。对弗莱雷而言，根本的问题其实还不是知识分子替底层说话和发声，即使这种声音是真实的也不可取，而是想方设法协助底层自己发出真实的声音，真正使底层成为改造现实世界的主体，只有这样才能真正实现底层的解放。[②] 被压迫者教育学将教育看作是一种意识转化与觉察的过程。如果没有意识层面的提升与转化，行动者就只会成为外部主流意识浸染下的被动跟随者和直接接受者。社会工作的行动干预要实现赋权增能的目标，教育觉察是不可或

---

① ［巴西］保罗·弗莱雷：《被压迫者教育学》，顾建新、赵友华、何曙荣译，华东理工大学出版社 2001 年版。
② 江发文：《被压迫的底层与底层的解放——读保罗·弗莱雷的〈被压迫者教育学〉》，《社会学研究》2009 年第 6 期。

缺的实践策略。在支持与陪伴地方民众面对其生计难题的过程中，教育的实施促进地方民众有机会系统性地洞察自己的社会地位、参与权利以及生存现实，并觉察造成这种生活处境的个体性与结构性因素，进而培养他们在社会、经济、政治各方面的行动能力。

　　教育觉察策略并非受到人们的一直褒扬。发展干预机构经常饱受批评，其原因之一是人们认为它们将发展工作狭隘地看成教育或培训，而排斥了发展对象其他方面的需求。但是，对于贫困地区的边缘群体来说，非正规教育、公众教育或社会教育通常依然是提高他们能力的重要途径。[①] 不可否认，缺乏某种技能可能限制和阻碍身处困境中的人们改变他们现状所作的努力。本书认同识字、算术能力与职业技能并不是抵消引起贫困的能力的观点，能力建设不能只是教育和培训，因为在识字水平、算术能力与财富获取之间没有必然的联系，某种程度上社会背景和结构才决定了现实的贫困问题的产生。不能将贫困地区的发展与社会背景割裂开来，而要考虑在一个特定的历史时期和地域环境中，一个特定的干预行为是否能够，以及如何加强特定人群的特定能力。比如，上述组织化策略所强调的合作，则可能由于组织内的成员没有基本的合作观念以及生产、市场和管理方面的技能而失败。对于贫困农村地区而言，非正规教育通常是提升其内源发展能力的重要环节。

　　不过，非正规教育通常只有作为发展干预整体规划的一部分才能奏效，它需要与其他干预形式相结合，使教育参与者能够在地利用他们所学习和培训的内容。"培训只是学习的一种途径，常常需要与其他形式相结合"[②]，培训是一个过程，要求一系列技能和专业学习，不能"自然获得"。田村社区发展基金项目的实施广泛采取了非正规教育方式，例如开设文化夜校、开展互助学习、组织农业实用技能培训和妇幼保健知识培训、举办青少年环保知识夏令营等。同时，这些非正规教育活动基本上"就地取材"，注重发掘本土的人力资源

---

　　① ［英］艾德：《能力建设：通向以人为中心的发展之路》，应维云、刘国翰译，九州图书出版公司1999年版，第94页。

　　② Smyth I. , *Towards an Oxfam Strategy for Building Capacities on Gender*, Internal paper (in draft), Oxford：Oxfam, 1997, p. 3.

和物质资源，并结合苗族自身的社会文化特点展开。实践表明，村民对于知识的学习，只要能够服务于他们自身的目的，往往都非常关注。① 不过，这种"零散"的教育活动如果不配以相应的"整合"手段，将很难取得实际效果并具有可持续性。社区发展基金的实施就使这些教育活动具有了整合实践的平台，以社区发展基金为综合载体，非正规教育活动的实践效应得以充分发挥。同时，由于基金的运作与管理是一个相对专业化的领域，需要建立必要的技能，因此，社区发展基金的运行过程也需要通过非正规教育活动为村民提供组织能力、农业技能等方面的支持。

相比许多类似社区发展基金的实验过于关注基金本身如何正常运转而言，田村的社区发展基金计划更像是发展过程中的一条"中轴"，与非正规教育过程彼此结合、相互作用。以社区发展基金为主线，非正规教育项目的效果展现出来，同时，村民在基金运转过程中遇到的困境又需要教育的支持，双方不是简单的决定关系，而是在动态调整中不断解决各种新产生的问题。一般认为，非正规教育的可持续性变化通常是缓慢的，在项目开展期限内可能并不会看到明显的效果。不过，从田村实践来看，教育的效果在社区发展基金运行过程中得到一定程度的呈现，村民的自主意识、合作意识、组织能力与实用技能等方面都有增长。当然，教育可能引起的负面效应也需要十分警醒，本书认同费孝通先生的观点，"自觉的教育是现实的生活"，不能秉持先假定了自己"是"去"教育"别人的"不是"的传教精神，教育不是以"有"给"无"，而是要建立一个能够发展个性的环境，承认每个人都有他自身判断的能力和理性，教育者最重要的态度是尊重人性，农民是有自觉的，教育者的责任是协助他们排除实现其自发的求生活动的阻碍。②

---

① ［美］詹姆斯·C. 斯科特：《国家的视角：那些试图改善人类状况的项目是如何失败的》，王晓毅译，社会科学文献出版社 2011 年版，第 338 页。

② 费孝通：《评晏阳初〈开发民力建设乡村〉》，费孝通《费孝通全集·第 6 卷》，内蒙古人民出版社 2009 年版，第 271—272 页。

（三）倡导批判策略

关注社区内部能力建设的同时，通过宏观层面上外部政策的改变以及资源的输入，能够营造贫困社区发展的良性外部环境。最近十多年以来，英美等发达国家的社会工作学者都在倡导依据社会正义议程重建社会工作者与穷人之间的关系。[①] 某种意义上而言，专业社会工作实际上起源于对社会中弱势的和被压迫的人群的倡导，其目的是提高这些群体的社会条件，减轻贫困和社会不公平。[②] 如今，社会工作专业仍然试图挑战社会的不公平，并通过系统层面的变迁为社会弱势群体进行授权和倡导。社会工作不同于其他服务行业，因为它不仅需要向贫困的人群提供服务，还要为这些人群的社会条件的改善而采取行动。因此，提升社会正义是社会工作专业的主要目的，是其使命的核心。通过社会变迁和倡导行动，为边缘人群所遭受的社会不公而斗争，是社会工作专业的基本职能。然而，在社会工作文献中，关于社会正义的专业定义的方式仍有相当大的争议。一些学者秉持罗尔斯（Rawls）的分配正义理论对此议题进行讨论。分配正义理论认为，社会应该是一个现实的乌托邦（realistic utopia），主要物品分配给所有人，正义等于对所有人的公平。[③] 韦克菲尔德（Wakefield）断言，分配正义理论反映了社会工作的核心任务是通过经济、社会和心理领域关注和满足基本人类需求，要确保所有人都具备能够过上体面生活（decent life）的手段。[④] 也有学者提醒，社会正义的理论与定义存在脱节的现象。[⑤] 虽然还没有达成广泛共识，但学术界基本都强调社会

[①] Krumer-Nevo M. , "Poverty-aware Social Work: A Paradigm for Social Work Practice with People in Poverty", *British Journal of Social Work*, 2015, pp. 1 – 16.

[②] Trattner W. , *From Poor Law to Welfare State: A History of Social Welfare in America*, New York, NY: The Free Press, 1999, pp. 253 – 272.

[③] Brown C. , "The Construction of a 'Realistic Utopia': John Rawls and International Political Theory", *Review of International Studies*, 2002, pp. 28, 5 – 21.

[④] Wakefield J. C. , "Psychotherapy, Distributive Justice, and Social Work Revisited", *Smith College Studies in Social Work*, 1998, 69 (1), pp. 25 – 57.

[⑤] Galambos C. , "From the Editor: A Dialogue on Social Justice", *Journal of Social Work Education*, 2008, 44 (2), pp. 1 – 5.

公平正义对社会工作实践、研究和教学的重要性。

倡导和社会改革是社会工作专业的中心任务，连同对社会正义的强调一起，历来被视为社会工作区别于其他助人专业的核心实践技能。① 里坎（Richan）将倡导定义为"为了遭受歧视和不公正的个人、团体或阶级的利益而行动"，② 倡导的努力可以面向社会中的个人、团体和社区。政治倡导和社区组织是社会工作的重要功能，能在所有领域中进行，包括临床社会工作领域。在最低程度上，社会工作在处理服务对象的问题时要具有政策敏感性；社会工作者需要理解影响服务对象的政策，如何为服务对象获取资源以及获取资源时的潜在障碍。③ 事实上，社会工作者在所有系统层面进行干预时，都可以进行一些类型的倡导工作，这种专业性的正式倡导的努力又向人们提供了深入了解其专业承诺的机会。不过，许多研究文献显示，当前的社会工作专业似乎已经迷失了方向，倡导不力是其重要表现，进而导致身份危机。④

内源性能力建设离不开外部环境的支持，倡导工作便成为不可或缺的手段。在以社区为基础的综合性介入策略中，倡导策略主要关注群体外部的资源输入。社区民众和自组织通常只是相当缓慢地了解和掌握如何与外部世界建立和维持关系，以获得他们想要的资源和物质，这对于内源性能力建设的外部支持而言，显然是远远不够的，此时，项目组应当主动协助社区了解外部组织和机构的工作，知晓相关地方性政策及制定程序，这样的工作是社区发展工作不能回避的。⑤ 发展干预实践中，要将"民众与政策联结起来"

---

① Crean P. and Baskerville, M. A., "Community Advocacy: A Social Work Role?", *Social Work Review*, 2007, 19 (4), pp. 3 – 10.

② Richan W., "Dilemmas of the Social Work Advocate", *Child Welfare*, 52 (4), 1973, pp. 220 – 226.

③ Jansson B., *Becoming an Effective Policy Advocate*, Pacific Grove, CA: Brooks/Cole, 2003, pp. 77 – 78.

④ Baylis P., "Social Work's Protracted Identity Crisis: A Lacanian Perspective", *Psychoanalytic Social Work*, 2004, 11 (1), pp. 55 – 69.

⑤ [英] 特韦尔威特里：《社区工作》，陈树强译，中国社会出版社 2001 年版，第 68 页。

(linking people to policy),① 使政策根植于民众的日常生活。内源性
能力建设强调社区驱动的综合介入，但不意味着将社区看成封闭的
内部系统，它必定受到外部环境的深刻影响。发展干预行动不仅不
能忽视这些因素的存在，还要思考如何处理同这些因素的关系。在
关注地方民众和社区自组织自身能力建设的同时，应当通过宏观层
面上倡导相关政策的变革和外部资源的输入，营造有助于贫困社区
减贫行动的外部环境，建构社区与外部环境良性互动的社会传导机
制。

　　这就要求社会工作者秉持专业实践中的批判主义视角。长期以
来，主流社会工作基本遵循英美实用主义，倡导在面对复杂多变的
实践情景时，发展出情景有效性的专业方案。不过，这种实用主义
的情景解决方案显然很难超越微观情境主义的问题界定模式，没有
办法将社会结构性的问题汇聚到其反思实践的过程之中，同时对社
会结构性的问题也缺乏反思和批判。因此，社会工作可以借鉴马克
思主义和后马克思主义的有关批判理论，以解决对社会结构的批评
反思问题。② 倡导批判策略以社会工作中的批评主义传统为理论根
据，注重工作者在专业实践中充分运用批判性的认知能力和倡导性
的行动能力，③ 既要提倡实践过程中对现存权力结构和资源配置的深
入反思，又要积极主动地采取实际行动面向外部争取资源，增强服务
使用者的社会参与性和社会接纳度。其实，不管社会工作者自身意识
到与否，他的介入或不介入，都可能在实践过程中确立或重构了某些
社会秩序，重置了某些社会权利，这也就拥有了某些政治价值理念。④
当然，如果社会工作者主动涉及对国家政府施于民众身上的社会政策
进行介入，这无疑充分体现了对某种政治价值的落实和持守，在民众

---

① O'Hara P. , *Linking People to Policy*: *From Participation to Deliberation in the Context of Philippine Community Forestry*, Philippines: International Institute of Rural Reconstruction, 2005.

② 郭伟和:《后专业化时代的社会工作及其借鉴意义》,《社会学研究》2014 年第 5 期。

③ 文军、吴越菲:《灾害社会工作的实践及反思——以云南鲁甸灾区社工整合服务为例》,《中国社会科学》2015 年第 9 期。

④ 朱志强:《社会工作的本质：道德实践与政治实践》,何国良、王思斌主编《华人社会社会工作本质的初探》,台北八方文化企业公司 2000 年版, 第 103 页。

与政府和社会之间发挥了居间作用。

田村的内源性能力建设实践中，社区之外的基层政府（包括村委会）的作用不可忽略。一方面，基层政府掌握和控制了农村社会发展所需的大量物质资源，并同时具备动员这些资源的能力；另一方面，"中国国家—社会关系是建立在国家权力对民众生活的渗透这一前提之下，基层的民众参与必须通过政府权力机构组织才能完成"。① 从现实层面看，发展干预行动需要依靠政府的政策、物质、技术等方面的支持，同时政府的权力也一定会渗透到发展干预的过程中，因此，发展干预必定会"既主动又被动"地与政府发生关系。在贫困农村的现实处境中，政府在扶贫开发过程中的产业结构调整、税费征收等政策更是深刻影响着地方的发展。但是，许多政策的出台往往偏离了农民自身的实际需求，采取的是"一刀切"的决策方式，政策的制定与执行出现诸多偏差，容易导致农民利益受损，干群关系出现紧张，信任与合法性面临危机。具体而言，发展干预项目的实施者可以进行政策的倡导工作，促进政策的出台与完善；也可以在政府与农民之间发挥协调作用，促进相互沟通与理解；甚至可以通过与政府和农民建立三方的"伙伴关系"，鼓励政府直接参与发展项目。总之，专业社会工作要有相应的批评意识，重拾资源公平分配的价值观，策略性地与地方政府建立既独立又合作的关系。②

田村社区发展基金项目同县政协、镇政府及村委会形成了良好的合作关系，政府提供了必要的物资和技术支持。项目实施过程中，镇农科站、畜牧站、卫生院等部门参与了农业实用技能培训、妇幼保健知识培训等工作，村委会委员作为社区发展基金管委会的成员直接参与了项目的管理。同时，对于政府出台的不符合当地发展实际的政策措施，项目组积极与政府沟通，使政策更加符合农民的现实需求。例

---

① 熊跃根：《转型经济国家中的"第三部门"发展：对中国现实的解释》，《社会学研究》2001 年第 1 期。
② 朱健刚、陈安娜：《嵌入中的专业社会工作与街区权力关系——对一个政府购买服务项目的个案分析》，《社会学研究》2013 年第 1 期。

如，几年前，北县政府要在田村推广丹参种植。① 由于之前政府的类似试验基本上都以失败告终，对于这次推广试验，村民产生了明显的抵触心理。项目组通过与政府协商，阐明村民的现实顾虑，地方政府最终作出让步，表示可以让愿意试种丹参的村民先行尝试，如果试种的村民收益良好，再带动其他村民大规模种植。试种的结果证明，政府的这次试验也是失败的，最终不了了之。不过，项目组的工作还是起到了减少村民损失的现实效果。总体上，农村政策的制定与村民的现实需求之间还是存在不小的距离，如何突破这些困局，还需更多的探索。但正如"贫困意识的社会工作框架"（poverty-aware social work paradigm，PAP）的倡导者克鲁默·内沃（Krumer-Nevo）所言，在不那么极端的情况下，社会工作者应该抓住尽可能多的机会，在穷人与社会制度的抗衡中支持穷人。②

（四）补缺支持策略

补缺支持策略主要关注外部现实对个体与社区生计发展存在客观缺陷的影响与支持，实际上就是沿着"问题视角"的路径，为地方民众提供各种条件与机会，让他们找到解决问题的途径和方法。当然，如果秉持问题视角进行农村社会工作介入，会立马发现和觉察到问题其实是永远难以全部解决和消除的，一个问题的消除往往会伴随新问题的涌现。于是，贫困民众的成长显然就不是实现没有问题的生活，而是在接二连三的问题解决过程中向前推进。再者，从优势与缺陷相平衡的视角来看，内源性能力建设不能忽视客观贫困和基本需求满足的现实。贫困人群恶劣的生活条件需要的不仅是以教育觉察、动员组织和倡导批判为导向的行动策略，更需要能够改变他们生活条件

---

① 丹参是一种中草药材，当地民众此前没有任何关于这种药材的种植经验，但地方政府认为丹参具有十分看好的市场前景，在没有经过科学的土壤测试和深入的市场调查的情况下，推广丹参种植还是迅速成为当地政府推进产业结构调整的又一次尝试。

② Krumer-Nevo M.，"Poverty-aware Social Work：A Paradigm for Social Work Practice with People in Poverty"，*British Journal of Social Work*，2015，pp. 1 - 16.

的各种资源输入和干预活动。① 因此，最为重要的是，不能简单地将问题解决视为社会工作的具体介入策略，其背后的逻辑假设是，希望从激烈的"问题—缺乏"范式与"优势—资产"范式的理论争论返回到具体生动的生活场景之中，将双方争论的焦点从问题和优势孰优孰劣转变为现实问题的解决过程。只有这样，农村减贫实践中问题与优势的平衡介入才有可能真正实现。正如杰弗里·萨克斯（Jeffrey Sachs）所言。

> 生存问题依赖于处理一系列具体的挑战：失去养分的土壤，变化不定的降雨量，恶性疟疾，肆虐的艾滋病毒，缺乏足够的教育机会，缺乏清洁的饮用水和厕所，以及基本的交通、电力、燃煤、通信等需要没有得到满足。所有这些需要都可以通过使用已知的、已经得到证实的、可靠的、可行的技术和干预得到满足。②

当然，问题解决的过程一定要考虑到地方民众现有的能力基础，过度的直接援助往往会削弱他们本身存在的能力和自主发展的动力与信心。在这种情况下，就会发生与能力建设相反的后果，资源输入或问题解决不是降低了贫困民众的脆弱性，反而因此加深了他们的脆弱性。③ 因此，对社区的问题和脆弱性作出回应，不仅需要考虑干预援助措施如何帮助地方民众有效地解决生计问题，还要尽量避免脆弱性的增强，更要警惕地方民众对外部资源的长期依赖。所以，当外部发展项目考虑为社区提供补缺支持性服务时，应当秉持一些基本的原则：一方面，补缺性服务工作应当符合能力建设的基本要求和前提，不是仅仅进行单纯的物质、资金方面的输入，应考虑这些措施如何能够与地方民众的能力提升以及脆弱性降低联系起来；另一方面，实施

---

① Skinner S., *Building Community Strengths：A Resource Book on Capacity Building*, London: Community Development Foundation, 1997, p. 295.

② ［美］杰弗里·萨克斯：《贫穷的终结——我们时代的经济可能》，邹光译，上海人民出版社 2007 年版，第 201 页。

③ Anderson M. B., "The Concept of Vulnerability: Beyond the Focus on Vulnerable Groups", *International Review of the Red Cross*, 1994, 34（301）, pp. 327 – 332.

的补缺性服务项目不应只满足社区的临时性和短期性需求，最好结合社区的现有条件和基础，综合考虑如何直接借助援助的机会为社区生计发展提供长期稳定的保障。

田村社区发展基金项目始终秉持问题与优势相平衡的发展干预理念，以社区现实客观问题的解决为突破口，寻找能力建设的有效路径。从田村苗族的发展实际来看，之所以面临深刻的贫困议题，其中有两个关键性的客观限制因素，即生产道路不够畅通和灌溉水源严重不足。以栗寨为例，栗寨地处大山深处，距离最近的乡村公路大概 4 公里，寨子到乡村公路只有一条崎岖蜿蜒的土路相连，如果遇到下雨天，根本无法通行；由于寨子建在山顶，长久以来仅靠山脚的几处泉水勉强维持生活饮用，平时村民下山取水只能人工手提或者肩挑，不仅取水困难、耗时费力，且泉水受季节影响十分明显，旱季连人畜饮水都难以保证，庄稼的灌溉用水更是根本无法满足，只能依靠"老天爷"降雨救济，严重限制了栗寨村民正常的生活和生产。为此，地方政府也想了不少办法，比如，为了解决村民下山取水不方便且危险的问题，当地政府筹集资金给村里专门购置了一套电力抽水设备，在山泉水充足时能够用电抽水，满足村里的生活饮用水需求。不过，好景不长，大约 6 个月后，抽水机出现了故障，不能正常使用了。于是，小村长张文湖和会计张文林到村委会反映说，"你们买的抽水机坏了，最好派人来修一下！"村委会干部甚为恼火，两人被灰溜溜地骂了回去。此后，村委会再也没过问栗寨的水源问题。

同样的问题也摆在社区能力建设的项目组面前，道路、水源等现实问题如果不能妥善解决，栗寨的能力建设项目根本无法正常开展。此时，项目组考虑的问题是，为了不重蹈地方政府覆辙，必须将补缺支持策略与能力建设相结合，而不能一味单纯地进行物质或资金输入。于是，项目组与村民共同讨论道路和灌溉设施修建议题，希望充分调动村民自身的力量和发挥本土的智慧，最终形成了两个方案：第一，针对灌溉水源问题，村民认为可以充分利用栗寨的山型结构和地理走势，建设雨水收集沟渠和蓄水池，大规模收集和储存雨季降水，有效缓解庄稼灌溉用水紧张的问题；第二，针对村里道路问题，考虑与附近一处砂石厂联系，购买相对实惠的砂石边角料填铺道路。项目组负责提供相应的材料费和聘请必要的技术人员，村民完全自发组织起来，村里仅有的四台手扶拖拉机全部参与工程，最终，在差不多 4 个月的时间之内，完成了两个直径 5 米、深度 4 米的雨水收集池建设和 4 公里砂石路的铺设工程。项目施工完成后，村民又开会讨论蓄水池的管理问题，大家都积极发表意见，并订立了相关的使用规则，选举产生了义务管理人员。应该说，这两项工程虽然属于基础设施建设项目，但由于不是单向度的援助，而是考虑到村民的充分参与，最终成为可持续维持的基础工程，不仅基本解决了村民最急迫的现实问题，还体现出了能力建设的特质。

动员组织、教育觉察、倡导批判以及补缺支持四个方面共同构成了社区驱动型综合社会工作的干预策略，四种策略虽然分别代表不同的维度和象限，在形态上似乎表现为一种静态的类型学划分，但在内源性能力建设实践中它们并不是分立运行的状态，而是动态关联的互动结构。图 6-1 中各个象限之间的实线箭头表示综合性干预行动离不开各个象限不同策略之间的信息共享与行动协调。当然，不同象限的行动策略所展现的核心元素和关注重点确实存在差异：教育觉察策略主要关注个体微观层面的"自主发展意识的觉醒与转换"；动员组织策略主要关注组织与社区层面的"合作意识和群体发展动力与信心的培育"；倡导批判策略主要关注"社区与外部政策环境的互动机制"；补缺支持策略主要关注"个体和社区具体问题的解决"。总之，社区驱动型综合社会工作干预策略所展现的是在"问题与优势的平衡服务"过程中建设社区自主发展的可行能力的基本架构。客观来说，田村的社区能力建设项目仅仅是范式融合和综合性发展干预的一次初步尝试，而基于中国本土经验与本土文化情境的农村社会工作的内源性能力建设模式的理论建构工作也还在发轫之始。面对中国农村减贫工作的长期性与复杂性以及当前国家"精准扶贫"的攻坚战略，未来农村社会工作的范式融合实践与行动整合服务将是必然之趋势，但理想与现实之间尚存在不小的鸿沟与障碍，依然需要在理论基础、处遇原则以及实务技巧上不断尝试、推进、反思和积累，才能构建更为有效成熟的实践模式，也才能在减贫实践中展现社会工作良好的专业特质与独特价值。

第七章 内源性能力建设的总体性特征与实践性挑战

本章主要对田村社会工作实践过程做一点理论层面的延伸工作，希望进一步提炼出内源性能力建设的普遍性特征和实践性挑战。社会工作行动研究不能仅停留于操作性实务层面，通常情况下，行动研究要经历一个循环运作的周期。不管遵循何种循环模型，研究、行动、评估都是彼此衔接的，不是简单的线性过程，而是构成一个螺旋循环的周期。因为，一方面行动者必然受到特定情境条件和特殊社会文化的约束，另一方面，行动者也积累了自身在行动方面的体验教训，以往的知识、经验、理论和方法必须在行动过程中被不断反省和批判，这是一个动态往复的螺旋式过程。在农村社会工作的学术研究和实践领域中，行动研究能够协助研究者更好地了解农村民众、理解农村社区，在参与行动的过程中厘清研究问题，规划实践方案和行动计划。更为关键的是，行动研究有助于研究者在实践过程中不断反思自身与农村社区民众的专业关系，与相关理论进行有效的学术对话和思想交锋。

一 内源性能力建设的基本特征

本书虽然并不十分强调要发展出一套精致的农村社会工作实践理论，但亦主张要与现有的理论观点展开一定程度的对话，或者说这是一个从实务经验反思理论构建的过程，这是行动研究的必经阶段，也是行动研究的价值所在。

（一）非线性和动态性的发展干预过程

发展干预的理论框架中，存在着结构制度范式、批判解构范式以及行动者范式的争论与对垒。第二次世界大战以后很长一段时间，结构制度范式开始占据发展研究的中心舞台，以现代化理论、依附理论等为代表，主要分析社会结构变化，并提出相应的干预建议。在此种范式影响下，社会进化论思想在发展领域甚嚣尘上，其中主要观点之一是认为社会变迁的整个过程都存在着一个固定的方向，呈现出单向线性特征。① 概言之，社会应该被视为一个统一性整体，它受到来自系统内部的推动力，使之由传统迈向现代，这个过程有着固定的方向，并且是连贯的。在结构制度范式的指导下，发展干预行动通常围绕"规划专家"这个核心角色展开，社会科学家好比自然科学家一样，掌握着大量的专业技术知识，拥有相对较高的社会权威。

秉持结构制度范式的发展实践，通常认为发展干预过程中的政策制定、计划设计、实施行动与结果效应之间是一种相对机械式的关系格局，并将此过程概念化为社会变迁的线性过程，这无疑暗含着从政策表达到实施行动、再到干预结果可能是一种平稳而渐进的过程，于是，可以通过制定某种相对固定的评估体制衡量发展干预的成效。实际上，已经有越来越多的发展工作者意识到这种假设的不合理性。这种对政策制定、实施行动与结果产出之间关系的过度简化忽略了重新解释、政策转化、计划调整、行动循环等各种复杂性环节。发展干预项目的计划到实施，再到结果往往并不会同规划者事先设想的相一致，并不呈现直线式的发展过程，所产生的最终结果也并不一定与某一发展项目的实施存在直接的相关关系。②

近些年来，结构制度范式已经饱受批评。批评者认为，结构式分析过于宏观抽象，忽视了社会生活构造过程中微观层面的动态性和生

---

① ［英］彼得·华莱士·普雷斯顿：《发展理论导论》，李小云、齐顾波、徐秀丽译，社会科学文献出版社 2011 年版，第 19 页。

② Long N. , *Development Sociology*：*Actor Perspectives*, London and New York：Routledge, 2001, p. 31.

活化，发展干预中的计划制定与计划执行是一个持续而复杂的社会过程，包含了各种层面能动者的广泛参与。有学者甚至指出，政策实施或发展项目运作应当被视为一个类似于"交易"的过程，包含了在利益层面存在矛盾、分歧或冲突的各个主体对达成目标的博弈与谈判过程，并不是单纯的某种政策或项目的执行过程。① 结构制度分析悬置了行动，集中关注作为社会系统再生产之媒介的各种模态，但这其实仅仅是方法论意义层面的，如果忽视了结构二重性概念的本质重要性，这种立场也就不再能够得到辩护。② 结构与能动性之间相互依赖，结构二重性与社会生活循环往复的基本特征联系在一起，结构并不能穷尽个人和社会的全部内容。因此，从行动者范式的角度看，要对发展理论和行动展开深入的阐释，必须消除结构和能动性之间的差异和鸿沟。

> 发展干预是一个不断变化的过程，其自身的组织机制和政治安排本来就是不断变化的；同时，当地群众为了奋力守卫自己的文化底线和社会环境，也会对干预活动采取一定的回应，而这也将重塑干预过程。③

当前，直线式干预假设依然拥有稳固的市场。例如，在外源性干预策略下，人们往往认为发展干预就是由政策制定者和规划者事先设计和决定的，其过程表现为"政策制定—实施步骤—干预结果"这样的线性过程。而在内源性能力建设模式下，发展干预过程将是一个"非线性"的动态过程，除了受到社会、政治和文化等综合因素的广泛影响外，还受到干预过程中不同利益相关群体就发展目标与手段进

① Warwick D. P. , Bitter Pills: Population Policies and Their Implementation in Eight Developing Countries, Cambridge: Cambrige University Press, 1982, p. 181.
② ［英］安东尼·吉登斯：《社会理论的核心问题：社会分析中的行动、结构与矛盾》，郭忠华、徐法寅译，上海译文出版社 2015 年版，第 105 页。
③ Long N. and Long A. , Battlefields of Knowledge: The Interlocking of Theory and Practice in Social Research and Development, London: Routledge, 1992, p. 37.

行谈判的动态博弈过程的深刻影响，① 尤其不能忽视发展干预对象的自主应对策略对干预的影响。因此，干预过程和结果同最初的设想之间往往存在差异。发展干预目标偏离原初计划是很正常的现象，而且，这种现象是不可能彻底消除的。在外来发展项目与地方社区和民众的复杂互动中，偏离原来制定的目标和产生目标之外的后果在所难免。这反而提醒发展工作者，针对目标偏离形成机制的细致分析与深入理解，对于发展项目方和研究者而言，是非常重要的去了解地方社区和民众对发展项目的认识、利益和选择的机会；应当更好地协助项目方调整项目原初设计，以契合地方社区自主发展的内在动力。② 毫无疑问，发展干预应当是一个不断调整介入策略和实施方案的动态的非线性螺旋式上升的过程。

（二）对地方性知识的整体性与长期性关注

长久以来，主流的现代化理论认为，通过规范性的科学和专业技术知识的运用能够有效消除贫困，发展由此被进一步概念化，发展基本上被视为一个技术议题。20 世纪 80 年代，发展研究领域兴起了对地方性知识的浓厚兴趣，这实际上是对以现代化为主导的发展干预模式深感失望之后的理论和实践回应。这表明人们已经开始探索某种新的可能性，逐渐意识到提升本土知识地位的重要性和价值。埃斯科瓦尔（Escobar）可能是这方面最前沿的学者之一，他异常深刻地指出，"发展的改造必须从审视本土建构开始，一定意义上而言，这些建构是一个民族的生活与历史，也是孕育变化和服务于变化的条件与前提"。③ 埃斯科瓦尔的判断突出了历史时间、地理空间以及社会文化结构等因素对认识社区层面的发展的重要意义，也强调需要更明确地

① Clay E. J. and Schaffer B. B. （eds.）, *Room for Maneuver: An Exploration of Public Policy in Agriculture and Rural Development*, London: Heinemann Educational, 1984; Robertson A. F., *People and the State: An Anthropology of Planned Development*, Cambridge: Cambridge University Press, 1984, p. 98.

② Jean-Pierre O. D. S., *Anthropology and Development: Understanding Contemporary Social Change*, London and NewYork: Zed Books, 2005, p. 139.

③ Escobar A., *Encountering Development: The Making and Unmaking of the Third World*, Princeton University Press, 1995, p. 98.

承认对发展来说地方性知识是一种有价值的知识体系。尽管面临着这样的挑战，但当前大量的发展理论和干预实践依然呈现出秉持规范科学和技术知识主导性的原则，将发展简单视为一种技术层面的议题，地方民众的声音难以被有效倾听。

相对于科学知识而言，地方性知识根植于地方的社会、文化和经济背景，是长期实践经验的结果，通常是非正式家庭或邻里渠道通过口头的形式世代相传，往往涉及传达者（the transmitter）和接受者（the recipients）的年龄、性别或社会从属关系。这种类型的知识通常不在书写中循环，因此它发挥着"隐藏的知识"（hidden knowledge）的功能，对外人来说相对难以获得。一个值得注意的特点是，地方性知识缺乏正式的合法化，它不是基于主体间认可的证书或者标准的规则，而是依赖于两大支柱，即文化传统和实践经验。这就是地方性知识有时被称为非专业知识（lay knowledge）或实践知识（practical knowledge）的主要原因。然而，必须指出的是，地方性知识并不是一个同质性的、一致性的系统，而是由有关社区各界充分共享，是一种相当多元的"集体智慧"（collective wisdom）的汇聚。[1] 例如，地方性知识包括一个特定农村社区功能发挥的"社会性"知识和在当地气候条件下耕种土地的传统技术或能力的知识。

发展干预过程中，地方文化和知识往往极易被边缘化，这是由多方面原因造成的。一方面，发展过程中可能会以结构化的方式来抑制地方知识的整合，这意味着"供体—受体关系"（donor-recipient relationship）和制订计划、实施过程以及评估效果的项目周期可能会被结构化，从而有利于外来专家的专业知识。另一方面，发展过程可能会被发展工作者的知识观（perception of knowledge）限制，这是更经常被专家的专业精神和学科定位所塑造的。只要发展既是局外人驱动（outsider-driven），又是专业知识驱动（expertise-driven）的，当代社

---

① Adamski T. and Gorlach K., "Neo-endogenous Development and the Revalidation of Local Knowledge", *Polish Sociological Review*, 2007, 160（60）, pp. 481 – 497.

区发展过程中上述两个问题并存可能就不是偶然的巧合。[①]

科塔里（Kothari）认为，"基于地方知识和经验的发展干预更可能与'土生土长'（home-grown）相关，因此是可持续的"。[②] 然而，这些努力都被锁定在现有的权力结构和科层结构之中，面临仅支持外部专家知识（outsider-expert knowledge）的危险。[③] 当前，虽然从事发展工作的非政府组织也都十分热衷于整合地方知识，但这个过程往往是被约束的、混乱的和不连续的。被约束的非政府组织必须在由捐赠者设置的仅有最小灵活性的政策框架中工作，他们必须在由他们的雇主设置的合同条款的最小偏差中行动，而社区则必须承接由非政府组织输送的这种几乎没有选择性的项目。通常情况下，混乱的发展干预方式中，构想、规划、实施和评估项目的整个阶段，不存在系统性的包括地方性知识的有意识的程序；不连续的发展干预方式中，现存的参与式农村评估（PRAs）、会议、工作坊和研讨会，往往都是不协同、不连续的过程。[④]

总之，奉规范科学和专业技术知识为圭臬的外源性发展干预通常对地方性知识缺乏系统性关注，即便有所考虑，也往往十分功利，通常只关注与项目开展有关的地方性知识，而忽略对当地人价值观层面的地方性文化逻辑的深入探寻，缺乏对影响发展干预的社会文化因素的深刻研究。尽管很多发展工作者都欢迎在发展战略中利用地方性知识，但很多时候它依然被视为只不过是一连串易于识别的知识符号，且多表现为技术性的，通常都相当分散。内源性能力建设主张全面反

---

① Munguti J. M. , *Does Local Knowledge Count in NGO-driven Community Development Processes? The Case of Participatory Approaches in Water Projects in Kitui District*, *Kenya*, Local and Regional Development（LRD），2008，p. 20.

② Kothari U. , "Power, Knowledge and Social Control in Participatory Development", in B. Cooke and U. Kothari（eds. ）, *Participation: The New Tyranny?* London: Zed books, 2001, pp. 139 – 152.

③ Schönhuth M. , "Negotiating with Knowledge at Development Interfaces: Anthropology and the Quest for Participation", in P. Sillitoe, A. Bicker and J. Pottier（eds. ）*Participating in Development: Approaches to Indigenous Knowledge*, London: Routledge, 2002, pp. 139 – 161.

④ Munguti J. M. , *Does Local Knowledge Count in NGO-driven Community Development Processes? The Case of Participatory Approaches in Water Projects in Kitui District*, *Kenya*, Local and Regional Development（LRD），2008，p. 42.

思普世发展模型的各种假设和现实实践，认识到发展行动不能独立于地方民众所处社会生活的种种表征；主张全面了解地方文化，并且在发展项目的理念构想、计划制定、过程实施以及效果评估的整个过程中始终如一地关注地方性知识，对当地文化的探寻贯穿于整个干预过程。田村社区发展基金项目中，当地苗族的文化传统及其所在区域的地方性文化一直都是项目组首要考虑的因素，对它的认识经历了相当长的过程，其间也出现过因为不了解当地社会文化而导致项目开展受阻的情形。当然，对地方性知识的关注永远要意识到，当外部发展工作者尝试用自身的知识解释地方文化现象时，肯定存在着诸多风险与不确定性，知识、权力与意识形态的关系，更提醒我们要警惕知识的生产与分配中不对等的社会关系，因此，发展工作者也不应该沉溺于地方知识即是传统或博物馆展品的浪漫想法。①

（三）对地方性知识的非本质化强调

虽然内源性能力建设强调地方性知识的特殊性和地方民众的自主性与参与性对当地发展的价值，但并不认为民众能力的挖掘与成长是在孤立的环境中展开的，并不将当地文化和民众的思想与行为本质化和绝对化，不对当地文化做过度假设，主张本土性知识要同外部知识彼此融合、相互吸收。人类学学者已经意识到，当前纯粹的本土知识已不复存在，通常人们认为的本土知识或本土文化本质上是与不同来源的外来知识和文化体系混合而成的产物，② 因此，相对主义有关地方性知识的观点是有问题的。内源性能力建设一方面对地方性知识加以关注，同时也意识到外源性因素的重要性，强调两者之间的动态平衡关系。

在社会变革实践中，不同类型的知识由于各种行动者的互动而交叉在一起。在一个特定的发展项目中，确认所有类型的知识通常是可能的，尽管这种多元化的本质是动态的。由于巨大的差异性，不同类

---

① 罗正心、林徐达：《地方知识与田野工作》，《台湾原住民族研究季刊》2008 年第 4 期。

② Sillitoe P. , "Globalizing Indigenous Knowledge", in P. Sillitoe and A. Bicker（eds. ）, *Participating in Development*, London and New York：Routledge, 2002, pp. 108 – 138.

型的知识可能会融合，也可能发生冲突。根据它们之间的特定关系，转变将有一个不同的过程、方向和结果。有趣的是，在不同的发展范式中，知识动态是不同的。农业产业模型中科学（专家）知识占主导，经济学和生物、化学等农业科学是典型代表，社会科学也是其组成部分，这些预示着对农场、生产专业化或生产力水平的最有效类型的最优解决方案。在这个模型中，发展战略基本上根植于专家知识转移到农民和地方社区。地方性知识退化到微不足道或毫无意义的水平，充其量只是现代化的障碍。按照这一逻辑，与假定的现代化模式的普遍适用性相比，特定的地方性知识只有轻微的意义。因此，普及科学知识变得无比重要，借助于管理性知识（managerial knowledge）的帮助，这导致"过时的"（obsolete）地方性知识的严重边缘化。[1]

然而，当将视野转向可持续发展范式时，又出现了另一番景象。在这种模式中，所有类型的知识都提供了转型战略建设的基础。可持续发展有时被定义为"一整套基于知识的实践"就是这个假设的强调。因此，显著的重要性被同时给予了科学知识和地方性知识。此外，管理（行政）知识也被高度视为能为科学知识和地方性知识之间的整合以及各种社会行动者之间的合作的组织化提供一个潜在的有效工具。可持续发展战略是基于主要代表科学知识的外部行动者（专家、研究者、各类专业人员）和拥有自身的地方性知识以及深深根植于特定地方社区的地方行动者之间的合作。杰弗里·劳伦斯（Geoffrey Lawrence）指出，"这种形式的发展给了地方性知识以合法性和价值共享性，不仅有助于地方规划中拥有地方民众的声音，而且有助于塑造改变过程"。[2] 比克尔（Bicker）等人似乎十分赞同这一观点，他们首先接受了地方性知识正在变得越发重要的基本假设，并从这个假设中推断出如何将这些知识加以应用的一些指导性原则。[3]

---

① Adamski T. and Gorlach K. , "Neo-endogenous Development and the Revalidation of Local Knowledge", *Polish Sociological Review*, 2007, 160 (60), pp. 481 – 497.

② Lawrence G. , "Promoting Sustainable Development: The Question of Governance", *Research in Rural Sociology & Development*, 2005, pp. 11, pp. 145 – 174.

③ Bicker A. , Sillitoe P. , and Pottier J. , *Investigating Local Knowledge: New Directions, New approaches*, Aldershot: Ashgate, 2004, p. X.

　　从知识谱系学的角度看，如果现代科学位于发展知识谱系的一个极端，那么，地方性知识就处于另一个极端。如今，有一种趋势应该已经逐渐明晰，即这种两极化在发展实践中显然是难以维持的；与此同时，人们也越来越赞同这样的观点，即地方性知识并非竞争性的而是补充性的知识，它多少体现出某种额外的价值和意义。① 因此，当20世纪中期以来，过于依赖现代化解决方案却始终无法大幅度改善贫困地区民众的生活质量时，在另一个极端来看，过于依赖作为替代方案的地方性知识，可能也无法或者也很难带来意义深远的发展结果。尤其在一些第三部门的发展干预实践中，存在着将地方性知识浪漫化的倾向，试图把它作为一种固定静态的、稳定不变的、纯洁简单的知识系统。这种方案的危险性在于，就像现代化方案的拥护者赋予现代科学特权一样，也赋予了地方性知识某种特权。所以，只有巧妙构建专家的普遍性知识和地方的特殊性知识之间的桥梁，才有可能鼓励真正的和持久的农村发展，并提升农村社区的生活质量。利用地方性知识的方式应该有助于引发强调内部资源与外部资源相结合的新内源发展的机制。地方性知识需要与全球科学知识相接触，才能适应不断变化的自然和社会经济环境。

（四）关注发展的实践效应而非刻意强调"权力倒置"

　　当前，主流的参与式发展理论比较强调"权力倒置"（power reversal）的重要性，主张发展专家要成为当地人的"学生"，要鼓励当地人坚持自己的观点和理念，从而试图调动农村自身的力量为实现他们所设定的目标而采取行动。但是，"权力倒置"往往容易导致对形式上"赋权"的理想追求高于对"以人为本"的内源发展的现实实践，② 发展干预的原初目标反而被忽略或难以实现。内源性能力建设主张放弃干预者与被发展者之间形式上的权力倒置，转而关注不同利益相关群体对发展话语的实践行动过程，分析国家、市场、第三部门

---

　　① Scoones I., Reij C., and Toulmin C., "Sustaining the Soil: Indigenous Soil and Water Conservation in Africa", *Journal of Comparative Pathology*, 1997, 123（1），pp. 29 – 35.
　　② 杨小柳：《参与式扶贫的中国实践和学术反思——基于西南少数民族贫困地区的调查》，《思想战线》2010 年第 3 期。

等主体在发展场域中的互动关系，重视发展干预所能获得的实际成效。

"参与"这一理想化的改革性能力已经受到许多质疑。首先，人们已经注意到，"声音"（voice）和"选择"（choice）的行使在某些条件下是相当昂贵的。① 在最基本的层面上，它可能涉及实际或估算由于充足参与所需时间承诺要求的财政损失。此外，参与可能导致社会和经济弱势群体最显著的心理甚至生理胁迫，因为他们是发展项目主要的潜在受益者，这类群体的真正参与可能挑战了更强大集团的利益。参与式方法的假设是：第一，参与的潜在利益一般超过它的花费，但这绝不是显而易见的。第二，参与的主流化也使它成为促进务实的政策利益的工具，如高效率的服务、低成本的维持等，而不是一种社会根本变革（radical transformation）的载体。在这样的背景下，主要的结果可能是仅仅将一些控制成本的服务传递给了潜在受益者。事实上，许多发展项目中，参与已经被描述为一种强迫的形式，穷人被迫作出比那些富人更为实质性的贡献。② 第三，寄希望于通过接触参与式经验将转变官僚机构（政府或捐助者）的态度和行事风格的观念可能是相对幼稚的。常规化的参与式规划工作进入公共部门的执行机构之后，带来了新的资源压力，同时实施者十分不清楚这种新的责任的潜在收益。

莫斯（Mosse）在考察了几个参与式项目后发现，即使在一个具有高度参与水平的项目中，被标签为"地方性知识"的往往是规划背景下的建构和隐含知识生产和运用的潜在政治学（underlying politics）。莫斯辨识出四方面的内容：第一，通过地方权力关系塑造知识。参与式行动通常是公共事件，对"目标群体"是开放式的。这使得这样的事件本质上是政治的，它所反映的通常是由地方的权力关系、权威关系和性别关系所强力形塑的。第二，局外人议程被表述为地方性知识。项目促进者不是被动的，他们塑造并引导这些程序，地

---

① Mansuri G. and Rao V., "Community-based and-driven Development: A Critical Review", *World Bank Research Observer*, 2004, 19 (1), pp. 1 – 39.

② Ribot J. C., "From Exclusion to Participation: Turning Senegal's Forestry Policy Around?", *World Development*, 1995, 23 (9), pp. 1587 – 1599.

方民众的"需求"通常由能够输送的项目的观念予以形塑。第三，规划实践中存在地方性的合谋现象。人们在问题定义和规划过程中表示一致同意，因为它创造了能够利用项目为他们的利益服务的空间。这既有利于项目工作员，也有利于项目受益者，但它显然抑制差异性，并鼓励共识。第四，参与的理念被用来合法化项目自身的需求和捐助者的需要。如果没有社区和项目工作员的真正支持，项目的运作要求和它的参与式目标都要靠边站。① 结果似乎是，一个项目可能看到由接受者和项目实施方带来很多有益的东西，但是究竟有哪些能够归因于"参与"，目前则尚不清楚。

通过上述讨论可以看出，"权力"是隐含在参与式理念背后的一条关键性线索。参与式发展强调外来干预者和地方民众之间形成"权力倒置"的关系，鼓励地方民众表达观点并坚持自己的发展道路。虽然至今没有一个关于"参与"的公认定义，但"作为手段的参与"（participation as means）和"作为目的的参与"（participation as end）还是可以进行一个广义的区分。二者争论的本质是，谁关注参与作为提升人们寻求他们承诺的活动和目标成功的可能性，以及谁主张参与作为一种赋权目标，增强人们的信心，并促进变迁。其实，这是一个见仁见智的问题，因为即使改变可能会发生，"参与"也不一定是一个赋权的经验，此外，受益人也很少确认"赋权"为他们的目标。② 因此，发展干预实践中，要警惕因过于强调"权力倒置"而可能造成的赋权的形式化和表面化，并且这些可能真的不一定是发展对象感兴趣的议题；在内源性能力建设过程中，更为重要的应该是注重实现以人为本的内源发展的减贫目标。毕竟，理论上的争论最终都要回归现实的发展干预场域。

---

① Mosse D., "'People's Knowledge', Participation and Patronage: Operations and Representations in Rural Development," in Bill Cooke & Uma Kothari (editors), *Participation: The New Tyranny*, London and New York: Zed Books, 2001, pp. 16 - 35.

② Potts D., Ryan P., and Toner A., *Development Planning and Poverty Reduction*, London: Palgrave Macmillan, 2003, p. 49.

二 内源性能力建设的实践挑战

内源性能力建设作为一种发展模式，要操作化为具体的发展实践并实现其目标，尚面临许多现实挑战。田村的发展干预经验表明，以下几方面的难题是必须要面对的。

（一）内源性因素与外源性因素的平衡问题

随着内源发展理论在实践中的不断更新与完善，当前的理论观点更倾向于认为地方发展的关键在于构建地方的制度能力（local institutional capacity），既能调动内部资源，又能应对作用于区域的外部力量。这种视角不仅强调经济或商业发展需要嵌入（embedded）在区域中，而且认为实现这种目标的手段是通过地方行动者参与内部和外部的发展过程。[①] 一些学者对传统的内源发展理念进行了批评和改进，他们认为，地方农村区域在外部影响（诸如全球化、外部贸易、政府或者国际组织的行动）下追求社会经济发展的自发性（autonomous）的观念可能只是一种理想，在当代并不是一个可实现的命题。[②] 任何地方都是包含外源性力量和内源性力量的混合体，并且地方层面必须与"外来—本土"（extra-local）进行互动。[③] 关键的问题在于，如何为了他们的利益提升地方区域的能力来引导这些更广泛的过程、资源和行动。这就是新内源发展的理念，其关注的重点是地方区域与其更广泛的政治、制度、贸易和自然环境的动态互动，以及这些相互作用是如何发生的。本质上来看，内源发展其实应该寻求外源性发展与内源性发展的混合模式（the mixed exogenous and endogenous approach）

---

① Galdeano-Gomez E., Aznar-Sanchez J. A., and Perez-Mesa J. C., "The Complexity of Theories on Rural Development in Europe: An Analysis of the Paradigmatic Case of Almeria (Southeast Spain)", *Sociologia Ruralis*, 2011, 51 (1), pp. 54 – 78.

② Lowe P. et al., "Regulating the New Rural Spaces: The Uneven Development of Land", *Journal of Rural Studies*, 1993, 9 (3), pp. 205 – 223.

③ High D. and Nemes G., "Social Learning in LEADER: Exogenous, Endogenous and Hybrid Evaluation in Development", *Sociologia Ruralis*, 2007, 47 (2), pp. 103 – 119.

或者说是"社区主导的发展模式"（the community-led development the-
ory），内源发展与外源发展不是非此即彼的关系，这是倡导和运用内
源发展理念时必须要清醒认识到基本前提。

　　城市、区域、国家乃至全球层面的政治、社会和经济环境可
能在社区层面产生深远的影响，这远远超出了地方社区可能带来
改变或维持的影响边界。这意味着要在超出建设地方性社区能力
的更广泛的政策层面采取特别行动，链接地方社区到不同的共同
体，分享他们的利益和需求，并通过采用广泛的组织、立法宣传
和政治动员影响国家政策的改变。①

　　应当说，当前内源发展的支持者基本都会赞同发展实践中内外源
因素的互动机制的重要性，也有学者提出了一些原则性的解决措施，
希望引导人们关注二者的交互作用。但是，在从理论走向实践的道路
上，人们似乎并没有找到更好的解决途径，实践工作者依然徘徊在两
个极端。一方面，内源发展强调以地方性知识为基础，往往在一个相
对微观的地域层面从事发展工作，社区或区域是其主要工作场域，注
重激发地方民众的自主性和自信力，形成发展的内在动力。客观上
讲，这种目标是发展干预组织（如专业社会工作）通过适当的行动
策略所能达至的。另一方面，政治、制度、经济等地方发展的外源因
素更多属于宏观结构性层面，甚至还包括更大范围的全球化机制，对
于这些方面，个人、组织、社区以及发展组织显然缺乏讨价还价的能
力，难以撼动其更加强大的辐射力和影响力。因此，从目前的发展实
践来看，影响内源因素与外部因素平衡问题的根源其实已经逐渐明
晰，真正困扰发展工作者的是如何在实践工作中寻找到突破的具体
方法。

　　在本书的内源性能力建设实践中，虽然也强调内源性因素与外源
性因素的有机结合，强调外源性因素要通过内源性因素发挥作用，并

---

① Chaskin R. J., Brown P., Venkatesh S., and Vidal A., *Building Community Capacity*,
N. Y.: Aldine de Gruyter, 2001, pp. 174–175.

将外源性因素与内源性因素之间的关系看成一种辩证的动态关系，但是，在制度约束、市场风险、资源缺乏、自然灾害等外部压力面前，内源发展还是显得非常脆弱，明显缺乏持续改进的动力和能力。外部环境的改善显然不是能力建设这种模式所能完全控制和解决的。从行动研究的角度看，行动方案的范围往往略小且涉及诸多层面乃非为行动者所可以影响，亦即，行动者面对相当多的外部因素，干扰了行动的效果。① 换句话说，即便当地民众具有了一定的自主发展能力，如果没有相应的外部宏观条件作为支持和保障，发展的程度和效果亦是有限的。因此，如何通过系统的社会工程，特别是制度和政策的合理设计与有效实施，来改善贫困地区发展的外部环境，同时通过内源性能力建设加强当地民众自主发展的意识与能力，可能是贫困地区摆脱"久扶不脱贫"现象的治本之路。

（二）能力建设效果的可持续性问题

发展干预项目的可持续问题，通俗地界定就是指项目在经过初期运行、监管和外部资金的注入之后，能够逐渐变得自给自足，甚至能够自我繁殖（self-reproduction）。② 许多研究者认为，建设社区能力相较于由外部专家强力推行的计划和指标而言，是实现社区可持续发展更有效的途径，外部专家对于理解特定背景、需求和议题的社区来说，其知识通常是有限的，因此，实现可持续社区和经济发展的地方性方案往往被视为能力建设方法的重要成果。③ 可以借用中国一句谚语阐释能力建设的可持续性：授之以鱼，不如授之以渔。这种美好的愿景广泛存在于人们的日常生活之中。能力建设通常基于这样的假设，在找准穷人优势和需求的基础上，为其提供适当的"装备"，并采取相应的动员、教育、培训、组织等工作，一

---

① 李易骏：《提升社区能力的辅导：一个短期的行动研究》，《台湾社区工作与社区研究学刊》2012 年第 2 期。

② ［英］迪恩·卡尔兰、［美］雅各布·阿佩尔：《不流于美好愿望：新经济学如何帮助解决全球贫困问题》，傅瑞蓉译，商务印书馆 2014 年版，第 36 页。

③ Lennie J., "An Evaluation Capacity-building Process for Sustainable Community IT Initiatives: Empowering and Disempowering Impacts", *Evaluation*, 2005, 11 (4), pp. 390 - 414.

段时间之后即使援助者离开，穷人照样可以持续发展下去。但是，发展干预的实践十分残酷地表明，这种"授之以渔"的方法已经存在了几十年，不过它的效果似乎并没有像人们所普遍期望的那么大。

　　不管怎样调整与改变，发展干预通常还是由外来发展机构和工作者所引导，所以一定会带有发展产业的某些固有的"通病"。① 发展干预行动基本都依赖于外部资助方的项目援助，项目具有时间性和周期性，尽管干预行动强调发展的可持续性，但是最关键的问题是项目本身往往不是可持续的，项目周期结束后所产生的变化就是不确定的，所以可能导致项目援助的周期经常成为接受援助者或地区的发展周期。一般而言，社区能力建设类的项目周期相对会比较长，具有较强的综合性，涉及多元社会主体的共同参与，通常会引发较大的社区改变。这样一来，在项目实施周期之内，项目的干预基本上决定着社区改变的方向，但是，当项目结束之后，干预减少或者取消了，项目实施期间构建的关系模式的平衡被打破，从而可能出现不可预期的变迁方向。应当说，此时社区能力建设所引发的社区层面的改变往往还是会呈现出来，但在社区成员完全自主选择、博弈和决策的情况下，变迁的方向可能会出现转向。

　　因此，在内源性能力建设显现出良好效果的情况下，如何保持其可持续性，也是困扰发展工作者的普遍性难题。内源性能力建设强调培养民众发展的自主性，但发展干预过程中外来干预者的角色已经融入社区关系中，发展工作是各方共同努力的结果，民众对干预者必定会产生某种"习惯性依赖"。正如玛萨利（Maselli）等人所言，"经验表明，维持与运用能力比建设能力要难得多"。② 田村的发展工作中，项目组与当地村民一道行动，一起经历了许多改变，目睹了各自的成长历程，试图培养村民发展的自助能力，但是，项目组也担心村民形成依赖心理。一旦项目组完全脱离村庄，他们是否又会回到项目

---

　　① 王晓毅：《农村社区发展：讨论与实践》，陆德泉、朱健刚主编《反思参与式发展：发展人类学前沿》，社会科学文献出版社2013年版，第67页。

　　② 转引自［英］艾德《能力建设：通向以人为中心的发展之路》，应维云、刘国翰译，九州图书出版公司1999年版，第38页。

开展之前的状态？项目实施所"建构"的知识在他们的生产、生活中还能发挥多大的作用？这也是项目组至今仍然坚持在田村追踪回访的重要原因。

（三）发展干预项目对社区的负面影响问题

"援助项目对发展的影响从来就不是中性的。一些援助项目并没有增强人们的现有能力，相反强化了其中的脆弱性。一些脆弱性是影响人们应付灾难事故能力的长期因素"。[①] 对于那些生活在社会边缘的穷人而言，其生活中的即使是最轻微的变化也会直接增加他们的生存机会，而反过来，如果这种变化处理得不好，也可能使他们陷入更加危险的境地。能力建设意味着对地方民众和社区长期性关注与介入，这必将引起社区的全面变迁，因此，介入行动必须考虑到能力建设对地方民众、组织等所带来的影响，有时甚至可能是负面的影响。艾德通过对诸多发展项目的案例深入分析后指出，对于发展实践而言，项目本身从来就不可能是完全中立的，项目要么促进发展，要么阻碍发展，所以比较保守的做法是，宁可"一事无成"也不要做错事，援助机构如果不能增强地方的能力，就没有必要对当地实务进行发展干预。[②] 很显然，艾德一方面看到了能力建设所可能引起的负面效应，这提醒人们应该时刻保持警惕；而另一方面，"宁可一事无成也不要做错事"的应对策略似乎显得过于消极，又使得从事发展工作的人容易"不知所措"从而选择放弃。

社区社会工作相关文献中，对于专业本身可能会对服务对象造成的各种负面影响学术界也早有警惕。一般的文献都认为社区工作者应该以外来者角色协助地方民众的动员与组织工作，但这种外来的专业介入可能会造成对社区的"次殖民"以及专业支配的

---

① ［英］艾德：《能力建设：通向以人为中心的发展之路》，应维云、刘国翰译，九州图书出版公司1999年版，第15页。

② 同上书，第206页。

情形。① 也有学者指出，社区工作者不能因为长期活动于社区就以所谓的社区成员自居，不能将自己视为社区日常生活的有机组成部分，相反，他们的地位应该超然，时刻警惕自己的角色与身份，以避免在工作中容易造成感情用事或受到权力派系以及人情的困扰，更有甚者，可能会倾向于少数精英分子而造成类似于家族事业的情形。② 甚至有研究提醒，虽然外部干预对社区的发展有其一定的贡献和积极影响，但却可能因作为社区利益团体的一员，当面临社区利益或利害关系时，也可能卷入社区冲突之中。③ 为了解决此种困局，有学者建议发展实践中应将服务对象视为主体，借此提升所谓受助者的地位，以平衡助人主体（如政府部门、社会组织）之间的不平等权力关系。④

　　内源性能力建设是一个深入社区实施发展干预实践的长期过程，它必然打破社区成员原有的联结方式与关系形态。正如夏林清教授阐述行动研究时所指出的，"其实，当人文社会科学专业介入社会既存现况中发挥作用时，它的作用历程在社会影响的本质上就是进入了不同社会力量交互较劲的争斗场域。认清这一层，专业工作者就不会天真无邪地自以为是，他对专业知识与方法发展的看法就不会受限于某个特定社会的知识生产的体制与主流的论述说法"。⑤ 然而，发展干预过程虽然强调发展工作者应当是当地民众的"同行者"，成为社区关系的重要组成部分，但也必须承认，发展工作者毕竟是外来的"强者"，不管如何"矮化"，都有可能按照自己对能力建设的理解来开展工作，在社区关系的处理过程中难免导致不公平现象的产生。内源性能力建设期望带来的是一种积极的改变，但发展项目给社区造成的

---

　　① 刘立伟：《社区营造的反思：城乡差异的考量、都市发展的观点以及由下而上的理念探讨》，《都市与计划》2008 年第 4 期。
　　② 廖敦如：《原住民部落的社区重建：以台东县建和社区为例》，《原住民教育季刊》2004 年第 34 期。
　　③ 黄源协、萧文高、刘素珍：《从"社区发展"到"永续社区"——台湾社区工作的检视与省思》，《台大社工学刊》2009 年第 19 期。
　　④ 许俊才、颜成仁、涂志雄：《社区赋权的实践与反思：以屏东排湾族部落为例》，《台湾社区工作与社区研究学刊》2012 年第 1 期。
　　⑤ 夏林清：《一盏够用的灯：辨识发现的路径》，《应用心理研究》2004 年第 23 期。

负面影响也在所难免，在最坏的情况下，可能会引发冲突或伤害本来想去帮助的地方民众。不过，无论如何，作为参与地方社区减贫行动多元主体中的一方，发展工作者（社会工作者）"都不应该感到悲观，毕竟，发展议题已经问世并经历了多年的风风雨雨，对经验教训和主要理论的思索，将有助于我们更好地立足当下，让发展思想和实践'发展'得更好"①。

（四）内源性能力建设模式的推广与借鉴问题

严格来说，确实没有任何一项发展干预行动，单凭在某一地点、某一时刻的实践中获得的证据，就能开出放之四海而皆准的"发展药方"。在发展干预的议题上，最大的挑战之一就是，如何在足够多的地方、足够多的情境下进行有效的重复行动和介入，继而根据项目评估的结果，总结经验，吸取教训，最终能够提炼出具有普遍意义的经验模式。② 乡村发展干预实践中，地方民众都是具有鲜活思想的个体，他们拥有不同的能力和天赋，同时也面临不同的问题和需求。地方民众表达出来的需求、问题、能力以及优势有多种，人们能够提供的服务有多种，最终形成的可能解决方案一定会丰富多样。所以，实际情况往往是，在农村减贫的道路上，前进的路线有很多条，而显然不可能只用同一种方法解决所有人的问题。

更为常见的批评和质疑可能是，从方法论的角度看，本书的内源性能力建设实践属于较为典型的个案研究的范畴，必然面临处理特殊性与普遍性、微观与宏观之间的关系问题，③ 也就是个案研究的代表性问题。为此，许多学者都尝试过突破这一困局的积极尝试，试图"走出个案"。比较著名的包括费孝通的类型比较法、格尔茨（Clifford Geerts）的深描法以及布洛维（Michael Burawoy）的扩展个案法。

---

① ［英］彼得·华莱士·普雷斯顿：《发展理论导论》，李小云、齐顾波、徐秀丽译，社会科学文献出版社 2011 年版，前言，第 3 页。
② ［英］迪恩·卡尔兰、［美］雅各布·阿佩尔：《不流于美好愿望：新经济学如何帮助解决全球贫困问题》，傅瑞蓉译，商务印书馆 2014 年版，第 81 页。
③ 卢晖临、李雪：《如何走出个案——从个案研究到扩展个案研究》，《中国社会科学》2007 年第 1 期。

不可否认的是，由于"异质性问题"的存在，个案研究确实难以获得对于"实体性整体"的全面认识。① 相较于在概率或数量意义上"样本"能够估测"总体"特征的定量方法，个案研究本身的确缺乏代表性。换句话说，无论最终增加多少个案，只要不进行规模性的社会调查，其代表性依然会受到人们的质疑。翟学伟认为，检验是否具有代表性其实不在于人们的主观看法，而要系统考察事件本身与其研究对象背后所包含的社会结构以及文化价值的具体关系，如果这个事件与其背后的社会结构、文化传统、价值观念或行为方式能够基本吻合，那么它才有可能具有代表性或普遍性。②

在"走出个案"的诸多尝试中，麦克·布洛维（M. Burawoy）的扩展个案方法给予了本研究最为直接的启发。③ 扩展个案方法试图通过宏观层面与微观层面双重因素的细致经验考察，秉持反思性的信条与宗旨，时刻觉察宏观结构、制度权力、文化传统等因素对人们微观日常生活实践的深刻影响力和强大渗透性，通过宏观与微观因素的循环往复互构，进而解决面临的社会现实问题。与此同时，扩展个案法特别强调理论的角色与功能，在实践过程中，试图经由理论层面的解构与重构，能够实现理论上的突破与追求。在扩展个案方法中，理论引导了介入的具体方式，将情境性、地方性的知识建构为社会性的过程，并将社会过程放置于更加广泛的宏观背景之中。

在本书的内源性能力建设实践中，秉持了扩展个案方法所强调的基本原则。一方面，注重理论层面的反思和建构。将内源发展和能力建设进行既有理论深度又兼具操作性的概念建构，提出内源性能力建设的农村社会工作实践模式；同时对农村减贫的现有主流范式展开梳理和批判，采取基于"优势—资产"范式的多元融合方法，并建构出社区驱动型的综合性社会工作干预策略。另一方面，本书始终关注微

---

① 王富伟：《个案研究的意义和限度——基于知识的增长》，《社会学研究》2012 年第 5 期。

② 翟学伟：《人情与制度：平衡还是制衡？——兼论个案研究的代表性问题》，《开放时代》2014 年第 4 期。

③ ［美］麦克·布洛维：《公共社会学》，沈原等译，社会科学文献出版社 2007 年版，第 77 页。

观与宏观、内部与外部之间的互动关系。强调内源性能力建设过程中内源因素与外部环境的平衡与互构，将中国农村减贫工作的"内卷化"困境作为社会工作介入的基本背景和宏观环境，同时考虑地方民众背后的文化传统、价值观念以及行为方式，在微观与宏观的往复运动中探索问题解决的机制。

总之，关于个案研究的代表性问题的争议，显然不能成为讨论某种发展干预的实践模式能否获得推广或得到借鉴这一无法回避的现实难题的阻碍。一种社会工作实践模式，如果仅仅局限或适应于某种高度限制的条件或情境之中，其生命力肯定会大打折扣，人们对之投入的热情也会随之减少。实际上，当人们用某种理念或方式认真考虑贫困问题的解决途径时，其实已经开始找到迈向胜利曙光的前进方向和行动目标了。与此同时，待确认找到适当的解决方法之后，最重要的是必须有条不紊、循序渐进地坚持下去。另外，如果某个发展干预项目被运用于解决某个特定的贫困议题，需要对这个项目的实施过程和效果进行具体的评估。如果方法被证明是切实可行的，那就可以考虑更大范围内推广；如果不可行或者还不成熟，就应该对其予以完善改进或者尝试替换其他方法。正所谓，"廊庙之材，盖非一木之枝也；粹白之裘，盖非一狐之皮也"，通过行动研究不断反思批判、循环往复的过程，能够逐渐完善发展干预的模式和方法，并且有可能在反贫困实践中取得实质性的进展与突破。

可以肯定的是，内源性能力建设的实践途径并非只有社区发展基金一种方式，干预策略也不会只有动员组织、教育觉察、倡导批判、补缺支持等几种类型，肯定还存在其他多种可能的干预途径和实践策略，这取决于地方性文化资源、外源性因素以及参与发展的各行动主体之间"互构共变"的过程。① 不过，田村实践也代表了能力建设模式的一种比较典型的类型，对于民族特色显著、自然资源匮乏、信息传播技术落后、社会资本不足、教育水平不高以及组织程度较低的边疆偏远贫困地区而言，田村模式尤其具有良好的适应性和推广性。例

---

① 郑杭生：《社会互构论：世界眼光下的中国特色社会学理论的新探索——当代中国"个人与社会关系研究"》，中国人民大学出版社 2010 年版。

如，乐施会在云南、贵州、广西等省（区）的社区发展基金项目都取得了良好的减贫效果，① 这些项目与田村项目在基本理念和实施步骤等方面非常相似。当然，田村能力建设模式的推广肯定不能生搬硬套，必须结合不同的地方性知识进行方法的再创造，内源性能力建设的本土化实践一定是一个不断更新的动态过程。

---

① 腾昊、何广文：《社区发展基金与农村信用社联结机制研究》，《农业经济问题》2009 年第 4 期。

第八章　结语：在行动中反思

当一个人正试图处理令自己困惑、麻烦或有趣的问题时，他也同时对其行动中隐含的理解进行反思，这些理解被他揭露、批判、重组并融入到未来的行动中。行动中反思的整个过程可称为一项"艺术"，借此实践者有时能处理好不确定性、不稳定性、独特性与价值冲突的困境。

——舍恩①

发展是一个动态性、螺旋式前行的实践过程，是一个需要不断反思和行动的过程，只有在行动者那里，反思和行动才能构成一个有机整体。当讨论内源发展理念与实践的时候，反对者很容易拿外源发展的各种优势进行反驳与回击，这也正如内源性能力建设是基于对外源发展负面后果的某种回应一样。那么，内源发展是否会像当前外源发展所遭遇的现实困境一样，最终虽然在发展实践的道路上越走越远，但却始终难以寻找到明确的前进方向。更何况，内源发展体系内部也正在反思，从"传统内源发展"到"新内源发展"的讨论便是一种应对现实挑战的学术努力。因此，为了更好地回应可能的学术批评，也为了自身的理论完善与实践进步，本书需要对内源性能力建设进行一种建设性的反思批判。另外，作为践行内源性能力建设专业主体的社会工作，究竟应该如何改变，才能更好地适应中国农村减贫实践的现实需求，以及更好满足快速转型期经济社会发展对公平正义价值理

---

① ［美］舍恩：《反映的实践者：专业工作者如何在行动中思考》，夏林清译，教育科学出版社 2007 年版，第 40—41 页。

念的追求，很显然，这些都是不容忽视的重要议题，需要进一步"在行动中反思"。在这里，"反思不再是一种理论或批判，而是行动"，"与对发展的批评不同，反思是建立在发展基础上的"，"反思的目的不是为了怀念传统和文化，而是为了解决发展中的实际问题，因此反思是行动导向的"，"发展方式的选择是一个不断调整的过程，这决定了作为行动的反思会是一个持续的过程，贯穿在发展过程的始终"。[①]

　　如果一个人能够对他自身经验的解释进行批判性地评估（critically assess），那么他就能够在这种转变过程中获得学习，这就是"反思"的意义。[②] 约翰·杜威（John Dewey）赋予"行动"以异常重要的哲学地位，认为个体只有不断通过反思性地思考过程，磨砺出对经验的反映，才能获取知识。[③] 唐纳德·舍恩（Donald Schon）在对工具理性的批评基础之上，提出了"行动中反思（Reflecting-in-action）"的概念，希望知识可以来自真实的行动之中。[④] 当人们在行动中反思时，他们便成为实践脉络中的研究者，不依赖现存的理论知识与技术框架采取行动，而是将现实问题的解决置于一个更为宽广的反思性探究脉络之中，将实践中的不确定性与独特性和科学研究工作的艺术性联系起来。在反思性实践（Reflecting-in-practice）中，实践者允许自己去经历独特的、不确定的情境带给他的惊讶、困惑与不一致，他对眼前的现象进行反思，也对隐含于自身行动中的先前理解进行反思，以寻求同时产生对现象的某种新理解以及在情境中的某种改变。因此，即便在不确定或独特的情境中，"行动中反思"亦能阔步前行，因为它不受工具理性的二分法所限制。对于社会工作的行动研究而言，就需要不断检视对"专业知识"的理解和看待，警惕围绕它的

[①] 王晓毅：《反思的发展与少数民族地区反贫困——基于滇西北和贵州的案例研究》，《中国农业大学学报》（社会科学版）2015年第4期。

[②] Redmond B. , *Reflection in Action：Developing Reflective Practice in Health and Social Services*, Hampshire：Ashgate，2006，p. 3.

[③] 方昱：《反思性社会工作："漂流社工"的社区实践与社工教育》，《东吴社会工作学报》2009年第21期。

[④] ［美］舍恩：《反映的实践者：专业工作者如何在行动中思考》，夏林清译，教育科学出版社2007年版，第44页。

各种"迷思"及其带来的后果，使社会工作实践真正成为面向未来的解放性活动。[1]

一　反思性的内源性能力建设

（一）内源性能力建设的浪漫理想

随着后现代主义的兴起与"泛滥"，发展理论及其实践一度被解构得支离破碎，发展社会学、发展人类学等学科陷入现代化理论的"死循环"之中而不能自拔。到了 20 世纪 90 年代，人们意识到，预想中现代化可以带来的好处实际上可能仅是一种"发展的幻象"[2]。在某些学术圈，学者们甚至宣称减贫、发展以及干预这样的概念变成了学术风景线上的一个废墟，错觉与失望、失败与罪恶始终伴随着它们，于是人们发出无奈之感慨，所有发展实践好像都在诉说着相同的故事，"发展并不管用"[3]。埃斯科巴尔（Escobar）更是犀利地指出，发展概念实质上根植于新殖民建构之中，在当前的权力关系格局里，它本质上是一个关键性的意识形态工具。[4] 时至今日，这股批判潮流呈现出愈演愈烈之态势。然而，贫困与发展这套概念体系却并不会因为人们如此激烈的批评而自动消失，因为，其作为一套概念体系依然具有十分强大的说服力，这使得很多人虽然在理论上嘲笑它们，但在讨论全球贫困议题时仍不得不将其作为不可或缺的分析工具。事实上，贫困与发展不仅是一些相互关联的概念和思想，更是一整套客观存在的实践与关系。发展机构、发展规划、发展人员、发展政策、发展专业等都是客观存在的社会事实，所以，无论其存在的前提多么令人怀疑，都不能简单地把它们

---

① 陈涛：《试析后结构主义若干观念对于社会工作的含义》，王思斌主编《中国社会工作研究》第 10 辑，社会科学文献出版社 2013 年版，第 38 页。

② 许宝强、汪晖：《发展的幻象》，中央编译出版社 2001 年版，前言。

③ Sachs W., *The Development Dictionary：A Guide to Knowledge as Power*, London：Zed Books, 1992, p. 1.

④ Escobar A., "Power and Visibility：Development and The Invention and Management of the Third World", *Cultural Anthropology*, 1988, 3 (4), pp. 428 – 443.

归结为一种社会建构而不承认其客观存在。①

作为发展领域里一组新兴的实践概念，内源发展、能力建设等框架的出现某种程度上正是为了回应发展实践中不尽如人意的"技术—现代化"逻辑的负面效应。实践表明，这些概念还是具有相当大的吸引力。例如，能力建设可以使"无力"的人掌控自己的命运。通过一般性的知识和技能的转移，以及地方参与，围绕能力建设的项目可以提供丰富人类生活的重要途径。甚至，"助人自助"的能力建设的干预还承诺要改变发展的本质。在一定程度上，能力建设是被放置在与传统自上而下的社会工程、结构性的调整方案或者基于福利的发展模式相对立的位置。通过较为温和的方式，能力建设帮助团体、社区和组织提升他们在特定任务和适应社会变迁方面的能力。特别地，能力建设可以提高一个社区的有效性和可持续性。此外，无论是通过非政府组织为弱势群体和边缘群体发声，还是通过"考虑他们自己的声音"（given their own voice），能力建设项目往往承诺给那些被排除在社会参与之外的人们赋权增能。②

对于一个更广泛的能力建设的框架而言，必须转向社区发展（community development）层面的考量。作为一整套发展原则和基于社会正义、人类权力、社区参与的实践，社区发展的历史可以追溯到第二次世界大战之后，其实践宗旨是试图使社区对自己的发展负责。20世纪60年代中期，社区发展被发达国家广泛采纳，尤其是英语世界国家。英美国家主导的世界社区发展，反对居高临下的和消极的福利国家倾向和权威主义社会工作。具有讽刺意味的是，尽管很多社区发展是以我们今天所谓的能力建设为前提的，但其实直到90年代末期，能力建设才进入社区发展的"实践词典"，并开始进入英国、加拿大、澳大利亚等国的政策议程。也正是从这一时期开始，能力建设成为发展干预的一个核心原则，包括国际性的援助机构、多边组织和城市更新项目。近些年来，在结合专业发展学术议题与国际潮流的知识

---

① ［英］凯蒂·加德纳、［英］大卫·刘易斯：《人类学、发展与后现代挑战》，张有春译，中国人民大学出版社2008年版，第2页。

② Kenny S. and Clarke M., *Challenging Capacity Building*：*Comparative Perspectives*，Basingstoke：Palgrave Macmillan，2010，pp. 3 – 20.

体系下，社区发展的方向与议题讨论，不再聚焦于由上而下的政府政策，而是转移到"社区能力建设"。① 以"能力"为基础的思考，反映出社区发展的主体，开始跳脱政策依附，回归到社区及社区成员等"发展"的主体。

应当说，本书的内源性能力建设概念是在内源发展、能力建设、社区发展等相关概念基础上的延伸与创新。"内源性能力建设"作为本书构建的一个组合型概念，将"内源发展"作为社会工作参与农村减贫工作的基本理念，而视"能力建设"为实践内源发展理念进而达成减贫目标的核心手段。相对于现代化逻辑的科学理性、技术变迁和经济增长而言，内源性能力建设强调发展的内生性、地方民众的广泛参与以及"外来—地方"的互动关系等基本前提，实质上也可以看作是另类发展逻辑的多元化发展道路的理论关怀与实践尝试。内源性能力建设将能力的挖掘与培育过程看作基于文化的多样性与特殊性的发展过程，它并不是简单机械地提升适应与迎合现代社会需要的知识技术的方法，而是更强调价值观念、理解能力、组织能力、反思能力、创新精神等"软实力"的塑造过程。不得不承认，内源性能力建设某种程度上是本书构建的一个具有浪漫情怀的"理想类型式"概念。这个概念是否具有生命力，是否能够在农村减贫工作中发挥应有的作用，是否能够作为农村社会工作的典型实践范式，还有待进一步的研究、实践与考察。从本书的出发点来看，不能仅仅停留于理想层面的畅想，作为减贫与发展领域的理论概念，更应该注重其实用性，需要将一个具有理想情怀的概念践行为更具现实功效的实践性概念。如何在一个精英、二元、线性的叙述框架下重新发掘被遮蔽或者被简单化、浪漫化的乡村发展事实，② 让内源性能力建设进一步释放出更大的启示空间，无疑是个很大的挑战。

---

① 许雅惠：《社区能力与社区工作者关键能力：成人学习观点的分析》，《台湾社区工作与社区研究学刊》2011 年第 1 期。

② 潘家恩、温铁军：《三个"百年"：中国乡村建设的脉络与展开》，《开放时代》2016 年第 4 期。

（二）"挑战性的"内源性能力建设与"挑战"内源性能力建设

"无论对于超然于发展之外的批评家还是作为发展机构的顾问，发展都是最具有实验性质、最容易引起争议的工作领域"。① 正如学术界已经意识到的，国际发展和社区发展领域如今成了流行语（buzzwords）、专门术语（jargon）和缩略语（acronyms）的天堂。发展词典（development lexicon）充满了在发展的背景下已被分配了特定含义的常用术语，例如参与、性别、赋权、可持续发展、合作伙伴关系，甚至"发展"这个词本身亦是如此。这些术语没有一个是"无辜的"（innocent），他们随身携带特定的理论性和规范性立场。在某些情况下，他们充满了矛盾或融合意义，如同为了一组新的意识形态倾向的特洛伊木马（Trojan horses）。② 那些充满意义的常用术语经常呈现为绝对正确的感觉，这反过来又限制了争论和讨论。不可否认，某种意义上，"内源性能力建设"作为发展领域的概念构建，也有陷入类似术语陷阱的风险。

作为一个理论概念和一套实践模式的内源性能力建设，虽然在田村发展干预项目中发挥了应有的基础性作用，对于农村地区的贫困议题产生了实践效应。但是，这个概念和模式的合法性显然需要进一步的反思与批评，从而澄清概念，消除误解。因为，"成功的发展需要批判性的分析、互相学习，并接受其悖论和困境"③。本书借用吉登斯的"反身性"（reflexive）概念对内源性能力建设予以反思，即沿着吉登斯"现代社会具有高度反身性"的理论逻辑，通过西南田村在内源性能力建设方面的经验和实践，展开"反身性内源性能力建设"的探讨。从"反身性"出发，可以对"内源性能力建设"进行两方面的自我剖析，分别为"挑战性的内源性能力建设"和"挑战

---

① ［英］凯蒂·加德纳、［英］大卫·刘易斯：《人类学、发展与后现代挑战》，张有春译，中国人民大学出版社 2008 年版，第 141 页。

② Kenny S., "Tensions and Dilemmas in Community Development: New Discourses, New Trojans?", *Community Development Journal*, 2002, 37 (4), pp. 284 – 299.

③ Kenny S. and Clarke M., *Challenging Capacity Building: Comparative Perspectives*, Basingstoke: Palgrave Macmillan, 2010.

内源性能力建设"，将其合称为"challenging endogenous capacity Building"。

"挑战性的内源性能力建设"将挑战性的（challenging）视为形容词。事实上，内源性能力建设是一个富有挑战性的追求，可以明确地指出，组织的、社区的或个人的能力建设是具有挑战性的。内源性能力建设是一个困难的、漫长的过程，可能经常还是不成功的，而且几乎可以肯定是不完美的。因此，不仅要真正理解作为"发展概念"的内源性能力建设的局限性，还要真正理解作为"发展实践"的内源性能力建设的局限性。"挑战内源性能力建设"则将 Challenging（挑战）视为动词。这意味着需要对内源性能力建设本身进行批评性质疑，实践者和行动者不能盲目自信，"抱着理想睡大觉"，而是要时常关注其理想层面的含义与实际操作中的现实之间的对比和差异，只有经过实践检验，才能发现概念本身的适切性条件以及改进的可能性。

作为一种减贫领域的发展干预模式，社会工作的内源性能力建设实践显然充满了风险和不确定性。与对发展主义主导的"技术—现代化"模式的批评类似，当前学术界对以"赋权""参与式"为表征的发展干预策略亦表现出诸多质疑，认为后者只不过是对"社会理想图景"的设想和试验。① 内源性能力建设对地方性知识、民众参与、自主性、组织合作等方面的强调同样会面临类似的质疑。似乎从理论层面来看，内源性能力建设在某种程度上正朝着对抗消费主义、偏狭地域主义和对着时代乡愁的方向前进；而缺乏田野参与经验的批评者可能会误认为内源性能力建设只是被独特的叙事捆绑，只是地方民众的光荣缅怀，是他们乡愁的避难所，是关着理想主义者的救赎牢笼。② 一个顺理成章的结论似乎是，由下而上的注重民众参与的内源性能力建设实践，在缺乏政治、社会、经济等结构层面和制度层面的横向调节之下，除了难以有效引导民众参与外，也极易简化为"凡事亲为"

① 朱晓阳、谭颖：《对中国"发展"和"发展干预"研究的反思》，《社会学研究》2010 年第 4 期。
② 王文诚：《反身性的社区营造：实践性的地理学想象》，《都市与计划》2011 年第 1 期。

的实践参与模式。①

不过，困境与缺陷并不能完全掩盖事物本身所具有的存在价值和现实意义，并且，对多元化发展道路的寻求无论是在学术界还是在政府部门都已逐渐达成某种共识。在外源性发展干预策略逐渐遭遇诸多困境的现实处境下，引入内源性能力建设视角，强调外源性干预同内源发展相结合，寻求非西方中心主义掌控的发展可能的持续努力，对于推动贫困地区特别是具有多元文化和地方性知识的少数民族地区的可持续发展而言，显然是一项值得探索的事业。内源性能力建设不仅应成为广大发展工作者探索的"另一种道路"，也应该成为政府在扶贫政策制定和扶贫开发过程中需要考虑的重要因素。从社会工作介入农村减贫实践的本质来看，内源性能力建设也许难以为一系列的地方性问题提供一个全球性的解决方案，但是，它有可能演变为应对一个全球性问题的越来越多样化的、地方性的方案；它也不是宏大的计划，不是一个大型的、横扫一切的、包罗万象的计划，而是一系列相互联结的具体步骤。②

二　重返社会工作的"社会"本质

（一）社会工作发展的"去社会化"趋势

长久以来，社会工作被定性为以"助人自助"为本的专业，秉持以改善和提升弱势群体的社会功能为目标的服务精神和基本宗旨。不过，自从专业社会工作于 19 世纪末期在欧美兴起以来，学界对于社会工作本质的论辩其实从未止息，最为经典激烈也乐此不疲地论辩往往都是围绕微观与宏观、治疗性与改革性、个人化与社会化等两种极端理念如何取舍的议题。③ 最近几十年以来，欧美国

---

① 刘立伟：《社区营造的反思：城乡差异的考量、都市发展的观点以及由下而上的理念探讨》，《都市与计划》2008 年第 4 期。

② ［荷］扬·杜威·范德普：《新小农阶级：帝国和全球化时代为了自主性和可持续性的斗争》，潘璐等译，社会科学文献出版社 2013 年版，第 187—188 页。

③ 阮曾媛琪：《从社会工作的两极化看社会工作的本质》，何国良、王思斌主编《华人社会社会工作本质的初探》，台北八方文化企业公司 2000 年版，第 114 页。

家的主流社会工作出现了注重治疗性社会工作（therapeutic social work）和临床社会工作（clinical social work）的专业发展倾向。与此同时，一个不容忽视的现实是，世界各地社会工作的发展虽然步伐并不完全一致，但都已经相继或者正在迈入偏重治疗性目标的阶段，专门化的治疗模式兴盛繁荣起来，反之，社区工作和社会改革活动则逐渐式微。社会工作专业发展呈现出走向"治疗化"及"去社会化"的趋势，社会工作实践越来越迈向个人、家庭及小群体辅导并注重治疗技术的运用和专业权威的展现，专业发展过程中似乎已经逐渐忘记捍卫社会公义及改变社会处境的专业本分。[1] 正如美国学者施佩希特（Specht）和考特尼（Courtney）所担忧的，社会工作已经堕落为"不可信赖的天使"（unfaithful angels），只热衷于心理治疗和私人执业工作，正逐渐远离专业发展初期所秉承的为贫困者服务的专业信守和承诺。

纵观当前中国内地专业社会工作的发展态势，"去社会化"趋势也是一个值得警醒的议题。如今，许多社会工作教育者和实务从业者都开始热衷于新兴的个人与家庭治疗模式，以能够掌握所谓"精深"的治疗模式为自身的专业发展目标和职业实践理想，认为这才能体现出社会工作的"专业性"。在迈向专业化的早期阶段，这种对专业知识、专业判断和专业权威的追求与强调的发展趋势在社会工作尚未被社会大众普遍接受和认同的情况下，积极层面上确实是一种在争取与医生、心理咨询师、精神科专家等其他相关专业拥有同等社会地位的理性反应。但是，从"专业化"到"专业主义"往往只有一墙之隔，而前者向后者的转变倾向已经成为中国社会工作专业发展中不得不引起重视的一个潜在性问题，[2] 这有意无意降低了社会工作对周遭普遍存在的贫困问题及社会不公平现象的关注程度，偏离了社会工作的

---

[1] Chu W. C. K., Tsui M., and Yan M., "Social Work as a Moral and Political Practice", *International Social Work*, 2009, 52（3），pp. 287 – 298.

[2] 葛忠明：《从专业化到专业主义：中国社会工作专业发展中的一个潜在问题》，《社会科学》2015 年第 4 期。

"社会"本质，容易忽略将"社会"元素放入日常工作之中的原初理想。① 本质上而言，社会工作的发展显然不能脱离其"社会性"的追求，社会工作毕竟不能等同于"治疗工作""辅导工作"或"个人照顾工作"。即便从最具辨识性的概念构成上看，"社会工作"这一概念中包含"社会"二字，意指社会工作的服务对象是生活在社会中的人，需要处理的是人类的社会行为，所追求的是改变社会及达至社会公义的社会目标。②

为了疏解两极化本质论辩的尴尬局面，学界出现了一些探索社会工作共同基础并试图寻求一个普遍性和一致性定义的尝试与努力。比较有代表性的如巴特利特（Bartlett）强调应以"促进人的社会功能"（social functioning）为社会工作实践的共同基础，希望将其打造成为一个所有社会工作者均能认同的基础性概念以化解社会工作本质上的历史分歧，③ 这实质上是以一元化的社会工作模式取代以方法为本的传统实务模式，从而实现方法论层面的统一。这种一元化的理论构想在当时社会工作专业的发展阶段上确实起到了突破性的整合作用。不过，一元化理论并未针对社会工作的本质问题作出系统性反思，没有真正处理两极化论辩背后的核心问题，反而有简化和回避关键问题的嫌疑。其实，社会工作从来都不是一个整体，社会工作本质也并非是恒久不变的存在，其内容不仅由前人写成，亦依靠现在与未来的社会工作者，以行动及实践的方式不断延续下去。④

（二）贫困议题与社会工作的社会性回归

从社会建构论的视角看，社会工作的本质显然应该是处境化的，

---

① Butler I. , and Drakeford M. , "Trusting in Social Work", *British Journal of Social Work*, 2005, Volume 35 (5), pp. 639 – 653.

② 甘炳光：《社会工作的"社会"涵义：重拾社会工作中的社会本质》，《香港社会工作学报》2010 年第 1 期。

③ Bartlett H. M. and Saunders B. N. , *The Common Base of Social Work Practice*, New York：NASW, 1970, p. 117.

④ 何国良：《社会工作的本质：论述分析的启示》，何国良、王思斌主编《华人社会社会工作本质的初探》，台北八方文化企业公司 2000 年版，第 170 页。

并且因应环境的变迁而不断地调适，并寻求适切的专业定位。① 每一个社会的社会工作都有其相对独特的被建构与被形塑的过程与机制，而每一个社会亦会随着其所处的环境、时空以及群体意愿去建构符合其现实情境的社会工作本质。因此，除了社会工作所一贯秉持的尊重、接纳、同理、正义、参与等基本价值理念之外，其实再很难找到一套永恒不变且放之四海而皆准的社会工作界定方案。从关于社会工作本质的历史论辩的过程来看，人们也没有完全脱离现实背景讨论问题，而是根据不同的历史阶段分析社会工作所应具有的形态、特点及主流。换句话说，所谓社会工作的个人化与社会化的争论，也离不开现实的社会背景，只有在具体的社会环境中，这种争论才具有现实意义和实际价值。

依循此种学术理路，本书认为，判断当前中国社会工作本质的时代内涵，应当紧密结合我国社会转型期的核心社会问题进行讨论，而不是一味追寻西方社会工作发展的脚步不能自拔。在特定历史时期的特定社会环境，主导的社会阐述（dominant discourses）在决定社会工作所要达到的理想后果、应用的知识和技术、持用的价值观念以及合适的组织安排上都发挥着重大作用。② 就本书的主题而言，贫困议题始终是萦绕于当前中国社会经济发展过程的一道现实鸿沟，如何成功跨越实现全面小康社会是全社会都关注的重要议题。国家层面，《关于打赢脱贫攻坚战的决定》和《国民经济社会发展"十三五"规划》等百余个国家政策文件对发展社会工作提出了明确要求。在这种大背景之下，社会工作如果仅仅热衷于关注个人、家庭和小群体的"小焦虑"，而不去回应社会亟须解决的诸如贫困等社会重大现实议题，显然不符合社会环境对社会工作核心价值的基本要求。

因此，虽然目前中国社会工作的发展依然处于寻求社会认同、增强专业权威的早期阶段，离不开技术化、科学化的专业努力，不能再

① 阮曾媛琪：《从社会工作的两极化看社会工作的本质》，何国良、王思斌主编《华人社会社会工作本质的初探》，台北八方文化企业公司2000年版，第134页。
② 曾家达、殷妙仲、郭红星：《社会工作在中国急剧转变时期的定位——以科学方法处理社会问题》，《社会学研究》2001年第2期。

是毫无专业性可言的筹措善款并施舍穷人，但是，为有效平衡社会工作中出现的专业主义倾向和治疗化趋势，社会工作亦应该同时关注社会变迁和社会改革，关注社会结构的调整和社区发展的事业，[①] 而这恰恰是社会工作专业发展早期就已经确立的基本工作方向。所以，在当前学术界盛行专业化论调、强调争取专业权威和专业认同的大背景下，本书呼吁社会工作的发展还是应当"不忘初心"并"回归初心"，找回社会工作的"社会"本质。这种关注社会变迁与社会改革的专业化发展的方式与途径，不仅不会淡化专业性和削弱话语权，相反，通过参与重大社会性议题的解决，有可能更加容易取得国家和民众对于专业社会工作的信任与认可。鉴于此，对于贫困议题的关注恰好提供了一个回归社会工作"社会性"本质的良好契机，但需要注意的是，治疗取向的社会工作并不是中国农村社会工作的优先选择，社会工作者不应只有"关怀个人"的心，还应有"关怀社会"的心。[②] 当前，脱贫攻坚、精准扶贫已经成为国家和时代的主旋律，社会工作理应对此作出有效的专业回应，只有这样，此时的社会工作才是针对了此时社会的普遍需要及此时社会工作群体的整体意愿，亦才能满足此时社会工作的时代使命。

当然，回到本书提出的内源性能力建设模式，虽然仅仅只是社会工作介入中国农村贫困议题的一种初步的理论构建与实践探索，本身亦面临诸多现实挑战。但是，这并不妨碍我们继续迈开前行的步伐，在行动中反思，在反思中行动，这是社会工作的实践优势，也是社会工作最终有所作为的法宝。云南田村的综合性社会工作行动实践中，我们回应的并不单是个体与家庭微观层面的某些"小焦虑"，而是社区共同体乃至地区层面的中观与宏观社会性议题。在行动过程中，我们看到了社会工作作为一门专业的价值性和功能性，但与此同时，我们亦感受到来自现实社会环境的巨大张力对于专业价值追求的冲击与碰撞。但是无论如何，这不妨碍社会工作继

---

① 朱志强：《社会工作的本质：道德实践与政治实践》，何国良、王思斌主编《华人社会社会工作本质的初探》，台北八方文化企业公司2000年版，第89—90页。

② 古学斌：《农村社会工作：理论与实践》，社会科学文献出版社2018年版，第178页。

续追求其专业理想，也不妨碍社会工作介入广袤而真实的社会议题。正是在这个意义上，虽然施佩希特与考特尼所谓的"不可信赖的天使"是欧美社会工作的处境，但其实他们的批判对于今日的中国也有一定的意义，可以迫使我们去反思社会工作在中国的定位及未来使命。

附　　录

附录一　田村社区发展基金管理运作制度

一　总则

田村农业技术小组成员在文化室召开了四次小组讨论会，就田村社区发展基金的管理及运作细则展开了激烈讨论，讨论的主题主要涉及农业技术小组负责人、基金管理负责人、借款期限、借款金额和利息、超期罚款问题、担保制度、借款用途、借款的申请和发放程序、农业技术小组定期开会等问题。通过以上四次会议，小组成员就上述问题达成了共识，在思想上和行动上得到了统一，并最终形成了《田村社区发展基金管理运作制度及细则》（简称《运作制度》）。《运作制度》是小组成员集体民主讨论、民主表决的结果，代表的是农业技术小组的一致意见和看法，一经形成便具有法定的约束力。全体成员必须严格遵守，照章办事，任何个人和组织不得以任何借口或理由超越或篡改《运作制度》。

社区发展基金旨在促进田村农业养殖和种植的发展，提升村民自我组织和自我发展的能力，最终实现社区的可持续发展。资金来源于云南大学"乡村社区能力建设"课题组（以下简称"能力建设课题组"），主要用于田村养殖业和种植业的发展，不得挪作他用。在社区发展基金的管理运作过程中，能力建设课题组、田村村委会行使监督权利。如果发现基金使用不当，能力建设课题组有权收回资金。

二　细则

第一条　社区发展基金的来源及总额。社区发展基金从能力建设课题组项目经费中以每户人家 300 元的额度发放。小组共有 10 户人家，项目组共提供 3000 元发展基金。大家讨论后一致认为，这笔钱属于小组的共有财产，小组成员中的每户人家都具有使用这笔基金中一定份额的权利。但 300 元的所有权不属于个人，若该小组成员中的任何一户退出小组，他就失去了发展基金的使用权，并且无权取得这 300 元发展基金的所有权。同时，若发现基金管理和使用不当，能力建设课题组有强制收回这笔基金的权利。

第二条　借款用途。大家一致认为这笔钱是用于搞家庭养殖和发展经济的，而非用于缓解生活的燃眉之急，买肉吃、打酒喝。因此，申请借款用于改善生活、买肉吃、打酒喝的农户，养殖小组一律不予批准贷款。

第三条　农业技术小组负责人。小组成员通过民主讨论，采用无记名投票的方式，选举产生了农业技术小组的负责人：韩高阳、张明。其中张明为组长，韩高阳为副组长。二人主要负责召集小组会议，协调小组成员之间的关系、主持和监督各项借款事宜、组织开展农业技术的学习和讨论等。同时小组成员有责任积极配合负责人搞好农业养殖和种植的各项工作。

第四条　社区发展基金管理人员。小组成员采用民主表决的方式，一致推选杨荣光和韩高华来负责资金的管理。其中杨荣光管理账目、韩高华负责记账。二人必须每半年（以 6 个月计）公布一次账目，一年公布两次，同时接受群众的监督。

第五条　借款期限、借款金额和利息。小组成员一致同意，每户的一次性借款最低金额为 300 元，最高金额为 600 元。借款期限分为 3 个月、6 个月和 9 个月三档。不同的借款期限分不同的利息，其中，借款期限为 3 个月的利息为 1 元每月 5 厘，借款期限为 6 个月的利息为 1 元每月 6 厘，借款期限为 9 个月的利息为 1 元每月 7 厘。所有的利息均充实于社区发展基金之中，使基金越滚越多，更好地服务于小组成员。

第六条　超期罚款问题。小组成员一致认可，借款期限由申请者根据发展养殖或种植的项目来确定，但最长期限不能超过 9 个月。若超过借款期限（指申请者在申请中自定的期限），每 100 元钱罚款 5

元/月，所有罚款均充实于社区发展基金之中。若超期1个月仍不还款，由农业技术小组负责人、能力建设课题组和田村村委会强行收回借款，并取消其小组成员资格，以后无权享有小组中的任何权利。

第七条 借款担保。借款人在有担保人的前提下才能借款。借款实行一对一担保制，担保人不能同时作为借款人，要等到借款人还了借款之后，担保人方能借款。若借款人超期不愿还款，则由担保人负责偿还借款人的所有借款、利息及罚款。若担保人与借款人都不愿偿还借款，则由能力建设课题组、田村村委会及社区基金管理小组强行收回借款及罚款。并取消借款人及担保人今后的借款资格。

第八条 能力建设课题组的权利。（1）能力建设课题组有权监督、参与村民借款的整个过程；（2）能力建设课题组有权对基金管理人员进行监督，可以无条件清查基金的使用情况；（3）基金管理负责人必须每半年一次以书面报告的形式向能力建设课题组汇报资金的使用情况；（4）若发现社区基金使用不当，没有按照管理制度进行运作，能力建设课题组有权同田村村委会一起强行收回所有社区发展基金。

第九条 田村村委会的权利。（1）对村民借款资金的使用情况进行监督；（2）对基金的详细账目进行监督，可以无条件地采取定期或不定期的方式查看账目；（3）有权协助基金管理人员追回借款；（4）基金管理人员必须每半年以报表的形式向村委会汇报资金的使用情况。若使用情况不当，村委会有权协助能力建设课题组强行收回借款及罚款。

第十条 农业技术小组成员的权利。（1）有权向社区基金管理小组申请贷款；（2）有权对基金管理人员的职责进行监督。

第十一条 基金管理费用。为了配合农业技术小组负责人工作的开展，能力建设课题组两年内每年拨款200元用于社区基金的管理费用，两年后，这笔费用将从社区发展基金的利息中扣除，费用的使用情况每年都要公布于众。

第十二条 借款申请和发放。大家一致同意必须按照以下程序和步骤申请借款。

第一步 提交书面申请。村民如果借款，首先向农业技术小组负责人韩高阳、张明提出书面申请，申请上应当写明贷款干什么、要贷多少钱、什么时候还款、自己手中有多少配套资金等内容。

第二步　小组讨论。小组长拿到申请书后，一周内组织小组成员召开村民会议，就是否提供借款、借款金额、还款日期等问题进行讨论。若借款人符合借款条件，并愿意按期履行相关借款责任和义务，且在小组成员愿意为其提供借款担保的前提下，可以考虑为他提供借款。

第三步　拟定书面借款协议。小组成员同意为借款人提供借款后，借款人必须与小组成员签订书面协议，协议上应当写明借款人姓名、借款金额、还款日期、小组成员是否同意其借款的意见和签字等事项。协议由小组长张明保管。

第四步　提供借款。由基金管理人员杨荣光和韩高华负责向借款人发放借款，而且必须保留农村信用社提供的正式收据，收据上应当有两位负责人和借款人的签字，收据由杨荣光保管。

第五步　返还借款。借款人必须按协议规定用好资金，并按时连本带利还清所借款项。借款人先向小组负责人表明还款意向，小组负责人和基金管理人员当面收回借款，终止借款协议，由杨荣光和韩高华负责及时将钱存入信用社。

第十三条　农业技术小组成员定期开会。大家一致同意，为了促进小组成员之间互相理解与沟通、消除猜忌，以加强小组成员之间的紧密团结，交流彼此在养殖和种植过程中的经验和教训，并使基金管理和账目公开化，小组每季度召开一次组员会议。会议由农业技术小组负责人韩高阳、张明召集和组织。

《运作制度》由农业技术小组全体成员一致讨论通过，各成员之间必须相互监督、严格遵守，以最终管理好、用好有限的社区发展基金，更好地带动小组成员家庭养殖、农业种植的发展为基本宗旨。

若其他农户想参加到农业技术小组中来，首先应当熟悉各项细则及管理制度。经小组成员讨论且接受《运作制度》的规定，可以考虑是否同意其加入。最后，任何个人无权对本《运作制度》进行修改和补充，《运作制度》的修改必须由全体组员开会讨论决定。

附录二 田野笔记摘录

　　社会工作实践的田野笔记是研究者在深入参与地方民众生活的过程中用来描述自身经历、观察和参与的记录，是行动过程的真实呈现，也蕴含着对实践过程的即时反思。值得注意的是，尽管笔者在田村减贫行动中试图始终秉持社会工作的专业价值理念，但也难免脱离研究对象的立场观察和思考问题，从而可能忽视、掩盖或者边缘化当时处境下人们对事物或事件的特定认识，甚至会出现个体情绪上的反复与波动，这些都被真实地记录于笔者的田野笔记之中。这恰恰可能是行动研究不可或缺的组成元素，是鲜活而真实的发展实践。透过这些言语抒发，能够更加透彻地理解社会工作的理论关怀与实践处境，也能更加准确地体悟行动者的思想与行动的波折和转变。本附录摘录笔者在田村发展干预过程中鲜活的记录瞬间，以充实对正文诸多细节的进一步理解。项目开展过程中，笔者每天都简单记录下当天发生的点点滴滴，形成了几十万字的田野笔记。限于篇幅以及为了保持阅读的相对连续性，本部分内容仅仅是项目驻村初期笔者的部分田野笔记摘录，从中可以管窥项目启动阶段的基本过程以及参与行动者的心路历程。

——题记

时间：2004 年 1 月 16 日
地点：田村
天气：晴
经过近一年来项目组前期准备阶段断断续续在田村的初步调查与评估，今天可算作是"社区能力建设"项目组正式进驻田村"蹲点"工作的第一天。通过今天的走访，我们对田村有了更加深入的"感性认识"。尽管属于典型的贫困村落，但不管是村干部，还是村民，都有着良好的精神风貌，从他们的身上几乎看不到对"发展前途"的任何担忧情绪，他们有着积极的心理状态，且待人十分诚恳。村民们都十分热情地邀请我们到家里坐一坐，聊一聊，似乎有很多话要跟我们聊。但由于时间仓促，今天没有每家每户都走访到。不过，我已经隐约地感觉到了工作任务的繁重。我们的到来似乎让这里的村民看到了发展与改变的希望，但如何让这种希望持续下去，并让它变成现实，我们的心里似乎并没有多少底气。

村民陆丽娟说，我们的到来让她感到很高兴，我们是她们的朋友。不过，我的心里十分清楚，这种"高兴"显然是我们的到来让她看到了某种改变目前生活状况的希望。正像 H 机构无息贷款给村民盖房子一样，村民是很实在的，哪怕一点点的改变都会感到欣喜。我们如今也来到了田村，已经开始介入村民原本平静的生活，如何不使好心办坏事，这恐怕是我们遇到的最大挑战。

通过对村干部的访谈，发现有的村干部也很有想法，他们渴望改变，渴望得到外界的援助，不过显得很谦虚，也许这就是我们处理好与村干部关系的动力所在。要处理的不仅是与村民的关系，不仅是让村民得到改变，村干部思想观念的改变也十分重要，他们毕竟是村庄规划的设计者和村庄经济的推动者，更是村庄治理的实施者，村干部的工作做好了，项目的工作就会顺利很多。

作为社会工作学习者与行动者，我们希望自己的工作能从专业的角度达到助人的目的，过去主要从书本上学到了一些知识，理论上行得通，实践有待我们去做，特别是中国农村减贫这一领域，更期待社会工作者去开拓。

时间：2004 年 1 月 17 日

地点：峰寨、栗寨

天气：晴

今天对峰寨与栗寨进行全面熟悉，采用"社区行"的方式走完了整个村寨，对村庄的位置、人口、历史、文化、经济等有了大致了解。走访了几户人家，重点访谈了几位村民，其中包括峰寨村民组长（当地人俗称"小村长"）王满诚。峰寨和栗寨虽同属于田村（行政村），也都是苗族移民村，但各有自身的特点。

栗寨村民分属于同一家族的两个支系，人口规模小，关系较为紧密，村民之间没有太多的利益纠纷，居住地偏僻，远离主干道公路，村民受教育程度低。峰寨村民虽有些也是亲戚，但分成 6 个大姓，关系相对松散，各家的利益观较强，存在一些干群冲突与矛盾，社区关系和利益结构更为复杂。

栗寨与 H 机构（非政府组织）、当地政府之间由于"茅草房改建"形成了一定的利益博弈，不过相对于峰寨而言，这种博弈还是稍显单纯些。因高速公路与铁路修建征地、封山育林等几重事件交织在一起形成的利益纠葛，使峰寨村民对基层干部（尤其是小村长王满诚）的不满更加突出。可以想见，这将对项目的开展产生不小的阻碍。

时间：2004 年 1 月 19 日

地点：峰寨

天气：晴

晚上，我们到栗寨村公房观看了妇女文艺队的歌舞排练，文艺队大年初一要在村里进行歌舞表演，初二还要到小海村（苗族村寨）参加歌舞比赛。妇女们跳的舞蹈，既有浓厚民族风情的民族舞，也有《春天的故事》《走进新时代》等现代歌舞，所有的舞蹈都是妇女们自编自演，一人学会了再教给其他人。从妇女们的舞姿中可以感受到苗族是一个能歌善舞的民族。进一步了解到，村里还有儿童文艺队、青年文艺队和中年文艺队。虽然还不能确定社区骨干是否在文艺队的组织过程中发挥了作用，但可以肯定的是，村里文艺队的组织形式确实存在，并且发挥了一定的社区组织功能。这些也是今后社区草根组织的原动力和雏形。

田村苗寨的发展归根结底要靠村民集体力量的发挥，但是这种力量并不是一下子就能激发出来的，需要逐步引导和挖掘。如同村民所言，他们需要带头人，大家看着一个人成功了，就会去仿效。农民是实在的，他们不可能去冒太大的市场风险，只有亲眼见到了实惠，才会燃起改变的希望，也才会投入时间与精力。

社会工作强调相信人的价值和潜能，强调倾听，现在我才真切地感觉到这其中的奥妙。当王满实、张明等村民说出自己关于"发展"

的思路和想法时，我们一时还不敢相信，他们的许多想法与项目组的初衷不谋而合。他们的想法是贴近本土实际的，是本土经验的创造。我们的设想能与之契合，可能预示着项目进程在一定程度上不会偏离正确的轨道。虽然这样的村民还有待于进一步动员，但他们已经让我们看到了田村苗寨改变的主体能动性。

时间：2004 年 1 月 20 日

地点：峰寨

天气：小雪

今天是羊年的最后一天，大年三十，也是我在田村过的第一个春节。虽然没有家人的陪伴，但依然不缺少过年的氛围。白天我们在峰寨入户访谈，晚上在田村村委会委员李叔的邀请下，到他家里吃饭。李叔老家在栗寨后面的一个汉族村子，紧挨贵昆铁路沿线，村里的条件较好。谈到自己的老家时，李叔言语间都透着自豪。他们村里有7—8 辆东风大卡车，种烤烟每年的收入有 1 万—2 万元，过年时家家都宰一头大肥猪。李叔现在已经搬到田村街上，买了地，盖了平房，开着餐馆，生意也不错。李叔有两个女儿，大女儿已经成家（招亲），小女儿在北县县城读高二。从李叔提供的信息看，田村汉族与苗族之间的差距其实挺大的，当然，原因有待进一步挖掘。

晚上，我给家人和朋友打了电话，发了短信。有朋友似乎不太能理解我目前的工作。但我心里清楚，虽然万家团聚的时刻我身在异乡，但我可能将度过一个同样充实且有意义的春节。每天都与村民和基层干部打交道，每天都遇到许多新的问题，每天都要进行总结和反思，这一切都在使我们不断地改变。例如，今天就遇到了村民的不理解，似乎很反对我们的到来，不过，我们基本能从容地面对，通过深入交流，这些村民也理解了我们的来意，并表示会积极参与项目。也许这件事只是整个工作的一个小插曲，但这是我们真实的经历，是今后项目工作的一笔宝贵财富。

新的一年已经到来，我们的工作才刚刚开始，会有艰巨的挑战，但更多的是满怀希望。

时间：2004 年 1 月 22 日

地点：峰寨

天气：晴

通过几天的驻村家访，峰寨的社区关系慢慢清晰起来。除了村民与高速路建设、铁路建设、封山育林等国家工程以及政府的利益博弈之外，村庄内部村民之间、干群之间也存在较为突出的利益纠葛，信任关系面临考验。田野调查所知，峰寨村民大概分为两个派系，一派以前任村长王德厚为首，另一派以现任村长王满诚、田村村委张志宏（峰寨人）为首。据村民回忆，最初的起因源自 1993 年高速路建设征地，当时，王德厚任峰寨小村长，4 万元征地补偿款账目不清，由此埋下了村庄分裂的种子。

时间：2004 年 1 月 23 日

地点：峰寨

天气：阴/冷

田村附近的小林村委会山海自然村今天（大年初二）举办"花山节"，这是苗族的传统节日。峰寨 2003 年曾经举办过一次，据村民回忆，当时附近几个县的苗族基本都参加了。这次海村的花山节规模较小，主要邀请了附近几个苗族村寨参加，栗寨和峰寨的文艺队都获得了邀请。上午 10 点半，我们跟随文艺队坐上了前往海村的拖拉机。今天天气特别冷，一路上冻得我直哆嗦。挤满人的拖拉机呼啸着朝海村驶去，耳朵里只能听见马达的轰鸣声。

下午 1 点，花山节正式开始。开场的芦笙舞之后，各支代表队轮流上场表演舞蹈和歌曲。参加者有六七十岁的老年人，也有五六岁的小孩子。值得一提的是，附近一个汉族村也组织了文艺队参加，她们跳的大秧歌也引来了阵阵掌声。前来观看的人有许多是从很远的地方专程赶过来的，除了苗族之外，也有许多汉族和回族群众。由于天气太冷，观众在场边生起了许多火堆，边烤火边观看，寒冷的天气丝毫没有影响大家参与的热情。演出一直持续到当天下午 5 点，人群逐渐散去后，我们也坐上了返回田村的拖拉机。与来时的寒冷之感不同，此时我的心里是暖和的。

今天虽然没有进行入户访谈，但却从更广泛的层面对苗族的文化传统进行了深入观察。我们行动的目的并不只是单纯地发展地方经济，如何实现文化传统的继承与发展也是项目关注的焦点。苗族是一个能歌善舞的民族，经济发展之后文化传统如何自处显然也应引起重视。从纯经济条件的角度来看，苗族村民现在确实比较贫困，但他们的日常生活却是快乐的，他们经常聚会，时常跳舞唱歌，主观幸福感很强。不禁感慨，当村民有了较强的现代市场意识，为了改善经济条件而苦于奔命，如此纯粹欢快的花山节还会存在吗？

时间：2004 年 1 月 24 日

地点：峰寨

天气：阴

通过这些天的驻村调查，发现村民们将较大数额的征地补偿款主要用于翻修或盖房子、还贷款或私人债、购买大宗电器。可以明显地感受到，现代消费主义文化已经侵入田村苗寨。村民们乐于进行超前消费和贷款消费，补偿款刚下发时，少的村民有 1 万多元，多的能有 3 万多元，于是，村里一下子新增了许多摩托车、手机、沙发、音响，甚至一位村民花 2 万多元购买了二手小轿车。村民们还会购买一些并不实用的产品。如一位村民仿效城里人，花了近 3000 元购买了一辆全新电动车。要知道，在崎岖的山路上，这辆电动车只坚持了不到一个月就被这位村民低价转手卖掉了。

消费与发展如何保持平衡，对于田村而言，已经成为一道现实的两难议题。发展不能以抑制消费为前提，不过，马克斯·韦伯所说的资本主义精神对于田村苗族的脱贫而言，应当具有十分重要的意义。与此同时，我们又必须反问自己以下问题：能够强求村民用每亩8000 元的补偿款来解决所谓的"发展"问题吗？看到有的村民一家人挤在一间又窄又破的房子里，能说他们用补偿款翻修房子不合理吗？如果硬是说服村民用这些钱投资于"发展"，他们会心甘情愿吗？显然，不能简单地认为村民的观念不正确，这些可能仅仅是我们"幼稚"的想法。他们急需什么，自己应该最清楚，我们作为旁观者和局外人恐怕不能妄下结论。因为，发展是当地人的发展，而不是外部干预者的发展，不能颠倒乡村发展的主体角色。

时间：2004 年 2 月 1 日

地点：栗寨

天气：晴

今天到栗寨了解村民对镇里即将实施的"茅草房改造工程"的想法，同时也借此机会让村民进一步认识我们的"乡村社区能力建设"项目。我们组织了一个小型会议，邀请了大部分村民参加。虽然没有多少实质性的成果，但至少村民积极参与到讨论中，基本上每位到场的村民都发表了自己的看法。我们也认真倾听，并如实记录下来。村民有表达真实想法的机会，发挥自主性与能动性，能够避免外部干预替代内部主体。基本经验是，项目开展过程中可以多提供这样的交流平台。

社会工作强调相信人的潜能和价值，再进一步细化，就是要相信和秉持地方民众的经验是重要的观念。村民的经验（不管是成功的，还是失败的）是在一个综合性、地方性的情境下生成的，成功的经验在地方就有值得推广的可能性和价值，与此同时，村民们会从失败的经验中吸取教训。在发展场域中，一件事情好或者不好，可能不能仅仅依靠外来者的判断，地方民众心里会有一杆秤。当前，项目开展的前提条件是我们与村民多沟通、多交流，使我们理解村民的日常生活，村民也能够真正了解项目。这样，对于项目的运行，村民就会有自己判断的依据与标准，同时也会在公共场合表达出来。

时间：2004 年 2 月 2 日上午

地点：峰寨

天气：晴

上午，拜访峰寨小村长王满诚。以下是对王满诚访谈的文字实录：

"我想向上级政府写一个申请，希望我们村能够迁出一部分村民，最好迁在本行政村（指田村范围之内），这要看政府怎么调整田村一社和二社的土地分配。因为不搬迁就没有其他生存的法子，国家工程

（指昆曲高速公路、贵昆铁路复线扩建等工程）大规模征地之后，现在全村只剩下偏坡地了，产量非常低，根本不适合农业生产。"

"我们现在最主要的是缺乏人才和科技。仔细算来，目前村里的土地上人均收入每年不会超过 500 元。如何在土地上改变有很大难度。科技上如何搞才符合事实？村民的文化素质也差。思想上要改变，还要团结。如果要养猪，全部要搞成卫生圈，当然这要有大量的资金，粮食也要跟得上，管理也很重要，同时还要依靠养殖科技。要搞好卫生，猪就不会生病。我们科技太差了，需要想办法加强。蔬菜在我们这里最好卖，但数量多了也不好卖。规模种植的话，最好与蔬菜公司联系，种子要从蔬菜公司统一购买，种出来后他们要负责回收，这样我们才会干，村民也才会有积极性。"

"说到文化，以前村里也有个图书室，是政府弄的，但三天就废掉了，没有管理员，太腐败了！啄木鸟的房子只用嘴就行了，但人要用双手来干，有些人只会用嘴说，这是成不了事的。一张车掉了一颗螺丝，实际上车依然是好的，关键是找到这颗螺丝。一个人活在世界上就像一根蜡烛，发的光不大，大家并起来就好了。现在出个义务工，大家都要钱，没有钱不干，现在干什么都要有一笔资金。人心散了，事情不好干啊！我这个小村长也不好当。"

时间：2004 年 2 月 2 日下午

地点：唐镇政府会议室

天气：晴

会议：地方政府、H 机构、"社区能力建设"项目组三方会议

主要参加人员：唐镇副书记江单良、工作人员龚兰芳；H 机构（国际非政府组织）负责人 2 人；"社区能力建设"总负责人钱宁教授及项目组成员；田村村委会沙义平主任、委员马双。

议程：协商栗寨茅草房改造工程相关事宜

1. H 机构负责人发言主要内容

H 机构的目标是在全球范围内消除贫困住房，通过这个切入口带动整个贫困社区的发展。H 机构已经为贫困家庭建造了 15 万间房屋，遍及全球 95 个国家，其中在云南已建造 37 间。同时也会介绍其他非

政府机构进入社区从事减贫工作，如曾介绍某机构参与栗寨饮水问题的建设，但后来考虑到地理落差太大，就没有实行。H机构的特点：（1）强调志愿者的作用，招募全球志愿者协助贫困社区民众建房，激发村民的互助精神；（2）资金的有偿使用，强调资金"不白给"；（3）强调地方资源的开发利用。

2. 唐镇汪副书记对栗寨"茅草房改造工程"的实施方案进行解释

（1）房屋盖成"街道式"的两排；（2）资金统一管理，统一承包；（3）志愿者可以参与土建工程，但不能参与技术性工程；（4）对房屋造价进行了初步预算，提出两套预算方案：A方案：不拆旧房重新选址建设新房；B方案：拆旧房原址建新房，镇政府偏向于A方案。

3. "社区能力建设"项目组钱宁教授

我们的工作从理念上讲与H机构有一致的地方，强调运用社会工作的理念和方法培养社区自主发展的能力。我们主要也是在讨论农村社会工作，致力于把社会工作推到农村，有的农村发展工作还不是真正意义上的农村社会工作。社会工作的理念更强调培养社区自身发展的能力，方法上也强调地方民众和志愿者参与，倡导培养社区的"土专家"，只有他们才能真正扎根社区。我们也会带来发展项目，如可能会根据社区实际在田村建文化室、进行社区教育和农业技术培训、改善卫生医疗条件等，也搞苗族自身的文化建设。我们不搞大型的项目，只搞社区自己能够承担的项目，探索本土化的农村社区发展方法。我们的工作带有研究性，也有实践性，现在其实还没有具体的计划，也不可能有具体的计划，这还需要与村民之间具体的讨论。

关于茅草房改造工程，可否听听村民的意见，因为我们都是外来者。在我们的前提调研中，有的栗寨村民提出了H机构现在盖的第一批房屋冬天还是比较暖和的，但夏天却很热，可能是平顶的缘故，下雨时有的房子还会渗水，墙壁会出现明显的水珠。村民因此担心房子时间长了，不知道屋顶如何维修。另外，在建房时，能否只请技术工人，其余的土建等活计可以动员村民自己动手，他们也能学到技术，增强认同感。同时，建房样式不是最重要的，关键是要实用。

4. 栗寨现场办公

根据我们的建议，会议之后参会三方一起驱车到栗寨，现场听取村民的意见（如房子的样式、建房的地点等）。在这个过程中，村民有一定程度的参与，也发表了不同意见。但明显可以看出，地方政府的行为依然带有强制性，他们拿出临县移民建房的现场照片给村民看，希望就直接建成照片上的样式。这具有很强的诱导性，村民最后抛弃了 H 机构最初的建设方案，选择了政府的方案。为此，H 机构工作人员备受打击，甚至一度考虑将项目撤出栗寨，因为他们认为 H 机构已经失去了自主性。但不得不说，H 机构的房屋设计本身也有问题，并没有与村民进行深入的协商和讨论。我们的"社区能力建设"项目的文化室建设也与茅草房改造工程产生了一定的冲突，村民在确定文化室地址的问题上显然是让位于自身住房的建设。不过，我们还是尽可能多做一些协调性工作，在实际工作中，有时候"平衡"也很重要。"平衡"虽然不一定能让各方主体都满意，但也许是最贴近可行性方案的实践策略。

时间：2004 年 2 月 3 日
地点：栗寨、峰寨、K 高速公路建设委员会田村段驻地
天气：晴

上午，项目组到栗寨就村落文化室的选址问题与村民进一步讨论。马上就要开始规划测量了，如果文化室地址不能确定，将影响到项目的进度。通过村民的集体讨论，基本达成了一致意见，计划将陆丽娟房屋前的一间茅草房地基作为文化室地基的基础，再向四周扩充，可达到预期的建设面积要求。

下午，K 高速公路建设委员会（田村段）的工作人员邀请项目组"面谈"。其实他们的目的很明确，了解到我们在田村工作，也有一定的话语权，主要是向我们解释他们同峰寨村民之间的冲突与矛盾。他们认为高速公路的施工是透明化的，也完全是依据政策办事，并重点说明了村民韩明江征地拆房的基本情况（共补助 26836.3 元）。今天的"面谈"也表明，我们在田村开展项目，田村范围内的各种利益主体都还是比较关注的。同时也提醒我们，与政府及其他相关利益主体打交道时一定要慎重，虽然要坚持原则，但如果没有政府及相关

部门的认可，工作的阻碍是可想而知的。

晚上，对峰寨村民张文博家进行访谈，刚好碰到他们哥几个在一起吃饭。其中大哥张志宏（田村村委会委员）谈得相对多一些。张志宏认为峰寨不适合召开村民大会，这样会引起许多村民"起乱"，因为村民聚在一起往往不谈正事，还有"小集团"。这也验证了有些村民所说的村长不敢召开村民大会的说法。细究起来，其实这里面可能存在利益冲突、复杂的干群关系等问题。表面上初听各方表述，似乎都有理，这也是峰寨长期积累下来的矛盾。当然，我们需要做一些协调性工作。但介入之后很快发现，村民之间、干群之间的矛盾其实是外界很难调和的。虽然农村发展项目不一定非得以解决社区内部矛盾为前提，但有了这些公开的矛盾存在，发展工作将面临更大的压力与挑战。团结力、向心力、凝聚力是一个社区真正向前发展的基础，社区公共事务离不开社区成员共同参与。

时间：2004 年 2 月 4 日

地点：峰寨

天气：晴转阴

为了落实峰寨召开村民大会的具体事宜，我们来到小村长王满诚家，同时也请来了峰寨会计张志梁，一起讨论会议的操作方案。王满诚表面上十分支持会议的召开，他强调自己"人正不怕影子歪"。但张志梁还是坚持以"分片区"的形式开会，认为全村大会有人会捣乱，场面难以控制。经过商定，初步决定召开全体村民大会，大家公开表达自己的想法和观点，会议时间暂定于 2 月 7 日晚 8 点。

"驻村"已经 20 多天，经历了很多事情，感受到了以前从未有过的焦虑，心里似乎越发迷茫，一方面因为困难和问题的复杂性，另一方面项目本身的可行性与操作性也需要进一步探讨。

时间：2004 年 2 月 8 日

地点：田村村委会

天气：雪

由于工作需要，项目组这两天到昆明进行调整，本打算 2 月 7 号就回田村，但因为昨天一场意外的大雪完全打乱了安排，好不容易落实的原本计划昨天晚上在峰寨召开的村民大会也因大雪临时取消，不得不另行安排时间。

时间：2004 年 2 月 9 日

地点：峰寨

天气：晴

由于 2 月 7 日峰寨村民大会因大雪天气取消，所以今天项目组来到小村长王满诚家落实重新召开会议的事宜。时隔三天，王满诚似乎有了完全不同的想法，他特意叫来田村村委张志宏（张志宏是峰寨村民），说要跟我们好好商量峰寨文化室建设的事情。为节省建设成本及充分利用村集体现有资源，项目原本计划对"撤点并校"后峰寨废弃小学的两间教室进行翻修后改为文化室，王满诚此前也表示赞成。不过，现在王满诚显然改变了看法，认为废弃的小学面积太小，翻修之后起不到多大的作用，还不如拆了在原址上重新建盖，建议盖成平顶楼房，资金估计要 6 万—7 万元。他也意识到这件事要争得村民的同意，认为可在村民大会上讨论，建议将会议定在明晚 8 点。显然，翻修还是新建，不是王满诚一人能够决定的；同时，作为外来者，虽然文化室建设是我们倡导的，但最终的方案一定是来自峰寨村民的共同讨论。因此，我们也十分赞成在明晚的村民大会上进行讨论。

为了配合明天晚上的村民会议，我们特意拜访了王德厚和陶勇胜，他们是村里的积极分子，力争做好他们的"思想工作"。王德厚在修建文化室这件事情上也比较积极，并表示会配合明天的会议。陶勇胜刚开始认为这个会议开不成，认为到时肯定会有人现场捣乱，因为大家肯定会重提现任小村长王满诚不清不楚的账目问题。经过我们的进一步解释，他最终也认同了召开村民大会的方案，并且主动告诉我们，说很多村民都听他的，他去做村民的思想工作。

正当我们与陶勇胜交谈时，小村长王满诚也来到了他家，陶勇胜亲切地称王满诚为"二哥"。王满诚向陶勇胜说明了自己新建文化室的想法，陶勇胜也较为赞成，认为这是村里子孙后代的事情，只是预算最低也要 6 万元。从他俩的交谈中,我们发现陶勇胜在峰寨各种权力关系中扮演着相当重要的角色,一方面,他与前任小村长王德厚、村里的县政协委员韩高阳等人关系密切;另一方面,他与现任小村长王满诚的思路有些类似,平时两人的关系也还不错。今后的项目工作中陶勇胜应该是一位可以值得关注和重点培养的社区骨干。

时间:2004 年 2 月 10 日

地点:峰寨

天气:晴

与昨天原计划仅召开一次村民大会的设想不同,实际上,今天围绕峰寨文化室的议题总共召开了三次不同层面的会议。这几次会议主要由小村长王满诚、会计张志梁牵头组织。我们在此之前主要做了动员群众以及协调关系的工作。总体上,今天的会议调动了村民的参与性,同时也让村民进一步了解了"社区能力建设"项目。

第一次会议于下午三点至五点半在小村长王满诚家进行,参加人员还有张志梁、陶勇胜、王满远以及项目组工作人员。本次会议主要是为今天晚上的全村大会作铺垫,确定了晚上会议主要讨论文化室翻修或新建的议题,同时也初步拟定了一些实施方案,以便供村民大会讨论。讨论伊始,几位村民还是认为应当"拆旧房盖新房",谈得十分具体,包括预算、管理、建设过程等。会议过程中,王满诚给田村村委会王英杰支书打了一个电话,邀请田村支书和主任参加今天晚上的村民大会,但被告知无法参加。电话里,王支书明确反对拆旧建新,认为翻修废弃的小学就可以了,这样可以充分利用资源,没必要花这么多钱重新盖。看得出,这通电话狠狠挫伤了王满诚的积极性,他说"太令人失望了!"会议最后达成共识,不管拆还是不拆,都要晚上开大会时听取村民的意见。

我们提前组织这次小组会议其实也是试图协调一下峰寨的矛盾。本来还邀请了韩高阳和峰寨前任小村长王德厚,但对方说有事不能参加。受邀请的村民都是关注村公共事务的积极分子,但他们之间的关系也十分微妙,彼此潜藏了一些利益冲突和矛盾,弄不好晚上会议的局面将很难把控。尽管晚上的会议也是想听听村民对修建文化室的看法，我们不会主导会议进程，但项目组应当发挥组织与协调作用，尽量使大会不要偏离主题。尤其不要因为这次会议进一步恶化社区矛盾与干群关系。

村民大会晚八点至九点十五分在峰寨废弃小学前露天举行，小村长王满诚主持。他首先对会议的主题进行了说明，即集体讨论峰寨文化室的修建问题，并对拟定的两套方案进行解释，一是拆旧房建新房；二是在现有废弃小学的基础上进行翻修。之后，钱宁教授介绍了"社区能力建设"项目的基本设想，强调在文化室建设问题上，主要还是想听听村民的意见，因为村民会有更好的想法。

随后，王满诚希望大家踊跃发言，但并没有村民主动发表看法，王满诚只好以点名的形式指定一些村民发言，部分村民说出了自己的想法。最终，一些村民依然没有发表看法，要么说自己没有意见，要么说自己不知道如何讲。总体上，村民们基本都是希望只要将现有的废弃小学装修就可以作为村落活动室。会议过程中，还是有部分村民（如王德涛、杨荣光）提到了村里的账目应当公开的问题。这也是我们意料之中的，在之前的协调会议上也讨论过，王满诚不得不进行了口头上的账目说明。不过，村民们似乎并不"买账"。王满诚在大会上的表现也很有"意思"，首先指定王德厚、陶勇胜、韩高阳等人发言，他们的发言表面上还是支持文化室建设，也提出了一些建设性的意见。如韩高阳提出要在文化室建一个灶房，村里人家结婚办喜事可以在公共灶房生火做饭，得到了很多村民的响应。不过，韩高阳今天可能喝了不少酒，说了很多，他的妹妹连拉带拽才把他从台上拖了下来。大会虽然没有达成十分一致的意见，但几乎所有的村民都赞成建设文化室，只是具体的方案需要进一步细化。

最后，村里的积极分子又决定继续留下来召开一个小会，继续讨论文化室建设的一些细节问题。我们参加了村民的小组讨论。开始大家没有统一的意见，各有各的说法。王德厚、陶勇胜还是提出了此前的两套方案，这实际上等于没有表态，只是原则上同意建设文化室，具体方案他们也模棱两可。后来，村民们用苗语讨论起来，我们完全听不懂。此时，我们感觉到了作为外来者的尴尬。鉴于此，我们"借故"离开了会场，主要也是想让村民有充分讨论的机会，事后可以再向他们了解小组讨论的具体细节。

项目组回到驻地后，又进行了长时间的内部讨论。我深深感觉到，项目进行的过程注定艰难，且存在各种风险，一不小心就会前功尽弃，更会伤害到当地的村民。这是我们最不愿意看到的结果。

时间：2004 年 2 月 11 日
地点：峰寨
天气：晴

我们决定趁着建设文化室的契机进一步动员村民，这是一个同村民深入交流的良好机会，对于项目的开展将起到推动作用。

早饭后，我们先到王满诚家了解昨天晚上小组讨论的最终结果。他的哥哥王满实也在。王满诚显得比较激动，他说昨天晚上大家最终还是同意破旧立新，要盖就盖得漂漂亮亮的，这符合他最初的设想。王满实也赞成拆除废弃小学校舍重新建，认为干就要干最好的。昨晚参加小组讨论的村民都分配了具体的任务，大家各自负责联系本姓家族（峰寨主要由几个家族构成），广泛倾听村民的想法，并定于今晚七点再来王满诚家汇总意见。

随后，我们来到杨荣亮家，他是昨晚小组讨论的成员。对于文化室建设，他不是很同意破旧立新，认为那样太费钱了，翻修校舍就行。我们顺便了解了他家的基本情况，其实他很有发展"头脑"，家里有一台旧的粉糠机，为村民提供饲料粉碎业务，生意还不错。他正在考虑把这台旧机器卖掉，再买一台电动粉糠机，速度快，成本也低，但是怕有风险，担心买来了没生意。我们顺势鼓励了他的发展思路，并建议他可以先拿此次征地补偿款购买设备，而不是用补偿款购买其他大宗的家用电器。也许，这仅是我们"自以为是"的正确做法。

晚上，我们又到王满诚家，原本打算参加他们昨晚商定好的小组讨论，不过七点半之后依然没有村民前来。王满诚又到几位村民家里去询问原因。八点半左右，王满诚返回，第一句话就说，"对不起你们了！"原来他刚了解到大部分村民"都不想干了"，既不想翻修校舍，也不想破旧立新，他说"太令人失望了！""你们可以跟峰寨拜拜了！"一旁的会计张志梁也说，峰寨就这样"腐败"下去得了。我们感觉事情很突然，开始安抚王满诚的情绪。经过一段时间的交谈，王满诚激动的情绪有所缓和，表示愿意继续同我们一起努力，继续做村民的"思想工作"，了解村民们究竟如何看待文化室的建设议题，为什么前后出现了态度上的转变和反差。我们与王满诚达成一致，此后几天一起到村民家里座谈了解情况。此时，王满诚的媳妇提出了另外一个设想，她说如果其他人不做，他们这几家人可以先做起来，做出个榜样给其他村民看看，大家说不定也会慢慢参与进来的。这番发言带给了我们大大的惊喜。

接着，我们来到王淑雅家。王淑雅是峰寨中年文艺队的骨干，与妹妹王淑珍（杨荣西媳妇）是村里公认的"舞蹈家"。如果要建立妇女草根组织，王淑雅可能是重点培养的骨干。我们答应她，明天晚上到她家播放前些天山海村花山节歌舞比赛的录像，并且希望她邀请文艺队的其他成员共同观看，她很爽快地答应了。

回到驻地，项目组统一了"思想"，决定今后几天的工作是广泛了解村民对文化室修建的看法。今天得到的相关信息，特别是王满诚提供的"村民都不想干了"有待进一步核实。峰寨"社区能力建设"项目到了"生死存亡"的时刻。

时间：2004 年 2 月 12 日

地点：峰寨

天气：阴雨

鉴于昨天晚上出现的意外情况，项目组今天暂时停止原定的入户访谈计划，重新开始征求村民对于文化室的意见。

在与村民的交流中，大部分村民基本都认为应该翻修校舍，很少有村民同意破旧立新。有一种主张翻修校舍的理由是，废弃校舍是多年前修高速公路时某部队出资所建，不能轻易拆除，应当留作纪念。也有少数村民认为修建文化室"是小村长的事情，村长愿意干，他们也没有什么意见"。只有个别村民持无所谓的态度。但是几乎所有村民都提出，如果修建文化室，一定要公开之前村集体的账目，主要包括：（1）销售村沙场的 5000 元集体资金；（2）政府电网改造的账目；（3）几年前县扶贫办捐给村里一台彩电，一直都是小村长王满诚家在使用；（4）村民坚持认为高速公路补偿的集体资金为8万元，而不是王满诚之前公布的57000元。

只要提起文化室修建事宜，村民必然会提起村集体账目问题，还说上次村民大会时要不是给我们（指项目组）面子，现场早就"闹开了"。陶勇胜和王德厚都指出是其他村民希望把村里的集体资金拿来分掉，他们二人倒是不同意分钱，还是觉得建文化室有必要，不过也是始终不脱离账目问题。王德厚还提到自己以前担任峰寨小村长时的许多账目，认为村委会绝对不敢来查他的账。

其实，我们现在也被峰寨的账目问题及由其引发的社区冲突搅晕了，村民各有各的说法，大家都在相互猜忌。前任小村长王德厚给出一种说法，现任小村长王满诚又是另一种说法，村民们道听途说的消息也很多。虽然整个村子串起来都是或远或近的亲戚关系，但如今却因集体账目问题积累了诸多干群紧张和社区矛盾。就连亲姐姐王淑雅也不信任王满诚，也坚持认为8万元的集体资金只向村民公开了57000元。

现实问题是，如果因为账目问题而使项目陷入复杂的社区冲突之中，不仅项目将很难持续下去，同时还会给社区带来难以预料的负面效应。如何处理这些难题，既是挑战，也是机遇。

时间：2004年2月13日

地点：峰寨

天气：晴

今天继续走访农户，征求村民对于"社区能力建设"项目和文化室建设的意见。

总计访谈了8户村民，其中5户表示应该拆除校舍重新建，3户表示翻修就行，令人欣喜的是，没有村民不同意修建文化室，几乎所有村民都表示愿意出义务工，绝大部分村民提到文化室建好后应当选出专人管理。这些入户访谈结果与几天前小村长王满诚反映的大部分人不愿意修文化室，而是希望将钱分掉的说法大相径庭。通过这两天的走访了解，发现村民并不是不想修建文化室，而是因为修建文化室触发了村民对村集体账目问题的关注，因为修建文化室必然需要动用账目不清的村集体资金。另外，王德厚、陶勇胜等人所说的大部分村民都希望将村集体资金分掉其实也是夸大事实。

走访中还遇到两件事，值得一提。村里目前有两家人正盖房，一是张建飞大姐家盖牲口房，另一家是杨荣松家盖灶房。盖房时，一些村民主动到家里帮忙，有的是亲戚，有的并没有亲戚关系。一般不用主人主动邀请，大家知道盖房就会来帮忙，是一种典型的互助形式。今天杨荣松家来了 11 位村民协助挖土、背土、夯墙，主人家负责一顿饭，不用付工钱。这表明峰寨保持着良好的邻里互助意识，村民虽然展现出较强的利益观，遇到经济利益时甚至可以不信任自家的亲兄弟，但是社区凝聚力和团结力依然较为稳固。这些是今后恢复社区认同感和信任感的基础。

另一件是突发事件。张建飞媳妇昨天早晨试图喝农药自杀，被送往邻近乡镇的医院抢救。喝农药前两口子吵了架。但一波未平一波又起，今天早上张建飞的父亲张云天也试图喝农药自杀，被紧急送往同一家医院抢救。张云天凌晨 3 点左右才回到家，也不清楚什么时候喝的农药，等发现时已经快不行了。幸好两人现在均已脱离生命危险，张建飞一人在医院照料。这是我们在村里第一次遇到自杀事件，当然也是最后一次。

时间：2004 年 2 月 14 日

地点：峰寨

天气：晴

今天继续征求村民对项目实施和文化室建设的意见，没有听到直接反对的声音。不过，张武顺老人不太同意修建文化室，理由是以前的校舍也修过几次，但不久就坏了，还不如拿这笔钱建个大型的蓄水池，每年四五月份栽苞谷时可以浇地。其实这是一个很不错的设想，因为峰寨十分缺水，而现在村里利用的山泉水仅能提供人畜饮用，不能满足农忙时集中浇灌的需求。另外，老人还担心项目组过不了多久就走了，什么事情也干不了，但还是对我们的工作表示理解。张武顺老人的担忧其实是我们早已意料之中的，只是很多村民没有像老人一样明确提出来而已。当前，一些村民对于参与项目还持观望的态度，说白了就是双方还没有建立稳定的信任关系。可能要等到项目逐步开展之后才能慢慢缓解，信任关系的建立需要一个过程。

一个值得关注的现象是，当我们跟村里的妇女聊起项目时，她们要么说这是小村长王满诚的事情，要么说自家男人不在家，自己不知道说什么，还有的妇女表示别人家咋个整自己就跟着咋个整。可以看出，妇女参与公共事务的积极性不高，也缺乏参与的意识。就田村苗寨而言，妇女平时所承担的活计甚至比男性还要重，除了下地干活，妇女平时还承担上山砍柴、打猪草、做饭、照顾老小等日常事务。但家里还是男人说了算，家庭决策时，男人通常都不会跟妇女商量。以上次峰寨的村民大会为例，多数家庭是男人参加大会，虽也有少数家庭是妇女参加，但会议结束之后很少会有妇女主动把会议的内容告知丈夫。

在峰寨会计张志梁家聊天时，他谈到这两天田村在搞妇检，村委会安排他和小村长王满诚发通知给村民。因为之前那个打给村委王支书的电话，王满诚认为村委会不支持峰寨文化室建设，心里有气，就说不发妇检通知。很显然，这是王满诚对村委会的"抗议"。为此，村委会委员李国林还特意到峰寨找王满诚。后从王满诚口中得知，今天上午他被村委会领导训了一顿。

张志梁谈到上次开会时自己不发言的原因，也是因为高速公路的集体补偿款问题，王满诚没有跟他提过这笔钱，很多事情包括资金账目都是王满诚一人管理。作为峰寨的会计，张志梁显然对王满诚的行事风格以及账目管理方式也颇有意见，所以他经常说自己作为峰寨的会计只是个"形式"。我们只能建议张志梁要与王满诚搞好团结，有事一起商量。说实话，作为外来者，我们很难介入村里的账目问题，只能尽可能做好协调工作。

这几天的入户访谈中关注到村里失学的儿童问题。大部分适龄儿童的辍学，并不是家长不让上学，而是儿童自己不想读书。老师通常会到家里请几次，家长也要他们去，但孩子就是不想去，这种现象在村子里很普遍。现在，村里仅有1名中专生（张志宏女儿张美华，在读中专生），1名夜大生（张贵盛儿子张忠，在昆明读夜大），1名高中生（小村长王满诚的女儿，在北县读民族高中），另有 4 人在读初中。村里大部分儿童读到小学三四年级就辍学在家，"读书无用论"在田村苗寨颇为盛行。入户访谈中，我们也试图做这些失学儿童和家长的"思想工作"，鼓励他们继续入校读书，但效果并不明显。在社区教育问题上，我们现阶段尚没有很好的思路。

通过近期的驻村工作，我们与村里年轻人的关系已经处得相当不错，建立了良好的信任关系，也为今后社区青年草根组织的发育打下了一定的群众基础。这两天，峰寨小姑娘杨雨琴和张亚文正忙着为我们刺绣苗族的传统小香包，很感动，也很期待。

时间：2004 年 2 月 15 日

地点：峰寨

天气：晴

今天仍旧继续昨天的工作，进村入户，走访村民，进一步介绍"社区能力建设"项目的初步设想，听取村民对于修建村落文化室的看法。之所以进行长时间的入户访谈，实际上也是一个动员群众的过程。

上午，终于同韩高阳进行了面谈，许多村民都向我们提到他，主要因为他是村里唯一的县政协委员。但他喝多了酒，明显有些醉意。对于文化室，他同意新建，反对翻修校舍，还说文化室建好后，他可以到县民宗局找熟人要一些桌椅板凳。对于韩高阳的"酒话"，我们"将信将疑"，但他毕竟是县政协委员，拥有的社会资源可能比峰寨其他村民多些。项目组应该努力动员他多为峰寨做些力所能及的事情。调动当地资源是我们工作重要的一部分，当项目组撤离村庄后，期待本地资源发挥重要作用，否则"发展"很难持续。

晚上，当我们在杨荣兴家走访时，王满诚和杨荣光先后到场。谈到修建文化室，王满诚很希望杨荣光说出自己的"真实想法"，表示不希望有的人当面一套，背后又一套。从这件事可以看出，小村长王满诚现在也十分想了解村民的意见，他可能也意识到建设文化室关键还是要得到村民的理解与支持。这也比较符合我们项目的设想。王满诚邀请我们明天晚上同他和会计张志梁一道走访村民，可能也是出于这个缘故吧。

时间：2004 年 2 月 17 日

地点：峰寨

天气：雨

白天，走访中年文艺队的王淑雅，原本设想她多少应该会有一些参与的积极性，希望她能以目前村文艺队成员为基础动员一些妇女参与项目活动。但出乎意料的是，王淑雅似乎对自己缺乏信心，指出如果其他妇女问起来要干什么，她也不知道怎样回答，并且建议我们最好去找小村长的媳妇，因为大家都听村长媳妇的。不过最终她还是同意与小村长媳妇一起动员村里的妇女。同时，她还提到了张贵盛的大儿媳王雪青，说她是一个有能力、有文化的人，人也热心，以后如果要选中年文艺队的队长，大家都会选她。并且认为张贵盛的大儿子张明，人很不错，今后村民也可能会选他当小村长，这为我们提供了培养社区骨干的线索。

晚上，在小村长王满诚家召开了一次妇女小组讨论会，由小村长媳妇负责召集。这次小组讨论发现了像王雪青、张秋月等文艺积极分子，她们有可能成为今后社区骨干的培养对象。

另外，晚上同王满诚一道继续征求村民对于修建文化室的意见。共同走访的过程中可以看出，王满诚已经逐渐了解了我们的项目，但另一方面，他似乎也对我们产生了一定程度的依赖。显然，我们不应成为他日常工作的"指挥者"，如何处理依赖关系又是一个重要的实践课题。

时间：2004 年 2 月 18 日

地点：栗寨、峰寨

天气：晴

昨天大雨，栗寨受到了雷击。栗寨小村长张文湖和会计张文林到田村村委会反映雷击损失。陆丽娟家损失最大，死了一头牛、两头猪和四只羊。为此，陆丽娟哭了整个晚上。村委会得知后也很快向镇里进行了汇报。下午镇里就作出决定，给栗寨两袋大米和 500 元的现金救济，由田村村委会派人送了过去。目前，栗寨村民人心比较稳定。

晚上，我们按照昨天的计划来到峰寨张明家，希望组织一次村民的小组座谈会。由于种种原因，到场的村民并不多，只有杨荣昌、杨荣峰、杨荣成和张明四人。小组讨论中形成了良好的互动，虽然没有聚焦某个重点议题，但大家都珍惜聚在一起的机会，这是一个过程，可能成为今后峰寨草根组织培育的切入点。

时间：2004 年 2 月 19 日

地点：田村村委会、峰寨

天气：晴

早晨，我们与田村村委会的沙义平主任、王英杰支书进行了座谈，交流这段时间在田村工作的进展情况，同时希望村委会能够协助做好峰寨文化室的翻修工作。我们的建议是，峰寨文化室的修建方案和实施工程应该由村民自主决定。沙主任和王支书表明了立场，也基本达成了一致。

晚上，我们到峰寨的地理位置最高农户家进行走访，这里居住着四户人家。村民张建华是一个很踏实的人，韩高华、韩高伟哥俩也都很有想法。韩高伟在四川当过兵，在部队时养过羊，也开过车。韩高伟觉得峰寨适合饲养食用狗，销售可以跟田村开发区联系，也可以与田村街上的餐馆联系。由于缺乏资金，这一想法始终没能实现。这兄弟俩 1999 年就进行过规模养鸡，但由于一次瘟疫鸡都死光了。不过他们并没有打消养鸡的念头，认为他们具有地理优势，远离峰寨本部，人烟稀少，牲畜不容易患病。不过，他们也有些担心，希望有科学方法的指导。

时间：2004 年 2 月 25—27 日

地点：昆明

天气：晴

项目组在昆明进行休整并整理调查资料。大家在一起讨论了三次，主要是根据田野调查情况，清理项目的工作思路，分析峰寨和栗寨存在的问题和可利用的资源与优势。决定于 2 月 29 日下村，主要落实两个村子文化室的建设，进一步动员村民以及联系县乡两级的相关部门。

时间：2004年2月29日

地点：栗寨

天气：晴

栗寨文化室的地基已经挖好，整个过程都是村民自主参与。起初是全体村民合在一起开挖，进度太慢，有村民提出任务分到户应该能快点。任务分到户后，每户平均挖2.7米宽，结果地基4天（23—26日）就挖好了。村民们谈到这件事时都深有感触，觉得各家分开挖确实比较好，有竞争，有拖拉机的家庭会挖得快点，挖完了自家分配的任务再帮助其他家，总的进度就上去了。

吃完中饭后，与村里的一些妇女和小女孩去田里拔猪草，单程大约1公里远，主要拔豌豆地里的杂草。我感觉比较累，不过这一趟很值得，体验了妇女的日常劳作。对于村里的妇女和小女孩来说，这就是她们每天的生活。

晚上，我们在栗寨组织了村民讨论会，几乎每家都到场。围绕栗寨文化室的预算以及如何成立建设小组，大家展开了激烈讨论。建设小组在原先3人的基础上增加到了6人，增加了陆丽娟（负责会计工作）、张文石（负责出纳工作）、张文河（负责购买材料）。讨论预算时，大家也都十分积极，但看得出大多数村民对于如何预算也没有多大的把握。其实预算讨论的结果及准确性可能并不是最重要的，关键在于大家都参与了这个过程，都表达了自己的意见。可以感觉到，村民们对建设文化室的积极性非常高，可见我们这段时间的动员工作做得比较扎实，对后面的工作也有了信心。

讨论会后，项目组聚在一起讨论栗寨文化室建设的具体细节。既然相信村民，就要让他们真正地参与。当然存在着不可预知的风险，尤其在资金使用层面，栗寨文化室建设的经费主要来自"社区能力建设"的项目经费。开工之前，尽量把可能存在的风险降到最低，工作要抓紧落实。

时间：2004 年 3 月 1 日

地点：栗寨

天气：晴

下午四点半，妇女讨论会准时开始，想听听村里妇女对于"发展"的想法。经过这些天的互动，妇女们也不再拘束，都"七嘴八舌"地说了起来。讨论过程中，大多数妇女都发了言。她们有的想养猪，有的想养新品种的羊，有的妇女认为养牛周期太长，不划算，而稍微年轻的小女孩则想绣花。陆丽娟说她很感激 H 机构，因为 H 建构在栗寨建房时，每次开会都叫上村里的妇女，从此以后，村里每次开会都有妇女参加。不过，据我们目前的观察，虽然妇女已经逐步参与到村庄公共事务的讨论，但最终起决策作用的依然还是男性，妇女的参与可能只是"表象"。发展主要是"人"的改变，妇女的发展显然不可忽视，这是项目今后关注的重点。

时间：2004 年 3 月 2 日

地点：峰寨

天气：晴

峰寨文化室建设方案的讨论也告一段落，村民们最终决定，对原废弃小学校舍进行翻修后改造为村落文化室。小村长王满诚最初坚持的"重建方案"被放弃。

村民选出一个由 10 人组成的文化室建设小组，成员包括王满诚、张志梁、张明、杨荣光、韩高华、杨荣西、张宏洲、张建飞、韩高阳、杨荣昌。经过小组讨论，决定把翻修工作承包给本村村民，材料费除外，承包费共计 1200 元。并且由王满诚、张志梁、杨荣光负责进料，张明管账。27 日已经召开了村民大会，开始没人愿意出来承包，后来建设小组又增加了 100 元钱，才由韩高伟承包下来。韩高伟与建设小组签订了协议书，还制定了验收标准，28 日正式开工，预计在 7 天之内完工。

时间：2004 年 3 月 3 日

地点：峰寨

天气：阴冷天、气温突然下降

下午一点，张明和杨荣昌两家人走亲戚返回了。我们到杨荣昌家时，王满诚也在。原来他们（杨荣昌、张明、王满诚）要去采购文化室翻修的材料（砂、石灰、玻璃等）。也没聊太多，与他们晚上约好了小组讨论。

晚上七点半至十点，我们在杨荣昌家开了一个小组讨论会，参加的人员有张明、杨荣昌、杨荣亮、杨荣光、张忠、张秋月。大家从一个主题谈到另外的主题，各自发表自己对于"发展"的看法。他们都是很有想法的村民，但是实际生活中遇到了一些问题和困难。大家认为"万事开头难"，也想为村里的其他人树立良好的榜样，起到带头作用。小组讨论为村民提供了一个自由交流的平台，大家的各种思想在一起碰撞，在讨论中相互启发。

时间：2004 年 3 月 5 日

地点：栗寨

天气：阴雨

与峰寨文化室建设工程已经启动的进度不同，栗寨村民今天还在商量文化室建设的具体细节，如建瓦顶还是建平顶，工程是完全承包还是只请技术工人等。针对这些问题，村民们都充分发表了自己的意见。最后得出的一致结论是建瓦顶，并且采用工程外包的形式，村民出义务工并监督施工过程，项目组也在场监督施工质量与进程。

县政协的马主席随后来到栗寨。栗寨是马主席多年的扶贫点，并且曾担任田村所在的唐镇书记，也是"社区能力建设"项目最终落户田村的"牵线人"。项目组与马主席共同讨论了田村苗族发展的相关议题。作为县领导，马主席拥有丰富的基层工作经验，从他与村民的相处中可以看出也有良好的群众基础，他关于发展的理念与我们也比较契合。应当说，虽然能力建设强调以村民为中心，以发动村民为工作主线，但确实离不开与地方政府打好交道。农村社会工作场域里所有的参与主体都是我们的工作对象，也都是决定项目成败的因素。

时间：2004 年 3 月 6 日

地点：峰寨

天气：阴

峰寨文化室的翻修工作已经接近尾声，施工现场依然呈现出十分忙碌的景象。文化室前面堆放着从废弃校舍拆下的一些木料和木门，还剩有一些砂石。根据文化室建设小组的商议，文化室建设完工后，这些材料要公开拍卖给本村村民，而且初步的拍卖起步价已经由建设小组商定。

随后我们来到张贵盛家。张贵盛是峰寨目前唯一的小学老师，峰寨小学撤校后，他被安排到田村完小任教，对于汉语和苗语的双语教学很有心得。文化室建好后，我们打算聘请张贵盛作为文化夜校的本土任课教师。今天，主要与他商议文化夜校开办的具体细节以及他对于文化夜校的设想。

时间：2004 年 3 月 12 日

地点：栗寨

天气：阴

栗寨文化室的地基基坑已经全部挖好，如同之前的地基整理工程一样，也是村民自发组织，分配到户，效率非常高，村民参与的积极性也如同挖地基时一样，被充分调动起来。我们对文化室前面规划的活动场地进行了一些协调，因为就目前规划的场地大小来看，还是限制到规模性社区活动的开展。由于场地会占到一户村民的猪圈，同这户村民商议了猪圈搬迁的方案。与此同时，与村民初步讨论了文化室建设完成之后的内部装饰以及主要用途，村民们都发表了自己的看法，开办文化夜校以及举办社区活动成为大家较为一致的想法。

时间：2004 年 3 月 14 日

地点：峰寨

天气：晴

晚上八点至九点半，在王雪青家正式成立了峰寨妇女小组，共有 7 名妇女参加。主要讨论了两方面的议题：第一，选出妇女小组的组长和副组长，大家一致推选了张秋月、王雪青为正副组长；第二，讨论妇女小组的发展规划。妇女们认为小组可以开展很多活动，主要包括家务整理、养鸡猪、算账、识字、农业科技、卫生健康等方面。

　　小组讨论过程中，大家都能围绕一个议题展开较为深入的分析，妇女之间互动充分。小村长媳妇虽然没选上组长，但说话还是有一定的分量，也有一定的影响力，妇女小组以后的发展中，她可以发挥一定的组织和协调作用。

　　项目组打算明天组织一个男性讨论会。跟张明提及此事，但他觉得有一定的难度，认为很难组织，村里的男性虽然都有想法，但很难真正走到一起。最终还是决定先动员村民，明天再依据具体情况而定。

时间：2004 年 3 月 15 日

地点：峰寨

天气：晴/大风

　　晚上，峰寨组织了一次男性讨论小组。实际上算不得严格意义上的小组，只是大家聚在一起聊聊。不过比我们预计的人数要多，18人左右，不过讨论过程中流动性较大，除了村里的成年男性，也有一些小孩在场。由于人数较多，所以互动不够，并且场面较大，很难集中注意力倾听某位村民的发言。这时才感觉到社会工作小组规模控制的重要性，不能太少，也不能过多，关键是要能够充分互动，人员也要有稳定性。只有这样，小组成员才能达成共识，才有一步一步走下去的可能性。

　　不过今晚的收获也不小。大家基本上都发了言，特别对于文化夜校谈了自己的看法。一致的看法是先识字，接着学习农业技术，并且希望能有教师"手把手"地教授。也有村民表示至今对我们的项目还是不太了解。原因有多种，可能是我们的动员工作还不充分，也可能前期的设想确实不符合村民的实际需求。正因如此，今天的讨论很重要，我们与村民加深了了解。

　　明天召开村民大会，主要围绕 4 件事：第一，选举文化室管理员；第二，选举文化夜校校长；第三，选举峰寨议事会成员；第四，选举峰寨发展小组负责人。

时间：2004 年 4 月 5 日

地点：峰寨

天气：阴

今天是峰寨文化夜校开课的第二天，时间定为晚上 8 点至 10 点。由于没有教材，只能由张贵盛老师自由授课。文化室里挤满了村民。每位村民都准备了纸和笔，很认真地记着笔记。张老师讲授了算术的加法、减法和乘法，并且举了实际生活中很贴近的例子。很多实例都用插图演示出来，比如 5 个鸡蛋，就在黑板上画出 5 个鸡蛋。又教了 1—10 的大写和 26 个拼音字母，大家都很认真地跟着读。课程结束时，外面下起了小雨。

不过，村民都反映没有教材，很不方便，教材应该配上图和拼音，这样比较形象。另外，男女老少都挤在一起同时上课，有的上过初中，有的只读过小学一年级，大家的需求不一样。有的村民表示，今晚的学习内容基本都会，再学有点"烦"。有村民提出应该分班教学，至少应分成两个班（快班与慢班）。

来听课的成年人相对较少，以 5—19 岁的儿童和青年人居多。村民们反映，男人一般不愿意听识字和算术，因为他们认为自己已经掌握了，没必要重新学，他们主要想学农业技术。而有的妇女不好意思来听课，因为不识一个字，但有好些妇女都趴在外面的窗户上听课，很想进到教室，只是不好意思。许多妇女都想先从文艺舞蹈的学习开始，慢慢来，以后再学识字和算术。

时间：2004 年 4 月 7 日

地点：峰寨

天气：雨

小村长王满诚家。王明木、张明也在。他们谈了目前文化夜校的实施情况，针对村里的实际情况，打算把夜校分成快班与慢班两个班。不过这样一来，夜校的课程就安排得非常紧凑，算上文艺活动的时间，文化室每天都有安排。他们说这样安排主要是因为现在不是农忙，村民的时间充足。

王明木、张明说村里有些人对他们有意见，认为他们拿了我们
（项目组）的钱，才肯出来做事，有些村民认为没有必要为他们争面
子。甚至还有人提出村里的"黑户人口"是否应让其来听课，以后
出了麻烦不知道谁负责。这就把可能的责任和后果推给了王明木和张
明等社区骨干。

另外，我们还联系了田村完小的一位彭姓女教师，24 岁，很热
心参与我们的项目，愿意到夜校当老师。经过与张贵盛老师的商议，
决定可以让彭老师教"快班"，张老师教"慢班"。张贵盛提出，应
该举办一个较为正式的文化夜校开班典礼，并且邀请田村村委会的村
干部参加。

时间：2004 年 5 月 29 日
地点：峰寨、栗寨
天气：晴
今天举行了栗寨和峰寨文化室和夜校的授牌仪式以及捐赠仪式。
县、乡、村三级领导都来到现场。进村时，村民组织了迎接仪式，他
们在进村的路口拉起了红绳，我们须喝上一杯米酒才能进到村里，这
是苗家最隆重的迎客习俗。授牌与捐赠仪式很简单，不到 10 分钟就
结束了。寨子里的文艺队跳起了舞蹈，我们也即兴跳起来，只能算是
"张牙舞爪"罢了。

时间：2004 年 5 月 31 日
地点：峰寨、栗寨
天气：晴
接下来项目需要处理好几方面工作：第一，文化室（图书室）管
理制度的讨论与制定；第二，夜校制度的讨论与制定；第三，了解村
民对文化夜校运作的建议。

时间：2004 年 6 月 1 日
地点：峰寨、栗寨

天气：晴

早上在栗寨了解了一下村里对前不久刚推选出的夜校与图书室管理人员的建议，村民基本上持肯定态度。不过，张文海提出应当让村里的年轻人承担一份责任，这样才会"后继有人"。这种想法很好，不过要想实现，还要做一些动员工作，比如让村民觉得年轻人也应该且能做好社区公共事务，更为重要的是，要动员年轻人积极参与到公共事务之中。

晚上在峰寨讨论了夜校、图书室管理制度，参加人员有张贵盛、陶勇胜、张明、杨荣昌、王明木、王满诚等。讨论过程从晚上九点一直持续到十一点半，大家充分发表了意见。最终形成了图书室管理与借阅制度、夜校管理制度以及文化室电视机管理制度的初步方案。大家在讨论时都比较结合峰寨的实际情况，不过也要进一步听取更广大村民的建议，然后修改完善，最终形成一个成文的规章。鉴于此，大家决定明天晚上继续讨论。

由于峰寨人口较多，很难通过召开全体村民大会讨论这些制度，所以采取的方法是先入户访谈听取一部分村民的意见，再进行村民代表的焦点小组讨论，最后在村民中进行宣传，如有不妥之处，则进行修改完善，在实践中慢慢落实为制度安排。这样做虽然很难完全考虑到每位村民的意见，但可能也是实际工作中相对务实的操作方法。

时间：2005 年 1 月 19 日

地点：峰寨、栗寨

天气：晴

峰寨养殖小组已经初步讨论形成了一个关于社区发展基金的管理办法。这是村民们最原始的想法，肯定还需要进一步讨论。下午，我们来到栗寨，同样讨论了社区发展基金如何管理与运作的问题，也讨论了养殖培训的事宜。显然，通过这段时间的交流，村民已经习惯了这种开放的讨论形式，并提出了很多建设性的意见。晚上，栗寨来上夜校的村民并不多，15 人左右，且基本上都是妇女。原来，村里部分男性前往附近的高速公路工地打短工去了。

时间：2005 年 2 月 26 日

地点：栗寨

天气：晴

今天继续组织栗寨村民围绕社区发展基金的管理与运作制度展开讨论。在前几次讨论的基础上，对社区发展基金的宗旨与目的、资金使用的利息与期限、项目组和村委会以及村民的权利与义务、资金使用的程序、资金的来源与用途等问题进行了进一步讨论和明确。原则性的问题则先向村民提出，让村民充分讨论，达成一致意见。应该说，通过今天的讨论，栗寨社区发展基金管理制度已经基本成形。

时间：2005 年 2 月 27 日

地点：栗寨

天气：晴

继续组织栗寨村民讨论栗寨社区发展基金管理制度的实施细则。到今天为止，栗寨社区发展基金的相关事宜已经组织了 5 次小组讨论。我们参与了其中 4 次，村民自发组织了 1 次。

时间：2005 年 2 月 28 日

地点：峰寨

天气：晴

继续组织峰寨村民讨论社区发展基金管理制度及实施细则。参与人员包括峰寨养殖小组成员、"社区能力建设"项目组成员、田村村委会沙主任、王支书、唐镇畜牧站刘景权（田村挂职干部）。主要议题包括：贷款期限、利息；贷款的风险担保；项目组的监督权利；田村村委会的监督权利。

时间：2005 年 3 月 12 日

地点：峰寨

天气：晴

今天，养殖小组成员讨论了这段时间对于项目的一些体会，也是迄今为止项目在峰寨遭遇的最大挑战与危机。小村长王满诚的话最直接，大体意思是他们已经很烦了，不想再干了。语气也很激烈。王满诚认为项目组不相信他们，如果要接着干，就要完全相信他们，直接将钱拿给他们，不要总是讨论基金运作的制度，这样太浪费时间。说完这番话，王满诚就离开了讨论现场。韩高成也很直接，他表示大家就是"缺钱"，给钱就好了，农业技术再"日隆（蠢）"的人都知道，都懂，根本不需要搞农业技术培训。据参与养殖小组的村民反映，其他村民的意见也很强烈，甚至希望以后开会不要到文化室，因为浪费村里的电。

时间：2005 年 3 月 18 日

地点：峰寨

天气：晴

从上周星期六直到今天，我的心里总像有一块石头压着，喘不过气来，因为峰寨的项目进展并不顺利。我们一直在反思。不过，项目工作还得照样开展，面临的问题还得想方设法解决。

今天到峰寨，我们已经有了一定的思想准备，打算坦然面对所有的现实问题。村民可能对小组讨论的形式产生了抵触心理，项目组决定变换工作方式，采取"入户"的形式开展工作。同时，我们也意识到，应该尽快落实社区发展基金的运作事宜，项目不能总是处于"半空"之中，不落地，这样造成峰寨村民认为我们不信任他们，容易产生抵触情绪。

时间：2005 年 3 月 19 日

地点：峰寨、栗寨

天气：晴

今天，峰寨与栗寨的社区发展基金正式开始运作。县政协马主席，唐镇书记、镇长，田村村委会主任、支书来到现场参与了签字启动仪式。

应该说，栗寨的社区发展基金从最初的萌芽到现在的落实，一直比较顺利。今天，栗寨村民特意把基金管理制度抄在了四张大纸上，并且每家户主都签了名，然后贴在文化室的墙上。这是一种集体性认

同的生成，村民们为同一个发展目标凝聚到一起。我们的心里也不由
自主地萌生出些许成就感。反观峰寨的项目运作，虽然我们付出了同
样多的努力，但不得不说，至少到目前为止，社区发展基金是在质疑
声中艰难落实的。

　　以上是项目实施初期（2004 年 1 月至 2005 年 3 月）作者的
部分田野笔记摘录，限于篇幅，田野笔记就摘录到此。上述文字
没有经过刻意的润色加工与后期整理，是项目开展过程中作者的
现场记录或有感而发。由于是节选与摘录的缘故，可能无法完整
反映出整个"社区能力建设"项目的运作过程和矛盾起伏，但还
是希望这些只言片语能折射出行动研究的现场感与实践感，能为
理解正文内容提供些许第一手材料。这些文字是作者参与田村发
展干预的记录，也是作为一名农村社会工作研究者和行动者努力
成长的见证。

——后记

参考文献

中文文献

［阿尔吉利亚］阿卜杜勒—马利克等：《发展的新战略》，杜越等译，中国对外翻译出版公司 1990 年版。

阿马蒂亚·森：《以自由看待发展》，任赜、于真译，中国人民大学出版社 2002 年版。

阿马蒂亚·森：《正义的理念》，王磊、李航译，中国人民大学出版社 2012 年版。

阿特伍德、巴维斯卡、希克：《农村合作组织》，［英］范达娜·德赛、［英］罗伯特·B. 波特主编《发展研究指南》，杨先明等译，商务印书馆 2014 年版。

［美］阿图罗·埃斯科瓦尔：《遭遇发展：第三世界的形成与瓦解》，汪淳玉、吴慧芳、潘璐译，社会科学文献出版社 2011 年版。

［英］艾德：《能力建设：通向以人为中心的发展之路》，应维云、刘国翰译，九州图书出版公司 1999 年版。

安东尼·哈尔、詹姆斯·梅志里：《发展型社会政策》，罗敏等译，社会科学文献出版社 2006 年版。

安纳利斯·祖马兹：《农村生计》，［英］范达娜·德赛、［英］罗伯特·B. 波特主编《发展研究指南》（第二版），杨先明等译，商务印书馆 2014 年版。

安树民、张世秋：《中国西部地区的环境—贫困与产业结构退化》，《预测》2005 年第 1 期。

［巴西］保罗·弗莱雷：《被压迫者教育学》，顾建新、赵友华、何曙

荣译，华东理工大学出版社 2001 年版。

贝尔：《后工业社会的来临》，高銛等译，新华出版社 1997 年版。

彼得·华莱士·普雷斯顿：《发展理论导论》，李小云、齐顾波、徐
秀丽译，社会科学文献出版社 2011 年版。

布里格斯：《本土知识和发展》，〔英〕范达娜·德赛、〔英〕罗伯特
·B. 波特主编《发展研究指南》，杨先明等译，商务印书馆 2014
年版。

〔美〕麦克·布洛维：《公共社会学》，沈原等译，社会科学文献出版
社 2007 年版。

《北县县志》编委会：《北县县志》，云南人民出版社 1999 年版。

陈福平：《邻里贫困下的社区服务与能力建设》，《中国行政管理》
2013 年第 2 期。

陈锋：《分利秩序与基层治理内卷化：资源输入背景下的乡村治理逻
辑》，《社会》2015 年第 3 期。

陈光金：《贫困地区农村社会经济分化研究》，《江苏行政学院学报》
2006 年第 6 期。

陈家建：《项目制与基层政府动员——对社会管理项目化运作的社会
学考察》，《中国社会科学》2013 年第 2 期。

陈家建、张琼文、胡俞：《项目制与政府间权责关系演变：机制及其
影响》，《社会》2015 年第 5 期。

陈俊：《新世纪以来中国农村扶贫开发面临的困境》，《学术界》2012
年第 9 期。

陈前恒：《农户动员与贫困村内部发展性扶贫项目分配：来自西部地
区 H 村的实证研究》，《中国农村经济》2008 年第 3 期。

陈涛：《试析后结构主义若干观念对于社会工作的含义》，王思斌主
编《中国社会工作研究》第 10 辑，社会科学文献出版社 2013
年版。

陈涛：《农村社会工作及其主体角色定位》，《湖南农业大学学报》
（社会科学版）2014 年第 3 期。

〔美〕德博拉 K. 帕吉特：《质化研究与社会工作》，王金永等译，台
北洪叶文化事业有限公司 2000 年版。

Dennis Saleebey：《优势视角：社会工作实践的新模式》，李亚文、杜立婕译，华东理工大学出版社 2004 年版。

［美］戴维·刘易斯：《揭示、扩展和深化？人类学方法对"第三部门"研究现有的和潜在的贡献评述》，何增科主编《公民社会与第三部门》，社会科学文献出版社 2000 年版。

［英］迪恩·卡尔兰、［美］雅各布·阿佩尔：《不流于美好愿望：新经济学如何帮助解决全球贫困问题》，傅瑞蓉译，商务印书馆 2014 年版。

迭戈·扎维莱根·雷伊莱斯：《体面出门的能力——羞耻和羞辱的国际通用度量指标》，萨比娜·阿尔基尔等《贫困的缺失维度》，刘民权、韩华为译，科学出版社 2010 年版。

丁军、陈标平：《构建可持续扶贫模式 治理农村返贫顽疾》，《社会科学》2010 年第 1 期。

东波、颜宪源：《农村社会工作介入农村反人文贫困的可能性探讨》，《西北农林科技大学学报》（社会科学版）2010 年第 4 期。

都阳、Albert Park：《迁移、收入转移与减贫》，蔡昉、白南生主编《中国转轨时期的劳动力流动》，社会科学文献出版社 2006 年版。

杜赞奇：《文化、权力与国家》，王福明译，江苏人民出版社 1994 年版。

段应璧：《中国农村扶贫开发：回顾与展望》，《农业经济问题》2009 年第 11 期。

［荷］扬·杜威·范德普：《新小农阶级：帝国和全球化时代为了自主性和可持续性的斗争》，潘璐等译，社会科学文献出版社 2013 年版。

范明林：《社会工作方法与实践》，上海大学出版社 2005 年版。

范如湖：《内源发展作为另一种选择——可能性与障碍》，黄高智等主编《内源发展——质量方面和战略因素》，中国对外翻译出版公司 1991 年版。

方劲：《乡村发展干预中的内源性能力建设——一项西南贫困村庄的行动研究》，《中国农村观察》2013 年第 4 期。

方昱：《反思性社会工作："漂流社工"的社区实践与社工教育》，

《东吴社会工作学报》2009 年第 21 期。

方昱：《齐美尔的玫瑰：货币、贫穷与社会工作》，《东吴社会工作学报》2010 年第 6 期。

费孝通：《中国社会变迁中的文化症结》，费孝通《费孝通文集》第 4 卷，群言出版社 1999 年版。

费孝通：《贫困与脱贫》，费孝通《费孝通文集》第 10 卷，群言出版社 1999 年版。

费孝通：《评晏阳初〈开发民力建设乡村〉》，费孝通《费孝通全集·第 6 卷》，内蒙古人民出版社 2009 年版。

费孝通：《美好社会与美美与共：费孝通对现时代的思考》，生活·读书·新知三联书店 2019 年版。

[加拿大] 弗雷德·卡登：《让知识推动政策的改变：如何使发展研究发挥最大的作用》，徐秀丽、齐顾波、李小云译，社会科学文献出版社 2012 年版。

甘炳光：《社会工作的"社会"涵义：重拾社会工作中的社会本质》，《香港社会工作学报》2010 年第 1 期。

葛忠明：《从专业化到专业主义：中国社会工作专业发展中的一个潜在问题》，《社会科学》2015 年第 4 期。

古学斌、张和清、杨锡聪：《地方国家、经济干预和农村贫困：一个中国西南村落的个案分析》，《社会学研究》2004 年第 2 期。

古学斌、张和清、杨锡聪：《专业限制与文化识盲：农村社会工作实践中的文化问题》，《社会学研究》2007 年第 6 期。

古学斌、张和清、吴世友：《农村社会工作实务模式与方法技巧》，张和清主编《农村社会工作》，高等教育出版社 2008 年版。

古学斌：《农村社会工作的主要内容》，张和清主编《农村社会工作》，高等教育出版社 2008 年版。

古学斌：《行动研究与社会工作的介入》，王思斌主编《中国社会工作研究》第 10 辑，社会科学文献出版社 2013 年版。

古学斌：《农村社会工作：理论与实践》，社会科学文献出版社 2018 年版。

郭继强：《"内卷化"概念新理解》，《社会学研究》2007 年第 3 期。

郭伟和：《后专业化时代的社会工作及其借鉴意义》，《社会学研究》2014 年第 5 期。

何国良：《社会工作的本质：论述分析的启示》，何国良、王思斌主编《华人社会社会工作本质的初探》，台北八方文化企业公司 2000 年版。

何国良：《序：社会工作的定位》，何国良、王思斌主编《华人社会社会工作本质的初探》，八方文化企业公司 2000 年版。

何慧丽、古学斌、贺雪峰、田力为、毛刚强、Luca Colombo、Ada Cavazzani 等：《城乡链接与农民合作》，《开放时代》2009 年第 9 期。

贺雪峰：《论乡村治理内卷化——以河南省 K 镇调查为例》，《开放时代》2011 年第 2 期。

洪大用：《中国城市扶贫政策的缺陷及其改进方向分析》，《江苏社会科学》2003 年第 2 期。

胡阳全：《社会工作介入民族地区农村社区贫困问题的思考》，《云南民族大学学报》（哲学社会科学版）2013 年第 4 期。

胡洁怡、岳经纶：《农村贫困脆弱性及其社会支持网络研究》，《行政论坛》2016 年第 3 期。

黄高智：《以人为中心的内源发展概念》，阿卜杜勒·马立克等主编《发展的新战略》，中国对外翻译出版公司 1990 年版。

黄源协、萧文高、刘素珍：《从"社区发展"到"永续社区"——台湾社区工作的检视与省思》，《台大社工学刊》2009 年第 19 期。

黄宗智：《发展还是内卷？十八世纪英国与中国——评彭慕兰〈大分岔：欧洲，中国及现代世界经济的发展〉》，《历史研究》2002 年第 4 期。

黄宗智：《长江三角洲小农家庭与乡村发展》，中华书局 2006 年版。

黄宗智、龚为刚、高原：《"项目制"的运作机制和效果是"合理化"吗?》，《开放时代》2014 年第 5 期。

韩庆祥、雷鸣：《能力建设与当代中国发展》，《中国社会科学》2005 年第 1 期。

Jean McNiff、Pamela Lomax and Jack Whitehead：《行动研究：生活实践家的研究锦囊》，台湾涛石文化 2002 年版。

［英］安东尼·吉登斯：《社会理论的核心问题：社会分析中的行动、结构与矛盾》，郭忠华、徐法寅译，上海译文出版社 2015 年版。

江发文：《被压迫的底层与底层的解放——读保罗·弗莱雷的〈被压迫者教育学〉》，《社会学研究》2009 年第 6 期。

［英］卡尔·波兰尼：《大转型：我们时代的政治与经济起源》，冯钢、刘阳译，浙江人民出版社 2007 年版。

［英］凯蒂·加德纳、［英］大卫·刘易斯：《人类学、发展与后现代挑战》，张有春译，中国人民大学出版社 2008 年版。

坎迪达·马奇、伊内斯·史密斯、迈阿特伊·穆霍帕德亚：《社会性别分析框架指南》，社会性别意识资源小组译，社会科学文献出版社 2004 年版。

科西克：《具体的辩证法》，社会科学文献出版社 1989 年版。

［美］肯尼思·沃尔兹：《现实主义与国际政治》，张睿壮、刘丰译，北京大学出版社 2012 年版。

李博：《项目制扶贫的运作逻辑与地方性实践——以精准扶贫视角看A 县竞争性扶贫项目》，《北京社会科学》2016 年第 3 期。

李培林、王晓毅：《移民、扶贫与生态文明建设——宁夏生态移民调研报告》，《宁夏社会科学》2013 年第 5 期。

李小云、唐丽霞、张雪梅：《我国财政扶贫资金投入机制分析》，《农业经济问题》2007 年第 10 期。

李小云：《我国农村扶贫战略实施的治理问题》，《贵州社会科学》2013 年第 7 期。

李小云、唐丽霞、许汉泽：《论我国的扶贫治理：基于扶贫资源瞄准和传递的分析》，《吉林大学社会科学学报》2015 年第 4 期。

李易骏：《提升社区能力的辅导：一个短期的行动研究》，《台湾社区工作与社区研究学刊》2012 年第 2 期。

李迎生、乜琪：《社会政策与反贫困：国际经验与中国实践》，《教学与研究》2009 年第 6 期。

李迎生：《推进社会政策与新扶贫攻坚方案的有效衔接》，《甘肃社会科学》2016 年第 4 期。

厉以宁：《贫困地区经济与环境的协调发展》，《中国社会科学》1991

年第 4 期。

廖敦如：《原住民部落的社区重建：以台东县建和社区为例》，《原住民教育季刊》2004 年第 34 期。

刘宝：《农村社区建设的范式转换与实践路径——基于社区能力建设的视角》，《福建论坛》（人文社会科学版）2013 年第 6 期。

刘辉武：《民族地区社会治理与社会工作的着力点》，《光明日报》2015 年 9 月 2 日。

刘坚：《新阶段扶贫开发的成就与挑战》，中国财政经济出版社 2006 年版。

刘立伟：《社区营造的反思：城乡差异的考量、都市发展的观点以及由下而上的理念探讨》，《都市与计划》2008 年第 4 期。

刘梦：《增强权能观念在妇女小组中的运用——小组的理念、设计和本土化探讨》，王思斌主编《中国社会工作研究》，社会科学文献出版社 2002 年版。

刘胜湘：《国际关系研究范式融合论析》，《世界经济与政治》2014 年第 12 期。

刘世定、邱泽奇：《"内卷化"概念辨析》，《社会学研究》2004 年第 5 期。

刘晓春、古学斌：《解放/被解放——谈批判教育学与社会工作社区发展教育》，王思斌主编《中国社会工作研究》第 5 辑，社会科学文献出版社 2007 年版。

刘斐丽：《地方性知识与精准识别的瞄准偏差》，《中国农村观察》2018 年第 5 期。

卢晖临、李雪：《如何走出个案——从个案研究到扩展个案研究》，《中国社会科学》2007 年第 1 期。

陆益龙：《农村的个体贫困、连片贫困与精准扶贫》，《甘肃社会科学》2016 年第 4 期。

罗正心、林徐达：《地方知识与田野工作》，《台湾原住民族研究季刊》2008 年第 4 期。

马雷：《进步、合理性与真理》，人民出版社 2003 年版。

马良灿：《项目制背景下农村扶贫工作及其限度》，《社会科学战线》

2013 年第 4 期。

马伦：《农村贫困问题》，［英］范达娜·德赛、［英］罗伯特·B. 波特主编《发展研究指南》，杨先明等译，商务印书馆 2014 年版。

毛绵逺、李小云、齐顾波：《参与式发展：科学还是神话?》，《南京工业大学学报》（社会科学版）2010 年第 2 期。

莫汉：《参与式发展》，［英］范达娜·德赛、［英］罗伯特·B. 波特主编《发展研究指南》，杨先明等译，商务印书馆 2014 年版。

穆罕默德·尤努斯：《穷人的银行家》，吴士宏译，生活·读书·新知三联书店 2006 年版。

纳列什·辛格、乔纳森·吉尔曼：《让生计可持续》，《国际社会科学杂志》（中文版）2000 年第 4 期。

潘家恩、温铁军：《三个"百年"：中国乡村建设的脉络与展开》，《开放时代》2016 年第 4 期。

普雷斯顿：《发展理论导论》，李小云、齐顾波、徐秀丽译，社会科学文献出版社 2011 年版。

祁毓、卢洪友：《"环境贫困陷阱"发生机理与中国环境拐点》，《中国人口·资源与环境》2015 年第 10 期。

钱宁：《文化建设与西部民族地区的内源发展》，《云南大学学报》（社会科学版）2004 年第 1 期。

钱宁：《农村发展中的新贫困与社区能力建设：社会工作的视角》，《思想战线》2007 年第 1 期。

钱宁：《寻求现代知识与传统知识之间的平衡——少数民族农村社区发展中的文化教育问题》，《云南社会科学》2008 年第 1 期。

秦晖：《农民中国：历史反思与现实选择》，河南人民出版社 2003 年版。

渠敬东、周飞舟、应星：《从总体性支配到技术治理——基于中国 30 年改革经验的社会学分析》，《中国社会科学》2009 年第 6 期。

渠敬东：《破除"方法主义"迷信：中国学术自立的出路》，《文化纵横》2016 年第 2 期。

仇叶：《从配额走向认证：农村贫困人口瞄准偏差及其制度矫正》，《公共管理学报》2018 年第 1 期。

Russell K. Schutt：《社会研究法：历程与实务》（第六版），高美英译，台北洪叶文化事业有限公司 2010 年版。

阮曾媛琪：《从社会工作的两极化看社会工作的本质》，何国良、王思斌主编《华人社会社会工作本质的初探》，台北八方文化企业公司 2000 年版。

［美］杰弗里·萨克斯：《贫穷的终结——我们时代的经济可能》，邹光译，上海人民出版社 2007 年版。

［美］萨米尔·奥卡沙：《科学哲学》，韩广忠译，译林出版社 2013 年版。

佘云楚：《社会工作专业化的梦魇——一个社会学的剖析》，何芝君、麦萍施主编《本质与典范：社会工作的反思》，八方文化出版社 2001 年版。

［美］舍恩：《反映的实践者：专业工作者如何在行动中思考》，夏林清译，教育科学出版社 2007 年版。

沈原：《市场、阶级与社会——转型社会学的关键议题》，社会科学文献出版社 2007 年版。

［英］舒马赫：《小的是美好的》，虞鸿钧、郑关林译，商务印书馆 1984 年版，第 145 页。

［英］舒马赫：《小的是美好的——一本把人当回事的经济学著作》，李华夏译，译林出版社 2007 年版。

［美］詹姆斯·C. 斯科特：《国家的视角：那些试图改善人类状况的项目是如何失败的》，王晓毅译，社会科学文献出版社 2011 年版。

谭崇台：《论快速增长与"丰裕中贫困"》，《经济学动态》2002 年第 11 期。

谭贤楚：《"输血"与"造血"的协同——中国农村扶贫模式的演进趋势》，《甘肃社会科学》2011 年第 3 期。

陶蕃瀛：《行动研究：一种增强权能的助人工作方法》，《应用心理研究》2004 年第 23 期。

［英］特韦尔威特里：《社区工作》，陈树强译，中国社会出版社 2001 年版。

腾昊、何广文：《社区发展基金与农村信用社联结机制研究》，《农业经济问题》2009 年第 4 期。

仝志辉等：《农村民间组织与中国农村发展：来自个案的经验》，社会科学文献出版社 2005 年版。

童敏：《从问题视角到问题解决视角——社会工作优势视角再审视》，《厦门大学学报》（哲学社会科学版）2013 年第 6 期。

汪三贵：《扶贫体制改革的未来方向》，《人民论坛》2011 年第 12 期（下）。

汪三贵、郭子豪：《论中国的精准扶贫》，《贵州社会科学》2015 年第 5 期。

汪三贵、刘未：《"六个精准"是精准扶贫的本质要求——习近平精准扶贫系列论述探析》，《毛泽东邓小平理论研究》2016 年第 1 期。

王春光：《扶贫开发与村庄团结关系之研究》，《浙江社会科学》2014 年第 3 期。

王春光：《社会治理视角下的农村开发扶贫问题研究》，《中共福建省委党校学报》2015 年第 3 期。

王笃强：《贫困、文化与社会工作——脱贫行动的理论与实务》，台北洪叶文化事业有限公司 2007 年版。

王富伟：《个案研究的意义和限度——基于知识的增长》，《社会学研究》2012 年第 5 期。

王建民：《扶贫开发与少数民族文化——以少数民族主体性讨论为核心》，《民族研究》2012 年第 3 期。

王铭铭：《局部作为整体——从一个案例看社区研究的视野拓展》，《社会学研究》2016 年第 4 期。

王绍光：《中国财政转移支付的政治逻辑》，《战略与管理》2002 年第 3 期。

王曙光：《论新型农民合作组织与农村经济转型》，《北京大学学报》（哲学社会科学版）2010 年第 3 期。

王思斌主编：《社会工作概论》（第二版），高等教育出版社 2006 年版。

王思斌：《中国社会工作要走专业化道路》，《中国社会工作》2009 年第 16 期。

王思斌：《社会工作本土化之路》，北京大学出版社 2010 年版。

王思斌主编：《社会工作导论》（第二版），北京大学出版社 2011 年版。

王思斌：《中国社会福利的内卷化及发展——中国市场化转型中社会福利制度的变迁》，王思斌主编《中国社会工作研究》第 8 辑，社会科学文献出版社 2012 年版。

王思斌：《社会服务的结构与社会工作的责任》，《东岳论丛》2014 年第 1 期。

王思斌：《社会工作新定义的时代特征》，《中国社会工作》2014 年第 9 期（上）。

王思斌：《社会治理结构的进化与社会工作的服务型治理》，《北京大学学报》（哲学社会科学版）2014 年第 6 期。

王思斌：《农村反贫困的制度—能力整合模式刍议——兼论社会工作的参与作用》，《江苏社会科学》2016 年第 3 期。

王思斌：《我国农村社会工作的综合性及其发展》，《中国农业大学学报》（社会科学版）2017 年第 3 期。

王文诚：《反身性的社区营造：实践性的地理学想象》，《都市与计划》2011 年第 1 期。

王晓毅：《农村社区发展：讨论与实践》，陆德泉、朱健刚主编《反思参与式发展：发展人类学前沿》，社会科学文献出版社 2013 年版。

王晓毅：《反思的发展与少数民族地区反贫困——基于滇西北和贵州的案例研究》，《中国农业大学学报》（社会科学版）2015 年第 4 期。

王伊欢、叶敬忠：《农村发展干预中的非线性过程》，《农业经济问题》2005 年第 7 期。

王永慈：《台湾的贫穷问题：相关研究的检视》，《台大社会工作学刊》2005 年第 10 期。

魏后凯、邬晓霞：《中国的贫困问题与国家反贫困政策》，《中国经济时报》2007 年 6 月 1 日。

文军：《论社会工作理论研究范式及其发展趋势》，《江海学刊》2012

年第 4 期。

文军、吴越菲：《灾害社会工作的实践及反思——以云南鲁甸灾区社工整合服务为例》，《中国社会科学》2015 年第 9 期。

吴理财：《论个体化乡村社会的公共性建设》，《探索与争鸣》2014 年第 1 期。

夏林清：《一盏够用的灯：辨识发现的路径》，《应用心理研究》2004 年第 23 期。

夏学銮：《是希望而不是深渊——凯伦·赫利的〈社会工作实践〉读后感》，王思斌主编《中国社会工作研究》第 1 辑，社会科学文献出版社 2002 年版。

向德平、高飞：《政策执行模式对于扶贫绩效的影响——以 1980 年代以来中国扶贫模式的变化为例》，《华中师范大学学报》（人文社会科学版）2013 年第 6 期。

萧高文：《重思社区工作的内涵与本质》，《台湾社区工作与社区研究学刊》2013 年第 2 期。

熊跃根：《转型经济国家中的"第三部门"发展：对中国现实的解释》，《社会学研究》2001 年第 1 期。

徐勇：《如何认识当今的农民、农民合作与农民组织》，《华中师范大学学报》（人文社会科学版）2007 年第 1 期。

徐勇：《中国家户制传统与农村发展道路——以俄国、印度的村社传统为参照》，《中国社会科学》2013 年第 8 期。

徐勇：《历史延续性视角下的中国道路》，《中国社会科学》2016 年第 7 期。

徐月宾、刘凤芹、张秀兰：《中国农村反贫困政策的反思——从社会救助向社会保护转变》，《中国社会科学》2007 年第 3 期。

徐延辉、黄云凌：《社区能力建设与反贫困实践——以英国"社区复兴运动"为例》，《社会科学战线》2013 年第 4 期。

荀丽丽：《悬置的"贫困"：扶贫资金资本化运作的逻辑与问题》，《文化纵横》2006 年第 6 期。

许宝强、汪晖：《发展的幻象》，中央编译出版社 2001 年版。

许俊才、颜成仁、涂志雄：《社区赋权的实践与反思：以屏东排湾族部落为例》，《台湾社区工作与社区研究学刊》2012 年第 1 期。

许雅惠：《社区能力与社区工作者关键能力：成人学习观点的分析》，《台湾社区工作与社区研究学刊》2011 年第 1 期。

阎云翔：《中国社会的个体化》，陆洋等译，上海译文出版社 2012 年版。

袁小平、熊茜：《社会动员视角下的农村社区能力建设》，《山东社会科学》2011 年第 11 期。

袁树卓、殷仲义、高宏伟、刘沐洋：《精准扶贫中贫困的瞄准偏离研究——基于内蒙古 Z 县建档立卡案例》，《公共管理学报》2018 年第 4 期。

晏阳初、赛珍珠：《告语人民》，广西师范大学出版社 2003 年版。

杨贵华：《社区共同体的资源整合及其能力建设——社区自组织能力建设路径研究》，《社会科学》2010 年第 1 期。

杨龙、李萌、汪三贵：《我国贫困瞄准政策的表达与实践》，《农村经济》2015 年第 1 期。

杨小柳：《参与式扶贫的中国实践和学术反思——基于西南少数民族贫困地区的调查》，《思想战线》2010 年第 3 期。

杨弘任：《社区如何动起来：黑珍珠之乡的派系、在地师傅与社区总体营造》（增订版），台北群学出版有限公司 2014 年版。

叶初升、李慧：《中国农村经济亲贫增长的测度与分析》，《华中农业大学学报》（社会科学版）2011 年第 5 期。

叶敬忠：《农民视角的新农村建设》，社会科学文献出版社 2006 年版。

叶敬忠、那鲲鹏：《发展干预社会学研究综述——解读〈寻找中间地带——发展干预社会学研究〉》，《中国农业大学学报》（社会科学版）2008 年第 3 期。

叶至诚：《农村社会工作》，台北秀威资讯科技 2013 年版。

约翰·弗里德曼：《再思贫困：增强权能与公民权》，《国际社会科学杂志》1997 年第 14 期。

曾家达、殷妙仲、郭红星：《社会工作在中国急剧转变时期的定位——以科学方法处理社会问题》，《社会学研究》2001 年第 2 期。

曾家达、许达、胡晓韵：《北美社会工作的发展及对中国的启示》，王杰秀、郎文开主编《中国社会工作发展报告（2011—2012）》，社会科学文献出版 2012 年版。

翟学伟：《人情与制度：平衡还是制衡？——兼论个案研究的代表性问题》，《开放时代》2014 年第 4 期。

〔美〕詹姆斯·米奇利：《社会发展：社会福利视角下的发展观》，苗正民译，格致出版社 2009 年版。

祖马兹：《农村生计》，〔英〕范达娜·德赛、〔英〕罗伯特·B. 波特主编《发展研究指南》，杨先明等译，商务印书馆 2014 年版。

张和清：《专业的确信与后现代视角下的社会工作》，《华东理工大学学报》（社会科学版）第 3 期。

张和清：《社会工作的社会责任——关注民生　服务民众》，《中国社会报》2008 年 2 月 21 日。

张和清、杨锡聪、古学斌：《优势视角下的农村社会工作——以能力建设和资产建立为核心的农村社会工作实践模式》，《社会学研究》2008 年第 6 期。

张和清：《社会工作：通向能力建设的助人自助——以广州社工参与灾后恢复重建的行动为例》，《中山大学学报》（社会科学版）2010 年第 3 期。

张和清：《社会转型与社区为本的社会工作》，《思想战线》2011 年第 4 期。

张和清：《灾难的社会根源与灾害社会工作》，《开放时代》2011 年第 10 期。

张和清：《全球化背景下中国农村问题与农村社会工作》，《社会科学战线》2012 年第 8 期。

张乐天：《告别理想：人民公社制度研究》，上海人民出版社 2005 年版。

张立冬：《中国农村贫困动态性与扶贫政策调整研究》，《江海学刊》2013 年第 2 期。

张良广：《"批判诠释论"视角下的"争吵"事件——一个国际项目实施中的冲突与转向》，《社会》2010 年第 3 期。

张倩：《贫困陷阱与精英捕获：气候变化影响下内蒙古牧区的贫富分化》，《学海》2014 年第 5 期。

张伟宾、汪三贵：《扶贫政策、收入分配与中国农村减贫》，《农业经济问题》2013 年第 2 期。

张新伟：《市场化与反贫困路径选择》，中国社会科学出版社 2001 年版。

张秀兰、徐月宾、方黎明：《中国农村减贫政策的反思与建议》，樊纲、王小鲁主编《收入分配与公共政策》，上海远东出版社 2005 年版。

赵康：《专业、专业属性及判断成熟专业的六条标准——一个社会学角度的分析》，《社会学研究》2000 年第 5 期。

赵晓峰：《现代国家建构与中国农村社会工作的发展》，《长白学刊》2015 年第 5 期。

赵旭东：《乡村成为问题与成为问题的中国乡村研究——围绕"晏阳初模式"的知识社会学反思》，《中国社会科学》2008 年第 3 期。

折晓叶、陈婴婴：《项目制的分级运作机制和治理逻辑——对"项目进村"案例的社会学分析》，《中国社会科学》2011 年第 4 期。

郑功成：《我国新时期的反贫困战略》，《光明日报》2014 年 6 月 13 日。

郑杭生：《社会互构论：世界眼光下的中国特色社会学理论的新探索——当代中国"个人与社会关系研究"》，中国人民大学出版社 2010 年版。

中国发展研究基金会：《中国发展报告（2007）：在发展中消除贫困》，中国发展出版社 2007 年版。

周常春、刘剑锋、石振杰：《贫困县农村治理"内卷化"与参与式扶贫关系研究——来自云南扶贫调查的实证》，《公共管理学报》2016 年第 1 期。

周大鸣、秦红增：《文化引导发展：以中国西部内源发展项目为例》，《广西民族大学学报》（哲学社会科学版）2006 年第 5 期。

周飞舟：《从汲取型政权到"悬浮型"政权——税费改革对国家与农民关系之影响》，《社会学研究》2006 年第 3 期。

周飞舟:《财政资金的专项化及其问题:兼论"项目治国"》,《社会》2012 年第 1 期。

周雪光:《项目制:一个"控制权"理论视角》,《开放时代》2015年第 2 期。

周怡:《贫困研究:结构解释与文化解释的对垒》,《社会学研究》2002 年第 3 期。

朱健刚、陈安娜:《嵌入中的专业社会工作与街区权力关系——对一个政府购买服务项目的个案分析》,《社会学研究》2013 年第 1 期。

朱乾宇、马九杰:《参与式自组织制度安排与社区发展基金有效运行——对陕西省白水县 CDF 项目的案例分析》,《中国农村观察》2013 年第 4 期。

朱晓阳、谭颖:《对中国"发展"和"发展干预"研究的反思》,《社会学研究》2010 年第 4 期。

朱志强:《社会工作的本质:道德实践与政治实践》,何国良、王思斌主编《华人社会社会工作本质的初探》,八方文化企业公司 2000年版。

朱志强:《社会工作是什么?》,何国良、王思斌主编《华人社会社会工作本质的初探》,八方文化企业公司 2000 年版。

左停、杨雨鑫、钟玲:《精准扶贫:技术靶向、理论解析和现实挑战》,《贵州社会科学》2015 年第 8 期。

英文文献

Adamski T. and Gorlach K. , "Neo-endogenous Development and the Re-validation of Local Knowledge", *Polish Sociological Review*, 2007, 160 (60) .

Ajzenstadt M. and Gal John. , "Social Work and the Construction of Poverty in Palestine in the 1930s", *Qualitative Social Work*, 2014, 14 (2) .

Allahdadi F. , "Building Social Capital for Poverty Reduction in Rural Areas of Marvdasht, Iran", *Journal of American Science*, 2011, 7 (6) .

Alter C. and Hage J. , *Organizations Working Together*, Newbury Park, CA: Sage, 1993.

Anderson M. B. , "The Concept of Vulnerability: Beyond the Focus on Vulnerable Groups", *International Review of the Red Cross*, 1994, 34 (301).

Aspen Institute-Rural Economic Policy Program, *Measuring Community Capacity Building: A Workbook-In-Progress for Rural Communities*, Washington: Aspen Institute, 1996.

Axinn J. and Stern M. J. , *Social Welfare: A History of the American Response to Need*, Boston: Allyn and Bacon, 2007.

Aydalot P. and Keeble, D. (eds.), *High Technology, Industry and Innovative Environments*, New York and London: Routledge, 1988.

Baker H. , "Inter-community Cooperation in the Micro-region: A Saskatchewan Perspective on Rural Development", *Sociological Practice*, 1990, 8 (1).

Baker J. L. , *Evaluating the Impact of Development Projects on Poverty: A Handbook for Practitioners*, Washington, DC: The World Bank 2000.

Barker R. L. , *The Social Work Dictionary*, 5th ed. , Washington, DC: NASW Press, 2003.

Barke M. and Newton M. , "The EU LEADER Initiative and Endogenous Rural Development: The Application of the Programme in Two Rural Areas of Andalusia, Southern Spain", *Journal of Rural Studies*, 1997, 13 (3).

Barrig M. and Wehkamp A. (eds.), *Engendering Development Experiences in Gender and Development Planning*, Amsterdam and Lima: Novib and Red Entre Mujeres, 1995.

Barron P. , Diprose R. and Woolcock M. , *Local Conflict and Community Development in Indonesia: Assessing the Impact of the Kecamatan Development Program*, The World Bank, Indonesian Social Development Paper No. 10, 2006.

Bartlett H. M. and Saunders B. N. , *The Common Base of Social Work practice*, New York: NASW, 1970.

Bass B. M. , *Bass and Stogdill's Handbook of Leadership: Theory, Re-*

search, *and Managerial Applications*, 3rd ed. , New York: Free Press, 1990. .

Bassey M. , *Creating Education Through Research*, Newark: Kirklington Press, 1995.

Batjargal B. , "Social Capital and Entrepreneurial Performance in Russia: A Longitudinal Study", *Organization Studies*, 2003, 24 (4) .

Baylis P. , "Social Work's Protracted Identity Crisis: A Lacanian Perspective", *Psychoanalytic Social Work*, 2004, 11 (1) .

Beazley M. , Griggs S. and Smith M. , *Rethinking Approaches to Community Capacity Building*, Birmingham: University of Birmingham, 2004.

Becker G. , *Human Capital*, New York: Columbia University Press, 1975.

Bell D. , *The Coming of Post-Industrial Society: A Venture in Social Forecasting*, New York: Basic Books, Inc. , Publishers, 1973.

Beresford P. and Hoban M. , *Participation in Anti-poverty and Regeneration Work and Research: Overcoming Barriers and Creating Opportunities*, York: Joseph Rowntree Foundation, 2005.

Berry J. , Portney K. E. , and Thomson K. , *The Rebirth of Urban Democracy*, Washington, DC: Brookings Institution, 1993.

Bicker A. , Sillitoe P. , and Pottier J. , *Investigating Local Knowledge: New Directions, New Approaches*, Aldershot: Ashgate, 2004.

Black A. and Hughes P. , *The Identification and Analysis of Indicators of Community Strength and Outcomes*, Occasional Paper No. 3 , Department of Family and Community Services, Canberra, 2001.

Black W. G. , "Social Work in World War I: A Method Lost", *Social Service Review* 65 , 1991.

Blakely E. J. , *Planning Local Economic Development: Theory and Practice*, London: Sage, 1989.

Boserup E. , *Woman's Role in Economic Development*, London: George Allen and Unwin, 1970.

Botes L. and Rensburg D. V. , "Community Participation in Development:

Nine Plagues and Twelve Commandments", *Community Development Journal*, 2000, 35 (1).

Brass D. J. and Labianca G. , "Social Capital, Social Liabilities, and Social Resources Management", In Corporate Social (ed.), *Capital and liability*, US: Springer, 1999.

Briggs J. , "The Use of Indigenous Knowledge in Development: Problems and Challenges", *Progress in Development Studies*, 2005, 5 (2) .

Brown C. , "The Construction of a 'Realistic Utopia': John Rawls and International Political Theory", *Review of International Studies*, 2002.

Bryden J. M. , and Hart K. (eds.), *A New Approach to Rural Development in Europe: Germany, Greece, Scotland, and Sweden*, Mellen Studies in Geography (9), Queenston, Lampeter and Lewiston: Edwin Mellen Press, 2004.

Butler I. , and Drakeford M. , "Trusting in Social Work", *British Journal of Social Work*, 2005, 35 (5) .

Butrym Z. T. , *The Nature of Social Work*, London: Macmillan, 1976.

Cassen R. , "Does Aid Work: Report to an Intergovernmental Task Force", *Population and Development Review*, 2011, 64 (1) .

Cernea M. M. (ed.), *Putting People First-Sociological Variables in Rural Development*, 2nd ed, Washington: World Bank, 1990.

Chambers R. and Conway, G. , *Sustainable Rural Livelihoods: Practical Concepts for the 21st Century*, Ids Discussion Paper. Brighton: Institute of Development Studies, 1991.

Chambers R. , *Rural Development: Putting The Last First*, Harlow, Longman, 1983.

Chambers R. , *Whose Reality Counts? Putting the First Last*, London: Intermediate Technology Publications, 1997.

Chang S. C. , Tu C. J. , Li T. J. , and Tsai B. K. , "Social Capital, Cooperative Performance, and Future Cooperation Intention among Recreational Farm Area Owners in Taiwan", *Social Behavior & Personality: An International Journal*, 2010, 38 (10) .

Charity Commission, *The Promotion of Community Capacity-building*, Taunton: Charity Commission, 2000.

Chaskin R. J. , Brown P. , Venkatesh S. , and Vidal A. , *Building Community Capacity*, N. Y. : Aldine de Gruyter, 2001.

Chaskin R. J. , "Building Community Capacity: A Definitional Framework and Case Studies from a Comprehensive Community Initiative", *Urban Affairs Review*, 2001, 36 (3).

Chaskin R. J. , "Neighbourhood as a Unit of Planning and Action: A Heuristic Approach", *Journal of Planning Literature*, 1998, 13 (1).

Chu W. C. K. , Tsui M. , and Yan M. , "Social Work as a Moral and Political Practice", *International Social Work*, 2009, 52 (3).

Clay E. J. and Schaffer B. B. (eds.), *Room for Maneuver: An Exploration of Public Policy in Agriculture and Rural Development*, London: Heinemann Educational, 1984.

Clout H. , *European Experience of Rural Development*, London: Rural Development Commission, 1993.

Coleman J. S. , "Social Capital in the Creation of Human Capital", *American Journal of Sociology*, 1988.

Commins P. and Keane M. , "Developing the Rural Economy – Problems, Programmes and Prospects", *New Approaches to Rural Development*, NESC Report, 1994, No. 97, Dublin: NESC.

Cox D. , Gamlath S. , and Pawar M. , "Social Work and Poverty Alleviation in South Asia", *Asia Pacific Journal of Social Work*, 1997, 7 (7).

Craig G. , "Community Capacity-building: Something Old, Something New…?" *Critical Social Policy*, 2007, 27 (3).

Crean P. and Baskerville, M. A. , "Community Advocacy: A Social Work Role?", *Social Work Review*, 2007, 19 (4).

Crenshaw E. and John, C. St. , "The Organizationally Dependent Community: A Comparative Study of Neighborhood Attachment", *Urban Affairs Quarterly*, 1989, 24 (3).

Cummins I. , "Book Review: Dave Backwith Social Work, Poverty and Social Exclusion", *Critical Social Policy*, 2015, 35（4）.

Curtin C. , Haase T. , and Tovey H. , *Poverty in Rural Ireland: A Political Economy Perspective*, Dublin: Oak Tree Press, 1997.

Daley M. R. and Avant F. , "Reconceptualizing the Framework for Practice", in T. L. Scales and C. L. Streeter（eds.）, *Rural Social Work: Building and Sustaining Community Assets*, Belmont, CA: Thomson, 2004.

D'Arcy E. and Guissani B. , "Local Economic Development: Changing the Parameters?", *Entrepreneurship and Regional Development*, 1996, 8（2）.

Datta Lois-ellin, "Multimethod Evaluations: Using Case Studies Together with Other Methods", in Eleanor Chelimsky and William R. Shadish（eds.）, *Evaluation for the 21st Century: A Handbook*, California: Sage Publications, 1997.

Davis A. and Wainwright S. , "Combating Poverty and Social Exclusion: Implications for Social Work Education", *Social Work Education*, 2005, 24（3）.

Davis J. and Ridge T. , *Same Scenery, Different Lifestyles - Rural Children on a Low Income*, London: The Children's Society, 1997.

De Haan H. , and Van der Ploeg J. D. , *Endogenous Regional Development in Europe: Theory, Method and Practice*, Luxembourg: Office for Official Publications of the European Communities, 1994.

Denzin N. K. , *The Research Act: A Theoretical Introduction to Sociological Methods*, New York: McGraw-Hill Books, 1978.

Dominelli L. , "The Changing Face of Social Work: Globalisation, Privatisation and the Technocratisation of Professional Practice", *Journal of Monetary Economics*, 1998, 4（2）.

Dongier P. et al. , "Community Driven Development", Chapter 9 in PRSP Sourcebook, Volume 1, The World Bank, 2003.

Dore R. and Mars Z. , *Community Development*, London: Croom

Helm, 1981.

Dudwick N. , Kuehnast K. , Jones V. N. , and Woolcock M. , *Analyzing Social Capital in Context*: *A Guide to Using Qualitative Methods and Data*, World Bank Institute, 2006.

Duncan P. and Thomas S. , *Neighbourhood Regeneration*: *Resourcing Community Involvement*, Bristol: Policy Press, 2000.

Dusseldorp V. , "Planned Development via Projects: Its Necessity, Limitations and Possible Improvements", *Sociologia Ruralis*, 1990, 30 (3)
.

Eade D. and Williams S. , *The Oxfam Handbook of Development and Relief*, Oxford: Oxfam, 1995.

Earl S. , Carden F. , and Smutylo T. , *Outcome Mapping*: *Building Learning and Reflection into Development Programs*, Ottawa: International Development Research Centre, 2001.

Escobar A. , "Power and Visibility: Development and The Invention and Management of the Third World", *Cultural Anthropology*, 1998, 3 (4) .

Escobar A. , *Encountering Development*: *The Making and Unmaking of the Third World*, Princeton University Press, 1995.

Escobar A. , "Power and Visibility: Development and The Invention and Management of the Third World", *Cultural Anthropology*, 1988, 3 (4) .

Ferguson J. , *Anti – politics Machine*: *Development, Depoliticization, and Bureaucratic Power in Lesotho*, Cambridge: Cambridge University Press, 1990.

Fischer J. , "Is Casework Effective: A Review", *Social Work*, 1973, 18 (1) .

Flexner A. , "Is Social Work a Profession?", in Proceedings of the National Conference of Charities and Correction at the Forty-second Annual Session Held in Baltimore, Maryland, May 12 – 19, Chicago: Hildmann, 1915.

Flyvbjery B. , *Making Social Science Matter: Why Social Inquiry Fails and How It Can Succeed Again*, Cambridge University Press, 2001.

Forder A. , "Social Work and System Theory", *British Journal Social Work*, 1976, 6 (1) .

Frank F. and Smith A. , *The Community Development Handbook: A Tool to Build Community Capacity*, Human Resources Development Canada, 1999.

Freidson E. , *Professionalism Reborn: Theory, Prophecy and Policy*, Cambridge: Polity Press, 1994.

Freudenberg N. et al. , "Strengthening Individual and Community Capacity to Prevent Disease and Promote Health: In Search of Relevant Theories and Principles", *Health Education Quarterly*, 1995, 22 (3) .

Friedmann J. and Douglas M. J. , "Agropolitan Development: Toward a New Strategy for Regional Planning in Asia," in F. Lo and K. Salih (eds.) *Growth Pole Strategy and Regional Planning Development Policy*, Oxford: Pergamon, 1978.

Friedmann J. , *Empowerment: The Politics of Alternative Development*, Oxford: Blackwell, 1992.

Galambos C. , "From the Editor: A Dialogue on Social Justice", *Journal of Social Work Education*, 2008, 44 (2) .

Galdeano-Gomez E. , Aznar-Sanchez J. A. , and Perez-Mesa J. C. , "The Complexity of Theories on Rural Development in Europe: An Analysis of the Paradigmatic Case of Almeria (South-east Spain)", *Sociologia Ruralis*, 2011, 51 (1) .

Galen V. and Alexander D. , "Rural Settlements: Rural Social Work at the Forks of Troublesome Creek", in L. Ginsberg (ed.), *Social Work in Rural Communities*, 5th ed. , Alexandra: Council on Social Work Education, 2011.

Gamm L. , "Review Essay: Interorganizational Coordination: Theory, Research, and Implementation", *Administrative Science Quarterly*, 1984, 29 (3) .

Gardner K. and Lewis D. , *Anthropology, Development, and the Post-modern Challenge*, Chicago: Pluto Press, 1996.

Geertz C. , *Agricultural Involution: The Process of Ecological Change in Indonesia*, Berkeley and Los Angeles: University of California Press, 1963.

Germain C. B. (ed.), *Social Work Practice: People and Environments, An Ecological Perspective*, New York: Columbia University Press, 1979.

Germain C. B. and Gitterman A. , *The Life Model of Social Work Practice: Advances in Theory and Practice*, 3 Edition, New York: Columbia University Press, 2008.

Germain C. B. , "The Ecological Approach to People-environment Transactions", *Social Casework*, 1981, 62 (6) .

Gibbon M. , Labonte R. , and Laverack G. , "Evaluating Community Capacity", *Health and Social Care in the Community*, 2002, 10 (6) .

Gibelman M. , "The Search for Identity: Defining Social Work-Past, Present, Future", *Social Work*, 1999, 44 (4) .

Gilbert A. , "Forms and Effectiveness of Community Participation in Squatter Settlements", *Regional Development Dialogue*, 1987, 8 (4) .

Ginsberg L. H. , "Introduction: An Overview of Rural Social Work," in I. Ginsberg (cd.), *Social Work in Rural Communities*, 3rd ed. , Alexandra: Council on Social Work Education, 1998.

Ginsberg L. H. , "Introduction to Basics of Rural Social Work", in L. Ginsberg (ed.), *Social Work in Rural Communities*, 5th ed. , Alexandra: Council on Social Work Education, 2011.

Glickman N. and Servon L. , *More than Bricks and Sticks: What is Community Development Capacity?*, New Brunswick, NJ: Center for Urban Policy Research, 1997.

Goodman R. M. et al. , "Identifying and Defining the Dimensions of Community Capacity to Provide a Basis for Measurement", *Health Education and Behavior*, 1998, 25 (3) .

Goodwin M. et al. , *Partnership Working in Rural Regeneration*, Bristol: the Policy Press, 1999.

Gray M. , "Developmental Social Work: A 'Strengths' Praxis for Social Development", *Social Development Issues*, 2002, 24 (1) .

Greenwood E. , "Attributes of Profession", *Social Work*, 1957, 2 (3) .

Hadjimichalis C. , "The End of Third Italy as We Knew It?", *Antipode*, 2006, 38 (1) .

Halpern R. , *Rebuilding the Inner City: A History of Neighborhood Initiatives to Address Poverty in the United States*, New York: Columbia University Press, 1995.

Harris J. , "State Social Work: Constructing the Present from Moments in the Past", *British Journal of Social Work*, 2008, 38 (4) .

Hartarska V. and Nadolnyak D. , "Board Size and Diversity as Governance Mechanisms in Community Development Loan Funds in the USA", *Applied Economics*, 2011, Vol. 44 (33) .

Hartman A. , "In Search of Subjugated Knowledge", *Journal of Feminist Family Therapy*, 2000, 11 (11) .

Hawe P. , Noort M. , King L. , and Jordens C. , "Multiplying Health Gains: The Critical Role of Capacity-building within Health Promotion Programs", *Health Policy*, 1997, 39 (1) .

Henderson P. and Thomas D. N. (eds.), *Readings in Community Work*, London: George Allen & Unwin Ltd, 1981.

High D. and Nemes G. , "Social Learning in LEADER: Exogenous, Endogenous and Hybrid Evaluation in Development", *Sociologia Ruralis*, 2007, 47 (2) .

Hillery G. A. , "Definitions of Community", *Journal of Rural Sociology*, 1955, 20 (2) .

Hollis F. and Woods M. E. , *Casework: A Psychosocial Therapy*, Boston: McGraw-Hill, 1981.

Home Office, *Building Civil Renewal*, London: Home Officep, 2003, p. 15.

Homer-Dixon T. , "Strategies for Studying Causation in Complex Ecological-political Systems", *Journal of Environment & Development*, 1996, 5 (2) .

Hounslow B. , *Community Capacity Building Explained*, *Stronger Families Learning Exchange*, Bulletin No. 1 (Autumn) , 2002.

Howe D. , *A Brief Introduction to Social Work Theory*, London: Palgrave Macmillan, 2009.

Iverson A. , *Attribution and Aid Evaluation in International Development: A Literature Review*, Ottawa: Evaluation Unit, International Development Research Centre (IDRC) , 2003.

Jansson B. , *Becoming an Effective Policy Advocate*, Pacific Grove, CA: Brooks/Cole, 2003.

Jantsch E. , *The Self-organizing Universe: Scientific and Human Implications of the Emerging Paradigm of Evolution*, New York: Pergamon, 1980.

Jargowsky P. A. , *Poverty and Place: Ghettos, Barrios, and the American City*, New York: Russell Sage, 1997.

Jean-Pierre O. D. S. , *Anthropology and Development: Understanding Contemporary Social Change*, London and NewYork: Zed Books, 2005.

Kaag M. et al. , "Ways Forward in Livelihood Research", in D. Kalb, W. Pansters and H. Siebers (eds.) , *Globalization and Development: Themes and Concepts in Current Research*, Dordrecht: Kluwer Publishers, 2004.

Kabeer N. , *Reversed Realities: Gender Hierarchies in Development Thought*, London: Verso, 1994.

Kabeer N. , *The Conditions and Consequences of Choice: Reflections on the Measurement of Women's Empowerment*, UNRISD, 1999.

Katzenstein P. , *The Culture of National Security: Norms and Identity in World Politics*, Columbia: Columbia University Press, 1996.

Kemmis S. and McTaggart R. , *The Action Research Planner*, Australia: Deakin University Press, 1988.

Kenny S. and Clarke M. , *Challenging Capacity Building*： *Comparative Perspectives*, *Basingstoke*： *Palgrave Macmillan*, 2010.

Kenny S. , "Tensions and Dilemmas in Community Development： New Discourses, New Trojans?", *Community Development Journal*, 2002, 37 (4) .

Kochar A. , Singh K. , and Singh S. , "Targeting Public Goods to the Poor in a Segregated Economy： An Empirical Analysis of Central Mandates in Rural India", *Journal of Public Economic*, 2009, 93 (7 - 8) .

Kothari U. , "Power, Knowledge and Social Control in Participatory Development", in B. Cooke and U. Kothari (eds.), *Participation*： *The New Tyranny?*, London： Zed books, 2001.

Kretzmann J. P. and McKnight J. L. , *Building Communities from the Inside Out*： *A Path toward Finding and Mobilizing a Community's Assets*, Chicago： ACTA Publications, 1993.

Krumer-Nevo M. , "Poverty-aware Social Work： A Paradigm for Social Work Practice with People in Poverty", *British Journal of Social Work*, 2015.

Krumer-Nevo M. , Weiss-Gal I. and Monnickendam M. , "Poverty-aware Social Work Practice： A Conceptual Framework for Social Work Education", *Journal of Social Work Education*, 2009, 45 (2) .

Kuhn T. S. , *The Structure of Scientific Revolutions*, 3rd ed. , Chicago： University of Chicago Press, 1996.

Labonne J. and Chase R. S. , "Do Community-driven Development Projects Enhance Social Capital? Evidence from the Philippines", *Journal of Development Economics*, 2008, 96 (2011) .

Labonte R. and Laverack G. , "Capacity Building in Health Promotion, Part 1： For Whom? And for What Purpose?", *Critical Public Health*, 2001, 11 (2) .

Larkin H. , "Social Work as an Integral Profession", *Journal of Integral Equations and Applications*, 2006, 1 (2) .

Laverack G. , *Health Promotion Practice: Building Empowered Communities*, London: Open University Press, 2007.

Lawrence G. , "Promoting Sustainable Development: The Question of Governance", *Research in Rural Sociology & Development*, 2005.

Lebow R. N. , "Constructive Realism", *International Studies Review*, 2004.

Lee Porter. , "Social Work: Cause and Function," in Fern Lowry (ed.), *Readings in Social Casework 1920 – 1938: Selected Prints for the Case Work Practitioner*, New York: Columbia University Press, 1939.

Lennie J. , "An Evaluation Capacity-building Process for Sustainable Community IT Initiatives: Empowering and Disempowering Impacts", *Evaluation*, 2005, 11 (4) .

Logan J. R. and Rabrenovic G. , "Neighborhood Associations: Their Issues, Their Allies, and Their Opponents", *Urban Affairs Quarterly*, 1990, 26 (1) .

Lombard A. and Wairire G. , "Developmental Social Work in South Africa and Kenya: Some Lessons from Africa", *The Social Work Practitioner-Researcher*, Special Issue April, 2010.

Long N. , *Development Sociology: Actor Perspectives*, London and New York: Routledge, 2001.

Long N. and Long A. , *Battlefields of Knowledge: The Interlocking of Theory and Practice in Social Research and Development*, London: Routledge, 1992.

Lowe G. R. and Reid , P. N. , The Professionalization of Poverty: Social Work and the Poor in the Twentieth Century, New York: Walter de Gruter, Inc. 1999.

Lowe P. , "Blueprint for a Rural Economy", in P. Allanson and M. Whitby (eds.), *The Rural Economy and The British Countryside*, London: Earthscan, 1996.

Lowe P. et al. , *Participation in Rural Development: A Review of European*

Experience, Newcastle: University of Newcastle, 1998.

Lowe P. et al. , "Regulating the New Rural Spaces: The Uneven Development of Land", *Journal of Rural Studies*, 1993, 9 (3) .

Lowe P. and Murdoch J. , *Rural Sustainable Development: Report for the Rural Development Commission*, London: RDC, 1993.

Madeley J. , *When Aid is No Help: How Projects Fail, and How They Could Succeed*, London: Intermediate Technology Publications, 1991.

Mansuri G. and Rao V. , "Community-based and-driven Development: A Critical Review", *World Bank Research Observer*, 2004, 19 (1) .

Markusen A. , "Fuzzy Concepts, Scanty Evidence, Policy Distance: The Case for Rigour and Policy Relevance in Critical Regional Studies", *Regional Studies*, 2003, 37 (6 – 7) .

Marrengula M. L. , *Addressing Socio-Cultural Animation as Community Based Social Work with Street Children in Maputo, Mozambique*, Tampere University Press, 2010.

Marshall A. , *Principles of Economics, eighth edition*, London: Macmillan and Co. , Ltd, 1920.

Martinez-Brawley E. E. , *Close to Home: Human Services and the Small Community*, Washington, DC: NASW Press, 2000.

Martinez-Brawley E. E. , *Perspectives on the Small Community: Humanistic Views for Practitioners*, Washington, DC: NASW Press, 1990.

McGinty S. , *Community Capacity-building*, Paper Presented at the Australian Association for Research in Education Conference, Brisbane, Australia, 2003.

McMillen J. C. , Morris L. , and Sherraden M. , "Ending Social Work's Grudge Match: Problems versus strengths", *Families in Society*, 2004, 85 (3) .

McMillian D. W. and Chavis D. M. , "Sense of Community: A Definition and Theory", *Journal of Community Psychology*, 1986, 14.

Mead L. M. , *The New Politics of Poverty: The Nonworking Poor in America*, New York: Basic Books, 1992.

Meyer C. H. , *Social Work Practice*: *A Response to the Urban Crisis*, New York: The Free Press, 1970.

Meyer P. B. and Burayidi M. , "Is Value Conflict Inherent in Rural Economic Development? An Exploratory Examination of Unrecognized Choices", *Agriculture and Human Values*, 1991, 8 (3) .

Meyer S. E. , *Building Community Capacity*: *The Potential of Community Foundations*, Minneapolis, MN: Rainbow Research, 1994.

Mühlinghaus S. and Wälty S. , "Endogenous Development in Swiss Mountain Communities", *Mountain Research & Development*, 2001, 21 (3) .

Midgley J. and Conley A. (eds.), *Social Work and Social Development*, *Theories and Skills for Developmental Social Work*, New York: Oxford University Press, 2010.

Midgley J. , *Social Development*: *The Developmental Perspective in Social Welfare*, London: SAGE, 1995.

Midgley J. , "The Theory and Practice of Developmental Social Work," in J. Midgley and A. Conley (eds.), *Social Work and Social Development*: *Theories and Skills for Developmental Social Work*, New York: Oxford University Press, 2010.

Miley K. , O'Melia, M. and Dubois B. , *Generalist Social Work Practice*: *An Empowering Approach*, eighth ed. , Boston: Pearson, 2016.

Minot N. and Baulch B. , "Spatial Patterns of Poverty in Vietnam and Their Implications for Policy", *Food Policy*, 2005, 30 (5 – 6) .

Moscardo G. (ed.), *Building Community Capacity for Tourism Development*, Oxfordshire: CABI, 2008.

Mosse D. , " 'People's Knowledge', Participation and Patronage: Operations and Representations in Rural Development", in Bill Cooke & Uma Kothari (editors), *Participation*: *The New Tyranny*, London and New York: Zed Books, 2001.

Mueller A. , *In and Against Development*: *Feminists Confront Development on Its Own Ground*, East Lansing: Michigan State University, 1991.

Munguti J. M. , *Does Local Knowledge Count in NGO-driven Community Development Processes? The Case of Participatory Approaches in Water Projects in Kitui District, Kenya*, Local and Regional Development (LRD), 2008.

National Association of Social Workers (NASW), *Rural Social Work. Social Work Speaks: National Association of Social Workers Policy Statements*, 9th ed. , Washington, DC: NASW Press, 2012.

Njoh A. J. , "Barriers to Community Participation in Development Planning: Lessons from the Mutengene (Cameroon) Self-help Water Project", *Community Development Journal*, 2002, 37 (3).

Nuttman-Shwartz O. and Hantman S. , "The Social Role of Social Work: An Experimental Teaching Model: The Israeli Case", *International Social Work*, 2003, 46 (4).

Oakley P. and Marsden D. , *Approaches to Participation in Rural Development*, Geneva: International Labour Office, 1984.

O'Brien M. , "Social Work Registration and Professionalism: Social Justice and Poverty-fellow Travellers or Discarded Passengers?", *Aotearoa New Zealand Social Work*, 2013, 25 (3).

O'Hara P. , *Action on the Ground: Models of Rural Development Practice*, Galway: Irish Rural Link, 1998.

O'Hara P. , *Linking People to Policy: From Participation to Deliberation in the Context of Philippine Community Forestry*, Philippines: International Institute of Rural Reconstruction, 2005.

Organisation for Economic Co-operation and Development (OECD), *DAC Principle for Effective Aid*, Paris, 1992.

Paasi A. , "Bounded Spaces in the Mobile World: Deconstructing 'Regional Identity'", *Tijdschrift Voor Economische En Sociale Geografie*, 2002, 93 (2).

PaivaJ. F. X. , "A Conception of Social Development", *Social Service Review*, 1977, 51 (2).

Pan L. and Christiaensen L. , "Who is Vouching for the Input Voucher?

Decentralized Targeting and Elite Capture in Tanzania", *World Development*, 2012, 40 (8).

Park A., Wang S., and Wu G., "Regional Poverty Targeting in China", *Journal of Public Economics*, 2002, 86 (1).

Park A. and Wang S., "Community-based Development and Poverty Alleviation: An Evaluation of China's Poor Village Investment Program", *Journal of Public Economics*, 2010, 94 (9 – 10).

Patel L., *Social Welfare and Social Development in South Africa*, Cape Town: Oxford University Press, 2005.

Picchi A., "The Relations Between Central and Local Powers as Context for Endogenous Development", in J. D. Van der Ploeg and A. Long (eds.), *Born From Within: Practice and Perspectives of Endogenous Rural Development Assen*, the Netherlands: Van Gorcum, 1994.

Potts D., Ryan P., and Toner A., *Development Planning and Poverty Reduction*, London: Palgrave Macmillan, 2003.

Preece J. P., Ruud van der V., and Raditloaneng W. N., *Adult Education and Poverty Reduction: A Global Priority*, Papers from the conference held at University of Botswana 14th to 16th June 2004, Department of Adult Education, University of Botswana, Gaborone: Lentswe la Lesedi, 2007.

Putnam R., "Bowling Alone: America's Declining Social Capital", *Journal of Democracy Article*, 1995, 6 (1).

Raditloaneng W. N. and Chawawa M., *Lifelong Learning for Poverty Eradication*, London: Springer International Publishing, 2015.

Ragin C., "Turning the Tables: How Case-Oriented Research Challenges Variable-Oriented Research", *Comparative Social Research*, 1997, 16 (1).

Ramanadhan S., Kebede S., Mantopoulos J., and Bradley E. H., "Network-based Social Capital and Capacity-building Programs: An Example from Ethiopia", *Human Resources for Health*, 2010, 8 (1).

Ray C., "Culture, Intellectual Property and Territorial Rural Development", *Sociologia Ruralis*, 1998, 38 (1).

Ray C., "Endogenous Development in an Era of Reflexive Modernity", *Journal of Rural Studies*, 1999, 15 (3).

Ray C., *Governance and Neo-endogenous Development*, Review paper for Defra, the Countryside Agency and the Economic & Social Research Council, London: Defra, 2003.

Reason R. and Bradbury H., *Handbook of Action Research: Participative Inquiry and Practice*, Thousand Oaks, CA: Sage, 2008.

Rebien C., *Evaluating Development Assistance in Theory and Practice*, Aldershot, Avebury, 1996.

Redclift M., "The Multiple Dimensions of Sustainable Development", *Geography*, 1991, 76 (1).

Redmond B., *Reflection in Action: Developing Reflective Practice in Health and Social Services*, Hampshire: Ashgate, 2006.

Ribot J. C., "From Exclusion to Participation: Turning Senegal's Forestry Policy Around?", *World Development*, 1995, 23 (9).

Richan W., "Dilemmas of the Social Work Advocate", *Child Welfare*, 52 (4), 1973.

Robertson A. F., *People and the State: An Anthropology of Planned Development*, Cambridge: Cambridge University Press, 1984.

Roivainen I., "From Community Work to Community-based Strategies: Transformation of Social Work in the Finnish and Swedish Contexts", *Nordisk Sosialt Abreid*, 2008, 28.

Sachs W., *The Development Dictionary: A Guide to Knowledge as Power*, London: Zed Books, 1992.

Saleebey D., *The Strengths Perspective in Social Work Practice* (5th ed.), Upper Saddle River, NJ: Pearson, 2009.

Saleebey D., "The Strengths Perspective in Social Work Practice: Extensions and Cautions", *Social Work*, 1996, 41 (3).

Savin-Baden M. and Major C. H., *Qualitative Research: The Essential Guide to Theory and Practice*, London: Sage, 2013.

Scales T. L., Streeter C. L., and Cooper H. S., *Rural Social Work: Building and Sustaining Community Capacity*, 2nd Edition, Hoboken, NJ: Wiley Press, 2013.

Scales T. L. and Streeter C. L., *Rural Social Work: Building and Sustaining Community Assets*, Belmont, CA: Brooks/Cole /Thomson Learning, 2003.

Schady N. R., "The Political Economy of Expenditures by the Peruvian Social Fund (Foncodes), 1991 – 1995", *American Political Science Review*, 1999, 94 (2).

Schönhuth M., "Negotiating with Knowledge at Development Interfaces: Anthropology and the Quest for Participation", in P. Sillitoe, A. Bicker and J. Pottier (eds.), *Participating in Development: Approaches to Indigenous Knowledge*, London: Routledge, 2002.

Schorr L. B., *Common Purpose: Rebuilding Families and Neighborhoods to Rebuild America*, New York: Anchor/ Doubleday, 1997.

Scoones I., Reij C., Toulmin C., Riej C., Scoones I., and Toulmin C., "Sustaining the Soil: Indigenous Soil and Water Conservation in Africa", *Journal of Comparative Pathology*, 1997, 123 (1).

Sedlacek S., Kurka B., and Maier G., "Regional Identity: A Key to Overcome Structural Weaknesses in Peripheral Rural Regions?", *European Countryside*, 2009, 1 (4).

Sen A., *Development as Freedom*, New York: Anchor, 1999.

Sen A., *The Standard of Living*, Cambridge: Cambridge University Press, 1987.

Shaw, I., *Qualitative Evaluation*, London: Sage Publication, 1999.

Sherraden M., *Assets and the Poor: A New American Welfare Policy*, Armonk, NY: M. E. Sharpe, 1991.

Sherraden M., *Individual Development Accounts: Summary of Research*, Research Report from St. Louis, MO: Center for Social Development, Washington University, 2002.

Sherraden M. S. et al., *Financial Capability and Asset Building for All*,

AASWSW, Working Paper, 2015, No. 13.

Shortall S. , "The Irish Rural Development Paradigm: An Exploratory A-nalysis", *Economic and Social Review*, 1994, 25 (3).

Shucksmith M. , "Disintegrated Rural Development? Neo-endogenous Rural Development, Planning and Place-shaping in Diffused Power Contexts", *Sociologia Ruralis*, 2010, 50 (1).

Shucksmith M. , "Endogenous Development, Social Capital and Social In-clusion: Perspectives from Leader in the UK", *Sociologia Ruralis*, 2000, 40 (2).

Sillitoe P. , "Globalizing Indigenous Knowledge", in P. Sillitoe and A. Bicker (eds.), *Participating in Development*, London and New York: Routledge, 2002.

Sil R. and Katzenstein P. J. , *Beyond Paradigms: Analytic Eclecticism in the Study of World Politics*, New York: Palgrave Macmillan, 2010.

Skinner S. , *Building Community Strengths: A Resource Book on Capacity Building*, London: Community Development Foundation, 1997.

Smyth I. , *Towards an Oxfam Strategy for Building Capacities on Gender*, Internal Paper (in draft), Oxford: Oxfam, 1997.

Snow L. K. , *The Organization of Hope: A Workbook for Rural Asset-based Community Development*, Chicago, IL: ACTA Publications, 2001.

Snyder J. , "Anarchy and Culture: Insights from the Anthropology of War", *International Organization*, 2003, 56 (1).

Somers M. R. and Block F. , "From Poverty to Perversity: Ideas, Mar-kets, and Institutions Over 200 Years of Welfare Debate", *American Sociological Review*, 2005, 70 (2).

Specht H. and Courtney M. , *Unfaithful Angels: How Social Work Aban-doned its Mission*, New York: Free Press, 1994.

Specht H. , *New Directions for Social Work Practice*, Englewood Cliffs, New Jersey: Prentice-Hall, Inc, 1988.

Staples, "Powerful Ideas About Empowerment", *Social Work*, 1990, 14 (2).

Stimson R. and Stough R. R. , "Regional Economic Development Methods and Analysis: Linking Theory to Practice," in J. E. Rowe ed. , *Theories of Local Economic Development: Linking Theory to Practice*, Burlington, VT: Ashgate, 2009.

Stimson R. , Stough R. R. , and Salazar M. , *Leadership and Institutions in Regional Endogenous Development*, Northampton, MA: Edward Elgar, 2009.

Stone R. , ed. , *Core Issues in Comprehensive Community Building Initiatives*, Chicago: Chapin Hall Center for Children at the University of Chicago, 1996.

Susman G. , "Action Research: A Sociotechnical Systems Perspective", in G. Morgan ed. , *Beyond Method: Strategies for Social Research*, London: Sage Publications, 1983.

Terluin I. J. , "Differences in Economic Development in Rural Regions of Advanced Countries: An Overview and Critical Analysis of Theories", *Journal of Rural Studies*, 2003, 19 (3) .

Terluin I. J. and Post J. H. eds. , *Employment Dynamics in Rural Europe*, Wallingford: CABI Publishing, 2000.

Thomas-Slayter B. P. , "Structural Change, Power Politics, and Community Organizations in Africa: Challenging the Patterns, Puzzles and Paradoxes", *World Development*, 1994, 22 (10) .

Torjam S. , *Are Outcomes the Best Outcome?*, Caledon Institute of Social Policy, 1999.

Trattner W. , *From Poor Law to Welfare State: A History of Social Welfare in America*, New York, NY: The Free Press, 1999.

United States Agency for International Development (USAID), *Performance Monitoring and Evaluation: TIPS*, 2000.

UN. , *Popular Participation in Decision-Making for Development*, New York: United Nations, 1975.

Uphoff N. , *Fitting Projects to People in Putting People First: Sociological Variables in Rural Development*, 2nd Edition, World Bank

Publication, 1985.

Vázquez-Barquero A. , *Endogenous Development Networking*, *Innovation*, *Institutions and Cities*, London and New York: Routledge, 2002.

Wakefield J. C. , "Psychotherapy, Distributive Justice, and Social Work Revisited", *Smith College Studies in Social Work*, 1998, 69 (1) .

Ward N. et al. , "Universities, the Knowledge Economy and the Neo-endogenous Rural Development", Discussion Paper, No. 1, Centre of Rural Economy, Newcastle University, 2005.

Ward N. , Integrated Rural Development: A Review of the International Literature, Working Paper, Centre for Rural Research, Norwegian University of Science & Technology, Trondhein, Norway, 2003.

Warren M. , *Dry Bones Rattling*: *Community Building to Revitalize American Democracy*, Princeton: Princeton University Press, 2001.

Warwick D. P. , Bitter Pills: Population Policies and Their Implementation in Eight Developing Countries, Cambridge: Cambrige University Press, 1982.

Watkins J. W. and Drury L. , "The Professions in the 1990s", in S. Clyne (ed.), *Continuing Professional Development*: *Perspectives on CPD Practice*, London: Kogan Page Limited, 1995.

Webb S. A. , "The Comfort of Strangers: Social Work, Modernity and late Victorian England-Part I", *European Journal of Social Work*, 2007, 10 (1) .

Weick A. and Chamberlin R. , "Putting Problems in Their Place: Further Exploration in the Strengths Perspective", in Saleebey D. (2nd ed.), *The Strengths Perspective in Social Work Practice*, New York: Allyn and Bacon, 1997.

Weick A. , Rapp C. , Sullivan W. P. , and Kisthardt W. , "A Strength Perspective for Social Work Practice", *Social Work*, 1989, 34 (4) .

Weingast B. R. , Shepsle K. A. and Johnsen, Christopher, "The Political Economy of Benefits and Costs: A Neoclassical Approach to Distributive Politics", *Journal of Political Economy*, 1981, 89 (4) .

Whan M. , "On the Nature of Practice", *British Journal of Social Work*, 1986, 16 (2) .

Wilkinson I. and Young L. , "On Cooperating: Firms, Relations and Networks", *Journal of Business Research*, 2002, 55 (2) .

Williams R. , *Keywords: A Vocabulary of Culture and Society*, New York: Oxford University Press, 1976/1983.

Woodhouse A. , "Social Capital and Economic Development in Regional Australia: A Case Study", *Journal of Rural Studies*, 2006, 22 (1) .